贵州"六山六水"民族调查

二〇二二年调查专辑

2022 NIAN DIAOCHA ZHUANJI

周真刚/主编　吴嵘/副主编

贵州省民族研究院　贵州省民族研究学会/编

GUIZHOU LIUSHANLIUSHUI MINZU DIAOCHA

贵州大学出版社
Guizhou University Press
·贵阳·

图书在版编目（CIP）数据

贵州“六山六水”民族调查. 二〇二二年调查专辑 / 贵州省民族研究院, 贵州省民族研究学会编；周真刚主编；吴嵘副主编. -- 贵阳：贵州大学出版社, 2024. 11. -- ISBN 978-7-5691-0882-8

Ⅰ. K280.73

中国国家版本馆CIP数据核字第2024T7A771号

贵州“六山六水”民族调查

——二〇二二年调查专辑

编　　者：贵州省民族研究院　贵州省民族研究学会
主　　编：周真刚
副 主 编：吴　嵘

出 版 人：闵　军
责任编辑：但明天
装帧设计：陈　艺　方国进

出版发行：贵州大学出版社有限责任公司
地址：贵阳市花溪区贵州大学东校区出版大楼
邮编：550025　电话：0851-88291180
印　　刷：贵州思捷华彩印刷有限公司
开　　本：787 毫米×1092毫米　1/16
印　　张：19.75
字　　数：355千字
版　　次：2024年11月第1版
印　　次：2024年11月第1次印刷

书　　号：ISBN 978-7-5691-0882-8
定　　价：78.00元

前　言

党的二十大发出了“为全面建设社会主义现代化国家、全面推进中华民族伟大复兴而团结奋斗”的伟大号召。团结就是力量，团结才能胜利，团结奋斗是中国人民创造历史伟业的必由之路。在新征程上，要促进各民族广泛交往交流交融，推动中华民族共同体建设，为实现中华民族伟大复兴的中国梦凝聚力量。

我国是一个统一的多民族国家，中华民族历史悠久、文化灿烂，在数千年的社会历史发展进程中，中华民族形成了以爱国主义为核心，追求团结统一、和谐相处、艰苦创业、自强不息的民族精神，同时形成了源远流长、博大精深的民族文化；在中华民族走向伟大复兴的新征程上，中华民族文化本身蕴含的民族凝聚力和民族向心力，正源源不断地贡献出应有的精神力量。

文化认同是最深层次的认同，是民族团结的根脉。2019 年 9 月 27 日，习近平总书记在全国民族团结进步表彰大会上讲话时指出：文化是一个民族的魂魄，文化认同是民族团结的根脉。各民族在文化上要相互尊重、相互欣赏，相互学习、相互借鉴。在各族群众中加强社会主义核心价值观教育，牢固树立正确的祖国观、民族观、文化观、历史观，对构筑各民族共有精神家园、铸牢中华民族共同体意识至关重要。要以此为引领，推动各民族文化的传承保护和创新交融，树立和突出各民族共享的中华文化符号和中华民族形象，增强各族群众对中华文化的认同。

多年来，在党中央、国务院的坚强领导下，贵州各级党委、人民政府协同全社会共同努力，使得贵州省各民族文化得到了有力的保护和传承，推动了各民族优秀传统文化创造性转化和创新性发展，为贵州各民族交往交流交融和铸牢中华民族共同体意识做出了积极的贡献。

近年来，贵州省民族研究院以铸牢中华民族共同体意识为主线，秉持科研工作服务于现实、服务于民族地区经济社会发展的理念，紧紧围绕党委、人民政府的中心工作开展调查研究。

为突出各民族共有共享的中华文化符号和形象，为积极拓展各民族之间文化交往交流交融贡献广阔的空间，2022 年 6 月，贵州省民族研究院“六山六水”民族调查工作以“月亮山地区民族文化交往交流交融”为主题，对贵州民族地区文化交往交流交融情况进行实地调查，探索民族地区文化交往交流交融建设情况，总结各地文化交往交流交融中取得的成功经验，并将多份调查报告汇集出版，以期为各级党委、人民政府及相关职能部门决策提供参考。

目　录

从江县各民族文化交往交流交融调查

课题组组长：颜　勇

课题组成员：覃东平　潘永荣　游　涛　钱　星　康建华　张　洁

一、社区简况

（一）地域及人口

从江县位于贵州省东南部，东接广西三江侗族自治县，南邻广西融水苗族自治县、环江毛南族自治县，西连贵州省荔波县、榕江县，北靠贵州省黎平县，位于都柳江中游，县城驻地距省城贵阳290千米，距州府凯里250千米，距广西柳州280千米、桂林275千米。县境东西长94千米，南北宽77.5千米，总面积为3245平方千米，其中山地面积2963平方千米，占县总面积的91.34%；坝子面积64平方千米，仅占县总面积的2%；河流滩涂面积约占县总面积的4%。地势起伏大，九万大山元头界峰为域内最高山峰，海拔1670米，最低处为都柳江出境处——平校寨，海拔145米，相对高差1525米。县人民政府驻丙妹镇。

从江县是一个多民族聚居的县份，据2022年统计，从江县有苗族、侗族、壮族、汉族、瑶族、水族、布依族、回族、仡佬族、黎族、傣族、畲族、满族、朝鲜族、白族、景颇族、土家族、彝族等18个民族，其中世居民族有苗族、侗族、壮族、汉族、瑶族、水族等6个民族。其他民族是在新中国成立后，到从江工作或经商落户的民族，尤其是改革开放后通过婚姻嫁进来的其他少数民族妇女所占比例较大。截至2022年末，全县户籍人口为39.5万人，常住人口约30.95万人，少数民族人口占95%，主要以苗族、侗族、壮族、瑶族、水族等民族为主。

宰便镇位于从江县西南部，地处黔桂交界九万大山北端的月亮山区腹地，镇人民政府驻地距县城97.7千米，距自治州首府凯里280千米，距省城贵阳460千米；全镇国土面积176.71平方千米。辖17个行政村，1个社区居委会，108个村民小组，98个自然寨。宰便镇也是一个多民族杂居的乡镇，2021年末，全镇总户数3004户13131人，其中苗族9603人，占全镇总人口的73.1%；侗族1532人，占全镇总人口的11.7%；壮族1325人，占全镇总人口的10.1%；汉族573人，占全镇总人口的4.4%；瑶、水、布依、傈僳、彝、畲等民族，大多是外地嫁入的女性。

历年来，中共从江县委、县人民政府始终把加强民族团结、促进和谐发展作为重要工作来抓，强化组织领导，加大支持力度，全县民族经济、教育、文化等各项事业获得了较大发展，呈现出民族经济迅猛发展、各民族和谐稳定的良好局面。

（二）民族由来及分布

1. 苗族

苗族主要分布在从江县中部和西南部的高寒山区，东南部与广西融水苗族自治县交界区域也有较多分布。苗族是从江县最古老的民族，有200个行政村、486个自然寨，最大的自然寨是往洞镇的托苗寨，有400多户；其次是加鸠镇的加翁寨，有300多户。据新中国成立后从江第一部县志《从江县志》记载：“大约在秦汉时期，有九股苗族由榕江车江顺都柳江下至孖温、腊俄。又分至九曰、加学，以后逐步扩大住地，散布在从江境内各地。”流传于从江的《苗族古歌》，梳理九股苗族迁徙的路线大致为：经现在的凯里、台江、剑河一带，到“白楼己些”（苗语地名，下同），再到雷山、丹寨、榕江交界的“扛翁纠东”和“醒乃翁败”，除两个祖公留在车江坝外，其余7个祖公带领7股人沿都柳江而下，进入今从江县的“故牛”（今下江镇孖温村）、“分送”（下江镇岑送村）坡脚。另一股人继续沿江而下，经腊俄到“分南孤东”（今丙妹镇大塘、大洞村），迁到这里后曾埋岩作标记。后有一部分迁到广西融水苗族自治县安太一带定居。余下6个祖公带领六股苗族上岑送坡，经九曰村，留部分人居住这里，并在该村埋有一块大岩石。余下的人再过污沙、污翁（今东朗镇党易村和加鸠镇裕民村），然后来到“能秋尝”（今污牛河与污秋河汇合处），在“嚷尝”（加鸠镇加学村）居住多年（另有一说是，经东朗镇人民政府驻地下方的能载坝子，沿河来到能秋）。后因人口众多，就在这里举行埋岩议事，分祖公迁到县内各地。

由于县内苗族支系繁杂，具体到了何村又有不同的说法。如今天翠里瑶族壮族乡的高武村和西山镇的务林村、捞里村的苗族，则说他们是从广西柳州地区溯融江而上，迁到这里居住的。从江县丙妹镇大洞村和大塘村的吴、贾、管、韦等姓苗族，则说他们是从广西融水苗族自治县洞头镇、杆洞乡一带迁来。丙妹镇大塘村刚边寨、老寨村窝狗寨和大洞村的岗头寨的大部分苗族也是从广西融水苗族自治县迁来，现仍与广西融水苗族有来往。居住在丙妹镇的岜沙村、大歹村、上歹村和翠里瑶族壮族乡的翠里村、下江镇的高岑村等苗族，则说他们的祖先从湘西迁到贵州黎平水口、龙额，再由水口镇、龙额镇一带迁入从江县内。停洞镇社里、领娃等苗寨，则说他们由黎平迁到这里。

宰便镇苗族遍布全镇，从语言、服饰来分，该镇苗族大致可分为三个支系：

- ◆一是加勉支系（加勉乡周边的一些村寨），该支系的主要文化特征是吃鼓藏，妇女着长裙，黑色长裙外还套有黑白相间的蜡染短裙，服饰较为华丽。未婚女子在节日盛会里将头发梳成螺旋式，头绾发髻偏左，插银钗，以牛角造型为代表。
- ◆二是东朗支系（东朗镇周边的一些村寨），该支系的主要文化特征是喜斗牛，妇女着短裙，年轻妇女及女孩喜欢以彩色丝线或毛线挂耳。
- ◆三是摆衣支系（新华、摆衣村等片区），该支系的主要文化特征是吹芦笙、唱笛子歌，妇女着裤装或改穿高山汉族妇女服饰。

三个支系的语言略有差异，但不影响正常交往。

2. 侗族

侗族主要分布在从江县境东部和东北部的平坝区，以及都柳江沿岸。从江县侗族聚居的村寨共有 330 个，侗族居住地区大都成片相连，也有个别村寨，如大平彦、小平彦、归眼、下宰坪、宰近、宰那、宰送、冷水、鱼稿等少数侗寨分别穿插在苗族、壮族、瑶族等民族聚居区。全县侗族人口较多的乡镇有洛香镇、贯洞镇、高增乡、庆云镇，侗族人口占全乡（镇）人口 95% 以上，其次往洞镇侗族人口占全镇人口的 80% 以上，西山镇侗族人口比例也在 60% 以上。

据流传于县内侗族民间的《祖公上河》《九十九公高洋议款》及民间传说，从江侗族迁徙路线大致可归纳为：福建—江西—梧州—丹州—容阳—八洛。到从江县的八洛后又分为两路，一路沿都柳江而上，一路沿八洛河进入“六洞地区”（洛香、贯洞、庆云一带）。沿都柳江而上至四寨河口再分两路，一路分布在都柳江沿岸居住，直达榕江车江等；一路沿四寨河而上进入黎平、往洞一带。

具体到各村又有原居住民族为苗族的传说。如下江镇平江村，传说这里原为苗族居住地，村址为苗族的棉花地，苗族老屋基位于村后名为“滚大”的小山上，山脚尚有苗井一口。该村的石姓侗族相传他们从黎平潭溪迁来，潘姓侗族从黎平潘老迁来，杨姓侗族从榕江车江迁来。高增侗寨传说原住村民也是苗族，后苗族搬到大歹去了，他们才在此建村立寨。谷坪乡的银潭侗寨，相传他们的祖先是从黎平县岩洞镇铜关村搬来，当时这里属苗族领地，山高谷深，森林密布，野兽猖獗，是银下小寨（苗族）与高武苗寨人来往的必经之地，每当路过这里时他们都感到害怕，于是就送给侗族居住，便构成了今天苗族、侗族杂居的格局。

宰便镇侗族主要居住在宰近村，宰帽村的宰帽、宰那、新寨、宰恨、那洞，宰送村的宰送寨、平乐寨，引东村的打碎河、大寨，以及新华村的九甲。引东村侗族有50余户250余人，以杨姓为主。据传清中叶（具体年代不详）由天柱迁徙而至，由于长期与苗族杂居，今已着苗族服装，操苗语，一切社会活动也已“苗化”。宰近、宰帽、宰送三村侗族，主要分布在宰便河沿岸的宰近、宰那、宰送、那洞、新寨等几个自然寨，自称“干”（gaeml），与侗族中心地区的自称相同。然该地壮族称中心地区侗族为“干”（gaeml），称宰河（这一片过去属宰河乡，俗称宰河）侗族为“打蛮”或“布蛮”。传说在壮族落居这里以前，“布蛮”这部分人已领先居住在宰便河沿岸，故壮族一直把宰便河称之为“额蛮”，即“蛮人河”之意。宰便河汉语以前称为“孖城河”，明显是根据当地侗语音译而来。宰河侗族则在自己的传说中认为苗族才是这里的开山鼻祖。侗族从黎平迁来时，开始居宰便，后赶山打猎至宰近小坝（1983年6月因山洪暴发，小坝几乎全被冲毁），觉得宰近小坝便于建村立寨，开荒造田，并由宰便沿河而上迁居宰近。宰那苗族眼看异族迁入，弃村而逃，故今宰那侗族屋基一直传说是苗族留下的，“那”是苗语地名。

宰河侗族，以潘姓居多，其次为吴、蒙两姓。据传潘姓由黎平潘老迁来，夹岸侗族数潘姓落户为早，故“活路头”由潘姓世袭。昔日每季动工均由潘姓活路头动工在先，其他人方能破土开工。新中国成立前，活路头还有专门的活路田以及向民众所征的活路粮。新中国成立后，实行生产合作社时方废弃，后实行联产承包制，又逐渐开始恢复。吴氏据传源于六洞，后迁广西融水，再由广西融水经秀塘迁至宰河，今广西融水仍有其宗族。蒙氏据传源于荔波，后迁榕江八开，再由榕江八开沿途打铁至宰河，至宰河同潘氏购得“今即”（侗语地名，山名）落居。1973 年，全村又搬去弄莫（侗语地名，“弄”即深山老林，“莫”即坟山之意）居住，自落居宰河计算，至今已十余代。调查中发现，宰河侗语现含有壮语、水语一些借词，除与壮族长期交往、不可避免地吸收壮语词汇外，词汇方面水语成分的含杂有可能与蒙氏这部分人有一定的关系。

宰河侗族有自己的语言，但唱壮族情歌，族内绝大多数人会讲壮语，部分人还会讲苗语，这均是民族之间长期交往与接触所产生的语言影响所致。历史上，宰河壮、侗关系非常密切，曾有壮侗合款，“壮侗分不开家”的合约。当前，无论壮族还是侗族，在处理各种纠纷大事时，首先念到的就是“侗族这条约还在，壮族这条理犹存”。从这句开头款词，可见壮族、侗族历史上的密切关系。宰河侗族由于居住环境所限，与侗族中心地区接触与往来很少，甚至无往来。从语言内部来看，与中心地区侗语基本保持一致，但从词汇上来看，跟中心地区侗语又有所差别，加上对应情况比较复杂，故两者之间通话较为困难。当地侗语与中心地区侗语同源词占 70% ～ 80%，有个别常用词汇则直接从壮语借来，如歌、锁、钥匙等。除此之外，还有小部分词与水语同出一源，如姐姐、药、床、名字、剪刀、看、寨子、鱼、小等等。当然，还有一些固有的词，如山羊、野猪、糠、蛋、听、官、扫把、扣子等，这些都与侗族中心地区语言差别较大。

宰便镇侗族人口有 1532 人，占全镇总人口的 11.6%。

3. 壮族

壮族主要分布在从江县西南以及南部与广西壮族自治区交界处。从江县壮族自称为“布夜”。侗族称壮族为“嘎爽”“撞”或“嘎聪”，苗族称壮族为“达嘎”或“丢送”，汉族原称其为“僮家”。从江县壮族主要由广西迁徙而来，共有 21 个人口较多的姓氏，以莫、韦、黄、蒙、梁为大姓，各个姓氏都流传有祖先来历的传说。莫氏祖先传说是，其祖先从广西南丹迁至加榜，后分到元洞。黄、梁、蒙、韦氏家族均说来自广西环江一带，居住在下尧、打郎、打秀、卡机、上下敖、卡宰、南马、杆洞、塘洞、平宴、宰便、刚边、板农等地。欧氏家族据说来自荔波，大多居住在尧贵、打秀和达州。梁姓、韦姓据传来自环江的龙岩，也有由罗城迁来的。这些传说，有的编成了故事，有的编成了《迁徙歌》，并用土壮文记下来，以莫姓、黄姓最为完整。

据光绪年间《贵州通志》记载：“僮家者，乃西山阳洞（今西山）之土人，即今广西溪洞僮蛮也……其语言与广西柳州夷同。”壮族至迟于明代已迁至从江。迁徙的原因，大部分是由于生活所迫。平正、刚边壮族是由于这一带苗族起义失败后，人口到处流散，丢下的田土荒芜，所以壮族迁来这里定居，形成了今天壮族苗族杂居的状况。

三百河流域是从江壮族的主要聚居地，壮族村寨有刚边壮族乡的刚边、宰别、三联、陇雷、良田、平中、平正、宰船、鸡脸、高麻、银平、加么村，秀塘壮族乡的塘洞、杆洞、打秀、打郎、卡机、下敖、上敖、交顶、归眼、平岸村，以及丙妹镇的雍里村、归林村。其他分散在雍里村、今里村，翠里瑶族壮族乡的翠里、高文、宰垮、高克、高武、南岑村，宰便镇的宰便、宰帽、摆利、引果村，西山镇的拱孖村，加榜乡的加榜、下尧、尧贵、达州村，斗里的牙里村。他们均是小部分聚居，大部分与其他民族杂居。

壮族语言属汉藏语系壮侗语族（国际称侗傣语族），是壮傣语支的一种语言。从江县壮族属北部方言，县内壮族普遍操壮语，但大多数成年男子懂汉语，部分人会说侗语、苗语。

4. 汉族

从江县的汉族主要分布在城镇，农村汉族大多与其他民族杂居，以汉族居民为主的村寨极少。

唐宋时期从江县就有汉族的记载，明永乐十一年（1413）贵州建省后，从中原、湖南、江西、广东、广西等迁入的汉族开始大量增加。汉族人进入的原因，有征伐屯兵中汉族移民定居、“改土归流”中汉族官员及家属随从定居、外省汉族逃避战乱迁入定居、汉族入黔经商定居等几种主要方式，从事的职业以经商为多。汉族迁入从江县集中在明清时期。新中国成立后，“随军南下”、引进人才、工作分配等方式，进一步增加了从江县汉族人口的数量。汉族移民进入从江后主要从事商贸等行业。

据民国未刊发的《从江县志》记载：“（从江）汉族约占百分之八，……均系各省人士，由明季而来，近亦渐增，多住沿河两岸，与侗、苗杂处。”从目前对宰便镇的调查来看，大部分杂居村寨还是以苗、侗、壮等少数民族为主，汉族少则一二户，多则三五户，少部分汉族聚集村寨有四五十户。宰便镇有汉族573人，占全镇总人口的4.3%。宰便村和宰帽村汉族人口较多，宰便村超过百人，宰帽村65人，占全村人口的5.5%。其他村寨汉族呈零星分布，与其他少数民族杂居。

从江县汉族自称汉人、客家。居住在城镇的汉族被称为客家、大客家，生活在村寨的汉族俗称二客家。苗族称汉族为“固丢”，侗族称汉族为“嘎”。

从迁徙时间和迁徙方式来看，从江县汉族来自全国各地，定居后基本生活在少数民族“包围圈”中。汉族习俗与周围民族趋同性多，甚至出现民族的融合。宰便镇摆虾村麻栗坡组有60～70户汉族，传统上一直称为二客家，由于长期和周边苗族村寨交往，习俗近苗族。前些年更改为苗族成分。引东村杨姓侗族从天柱县搬到该村打碎河组七代，过去一直以汉族身份生活。根据天柱县迁居历史和家谱记载，重新认定为侗族。

宰便镇汉族数代人与其他民族共同生产、生活，交往交流，既能讲汉语，又能操少数民族语言，甚至融入了少数民族习俗。与少数民族杂居的汉族，节庆习俗基本保持了汉族特征，注重春节、清明节、端午节、中秋节、中元节等中华传统节日。宰便镇汉族与少数民族通婚是常态，家庭中民族成份多元，参与甚至积极主动举办其他民族的节日屡见不鲜。部分汉族经过数代与苗族、侗族、壮族杂居，习俗风情渐相接近。

20世纪80年代，从江县落实民族成分，包括宰便镇在内很多汉族主动申请变更为少数民族成分。融入其他民族的汉族，还保留了七月半烧包的习俗，家中设神龛的传统，从中还能窥见部分汉族文化痕迹。

5. 水族

从江县的水族大都于清代先后由荔波九阡（现属三都水族自治县）迁来，部分由其他地方迁来。主要分布在下江镇高坪、高良、高林、良文村，加榜乡污规、加两、污生村。

加勉乡（原从江县加鸠区加勉小乡，1992年撤并建后，成独立的建制乡）、加哨村（原从江县停洞区加哨公社，后为小乡，1992年撤并建后，撤除，归停洞镇管辖，其中原加哨乡良文大队划归下江镇管辖）的潘姓水族，祖先原居荔波九阡弯随寨。明末清初因逃避战乱，祖上潘故略、故西、故坡三兄弟逃到从江（大哥“故两”逃到广西融水英洞村、罗洞村），经加鸠、宰便、板田，来到下江孖温，后故略到现在的良文村定居，故西、故坡沿着宰便河而上到加勉乡摆纠寨，当时那一带“防恒要，些人结”(水语，意即“荒坡有，少人吃”）。摆纠寨的苗族便把“污规”那片荒山无偿地送给他们，以后便发展成污规、污香、污娘、污生等水族寨子。截至目前，良文村和加勉乡污规村、加两村的潘姓水族已有十多代人，除少数老年人还能讲水语、少数习俗尚保留水族特点（不斗牛、不吹笙、喜铜鼓）外，青壮年及小孩大都讲苗语，服饰和习俗已跟附近苗族相差无几。

摆亥村（原从江县摆亥水族乡，乡驻地在高坪大队，1992 年撤并建后，撤除，现归下江镇管辖）一带水族大都在清代中晚期由荔波等地迁来。当时荔波、三都一带水族地区灾难深重，人民不断起义并遭到清军镇压，很多人逃亡他乡。潘故应逃来从江，先到板田（现刚边壮族乡板田村），再到苏洞寨（现下江镇民族村）居住，后来因为去摆亥坡找耙藤，见坡上水源丰富，荒地宽广，便搬来这里定居，开荒种地谋生。先后迁来上、下摆亥的还有不同宗支的潘故用、潘故三、潘 ×× 和杨、叶、莫、吴四姓家族的人。原住加勉污规寨的潘故交也迁来摆亥，从此这一带的水族人口逐渐增多。这里原是苗族居住（史称“红苗”）地，咸同年间“红苗”起义遭到镇压，人口大量逃亡，土地荒芜了，留下的少数苗族居民便把土地让给逃亡到此的水族居住和耕作，水族逐渐在此生息繁衍，并把寨子命名为“摆亥”(“摆”即苗语的“坡”,“亥”即水语的“送”，意为“送的坡”）。

以上由荔波迁来的家族，说祖籍为江西的有潘、杨二姓，只知祖籍在荔波的有叶、莫、吴三姓。

摆亥陆姓自称原籍江西，明初来到从江县六洞侗族地方居住成为侗族。后来其祖先陆故六因避难逃到摆亥，现已十代人。前五代称侗族，第六代起改称水族。

摆亥林姓原籍福建，逃荒至摆亥，现已七代人。本为汉族，后融为水族。摆亥姚姓祖籍湖南靖州，先迁到黎平，后转从江县加鸠，最后迁居摆亥，迄今已有九代，本为汉族，后融为水族。

县内水族以潘姓家族人数最多，分为“燕老”“燕铿”“人错”“人根”四个宗支。据传他们曾跟留居荔波的本家兄弟破开水牛角，各执半边，以此为记，以便子孙后代相认，因世事沧桑，牛角凭据今已失传（据说九阡方面的半边牛角还保存)。

6. 瑶族

从江县瑶族主要分布在翠里、斗里、西山、下江、加榜、秀塘等乡镇边远高寒深山中。从江县居住的瑶族有两支：一支自称为“勉”“优勉”，另一支自称为“巴哼”。汉族称“优勉”为“盘瑶”“板瑶”“过山瑶”等，苗族称他们为“丢尤”，侗族称他们为“嘎优”，壮族称他们为“右汪”，水族称他们为“嘎棒”。

自称“巴哼”的瑶族，汉族称他们为“红瑶”“花瑶”“狗瑶”“瑶人”等。苗族称他们为“丢累”，侗族称他们为“嘎油跨”。县内两支瑶族“优勉”与“巴哼”之间，“优勉”称“巴哼”为“捡补弄”，“巴哼”称“优勉”为“潘优”。

从江县瑶族据他们回忆和有关传记记载，分别在不同时期由广东、广西、湖南等地迁来，最早有瑶族居住在西山的高脚，迁入的时间大约是明末清初，首先入住的是盘瑶，即自称为“优勉”的一支，距今已有300多年。其次是红瑶，即自称为“巴哼”的一支。盘瑶的迁徙路线大致是从广东进入广西，再由广西沿河进入贵州，先到西山镇的高脚，以后才慢慢地扩散到镇内的其他地方。高脚村的瑶族自称他们的迁徙路线是：广东省的八排—龙门胜—瑶颂—贵州的黎平—广西的梅林—贵州从江县西山镇的徙寨—从江县西山镇的高脚。定居高脚据传是庚子年，因无详细文字记载，无法确定具体的年代。秋卡村的瑶族是从高脚迁入的，原来秋卡叫新寨，意思就是高脚的新寨。迁入时间在180年左右。翠里瑶族壮族乡摆翁村的瑶族一部分自称是从广西瑶颂到红水，由红水到高脚，再由高脚到摆翁，居住有150年左右；另一部分邓姓家族从广西良寨迁入摆翁，另外还有杨姓、赵姓是由本县高华迁入，迁入的时间晚一点。高华村的瑶族自称是清雍正年间由瑶颂到洞头，以后又由洞头迁到现在的居住地，现尚保存有清乾隆五十七年（1792）与本乡宰跨村买地的契约。登面、高留两个小寨的瑶族是新中国成立初期，分别在1950年和1953年由广西良寨和高华迁入。

秀塘壮族乡的雨沙、拉腰、渔秀、九油等地的瑶族大部分的迁徙路线是从广东韶州府罗昌县因逃荒沿江而上至广西龙胜，最后到从江。先在刚边壮族乡的平正、高麻一带居住，以后才迁到现在的居住地。另外，罗姓是从环江龙岩迁入，李姓是从广西融水同练瑶族乡迁入定居，距今已有200多年。

宰便镇友夺、准追村的瑶族自称从广西一个叫达旺的小地方迁到此居住，有五代人左右。

下江镇黄朗村的瑶族自称是清光绪年间因逃荒由广西一个叫鱼楼的地方迁来，他们当中有部分是从秀塘的打格迁来，到此不过100来年。

丙妹镇宰略村大山寨的瑶族自称是从广西融水苗族自治县洞头迁来，来此地居住不久，才100年左右，现仍有亲戚在原籍居住，双方仍有人员往来。

翠里瑶族壮族乡高芒村的瑶族据传是由湖南迁徙而来，迁徙的路线大致是由湖南进入广东，又由广东进入广西，再由广西沿河而上，才进入贵州。先到黎平县几贡、顺化、平茶、高孖一带居住，然后才迁往从江，在西山卡翁河边住过，以后才逐步迁到现在的高芒，迁入时间大约在明末清初，距今有300余年。开始陈姓先来，以后又有风姓跟来，邓姓来得最晚，只有十三代。新寨的瑶族是由高芒迁出去的，除此之外，舒家等附近的瑶族也是由高芒迁出的，什么时候迁出尚无记载。

加榜乡达洲村上达的瑶族自称从武汉迁到此地居住，已有十多代人，现村里的古庙遗址上还有建庙时立的石碑，碑上字迹清楚地记载建庙是在清咸丰三年三月廿八日，证明该地的瑶族在此之前就已入住于此。

二、族际婚姻与文化交流

（一）传统的交往关系

1. 各民族的传统社交方式、场域、礼仪及禁忌

现居住在从江县的各民族，交往有不同的方式、场域、礼仪、禁忌等，跨民族交往的方式也非常多，如联款结盟、斗牛、吃相思、赛芦笙等，从而形成了各民族共有的地域文化。

（1）联款结盟

为维护地方秩序、共同抵御外匪入侵，在从江，侗族多以合款的方式建立村寨联盟，苗族则以埋岩的方式构建村寨联盟，无论侗族的合款或苗族的埋岩组织，都有明确的疆界、严密的法规。如从江县侗族著名的款组织有九洞款、六洞款、千七款、千三款、二千九款、千五款等。除六洞款、九洞款、二千九款以侗寨为主外，其他款均有苗寨参与其中，如千七款，地处黎平、从江两县交界处，介于“九洞”“千三”之间，与“九洞”“千三”及其他侗族地区相比，它与其他款最大的区

别在于款内民族结构不是单一的，款内主要以苗族、侗族两个民族为主。由德秋（50户）、领高（100户）、岑桃（40户）、归冲（80户）、归屯（240户）、会里苗寨（90户）、山岗（100户）、高吊（100户）、表里苗寨（40户）等9个苗寨840户苗族和弄吾（40户）、岑响（50户）、流架（120户）、平友（120户）、会里侗寨（40户）、则里（50户）、秧里（120户）、高仟（300户）等8个侗寨840户侗族以及表里汉寨20户汉族共计1700户组成。

从江苗族社会组织称为“埋岩”（苗语称为“客骚”“骚耶”或“耶直”），也有总埋岩、方埋岩、小埋岩之分。以一个自然寨立一岩，或若干个小寨合立一岩为基层单位，若干个小岩组成一个方岩，再由若干个方岩组成一个总岩。从江县的苗族有三个总埋岩组织，即“能秋嚷尝”“古东整傍”“依直松傩”。“能秋嚷尝”位于加鸠的加学村脚，污牛河与污秋河交汇处的“引嚷尝”，该处有一块3亩（合0.2公顷）多宽的草坪，这便是该组织聚众议事的场所，其间埋有一块长2米多、四方厚度各为30厘米的长岩，还有8个小岩埋在它的周边，按苗族子父联名计算，该埋岩已有两千多年，据说埋岩周边的古树也是埋岩时所栽种，以见证埋岩之久远。该埋岩涉及的自然寨有400余个，除苗族村寨外，也有侗族村寨，如孖温侗寨、停洞侗寨等，苗族村寨占95%以上。“能秋嚷尝”大岩组织下有若干个方岩、小岩，如加牙寨河边的方岩领管加牙、白朵、长牛等寨；加叶污登坳与加肖分界线的方岩，领管加叶、加瓦、光辉、污内、加进、加斗等寨；加翁牛塘往下水田处的方岩，领管加翁、党丢、摆学、引念、摆少、红岩、党港等寨（后红岩、党港寨分出另立方岩）；高山寨头边的方岩，领管加勉乡和寨坪一带苗寨（南烧村不属此埋岩领管）；加模村与党郎村共一方岩；宰便靠河边的方岩，领管宰河（只限于苗族村寨）、二友。加鲁牛塘边的方岩，领管加鲁、摆应能、摆应中、加水、摆道、党谢等寨；甩翁席牛塘的方岩，领管加能、党卡、昂烧、昂中、昂拉、里别等寨；摆里附近田边的方岩，领管分摆、党义、分机、摆鸠、摆里、党向、龙早、高沙等寨；松刀神沙窝镇的方岩，领管东朗、摆德、九德、苗谷、友夺、摆卡等寨；平江村归秀村的方岩，领管归秀、孖温（侗寨）、岑送、加哨、东岑、九挂、摆也等寨；归秀寨边的方岩，按埋岩古歌念词还领管到雷山一部分苗寨。此外，该大岩还有九曰寨头方岩、停洞往田坝寨山坳处的方岩、托苗坳的方岩、下江金鸡滩中节上边的松敢方岩。

“古东整傍”大埋岩位于丙妹镇大洞村芦笙塘旁边。此岩高出地表约1米，宽厚30厘米，岩头刻有水牛脚印一个，后被河水改道、河场提高掩埋。它所管的村寨有：大洞、大塘、宰略、傲里、令里、老寨、两料（汉族村寨）、岜沙、高加、尧等（壮族村寨）、滚玉、滚郎（侗寨）等27个自然寨，苗族村寨占80%以上。

“依直松傩”大埋岩，侗语称此地方为“滚古”，位于西山镇的大丑村和广西融水苗族自治县大年乡高翁、果里、国里村交界处，无文字。大的岩高出地面30厘米，略有倾斜，在该岩旁侧有一大石碑，碑文上方刻有“永远禁碑”4个大字。碑文内容是关于禁止汛兵扰乱百姓、勒索人民的训条。碑文立于光绪九年（1883）冬月初六日，是盐运使衔补用道，黎平府正堂西林巴图鲁邓与当时所属分岩寨老44人同立的。此岩管辖范围包括贵州从江、黎平，广西融水、三江四县交界处的44个分岩，数百个村寨。广西融水苗族自治县的拱洞、平卯、黄勾、高奈和从江县的高文、高武一带为“八埋岩”，习惯简称“八岩”，苗语称为“意依直”；大年、高汉、归马、吉格、国果、大浪一带为七岩，苗语称为“凶依直”；从江县的西山、顶洞、桃林、小翁、岑杠、大丑、小丑一带为九岩，苗语称为“九依直”。侗寨和壮、瑶寨占40%左右。

壮族传统上也有村寨联盟，传说壮族迁到三百河、宰便居住时，一共有720人，把240人安排在秀塘、上下敖一带，把300人安排在刚边、平正一带，120人安排在宰郎、宰便、尧贵等地，余下60人住高麻、归林，以此为村寨联盟基础，其内又分为“上二百四”(秀塘)，下“三百六”(刚边)，内“一百二”(宰便）3个地区联盟。村寨联盟是为了维护地方秩序，调解内部纠纷，抵御外来侵略和保护地方利益。联盟有公推的首领，并制定盟约。平正有一块“联约碑”，是清嘉庆七年（1802）竖立的，碑文罗列各寨老姓名。板田、刚边、敖洞和广西阴洞立的“断血碑”是村寨联盟所立的结盟标识。

瑶族由于居住地分散，自我保护能力弱，不可能自己组织起来，因而在清代就与其他民族村寨联盟。清光绪年间，高芒、高脚、摆翁等地的瑶族都参加苗族的“依直松傩”埋岩会议，主要与苗族、侗族、壮族联合，共同抵御外来入侵和维护内部秩序。他们所在的方岩叫“一千三”。同时高芒瑶族又与南岑、高加、翠里、滚合、滚玉等地的苗族联合起款，从滚玉上到南岑、高芒一带称“百六”，南岑到高芒称“八十”，高加下到滚玉也称“八十”，这些组织比较严密，一旦有盗情、匪情，一寨放枪，全款响应，在当时起到了保护自己的作用。高芒现存一款坪，位于该村卑门大山深山处，当地人仍叫该地为“款场坡”，是当时合款开会的地点。高芒瑶族还参与当地苗族、侗族、壮族的建庙组织。在高芒往翠里的必经之路上有一座古庙叫“五庙”，也就是第五座庙（现已毁坏无遗）。立庙主要是用来降服人们，同时也是“议和”，遇事到庙里许个愿，如为了确保村寨平安，召集邻村到庙里开个会，立下条约共同遵守。据说它包括的范围很广，一直到滚玉、翠里、高武这些地方。

从江县各民族通过以上这些联款与埋岩方式建成了密切的关系网，除共同维护地方社会秩序外，也促进了各民族间的交往交流交融，特别是在乡规民约上，各民族基本上保持了“三个三”罚款的一致性。其他特殊性也得到了尊重，如侗族犯了苗族的村规民约，按村规民约执行；苗族犯了侗族的侗款，按侗款执行。但总的不能超出总埋岩和联款的规定。

（2）斗牛

据《从江县志》记载：“斗牛　俗称牛打架，本县各乡村寨，有斗牛之俗，所行不过十分之二。事先全寨输金，择购一强壮水牯，豢养于厩，谓之打牛。其牛为耕牛中之特强者，经全寨再三考察，以角身脚颈尾及毛，俱据牛经，以求适宜。常年豢养，举寨轮日服役，水草无使须臾缺乏，夏秋洗澡，无日无间，准以时期，各牵牛集会，定所相斗，其价之高，较常牛高十数倍。匾其牛栏，颜之曰某王或某将军、某元帅等标语，点缀以联，树以旌旗，立以高脚牌，每至春冬两季，遇建亥日，事先通知各附近村寨，指定相当适中地为斗牛所（俗称打牛堂）。当牵出牛时，升三铁炮，饱其水草，饮以酒，食以饭，灌牛以醉，两目赤红，饰银制二龙竞宝，上通五孔，插以雉尾，佩以彩旗，横系牛背，头挂铜铃，铮铮有声，角挂红绫，鲜彩耀目，派两壮丁骈行牵引，壮者持金瓜钺斧刀叉锣鼓旗帜，老少簇拥于后。观者骈肩累迹，各逞装饰，青年妇女，佩带［戴］银质项圈手［首］饰耳环，齐集牛堂，互相竞观，待打牛到齐后，彼此度牛身角，双方同意，纵之相斗。斗牛之际，参观者数千人或数万人不等。当斗牛之入斗场，各寨少壮拥护牛行，锣鼓齐鸣，芦笙并奏，旗帜飘扬，拥挤非常，一班青年群呼‘啊吓’，声彻云霄，山鸣谷应，及两牛相见面，拼命抵触，有胜负不决者，各以大草索系足，群拉以为和解。亦有略斗者，有一斗而决胜负者，则胜方之男女，趾高气扬，有若鞭敲金鼓响，人唱凯歌还之势，互相称贺，炮竹连天。其负方人士，则垂头丧气，暗地潜匿，如怨如慕，如嫉如仇。斗毕而归，俨似凯旋。青年男女，咸集各寨鼓楼坪（系乡村冬防守夜之处）互相唱和。参观者亦属不鲜，夜间举寨应酬宾客，几有人满之患。青年男女，多无宿地，恒终夜不寝，唱歌达旦，趁此籍（借）为谈恋良机。为家长者，亦不知禁，其费时耗财，莫此为甚。近年农村经济枯窘，有识之士，拟主张改良，惜陋习已深，化除匪易。”[1] 可见斗牛习俗，在从江由来已久。新中国成立后，1955 年至 1983 年停过一段时间，到 1984 年逐步恢复，但遵循过去的传统，“三年牛，三年戏（侗族唱戏、苗族则踩歌堂），三年芦笙”，三年一轮回。这些活动都是在农闲或重大节日活动时才举办，以斗牛为例，斗牛不是常年可斗，规定在春耕前和秋收后农闲时的亥日举行。主办多以民间村寨寨老或牛头协商进行。20 世纪末 21 世纪初，随着旅游产业的推动和商业化运作，打破了原有的传统，一年四季非亥日都可以斗，并且不受“三年一轮回”所控制。但传统上不养斗牛的民族仍然不养，如从江的壮族、瑶族。我们调查的宰便镇，除苗族的东朗支系特别喜欢养斗牛外，摆衣支系和当地壮族、侗族都不养斗牛，加勉支系在吃鼓藏前必须养牛。宰便镇的传统斗牛场，即在宰帽村的牛塘寨（苗、汉杂居），因该镇只有东朗苗族支系好养斗牛，自开堂以来每次斗牛对数都很少，不热闹便渐渐荒废。但本镇的各族群众历来都喜欢看斗牛，过去交通不方便，有的走上一天，也要到下江、停洞、东朗去看斗牛，老的则借机去看远方的朋友，年轻的男女则借此去对歌、交友。

在从江，不同民族村寨共用一个娱乐斗牛场或芦笙堂的历史久远，也比较普遍，如停洞、下江、谷平、往洞等乡镇，苗族、侗族、汉族共用一个斗牛场的历史源远流长，西山、翠里、斗里、拥里等地，苗族、侗族、壮族共用一个芦笙堂也比较普遍。各民族村寨以赛芦笙为平台进行的跨民族村寨联谊交流活动十分活跃，尤其是西山、翠里、斗里一带的苗族、壮族、瑶族多会说侗话、唱侗族情歌，在跨民族村寨联谊活动中，更容易进行深度交流。

（3）赛芦笙

据《从江县志》记载：“吹芦笙　查芦笙系六艺中之一小部分。本县各乡村寨，均以芦笙为农隙之娱乐，沿来已久，相习成风。仅县治所在地及下江街未吹外，其余全邑皆然。秋收之暇，各村寨壮丁，悉自备芦笙一套，少则十余，多则三四十架不等。音律分高低数种，或云有八大八小，与呼十二大十二小之区别。分音制造，准备之后，有以中元节尝新时，约数村寨竞赛者，有以每年冬季比赛（一）次者，亦有二三年竞赛一次者。每至竞赛时预定地址，通知远近戚友约赴会期。临期各村男女老幼，竞逞装饰，喜跃异常。（即比赛之所，俗称芦笙堂。）入堂之始，俗谓之

① 从江县地方志编纂委员会编《从江县志》，1999，方志出版社，第 740—741 页。

踩芦笙堂。凡竞赛之村寨男女老幼，悉参加步伍［舞］，鱼贯而行，举动一致，并无参差。其他参观人士，拥挤旁阅。入堂之青年男女，则互相唱和，音咏悠扬，歌声嘹亮。待各村比赛唱游三转毕，即分别吹芦笙比赛，抑或数村寨同时竞赛者，声彻霄汉，传播数十里，以音高宏远者为胜。群相评判，欢声雷动，火炮喧天，互相祝贺，始结队返寨，延［宴］亲款友，酬应纷纭，此系吹芦笙竞赛之大略。其余以笙为兴趣之助者，如四大季节，并斗牛、踩歌堂、吃鼓藏等会期，均以吹芦笙为雅乐之代表。据吹笙者云，其音咏之不同，各有其拍子谱调，比如音调、进行调、踩歌堂之华封三祝调、安坐调、迎宾调、送客调、斗牛克敌调、胜利凯旋调。其音调之互异，犹如歌咏队及音乐队之拍子，决［绝］无混淆长短尺码，以迁来远近为规定。边胞对芦笙兴趣有如此之重，亦积习使然也。”[①]如今，欣逢盛世，国泰民安，从江各族人民更是以盛大的芦笙节来促进各民族的交往、交流、交融，县内著名的芦笙节有洛香侗族芦笙节、岜沙苗族芦笙节、大塘苗族芦笙节、丙梅三村侗族芦笙节和台里、高堆各族芦笙节等。洛香侗族芦笙节每逢农历八月十五日举办，节日当天有来自县内新安、皮林、庆云、大团、登岜、方良以及黎平肇兴、地坪、纪堂等地的芦笙队，云集洛香，参加芦笙比赛。岜沙苗族芦笙节则在每年的农历冬月十九日举办，是岜沙几个自然寨一年一度欢庆丰收的节日，也是青年人互诉衷情，交流情感，沟通心灵的浪漫时节。丙梅三个侗族村寨每年大年初一都集中举行吹奏芦笙、踩歌堂（哆耶）、舞狮等传统民俗活动，以传承优秀民族文化，增进民族团结，祈福新年平安、健康、丰收。台里、高堆芦笙节则是从江县规模最大、涉及面最广、民族村寨最多、持续时间最长的芦笙节，于农历的冬月初九从下江镇陇里村（侗族）芦笙节开始，沿拥里、西山、斗里绕，一天轮到一个村寨，一直持续到农历腊月二十九日的翠里瑶族壮族乡南岑村芦笙节结束，持续时间近两个月。

从江各民族自古喜爱吹芦笙，善跳芦笙舞。节日里，各民族男女老幼身着民族盛装，人山人海，笙声如潮，也吸引了来自全国各地的广大游客。

在宰便镇，虽然没有盛大的芦笙节，但逢年过节，村与村之间邀请，尤其是跨民族村寨之间的交流，最常见的便是以芦笙为纽带，因为芦笙演奏不受语言障碍所影响，各民族可演奏自己的曲调供对方欣赏，它不像对歌方式非得让对方深

① 从江县地方志编纂委员会编《从江县志》，1999，方志出版社，第741—742页。

度理解。

（4）吃相思

在从江各村寨之间进行集体互访、交流做客，也就是常说的“吃相思”，这不仅仅在侗族中存在，其他世居的五个民族也时兴。各民族除内部交流外，也有跨民族交流。侗族与侗族村寨交流，多以对唱侗族大歌为主，也可以演唱侗戏和对唱情歌一起进行，时间通常是三、五、七、九天不等（只能是单数）。跨民族交流多以“斗牛”为主，如甲村与乙村购买斗牛，按当地共有习俗，特意留下一笔未付款，待甲村上门去自取，或乙村找机会送过来。甲村上门去取往往找个斗牛的机会去，观看自己卖出去的斗牛斗得如何？斗胜或持平便放鞭炮祝贺，当晚乙村便邀请甲村集体到村中做客，喝喝酒聊聊斗牛，会唱对方歌的还可以对对歌，如朝利侗寨与德秋苗寨举行吃相思活动时，还可对唱侗族情歌。如甲村仍不去取，乙村发现甲村购得了新的斗牛，也会前来贺新牛，并送来尾款，此时甲村得请乙村集体前来做客。不过以斗牛吃相思，交流的时间不长，通常是一天，最长不超过三天。

过去各民族内部吃相思活动都以自己的民族歌舞文化为主，跨民族开展吃相思活动，交流的东西往往有局限。随着时代的变迁，现在跨民族开展吃相思活动也有很多交流的内容了，如拔河比赛、篮球比赛，跳广场舞、唱卡拉OK，或举办民族文艺晚会等，不仅增强了大家对中华文化的认同，促进了民族团结，更有利于铸牢中华民族共同体意识。

2. 社交方式的变迁

随着社会的发展，尤其是年轻人大量外出打工，以及“组组通”的便利，人们的社交方式也发生了一系列的变化，突出表现在男女青年的社交方式和节日交流的规模、范围上。

（1）恋爱方式变迁

从江各民族男女青年过去的恋爱方式普遍是“行歌坐月”，苗族青年男女还利用赶集的机会邀约对唱情歌。20世纪90年代，这种对唱情歌的社交方式已不多，进入21世纪后基本消失。究其原因：一是九年义务教育普及，青少年无暇学民歌；二是学生初中毕业后，能深造的继续深造，不能深造的毕业后就外出打工。他们在打工地，通常以逛公园、看电影、进歌厅等社交方式进行恋爱。据调查了解，近几年通过网上交流、恋爱的不少。

（2）节日交流变迁

在从江，除春节为大家共同的节日外，各民族也有自己的传统节日，即使同一民族同一节日，不同村寨过的时间也不一样，尤其是各民族的吃新节，过节的时间非常不一致，有的甚至有意错开，目的是相互走访。在从江，无论哪个民族过节，大家都有相互邀请的习惯，过节时谁家的客人多，尤其是外民族的客人多，大家便会投来羡慕的眼光，赞扬他为人好、朋友多，也预示他家年年有余。为让节日有交流的机会，传统上很多款组织或埋岩组织通过商议款约，特意把同一节日的时间错开。如吃新节，每年进入农历的六月至八月，尤其是六月和七月，几乎每隔几天都有村寨在过吃新节。过去交通不便，节日人员走动不多，范围也不大。现在各村组都通公路了，加上家家户户都有车，每逢节日便是人山人海。从过去近距离的交往，扩大到远距离的交流；从亲戚、朋友间的邀请，扩大到同学、同事、战友的范围；从本民族内部互邀，扩大到民族外部的相互邀请。

（二）族际婚姻及文化认同

1. 各民族传统婚姻的缔结方式

在从江，各民族传统的恋爱是自由的，但婚姻不能自主。也就是说，婚前男女恋爱是自由的，但结婚必须征得父母同意，甚至婚姻多由父母包办。加上各民族普遍流行“姑舅表婚”，故很多人从小便订了婚。但在当地，即便订了婚，也不影响年轻人去行歌坐月，他们在行歌坐月中往往找到自己的真爱，所以抗婚现象也是常见的，成功缔结者也不少。如《从江县志》载：“凡侗、苗、瑶、僮等族，婚姻恋爱而成者居多，情深时，男女各以一物为质证，谓之换记。男子多有以银为质，或以银器为质；女子或以贴身衣或布疋［匹］或银手圈、银项圈等为质。或破一铜钱，各执一半，谓之破铜钱，以为信物。”[①] 为解决抗婚、违约这一普遍现象，各民族都有传统的理赔规约，如《从江县志》记载侗族婚俗：“惟行歌坐月，胁肩谄笑，互相酬和。男女恋爱，琵琶之声，彻夜不绝，以致苟合寻欢，因奸拐带，舍贫就富，始合终离，夫妇乖舛，事等寻常。结婚必至多年，生有子女，稍为匹定，否则张家媳而李家妇也。其以媒妁而结婚者，郎家备以礼物，送往女家，在中产以上，

① 从江县地方志编纂委员会编《从江县志》，1999，方志出版社，第740页。

必须猪一只（头），糯米饭数担，或十余担，酒二坛，每饭一担，必置熟鸡、熟鸭、（熟）蛋于其上，送往接亲。次日女家以数女子偕新人伴乘（来）郎家，近则越（一）宿而往（返），远则二三宿而返。斯时新郎新妇，尔为尔，我为我，不谋一面，不交一言，虽谓结婚，犹同陌路，若夫床第之乐，则望洋莫及矣。厥后每逢佳节，或插秧，或收割，着人迎接。有来者，有不来者，来则渐相习相就，不来者终不免琵琶别抱矣。有是焉，请中理论，结局以钱调解，谓之财礼钱。在昔各寨，各有定例，或银四两四钱，或八两八钱，至多不过十倍八倍，近亦改变不等矣。"① 总的来说，即便遵从"父母之命，媒妁之言"而订了婚，在结婚前，尤其是落夫家前，各民族的婚姻都不稳定，只有落夫家，生育儿女后，才成为事实。

（1）苗族

从江苗族至今仍沿袭着两种古老的婚姻习俗：一种是父母包办的婚姻，一种是男女自由恋爱的婚姻。包办婚姻就是父母根据自己的家庭和子女的情况来为子女选择结婚对象。不管子女同不同意全由父母做主。婚姻缔结方式严格按照传统程序执行。

问亲：一般都由男方主动上女方家提亲。男方父母认为哪家的姑娘适合，就托熟悉女方或是女方亲戚做媒到女方家去探问，如女方父母不同意就罢了。基本同意，继续请媒人去落实。之后约定时间，男方父母或叔伯才正式和女方父母面谈。女方家同意开这门亲，则送一只吊颈鸭给男方。

看鸡眼：当地苗族婚姻缔结过程中最关键一环，是否成亲，还得杀一只鸡来看鸡眼决定。鸡眼好，说明男女双方有缘分，鸡眼不好就不合。在双方商定的吉日里，男方请一个能说会道、有儿有女的男人，手拿一把宝剑（长 1 米的苗族特制的剑），身背银毫（通常为大洋）到女方家去杀鸡看眼。通过杀鸡、煮鸡等一系列的仪式后，将煮好的鸡捞出看眼，若是鸡的眼睛一只或两只凹进去，或一闭一开或全闭，这是不好的征兆，大家默默不语，心里各自明白成不了亲，男方请去的人悄悄溜回。如果鸡的眼睛全睁开或全凸出来，大家就异口同声地说："啊，成亲了！"这时男方请去的人就把带去的大洋和人民币掏出，交给主人供奉祖先。供毕，女方家人就去通知他的房族兄弟、隔壁邻居都来喝喜酒。凡是来的亲戚朋友，人手提一只吊颈鸡或吊颈鸭，作为送给男方的礼物。这就算订婚了。通过看鸡眼订婚后，一般

---

① 从江县地方志编纂委员会编《从江县志》，1999，方志出版社，第 739 页。

要等到第二年才结婚办喜酒。如果男女双方年龄还小，等五六年甚至八九年才办结婚酒的都有。

办结婚酒：当男女双方达到结婚年龄后，在商定好的吉日里办结婚酒。届时男方请兄弟数人，牵一头牛（无牛则以等价折钱）到女方家鸣炮登门。女方家设宴款待接亲人和自家亲友。女方家要杀一头猪并刮净，抬去男方家供其宴请亲友。结婚时不同房，一、三日后便返回娘家。此后每当节日或农忙才将媳妇接回。经多次接送，生活上渐感习惯后，或有身孕后才落夫家。整个过程通常需要 1 ～ 3 年。

从江县苗族有不同于其他民族的习俗，即接亲途中，如遇路人将树叶铺在道上，他们会将随身准备的一些糯米饭、腌肉、腌鱼放在树叶上，供这些“乞讨的人”享用。这一习俗是祖传下来的，其意为：一是表示新郎新娘家富有；二是让大伙儿分享喜事的欢乐；三是磨练新郎新娘的意志，使之白头偕老。沿途村寨小孩看到苗族接亲队伍，往往在他们必经之路上铺设树叶，然后躲在隐蔽处，等待接亲队伍的施舍。

随着时代的发展，民族与民族之间的风俗互相交叉与融合。新中国成立后，从江县苗族的一些婚姻习俗也在不断演变。尤其是改革开放以来，大部分苗族地方也兴起 3 万～ 5 万的彩礼，女方家陪嫁，除银饰和一些苗衣苗裙外，还有现代家具、电器及摩托车等。结婚的年龄也多从 15 ～ 18 岁，提高到了现在的法定年龄，不落夫家的习俗也消失了，只要举行结婚仪式后就可同房。

据从江苗学会几位老领导反映，如今从江苗族自由婚姻占 80% 以上，过去只有 5% 左右。即便订了婚，抗婚、私奔也会得到双方父母的默认，但办酒时男方必须附上一部分罚礼，如罚肉 30 ～ 120 斤，罚酒 30 ～ 120 斤，罚米 30 ～ 120 斤，罚款 30 ～ 120 东毫（民国时广东省制银币）。

（2）侗族

侗族青年男女多在日常交往或行歌坐月时相互认识，了解而渐生爱情；也不乏偶尔相遇，一见钟情而以身相许者。但须父母知道并同意后，才为之操办婚事。有些也由父母为子女择偶或由媒人牵线搭桥，但以子女双方自愿为准。婚姻过程大致为问亲、定亲、送礼、接亲、回门、落家等。

问亲：男方托媒人到女方家探口气，如女方父母已知女儿意向，便一拍即合，否则就以各种理由婉言谢绝。媒人第二次前往，如女方尚在犹豫，则需第三次、第四次才见分晓。有的地方说亲时，如女方杀鸭待媒人，即表示应允，杀鸡表示拒绝。

定亲：男方择日请媒人到女方家去“奥社”(衣服上的棉线，相当于八字)，女方招待媒人，并给男方带回一段侗布（意为联姻带），婚姻关系便算确立，别的男子不能再去问津。这天双方均需酬谢媒人半边鸭肉（必须连头）或鸭子一只。过去，定亲时男方不送任何定亲彩礼，双方也不请定亲酒。20世纪60年代中期，六洞一带女方开始请酒，但只请房族或近亲老人，意在告知：女儿已经许人。男方开始送红黑米饭，肉、鸭、烟、酒、糖果、衣料等定亲彩礼，有的还送手表。女方回送布匹、衣、鞋之类，现在的订婚礼俗基本与汉族相同。

送年（节）礼：订婚后，每逢年节，男方须给女方送礼。大节多送，小节少送，少则数挑，多则二三十挑，多为红黑糯米饭、粑粑、猪肉、糖果、糕点等，女方则以之分送亲友。20世纪五六十年代以来，交通沿线及比较富裕地区，攀比风盛，礼物越增越多。农忙季节，双方均可邀请对方携同伴去帮忙。六月六、吃新节，男方可把未婚媳妇接来过节，不过未婚媳妇只能在走廊或厢房走动，若进火塘间或卧室，便会被讥为“思夫心切”。办结婚酒前双方的社交完全自由，相互不能干涉。

接亲：接亲一般在腊月二十七至二十九日，少数地区在二月、八月，六洞地区多在腊月二十九日。高增一带除正月和五、六、七月外，其他月份都可接亲；丙梅、占里等寨则统一在腊月二十六日。接亲多在晚上，由接亲婆提灯到女家，新娘跟父母吃了告别饭，便用布袋提侗布一匹（称为“进房布”）和换洗衣裳随接亲婆前往新郎家。路上不能碰见人，新娘进屋时，男方家人都要回避，否则今后不和睦。新娘进门后，按祭师指定的方位坐下，家人才出来相见。接着祭师焚香烧纸念诵祝词（侗语称为“斗萨”）。仪式结束，即引新娘入室，姑嫂陪宿，或到接亲婆家歇宿，家住本村的回家住宿，新婚夫妇不同房。天明新娘在姑嫂的陪同下到井边挑回一担水，表示已成为新家庭的一员。当日大办酒席，宴请宾朋。

回门：新娘多在当日或次日回门。男方以数担至数十担黑米饭、猪肉、鸡鸭、粑粑、糖果等礼品随行。当天方女家即请亲戚朋友前来吃喜酒，以此告知亲戚朋友女儿已经出嫁。有的地方，女方家随即把简单嫁妆如水桶、布机、木箱、布鞋、棉被等交男方带回；有的是次日才送；九洞、高增一带侗族过去则要到新娘生孩子后才把嫁妆送去。20世纪80年代后，侗族地区多有陪送高级床上用品、大小衣柜、手表、单车、缝纫机、洗衣机、电视机等，本村或邻村的还陪嫁山林、田土，现今多陪嫁金银首饰、现金、轿车等。一场婚礼大约花费20万～30万元不等，与当地县城居民无异。

落家：传统上与苗族、壮族相同，有不落夫家的习俗。在不落夫家期间，农忙季节妻子被接到夫家干活，若女方情愿，也可同房。以后便逐渐由“接来”变成“自来”，由“留宿”到长住。有的地方女方怀孕后才“落家”。落夫家前女方仍可自由参与行歌坐月，男方即使有了子女也不受限制。现在女孩一成亲便在夫家生活了。有的甚至在打工地先同居有孕，再回乡办酒。

（3）壮族

从江县壮族男女青年社交自由，传统上大家多通过“走姑娘”形式互相认识，在交谈、唱歌、玩乐过程中建立感情，可以私订终身。互不认识的人，可以通过第三者介绍建立婚约关系。壮族很少有姑娘外嫁，多在寨内结亲。新中国成立前，婚姻大部分由父母包办，请媒人问亲而定，以姑舅表婚为最多。新中国成立后，自由恋爱增多，包办婚姻逐渐减少。秀塘壮族姑表亲很盛行，外甥女婚嫁，舅家有绝对优先选择权。如果姑妈不肯让女儿嫁给舅家，舅家以断绝亲戚关系相要挟或索取赔款。“赔款费”一般为四五百元，有的上千元。

说亲：自由恋爱的，由男方向父母提起，再由父母请媒人说亲。如女方家同意，就拿双方八字、属相推算，如果相克就请巫师来“解”。父母包办的，由男方老人请人说媒。

定亲：一般十三四岁就开始定亲。定亲时间由男方决定，邀三五个能说会道的人带上一头香猪、酒、肉、米和四毫银币（新中国成立后是人民币十多元）到女方家，女方请房族来吃“订婚酒”。主客对歌，加深了解和增进感情。钱给姑娘舅家做礼物，女方送男方一套衣服或布匹做凭证。

结婚：从江县壮族青年男女过去一般是十五六岁就可以结婚。结婚时间多在秋后举行，由男方选定吉日。届时，男方叫一个姑娘持雨伞送到女方家，接着男方房族把腌鱼、腌肉、糯米饭送到女方家。女方把男方送来的礼物加上自己的礼物送给亲戚。留部分还给男方。男方接亲人抬着女方煮好的母鸭、糯米饭等走在前面开路，接着是接亲的小姑娘，然后是新娘和两位陪娘（新娘的姐妹或堂姐妹），最后是浩浩荡荡的送亲队伍。至新郎家，新娘通过上楼、提物入门、祭祖等一系列仪式后，亲戚按资排辈开始放炮、送礼、举行婚宴。席间，客主对歌，有的男女对歌通宵达旦。当晚，新娘由伴娘陪宿。次日，由男方送新娘回娘家。两三年之后才到丈夫家常住。其间，每逢农忙、节日，男方把新娘请来帮忙或过节。头几回，由女友或小姑陪宿，一般两三天回娘家，以后自己来夫家住的时间逐渐频繁，怀孕后才常住夫家。

壮族青年男女私订终身，当地称为“私奔”。情投意合的男女，在半夜，由一两个好友为伴在男方家杀一只鸭，吃顿夜宵，便自完婚。第二天，再通知双方父母。一般双方父母都承认婚姻。如双方老人都反对，这对男女便外逃私奔。

2. 族际婚姻现状

传统上，从江各民族都不与外族通婚，即便是本民族，不同支系、不同文化圈或非传统婚姻圈也不通婚。如苗族有一句顺口溜“铜不黏铁，苗不黏客”，忌讳与汉族或其他民族通婚。侗族也是在传统婚姻圈内通婚，并有“根骨”之分（牛种与蛇种不婚），及其“十门寨外的亲事，不如一门寨内的婚姻”观念，深深地影响了一代又一代人的婚姻。壮族也是以寨内通婚为主。但各族同姓不同宗结婚的现象比较普遍，侗族还有《破姓开亲》的许多传说故事及古歌。据民国《从江县志》记载：“苗族婚姻不忌讳同姓，独忌讳与变婆种人家联姻。”

从江各民族与外族通婚较早的应该是侗族，为学习汉语文化，很多侗寨均有请汉族老师入村传教汉字的故事，不仅免费给他们送田地，有的还许配侗女给他们，以招引汉族先生到侗寨居住，这可以追溯到明朝时期。据民国《从江县志》记载：“汉族均系各省人士，由明季而来，近亦渐增，多住沿河两岸，与侗苗杂处。侗族有土著者，有外来者，较苗瑶壮族大有进步，几与汉人等，惟习俗与男女恋爱，与昔日无异（光绪二十年永从县黄大仟咏竹词云：吹笙罗汉夜如何，半夜三更迭唱歌，男女情投身便许，不分同姓结丝罗）”。侗族“好读书，不图造诣。近亦进化，与汉人无殊”，苗族“读书者厥厥，即读不求深造”，“有所谓僮者即俗谓僮家，言杂侗语，进化较侗人稍次，较苗稍优”，“壮族与侗族俗尚相似，惟文化不及远甚”，“又有瑶族曰红瑶、曰狗瑶、曰顶板瑶，均喜居高山。好读书，不求进步”。侗汉较早联姻，还可从当地汉族山歌中找到一些根据，如“没连罢，我去江边找侗家。拿笔写字没赢你，撑船种田你没赢他”。

改革开放后，族外不婚的限制渐渐被打破，以下江镇平江村为例，如今嫁往外省的有 24 人，嫁往外县的有 22 人；娶得外省的有 10 人，娶得外县的有 17 人。再如谷坪乡弄盆、五一（摆酿）一带苗族侗族杂居村寨，20 世纪 70 年代前，寨内两个民族间互不通婚。20 世纪 70 年代以来，两个民族之间通婚的家庭不断出现，截至目前，由两个民族组成的家庭占总户数的 80% 以上。城镇居民和国家干部职工的婚姻基本不考虑对方的民族成分，各少数民族间通婚以及少数民族与汉族通婚已十分普遍。据《从江民族志》记载，该县在 1990 年第四次人口普查统计，全县共有少数民族和汉族混合家庭 3478 户，占总户数的 6.44%，其中县城丙妹镇有 758 户，占全镇总户数的 22%。

我们此次所调查的宰便镇，各民族通婚的历史更早，且数量也不少。以宰河侗族为例，其形成就有“侗父水母”之说，即父亲是侗族，母亲是水族，故当地汉族习称他们为“水侗”。他们与壮族通婚也是由来已久，并且非常普遍，查其户籍，有的家庭祖孙三代都与壮族通婚。如宰帽村宰那侗寨，娶苗族人为媳妇的有 5 人，娶壮族人为媳妇的也有 5 人，娶汉族人为媳妇的有 1 人，招苗族人为上门女婿的有 1 户（子女报苗族）。宰帽村宰恨寨，是一个苗、侗、壮、汉杂居的自然寨，其中苗族人娶侗族人为媳的有 7 人，娶壮族人为媳的有 1 人，娶汉族人为媳的有 3 人；侗族人娶壮族人为媳的有 2 人；壮族人娶侗族人为媳的有 8 人，娶苗族人为媳的有 8 人，娶汉族为媳的有 1 人；汉族人娶苗族人为媳的有 3 人，娶壮族人为媳的有 1 人。彭某某，汉族，其母亲为侗族，娶苗族人为妻子，其长子报侗族，次女报苗族，三女报侗族。尾见是一个以壮族为主的自然寨，娶苗族人为媳的有 10 人，娶侗族人为媳的有 7 人，娶汉族人为媳的有 5 人，娶瑶族人为媳的有 1 人。潘某某，壮族，妻子汉族，其长子报壮族，次女也报壮族，儿媳汉族，孙子、孙女全跟祖太婆报侗族。再如该镇引东村，族际婚姻数量就更多了，该村以苗族为主，杂有侗、汉、壮、布依等民族，共 310 户，其中苗族 191 户，侗族 67 户，汉族 49 户，布依族 2 户，壮族 1 户。苗族人娶汉族人为媳的有 17 人，娶侗族人为媳的有 3 人，娶壮族人、水族人为媳的各 1 人；侗族人娶苗族人为媳的有 35 人，娶壮族人为媳的有 5 人，娶汉族人为媳的有 4 人，娶布依族人为媳的有 3 人；汉族人娶苗族人为媳的有 17 人，娶侗族人为媳的有 4 人；布依族人娶侗族人为媳的有 2 人，娶苗族人为媳的有 1 人。但在二友、友娘、摆所、摆虾、摆利以苗族为主的村寨，族际婚姻相对就比较少，如友娘村无一例族际婚。二友村的摆松、引略大寨、羊乃、羊告等自然寨也是如此。其他苗族自然村寨或多或少有汉、侗、壮、水杂居或嫁入。

3. 产生族际婚姻的原因

纵观从江县，族际婚姻在明代以前是比较少见的，明代以来始有汉族屯军进驻侗族地区，渐有侗汉通婚案例。但居住在月亮山腹地的苗族仍以族内婚姻为主。至清代，侗族、汉族、壮族等民族为躲避战乱，或经商、逃难到苗寨中，被苗寨收留，定居苗寨，与苗族人结婚生子，这部分人有的完全被苗族同化，有的只保留民族成分，如引东村的杨姓侗族和新华村的龙姓汉族等，移居该村起，几乎代代与苗族通婚，无本民族语言。至民国年间，随着木材贸易向月亮山腹地延伸，大量资本也涌入该区，一些汉族、侗族商人及地主开始在苗寨购置土地，如曾姓汉族大地主在月亮山区东朗片区各寨购有大量田土，后移居孔明村。分摆苗寨地主陈老富，侗族，榕江车江人。摆鸠苗寨地主范老登、范老那、范老增都是汉族。苗寨的罗子模老早也是汉族，广东人。这些外来地主之子女，后多与当地苗族结亲。中华人民共和国成立之初，由于月亮山苗族缺少懂汉语、识汉字的人，从本县东部选调的一大批汉族、侗族年轻干部入月亮山腹地各苗寨任教和当会计，这批干部也有不少定居各寨，与当地苗族人结婚生子。如今许多苗寨有汉族、侗族嵌居者，大部分属他们之女。改革开放后，当地各民族青年男女外出打工，与其他兄弟民族青年交往频繁，族际婚姻逐渐增多。尤其是近几年的脱贫攻坚，不仅撕掉了贫困的标签，走上共同富裕之路，同时也改变了人居环境和交通困境，逐渐消除了语言上的障碍，大大缩小了地区间、民族间的差距，外面的女孩也愿意嫁进来，留得下，这才是族际婚姻产生和增加的主要原因。

4. 族际婚姻的影响

从江境县各民族的族际婚，娶什么民族的人，通常按什么民族的婚姻习俗给予办理，如娶苗族女孩，必须得看鸡眼、给大洋，若女孩已订了婚，还得认罚“四个 30 ～ 120”，入门则按本民族的习俗进行。如平江侗寨的侗族男子石某某，他与领娃村苗族女子吴某某订婚，两人在广东打工相识、恋爱，2021 年春节准备办婚事，女方父母不同意，男方请人经无数次撮合，于 2022 年农历二月才同意，但要求必须看鸡眼来决定，通过看鸡眼两人有缘分，协定三月办酒。办酒时，男方按女方提出要求，送去 4 万多元的彩礼（按当地中等水平），大洋四枚，一头猪，一头牛，一担糯米饭，50 千克米酒和几件啤酒、饮料。另外，因女孩已订过婚，外加罚“四个 100”（酒、肉、米、钱各 100）。侗族去接亲的队伍，按照侗族习俗，选儿女双全的人去，选单数不能选双数，但不背苗刀苗剑。女孩着苗装出嫁，进入男方家举行祭祖仪式后，改着侗装，并于清晨到井中挑回一担水。平江、领娃两村虽山水相连，田土相依，这两个不同的民族村寨，平时交往也十分频繁，节日活动更是走得亲近，但千百年来就是不通婚，没有一桩婚事。如今这对年轻人结婚，算是开了头，揭开了民族团结与文化交流的新篇章。

宰便镇引东村打碎河二组的侗族男子张某某，其配偶为苗族，大儿媳为彝族，小儿媳为瑶族，是个民族团结大家庭。来自云南的大儿媳，为他们带来了土豆优质品种及烤烟种植技术。来自瑶族的小儿媳妇则为他们带来了瑶族药浴及打油茶的技术，改变了家庭及社区饮食与保健习惯。同村摆依寨的苗族男子潘某某，其配偶为汉族，儿媳一个是侗族，另一个是越南的畲族，由于迟迟不能办证，最终选择逃离。据了解，外省籍女孩嫁到宰便镇的不少，但能留下来的不多，几乎跑完了，有的甚至留下子女，给家庭、孩子留下的痛苦不少，主要原因是嫌当地穷，其次是交通不便、语言不通、饮食不习惯等。

在月亮山腹地，族际通婚的历史久、数量多，但能稳定下来的多为当地族际间的婚姻家庭。如宰便镇宰河片区的侗族、壮族婚姻家庭，语言相通，习俗相近，生活条件相当，甚至侗族唱的是壮歌。侗族嫁到壮族家庭讲壮话，壮族嫁到侗族家庭讲侗话。如宰帽村支书潘某为壮族人，居尾见寨，配偶是那洞侗寨的侗族女子，年轻时他们通过唱壮歌结识，如今家庭内部用壮话交流，其妻在村里，遇壮族则用壮话交流，遇侗族则用侗话讲，她既会做壮族的煨酒、盐水猪脚，也擅长侗族的腌韭菜。

居住在苗寨的侗族、汉族，由于文化基本被“苗化”，无论娶苗族媳妇，还是嫁苗族女婿，均按苗族风俗进行，如引东村、新华村的侗族、汉族。

5. 现代族际婚姻与文化认同

（1）族际婚姻中的观念更新与变化

在从江，传统以来各民族都有自己特定的婚姻圈，主要表现在通婚对象与通婚地域这两个方面。在通婚对象上，各民族一直坚持族群内通婚优先的原则。在通婚地域方面，则通常限定在本村及附近村寨。如今，从江各民族通婚圈在原有基础上逐渐扩大。族内婚虽仍是择偶的优先选项，但族际婚从开始的不被接受到现在已大量出现。过去社会观念认为只有嫁不出去的女孩才外嫁，娶不得本民族本地方媳妇的男人才外娶，如今谁能外嫁、外娶才是本事。过去外嫁、外娶遭父母反对，如今得到默认，甚至鼓励与支持。

（2）对社区“三交”的促进作用

从月亮山各民族通婚圈变迁的案例我们可以看见，通婚圈的扩大尤其是不同民族间族际婚的增加，可以有效地促进不同民族在空间、文化、经济、社会、心理等方面的全方位嵌入，进一步促进不同民族间的深度交往交流交融，使得各民族更加团结统一，从心理层面强化各民族对中华文化与中华民族共同体的认同。

因为具有不同风俗习惯与文化传统的不同民族，通过族际婚姻缔结成家庭，他们所养育的后代，奠定了新的民族共同体的基础。具有不同族群文化背景的个体，在家庭这个亲近私密情境下的交往交流，融合了原本各自不同的文化。这种私密情境之下的文化交流与融合，是自然而然发生的，是社会公共领域内的文化融合代替不了的。婚姻家庭生活与整个社会密切相关，族际婚姻中家庭文化的多元与融合，最终会对整个社会文化产生影响。而族际婚姻的增多、通婚地域范围的扩大，使得不同民族、区域间的文化得以相互交流，有利于消除民族、地域间的文化隔阂与差异。

从历史到当代，婚姻缔结一直是我国各民族交往交流交融的重要形式之一。因为婚姻不仅仅是两个个体的结合，而是涉及双方及其相关血缘亲属共同组成的家庭，是人类社会的基本组成单位。因此，某一婚姻个体在特定民族或地域范围内寻找自己的婚配对象，便具有了更为广泛的社会文化意义。在中国这样一个统一的多民族国家里，某一民族的通婚圈在一定时间范围内的逐渐扩大，必然会推进相关民族的交往交流交融，推动文化共性的增加，并在心理层面促进中华民族共同体意识的强化。

（3）对构筑中华民族共有精神家园，铸牢中华民族共同体意识的积极作用

习近平总书记在中央民族工作会议上指出，必须以铸牢中华民族共同体意识为新时代党的民族工作的主线，推动各民族坚定对伟大祖国、中华民族、中华文化、中国共产党、中国特色社会主义的高度认同；必须构筑中华民族共有精神家园，使各民族人心归聚、精神相依，形成人心凝聚、团结奋进的强大精神纽带。婚俗文化在推动各民族交往交流交融、构筑中华民族共有精神家园上具有积极作用。

各民族在长期的历史进程中相互交往交流交融，形成了既相互联系又各有特色的奇异婚俗，形成了宝贵的婚俗文化。婚姻是男女缔结家庭关系的一种文化现象，婚俗是伴随婚姻而产生的。对于婚礼，无论繁简，只有公开办过婚礼才能建立婚姻关系。在大力弘扬中华传统文化和中国特色社会主义先进文化的今天，各民族都在

日益摒弃婚俗中的糟粕，在保留传统与精华的同时，更加趋向接受现代文明的婚姻与婚俗。以爱情为基础的自主婚姻，日益成为通行的婚姻状态。

中华民族伟大复兴需要以中华文化发展繁荣为条件，婚姻婚俗是一个民族区别于其他民族的独特的文化标识，它的精华不仅凝结成了一个民族的过去，也可以滋生出新的未来。因此，我们要保护好、传承好中华民族的婚俗文化，推动各民族坚定对中华民族和中华文化的高度认同，为铸牢中华民族共同体意识、构筑中华民族共有精神家园打下坚实的基础。

三、各民族节庆认同与走亲文化

（一）节日类型

1. 节日分类

从江县宰便镇民族节日分类如表1所示。

表1 从江县宰便镇民族节日分类

类型	节日名称	节日主体	时间	范围	寓意
农事	吃新节（新禾节、新米节、尝新节）	各少数民族	农历六月、七月十三日、十四日，八月十五日	全镇	庆祝丰收
	开秧门、插秧节	侗族、壮族、苗族	秧苗移栽季节	全镇	祈求丰收
	开田门（播种节）	侗族、壮族	春耕前	部分家庭	祈求丰收
	祭棉花地	苗族	棉花种植季节	棉花种植户	祈求丰收
	祭耕牛	苗族	春耕前	部分家庭	敬谢耕牛
	六月六（活路节）	侗族	农历六月初六	部分家庭	祈求丰收
	湿耙节	壮族	春耕卯日或酉日	部分家庭	祈求丰收
	解耙节	壮族	农历五月初五	部分家庭	敬谢农具

续表

类型	节日名称	节日主体	时间	范围	寓意
祭祀	清明节	各民族	农历四月初四	全镇	祭祀祖宗、祭奠过世亲人
	中元节（七月半）	汉族、苗族、壮族、侗族	农历七月十三日、十四日	全镇	祭祀祖先、过世亲人
	中秋节	各民族	农历八月十五日	全镇	敬月神
祭祀	鼓藏节	苗族	三年至十三年，或家中有事临时组织	引略村、摆利村、宰送村、摆补村等	祭祀祖宗
纪念	端午节	各民族	农历五月初五	全镇	纪念屈原
	苗年	苗族	农历十月中旬起，现与春节同期	宰便镇苗族村寨	纪念苗族先祖
	侗年	侗族	农历十月底或冬月初，现在与春节同期	宰便镇侗族村寨	纪念侗族先祖
	壮年	壮族	农历冬月二十九日或三十日至腊月初七，现在与春节同期	宰便镇壮族村寨	纪念壮族先祖
	春社	壮族	农历二月	宰便镇壮族村寨	纪念成年过世亲人
庆贺	春节	各民族	农历正月初一到十五	全镇	团聚、庆祝
	劳动节	各民族	公历五月一日		
	国庆节	各民族	公历十月一日		
	重阳节	各民族	农历九月初九		
	芦笙节	苗族、侗族	不定时		

续表

类型	节日名称	节日主体	时间	范围	寓意
社交	七夕	汉族	农历七月初七	年轻人群	纪念牛郎织女
	吃相思	苗族、侗族、壮族	约定	友好村寨	交友
	赶社	侗族	社日	村寨社场	交友
	走寨	苗族	春节或农闲	友好村寨	交友
	四月八	壮族	农历四月初八	郊外	交友
社交	六月十三	壮族	农历六月十三日	下尧村（原宰便大区，现加榜乡）	交友
	赛歌会	壮族	正月初三开始	友好村寨	交友

2. 宰便镇各村寨民族节日

（1）宰便村

宰便村是宰便镇人民政府所在地，居住着壮族、汉族、苗族、布依族、瑶族、侗族等民族，民族节日类型丰富。过去以吃新节最为隆重，随着常住人口转换成以老幼人口为主，吃新节不再大操大办。苗族、壮族各家各户举行简单的祭祀仪式后吃一顿团聚饭，受其影响，过去在吃新节这天举办较大型聚会的侗族，也演变为以家庭为单位过节。

（2）引东村

引东村是中国传统村落，具有典型的月亮山腹地苗乡风情。春节期间举办芦笙会、苗歌比赛；四月进行“插秧门”仪式，祈求全年风调雨顺；农历八月十五的新米节最为隆重，正值丰收时节，村民在这一天都要吃新米（吃新节），并隆重祭祖、庆祝丰收。

打碎河组清明节是最隆重的节日，杨姓侗族分为四房分开祭祖，在山上杀猪供祭，然后分而食之。苗族清明节，若祖坟远，则垒小土丘于路旁祭祀。

农历八月，打碎河组还有一个敬官节，打粑粑敬官，现在很少过此节。

打碎河组侗族迁居宰便镇7代，长期与苗族杂居会操苗语，也使用汉语和壮语，但不会侗语。在一个较长历史时期内以汉族身份生活。打碎河组过春节、元宵节、立夏节、端午节、重阳节，七月十四过中元节（也是吃新节的日子），凑钱杀牛各家各户分肉是这个节日的重头戏，邀请亲朋好友喝酒吃饭，从田里摘禾苞来尝新、祭祖。

怎江组苗族热衷组织其他苗族村寨斗鸟、吃相思，举行吹芦笙、吹苗笛、唱苗歌比赛。尤好斗牛，重大节日组织斗牛比赛，近几年比赛已渐趋减少。怎江农历四月八“开秧门”，全寨人聚在一起喝酒，家家吃黑糯米饭。怎江组和摆依组都是苗族传统村落，但摆依的苗族来自荔波、下江、三都等周边县乡镇，姓氏多，虽然都操苗语，但不着苗族服饰，传统节日上也着汉族服装。

（3）摆把村

摆把村居住着苗族、汉族等民族。民间文化保存完好，民间活动丰富多彩。矮脚寨建有“引沙”牛塘，重要节日举行隆重的斗牛比赛。正月初四到十五举办苗歌、吹芦笙比赛、行歌坐月等活动。农历八月十五过新米节（吃新节）。

（4）摆朗村

摆朗村居住着苗族、瑶族等民族，传统节日有吹芦笙、踩歌堂、荡秋千、斗牛、斗羊、斗鸟等丰富多彩的活动。

（5）摆所村

摆所村居住着汉族、苗族等民族。正月初五，各自然寨聚集在一起吹芦笙、踩歌堂、对苗歌。七月半中元节，村民杀猪宰牛，祭祀祖宗，祈求平安。这一天全村男女老幼欢聚一堂，摆长桌盛宴聚会待客，不醉不归。

（6）引果村

引果村村民均为苗族。除了喜欢唱苗歌、吹芦笙外，斗牛是当地群众最喜爱的活动。随着旅游开发不断推进，旅游基础设施不断完善，引果斗牛成为从江县一大旅游亮点。

（7）摆虾村

摆虾村是一个苗族聚居村寨，说苗话、唱苗歌、吹芦笙、穿苗族服饰，保留了完整的苗族传统文化，有吃新节等传统节日以及斗牛、斗鸟等民间活动。

（8）摆队村

摆队村住着苗族、汉族等民族。农历七月初七过“新米节”。节日期间，活动内容有吹芦笙、踩歌堂、荡秋千、斗牛、斗鸟等。

（9）友娘村

友娘村是一个苗族聚居村寨。唱苗歌、踩歌堂、斗牛等民族活动丰富多彩。农闲时择“亥日”举行斗牛活动，男女老少身着苗族盛装到斗牛塘观看比赛，场面十分热闹。七月十四过“吃新节”。

（10）友能村

友能村居住着苗、汉等民族。苗族传统节日基本上都保留了。

（11）宰帽村

宰帽村居住着壮族、侗族、苗族、水族、汉族等民族，是多民族聚居的典型村落，也是宰便镇第一大村。生态环境保护完好，原生态民族文化资源丰富。正月初三，各自然寨村民聚集到一起吹芦笙、踩歌堂、唱壮歌，热闹非凡。七月半中元节，全村庆祝丰收，杀猪宰牛，祭祀祖宗，摆一字长桌宴。

宰帽村有 10 个村民组、11 个自然寨，春节芦笙会，由相邻的几个村寨轮流组织。吃新节苗族不主动组织，与其他民族共同过。一般是七月十三日、十四日，宰帽村遵循看吉日过吃新节，农历七月卯日哪个好就定在那一天，如今年就定在了七月初九。

大年三十请神、供饭，初三送神。节日期间，兄弟之间轮流宴请。

在宰帽村，“吃相思”传统流传至今。从正月初一到十五，宰帽村各个寨子之间开始组织“吃相思”。“吃相思”就是一个寨子的人到另一个友好寨子做客。事先由寨老派人前去“吃相思”的寨子联系，确定时间、人数。接待方开始做准备。到日子，做客寨子的男女老幼全寨出动，接待寨子则杀猪宰牛，准备丰盛食物，招待客人吃饭喝酒，其间吹芦笙、对歌、舞蹈是必不可少的娱乐环节，时间一般持续 2 ～ 3 天。若两个寨子路程远，则接待方还需要安排好住宿，近则当日往返。热情好客的接待方往往还在结束“吃相思”后，赠送一头牛让客人牵回去继续宰牛热闹。“吃相思”费用由接待方村民均摊。由于场面热闹、规模大，往往吸引附近寨子村民也参与其中，举行这样的大型活动，外出务工的年轻人基本会主动回来参加。“吃相思”是青年男女交流沟通的重要活动，恋爱、婚姻也往往借助这个交往活动建立。“吃相思”作为当地村寨之间的大型互动交往活动，参加的各村寨寨老之间约定后轮流举行。

在宰帽村，外出务工的年轻人春节回乡过年，有亲近的老人过世也必须赶回来，一般节日则基本不返乡。

清明节，宰帽村群众在清明节前后几天选择合适的日子上山祭祖，男女皆可上山。以家族为单位轮流坐庄，坐庄的家庭购买本地香猪、山羊到山坡上烤食，其他家庭则带鸡、鸭、鱼等祭品。祭祖聚餐完毕，剩余食物各自带回家，邀请亲朋好友继续酒宴。

宰帽村的水族能掌握周边多个民族的语言，既能听懂也能交流。壮族、苗族、侗族等能基本听懂对方语言，但大多不会讲水语。由于长期聚居，各民族节日都是共同欢度，民族之间通婚现象也比较普遍。村主任潘海生是侗族，其妻是壮族；汉族村民彭正元，其妻为苗族。民族间通婚形成多民族参与节日的普遍现象。各民族都过的节日主要有春节、清明节、端午节，壮族的壮年十多年前就与春节一起过。

（12）引略村

引略村居住着苗族、瑶族等民族。民族节日较多，特别是三年一度的鼓藏节极为隆重，鼓藏节活动仪式为三天，邀请亲朋杀猪祭祖，吹芦笙、唱苗歌，是苗族重要的祭祀节日。

（13）宰近村

宰近村是侗族聚居村寨，村民交流都用本民族语言。

宰近村还保留有侗族鼓楼、风雨桥等侗族特色建筑。宰近村民风淳朴，保留着独特的传统习俗，如侗年、吃新节等，节日活动丰富多彩，如情歌对唱、芦笙吹奏、民族舞蹈等。

（14）摆利村

摆利村居住着苗族、壮族等民族。有鸡瘪节（吃新节）等少数民族传统节日，吹芦笙、踩歌堂、斗牛、斗鸟等民间活动是节日的主要活动。

（15）宰送村

宰送村居住着苗、侗等民族。逢年过节组织吹芦笙、踩歌堂等活动。

（16）摆补村

摆补村村民均为苗族。保留有传统的民族服饰、歌谣、生活习俗。

引略村、摆利村、宰送村、摆补村四个苗族聚居村寨，都有过鼓藏节的习俗。

（二）交往交流中产生的节日文化相似性

宰便镇各民族节日形式多样，虽有名称差异、仪式差异，但节日寓意相似：或通过祭祀表达他们对祖宗亲人的缅怀追忆，或通过歌舞酒宴表示感恩、庆贺丰收，或通过竞技娱乐交流情感，或通过互访交往增进友谊等。

节日文化多姿多彩，但其寓意古今相似。中华民族共同的春节、端午节、中秋节、国庆节等传统节日，之所以成为全国各民族共同的节日，皆因包含了共同追求的价值和理想、道德和伦理、行为与规范、审美与情趣。也因如此，宰便镇各族群众欢度这些节日的意愿愈来愈强烈，节日的隆重程度和群众参与意愿密不可分，对铸牢中华民族共同体意识具有夯实根基的作用。

宰便镇各民族的吃新节虽然过节日期、参与范围不尽相同，但庆贺丰收、感恩自然的寓意是一样的。苗年、侗年、壮年与汉族春节一样，是祭祖、团聚的日子，正因为寓意相同，现在各民族年调整到与春节同期。满足精神文化需求，是大多数节日的共同目的，芦笙会、斗牛节、嬉水节等的时间、地点已经不再是关注点，只要能够充分彰显过节的目的，形式已经退居其次。

苗族的“祭棉花地”“祭牛节”“祭田地”、侗族的“播种节”、壮族的“敬秧魂”“开田门”“开秧门”“敬牛神”，这些流传在不同区域、不同民族中的农事节日，其节日文化内涵就是通过对农业生产中的土地、作物、工具等进行敬祭，表达祈祷、感恩的敬畏之情。其“道法自然”“顺应自然”，与自然和谐共处的朴素生态观念相契合。

“走寨”是各个民族的传统交往活动，过去通过走寨加强同一区域内各民族间的凝聚力，以互帮互助的形式，共同进行侵扰防御，减少民族纠纷。现在无论是侗族的“月也”、壮族“走寨”，汉族统称“吃相思”，名称不同、形式有差异，但通过节日互访形式，增加村寨之间的友谊和了解，搭建成员的交往平台，达到民族交融化解矛盾的目的是一致的。

（三）节日文化的独特性

节日来源于岁时风俗，随着社会条件不断发展而固化形成节日习俗。从原始祭拜、禁忌，到敬神尚鬼再到娱人自乐，历经演变之后节日日期、名称、仪式固定，并绵延千年至今。

中国地大物博、民族众多，节日文化传承着各区域、各民族的精神文化。相对封闭的农业社会保持了民族节日的相对独立性。从宏观上来说，春节、元宵节、端午节、重阳节、中秋节因汉族人口众多、分布广泛而成为大众节日，其他少数民族节日则以自有的节日文化特征保持其独立性。时至今日，在开放的社会中，随着交往增多、交流加深，少数民族节日才逐渐相互影响、吸收和融合，逐步揭开民族节日的神秘面纱。

现代社会，民族节日虽然趋同性明显，但千百年来积淀的精神骨髓还是让少数民族节日保持了独立性、独特性。以苗族鼓藏节为例，其祭祀的神秘性、仪式的复杂性、时间的持久性、禁忌的广泛性，很难被同化、被模仿，成为宰便镇苗族的独特节日。

独特的地势形成“汉族占街头，壮族占水头，瑶族占箐头，苗族占山头”的立体分布格局。壮族枕水而居，从江县的三百河、加榜河水资源丰富，为居住于此的壮族提供了丰沛的生产生活用水。因此农历六月十三（出现闰六月，以第二个六月为准），壮族有隆重的“六月十三”节，传统称为“玩水节”，现代称为“嬉水节”。“农历六月十三，下尧河水变灵丹”，下尧村（原辖宰便大区、现属加榜乡）的“六月十三”节，村民在寨老的带领下到河边祭拜水神，洗澡健身，消灾辟邪，根除疾病。节日里，河畔变成了情感交流的场所，在既定的祭拜水神活动过后，划竹排、游泳、攀绳和跳水增加了竞技比赛激情，江上壮族大歌和集体捉鸭项目增加了趣味娱乐。参加节日的游客还能体验壮族传统长桌宴的风味。

虽然宰便镇定居的汉族始祖来自四面八方，但长期的深入交往，节日习俗已经本土化。根据籍贯不同，汉族中元节的过节日期也不一样，过七月十三日、十四日最为普遍（也有“官过十三民过十四”的说法），但节日中“烧包”祭祀祖先的传统依然有区别，体现了其独特性。

（四）各民族轮流过节日的原因与文化寓意

随着经济社会的不断发展，宰便镇基础设施、生产条件、人居环境得到不断改善，物质财富不断富足，精神生活水平不断提高，对文化娱乐方面的需求有了更高要求。传统节日参与人群的拓展和节日活动创新成为趋势，轮流过节正体现了这种趋势。

在宰便镇，大家庭过春节是家族团聚的重要节日。包产到户、特别是改革开放后，核心家庭替代了过去的大家庭，春节也多是小家庭成员团聚。现在春节轮流坐庄的趋势突出：一个父系家族的兄弟轮流在大年三十宴请亲戚，若有四个兄弟，则四年内每年一个兄弟作为大年三十宴会的组织者。这种轮流过节的形式，对加强父系家庭成员的团结、建立紧密的亲情关系，减少矛盾纠纷起到了较好的促进作用。

鼓藏节现在办得较少。引略村、摆利村、宰送村、摆补村等几个苗族聚居的村寨逢三年会举办一次，杀猪宰牛祭祖，祈求人丁兴旺，生活富裕。三年的小鼓藏节，吃鼓藏的村寨杀猪宰牛邀请亲朋参加聚会。而 5 年以上甚至 13 年举行一次的大鼓藏则由轮到的村寨做东道，活动时间持续数月、数年之久。月亮山腹地部分苗族遵照大鼓藏过三年，分五次祭祖的习俗，基本上需要举全寨之力完成。鼓藏节仪式在月亮山腹地的加勉、宰便、加鸠、东朗等乡镇均相同，大鼓藏节也是按轮流形式组织。鼓藏节规模宏大、耗费人力财力之巨，也是很多乡镇，几年、几十年没有组织的原因之一。

下尧村过壮年要翻盖维修三个社王堂（一年两次），全村三大房族轮流扛大头，负责祭拜主堂。祭拜主堂准备物质有 100 千克以上大肥猪，大坛黑米煨酒，60 千克糯米饭。次堂祭拜准备的物质则大为减少。轮流祭拜主堂，减轻了群众的经济压力，同时敬拜之情又未减弱。

苗族芦笙节有几百年历史，几乎每个村寨都过，大村寨还有芦笙坪，隆重程度超过苗族的其他节日。苗族村寨过芦笙节的时间不统一。《从江县民族志》记载了从七月到腊月十三个村寨过节的时间顺序，遵守由北向南，再由西向东轮转的规律，据说是根据苗族口述史中从江县境内迁徙线路和时间来安排的。

轮流过节是提高节日影响力和促进地方文旅产业发展的一种方式。吃新节作为少数民族的传统节日，具有普遍的地域影响力，很多地方除了以各家各户为单位的仪式、欢聚外，还会在民族之间、村寨之间轮流举行较大型的庆祝活动。宰便村、宰帽村都是苗族、侗族、壮族、汉族等民族居住的行政村，自然村寨较多。这两个村的吃新节往往就是约定俗成轮流安排。此举增加了节日热闹氛围，增进了村寨之间、民族之间的友谊，规模化后还能吸引外地游客参与，弘扬民族节日文化，提高了村寨美誉度。

（五）节庆文化中的共有元素

节日作为各族群众共同认可的传统文化符号和形象，是各族群众的共有记忆和共享映像，是其价值观念、文化风俗和民族情感表达的重要方式和纽带，塑造了多民族共享共有的精神家园。从宰便镇节庆文化看，共有的主要元素有祭祀、纪念元素，如清明节、中元节等；祈祷、感恩元素，如开田门、开秧门、敬牛节等；庆贺丰收元素的吃新节；欢庆团圆元素的中秋节、春节、芦笙会、各民族年等；以交友目的为主的互访；以竞技元素为主的斗牛节、嬉水节、体育比赛等。

从节日文化中的饮食看，普遍存在的是酒元素和本土菜、民族菜元素。各种节庆以酒助兴是共同特点，越是重要的节日，提供的品质就越好、品种就越多。宰便镇各村寨有自酿米酒的传统，在重要节日和宴请重要客人时，往往会拿出陈酿多年的老酒待客。如壮年要开“祖宗酒”，祖宗酒由壮家香禾大米酿制，12.5 千克一坛，必须存放 7 年以上。

对于饮食文化，地域特征已经超过民族特征，因此鱼生、烧鱼、酸汤鱼、牛瘪、羊瘪、香猪等地方特产和传统食物都是节庆的主角。

从参与人员的共有元素看，呈现单一向多元发展的趋势。过去的节日以核心家庭、宗族、本村寨、本民族为主，现已向不分宗族、民族、居住范围过渡——“来的就是朋友”成为节日参与者的共同标签。

（六）节日禁忌与文化制度

1. 苗族

宰便镇苗族热情好客，大家争相宴请参加过节的客人。如客人不能一一应酬，间有遗落，会引起主家不快。客人告辞，主人要厚礼相赠，客人不受，则认为失礼。如前面提到“吃相思”，客人离别时还要送牛或猪。

苗族节庆上，讲究尊老爱幼，老人孩子要优先享受最好的位置和食物，即使不认识的老幼参加也礼遇有加。在喜庆场所不能说出死、伤等字眼，以免破坏欢乐的气氛。

苗族正月初一早上杀鸡祭祖，但首次祭祖时不许外人参加，客人只能在外面屋檐下坐。这是为了避免打扰老祖宗回家受供。现在，宰便镇苗族节日中祭祖时，依然忌外人入室，必须关上大门。

作为苗族重大祭祀活动，鼓藏节的禁忌多，既有关于神东的禁忌，也有其他参与人员的禁忌，如吃鼓藏杀牛（杀猪）祭祖的三天中，不能舂米，吃鼓藏结束一个月内，不能把家里的钱物拿出去，不准买东西进家，不准订婚和结婚，也不准起房造屋。对主持和参与吃鼓藏活动人员的禁忌，充分彰显了对祖宗的尊重和保持了节日的神秘性。

苗年和春节，焚纸烧香留下的灰烬和祭祖的鱼肉，两天内不能清扫出门，否则得不到祖宗保佑。吃饭不能敲碗筷，否则家里会变穷。青少年忌吃猪脚叉，否则以后娶不到老婆，或媳妇被拐走。忌妇女跨过男人衣服、扁担，否则生产不吉利。忌上半夜鸡牛叫，否则必有灾祸发生，忌在家里戴斗笠、穿蓑衣。洗寨时忌外人入寨，否则要重新洗寨。

2. 侗族

侗族赶社节，吃赶社饭时要喝点盐水，忌动刀器，做菜只能用剪刀，表示怀念木阿点龙（侗族的社神）。

侗族端午节，需由年纪最大者先包粽子，不准数粽子数量，煮熟后不得先吃，要先祭供祖宗。“八月中秋，吃不是偷”，主人看见还要悄悄避开，不能正面打招呼。重阳节家家要吃新糍粑，第一槽需要挤出三个特别大的粑粑祭祖，称为重阳三大粑。

侗族春耕播种之后，就要把芦笙收藏起来，禁止吹奏。传说吹芦笙会导致风灾、虫灾，吃新节后解禁。正月期间，不能烧羽毛；大年初一忌拿铁器、利器；禁止出远门，大门不能关上，要让老祖宗回家团圆；不准说不吉利话。斗牛日，全寨妇女不许做针线活，不准舂米。孕妇及家属都不能从斗牛面前过，更不能摸牛头和牛角，担心腹胎灵魂跑到牛头角上，格斗时斗牛怕伤着胎灵而斗败。

敬酒时，客人必须喝干，还要夹一块肉敬客人，客人用嘴接食，忌拒绝或用筷子接。酒后不能将杯子覆扣于桌面，否则会认为嫌主人酒少。

3. 壮族

壮族社日是祭祀土神的传统节日，每年两次，多在立春、立秋后的第五个戊日。一个家族结成敬供单位，合杀一猪于树下祭神，聚餐后分肉回家供祖，但禁止妇女参加。

壮族在生产中还有许多禁忌。如开春之后，第一次打雷之日为忌日，以后凡逢含此数字之日都禁止到田间劳动，直到插秧结束。插秧到收割这段时间，还要忌戊日，凡逢戊日不下田劳动，只能到旱地里做活路。立秋那天，禁止在田间、地头行走，以免病虫害跟人到田地里作祟。

过去过壮年前后三天忌外人进入寨内，扫寨日前后三天忌外人入寨。湿耙节不能食用蔬菜，担心日后田里杂草丛生。改食用鸡鸭蛋，则预示着秋天有金灿灿的谷子丰收。

4. 汉族

汉族节日禁忌很多，尤其在春节，大年初一不往外面倒水，地不能扫，不准动刀，不准讲不吉利的话等。

随着科学文化普及，节日中的禁忌正在逐步消失，但中老年人大多还保持着对语言、行为的约束禁忌。

（七）大型集会节日

1. 鼓藏节

对从江县月亮山腹地苗族而言，吃鼓藏是重要活动，也是重要民族节日。小到家中不顺、出现病人要吃鼓藏，大到一个或数个村寨共同组织数年甚至 13 年一办的大鼓藏。从江县月亮山腹地的苗族鼓藏节不尽相同，有定期和不定期两种，定期有 3、5、7、9、13 年为期，甚至有时隔三四十年举行一次鼓藏节。鼓藏节参与人数众多，程序复杂，往往是举一个家庭、家族、村寨多年的财力举办。大的鼓藏节各种管事人员就有十数人或数十人，亲朋好友来自十里八乡。大鼓藏持续三年，祭祀活动有五次之多，是苗族重要的大型集会祭祀节日。

2. 月也

“月也”(吃相思）是侗族村寨之间一种盛大的集体结交、集体做客的结群交往活动。这种有“也”关系的两个村寨之间为了加深他们的友谊，双方商定：每年农历正月间定期“月也”，即今年甲寨的全体男女老少去乙寨集体做客（或限定人数），明年乙寨的全体男女老少（或对等的人数）又来甲寨集体做客。通过这种集体结交活动，加强他们之间传统的亲密关系。

乙寨要到甲寨去“月也”，需事先去信，甲寨认为条件成熟，即可写回帖，一面做接客准备。客人到村口时，姑娘们拦住寨门唱“拦路歌”，双方对答后，放炮迎客。杀猪宰牛，盛情接待。其间，开展对唱大歌、演戏、斗牛等活动。一般持续 3 ~ 5 天。活动结束，客人要离去时，主寨上除了举行“拦路”表示挽留和欢送客人外，姑娘们每人赠送毛巾数条，挂在竹竿上；用禾草包起若干包糯米饭，饭内夹有腌鱼、腌肉，送给客人在途中做午餐；主寨还送一头小牛和一只小羊，给客人带去留做“尾巴”，以示今后继续往来，体现了侗族社会和谐、友善的交往关系。

3. 斗牛

苗族不定期会择吉日举办斗牛活动，侗族选择每年农历二月与八月后的亥日斗牛。两个民族中的家庭或村寨都为斗牛准备专门圈舍精心饲养，还有专人割草担水拌料伺候，供给蜂蜜、猪油、米酒等食物。斗牛一般精挑细选、精心照顾，体格健壮。

斗牛作为宰便镇各民族最喜爱的竞技活动广受欢迎，部分村寨都养有斗牛，个别村寨建了斗牛塘，或者山坳中专门的斗牛场所。斗牛节上，各族群众盛装参与，往往汇集千人以上，呐喊冲天。斗牛成为集会人数最多的大型活动。

4. 壮年

宰便镇过壮年是壮族最隆重、持续时间最久的传统节日，以农历腊月为岁首。每年农历冬月二十九日，各家各户开始杀猪捉鱼贴对联，打扫卫生准备过年。三十日，以家族为单位合抬一头猪到社庙前祭祀，祈求社王保佑人畜兴旺、村寨平安、庄稼丰收。全村鞭炮、火枪齐鸣，敲响年锣，男女老少守岁。初一早上妇女到井边“挑新水”，认为仙家送水，喝了能治病驱邪。早饭时举行“敬祖”仪式，巫师每到一家需要念咒语、焚香烧纸，以酒肉祭供，请祖先来过年。村寨各家各户准备好丰盛的酒肉饭菜，鸣枪放炮之后开始串门，互相祝贺，品尝美食。小孩子敲锣打鼓成群结队到村寨外寻找象征猪牛马羊的石头抱回村寨，模仿其叫声，各家各户听到后，在圈舍门口用香蜡纸烛敬供，打开圈门，等孩子过去后关好圈门，谓之“关牛羊”。初二下午或初三各村寨举行“敬社”仪式，正式进入走亲访友和盛大娱乐活动，如“赛铜锣”、窜寨“赛歌”。热闹场面持续到初十，每家打糍粑，壮年正式结束。

5. 其他大型集会节日

以上仅仅是大型集会的几个例子。在宰便镇，各民族的吃新节、民族年、芦笙节、嬉水节、吃相思等都是大型集会性节日。

(八) 节庆互访与文化走亲

节庆的主要特点之一是人员集中、汇聚，“走亲访友”充分彰显了人们互动性交往的特征。宰便镇各民族过节庆，春节时家庭、家族的轮流宴请，清明节家庭、家族成员共同上坟祭祖，端午节、中元节、中秋节家庭成员间团聚，更多体现亲戚间的互动；苗年、侗年、壮年、鼓藏节、芦笙节更多体现民族间的互动；吃相思、走寨更多体现村寨之间的互动。

1. 主要形式

节庆互访和文化走亲形式多样。宰便镇传统节日期间主要包含家庭互访、宗亲互访、村社互访、竞技互访等。

族群滋生的凝聚力是各民族形成和发展的力量保障，民族、宗族、家庭紧密交往形成的向心力，提高了生产力和生活质量。节庆，正是不同圈子内成员凝聚力、向心力交融产生的重要载体。

家庭互访通过劳动互助、血缘亲缘沟通，维护着核心交往圈的稳定；表现在春节、端午节、中元节、中秋节等常规性中华传统节日中。

宗亲互访通过语言交流（聊天）、动作交流（握手、发烟、敬酒、餐食）巩固和提升了族群的情感交流，表现在清明节集体祭祖、鼓藏节仪式等上面，不断重复唤醒和加强血缘记忆，加固亲缘关系。

村社互访则通过吃相思、走寨、四月八、六月十三等有组织的大型活动，以互融方式加强区域内的沟通和联系，巩固村寨内部和村寨之间的友好和谐关系。

竞技互访是以斗牛、芦笙会、水上运动（游戏）以及现代篮球、足球、拔河集体活动等平台，强化了团结、拼搏的奋斗精神。

节日互访越来越呈现融合性的特点，例如过去吃新节互访的成员主要是宗亲，现在只要举办大型的吃新节，参与人员已经不限于本民族了，甚至突破地域限制，县城的亲朋好友也会获邀参加，共同表达祈求自然庇护和庆贺丰收的愿望。

文化认同是节庆的内涵寓意表达，宰便镇有四个村举行鼓藏节，向外传达了苗族群众独有的文化符号；宰便镇所有民族共同欢度的春节，彰显了中华民族共同体的文化符号。现代节庆参与成员的多元身份，以及“互访”形式多样化，进一步丰富了农村群众文化生活，在满足人民群众日益增长的精神文化需求方面发挥了积极作用。

随着经济的发展、生活水平的提高、交通的日益便利、信息传播的畅通，“相熟、相助、相融、相亲”的多主体、多层次、多样化的节庆交流格局逐步形成。“文化的旁观者”向“文化的参与者”过渡，带来民族文化的普及性、传承性增强，节庆活动规模不断扩大正好印证了文化认同随着社会进步不断深入。

“文化走亲”是新时代对节庆外延拓展和内涵提升的创新举措，对加强农村基层公共文化服务体系建设和丰富群众精神文化生活大有裨益。通过群众参与、群众创作，充分弘扬优秀传统民族文化，结合群众喜闻乐见的展现形式，能够有效调动群众的积极性。结合经济贸易的节庆“文化走亲”，在从江县各级人民政府主导下，能够打造成一方、一族的品牌盛会，对宣传乡土农特产品、发展农旅经济提供了良好的契机。结合娱乐健身竞技的节庆“文化走亲”，能够加强各民族交流交往，丰富群众工余、农余休闲生活，推进体育运动普及，营造和谐的民族关系和社会关系。

“文化走亲”作为社会新风尚，将促进宰便镇全镇公共文化硬件设施升级，丰富公共文化产品供给，提升公共文化服务效能，铸牢中华民族共同体意识。

2. 节庆文化变迁与区域性节日文化趋同

贵州各民族传统节日、庆典渊源于农耕生活，或与农事活动相关，或与祭祀活动相关，在千百年来的农业社会中，节庆的目的和意义基本固化于此。

节日沉淀了各民族千百年的传统文化精髓并代代延续，其习俗的历史渊源、过节仪式具有广泛的群众基础，反映了民族的传统习惯、道德风尚和宗教观念，寄托着整个民族对先辈的缅怀，对生活的美好祈愿，具有强烈的内聚力和广泛的包容性，也是维持群体的情感纽带。

例如过去宰便镇侗族、壮族都过吃新节，但规模小，以家庭为单位从自家菜园和稻田采摘蔬菜和稻穗，其祈求丰收的象征意义远大于形式。如今当地少数民族吃新节在形式上远远大于祈愿丰收的象征意义，节日内涵逐步淡化，参与人数拓展为亲朋好友，情感交流、娱乐和聚餐成为吃新节的重要内容。

过去节庆会举家庭全部财富来操办，是难得的一次物质享受，因而无论从精神还是从感官上都具有强烈的期盼。随着经济的发展、物质的充裕、交往互动的深入，以及精神生活的多元化发展，节日文化的内容与形式已产生了创新性转变。但作为民族审美的具象表达，其文化情怀还是根植于内心深处，在彰显文化、弘扬美德、陶冶情操、弘扬传统、增强民族凝聚力，维护社会和谐稳定的重要意义上没有根本改变。

“近苗则似苗，近侗则似侗。”在以壮族为主的村寨酒宴和社交场上，人们普遍使用壮歌进行唱和交流感情，苗族、侗族村寨亦然。节日文化民族元素趋同性进一步显现。

新中国成立后，在集体生产的一段时间内，“活路头”自然消失。土地承包到户，农户选择吉日动土，祈求丰收的生产习俗又零星恢复。开秧门等习俗在农业大集体生产时被认为是迷信，一度废除，1978 年分田到户后又逐渐恢复了。在农业传统社会，苗族、壮族等都要举行“开田门”“开秧门”仪式，并且有较为严格的吉日选择，具有农业生产约定俗成的指导性质。随着农业生产技术和气象信息的广泛传播，这些农事活动演变为表演性质，部分村寨的这一古老习俗甚至慢慢消失了。在一定社会背景下或消失或恢复，其实都是顺应时势的行为。

宰便镇统一过春节或在春节共同过苗年、侗年、壮年，都是近二十年的节日变迁使然。这也是镇人民政府大力倡导下，节约时间、精力和金钱的趋同行为。2018 年，部分人士提出，建议把壮年和春节时间调整在一起。主要原因：一是小孩正处于考试期间，会因过节请假影响学习；二是外出务工群众处于年底忙碌工作阶段，也不方便请假。经过人大代表和各村组干部、乡贤、寨老等做工作，绝大多数群众也认识到两个节日相隔太近会带来经济的较大负担、生活与学习的不便，于是大家就决定按汉族的春节过壮年。时间变了，但节日的习俗没有改变，也说明壮族群众对中华节日文化的认同，接纳了中华节日文化。

从交往交流交融上分析，部分少数民族的年节和汉族的春节也具备日期调整一致的理由。首先，在各民族长期杂居的过程中，汉族春节已被各民族接受，春节基本成为各民族的共同节日。少数民族年节的节日文化虽与春节有一定区别，但欢庆、团聚、祭祀的基本寓意相同，节日形式大同小异，特别是长期交往之后，春节和民族年节的共同元素增多。其次，随着经济社会发展，人员流动性增加，少数民族年节主要还是留守的本民族参与，属于民族内部的小范围交往，特别是外出务工造成的青壮年参与人员缺失，民族凝聚力也有减弱的趋势。其三，少数民族年节和春节的日期调整一致，从交往交流交融的角度看，大范围的团聚、走访，能进一步加强民族间成员的相互了解，在彼此沟通中畅通信息、提升知识能力；特别是这种交往突破了民族内部限制，对铸牢中华民族共同体意识具有推动作用。

达成共识后，壮族年和春节过年的时间基本一致。同样，苗年、侗年现在基本上也逐渐趋于春节同期举行。

少数民族节庆有自己的传承体系。在封闭的农村社会和大杂居、小聚居分布格局中，民族节庆的内涵和仪式长期固化。传统节日从内涵到形式，都是一个相互关联的有机整体，时代变迁之后，传统节日在仪式感、载体、符号等方面缺乏时代感，不能满足人们在审美、娱乐等方面新的需求，也必然产生变迁。宰便镇苗年、壮年、侗年在时间上的改变，正是受到了现代生活节奏的影响。

3. 人们对参与节日的向往，节日文化圈的形成

节日是在一定区域或族群范围内、文化传统一致或相似的个体或群体，依据传统历法，由宗教祭祀、生产劳动、纪念重大历史事件、人物、婚配交友等因素形成的，具有相对固定的活动内容和时间周期。纪念、交友、娱乐、竞技等内容或寓意是人类普遍的思想和行动追求，因此节庆才会经久不衰，成为人们向往的重要活动。

生活在宰便镇的各民族人民，他们的传统节日蕴含着注重血缘、敬天爱人、崇尚团圆、以和为贵、礼尚往来等特质，人们积极参与到节日庆典中，更是一种传统精神的延续。节日是连接群体的纽带，与群体生活密切相关。斗牛作为苗族、侗族的传统习俗，无论是牛的主人还是在场边呐喊的观众，参与意愿强烈。外地务工人员都会回乡参与鼓藏节，表明他们作为族群一分子的强烈意愿，也是身份认同的一种心理暗示。

节日文化圈是指共同参加节日的成员构成的群体。随着社会进步和交往范围的扩大、交往程度加深，节日文化圈也在不断扩大，圈子的交叉也呈现出增多趋势。民族节日历来是一个民族独特的文化符号，现在参与者身份的多元化，使得民族节日仅仅是一个身份象征符号。例如，宰便镇村寨举行的较大型的吃新节，已经不分

民族和地域了，一是举办者广邀亲朋好友，二是周边群众自发参与，三是游客主动参与。传统节日破圈正说明了农村社会对独特民族文化的认同在普及、在拓展。

4. 节日文化圈内的族际文化认同与文化借鉴

乡土社会差序格局中，参加仪式是族群认同和身份归宿的重要认证。包括节日文化在内的优秀传统文化，是各民族发展进步的精神内核。每一个独立节日都包含着从古至今，所有成员对它的文化认同。四大族系在贵州繁衍、分化，形成今天众多少数民族的过程中，节日是民族、族群区分的标识之一。正因为贵州很多民族都来源于四大族系，因此节日蕴含的民族文化从根源上具有众多相似性。

节日发展到今天，节日文化圈在不断发生着固化、破圈、重组的动态演变。除了对节日展现的民族文化的高度认同外，节日的趋同性又表现出各民族对节日寓意的高度认同，也就是每个节日的思想价值、审美价值不断得到更多群体、民族的认同。比如，节日能够有效满足物质享受，达到感情倾诉、心理抚慰，以及持续带来的幸福感、愉悦感。

节日中的文化借鉴在月亮山腹地屡见不鲜。汉族移民至此，少数民族的节日日渐丰富，春节逐渐风靡，清明节、端午节、中秋节从最初少数家庭仿效，到如今普遍性过节，说明了他们对汉族节日文化中美好寓意的借鉴。

吃新节主要是宰便镇少数民族的传统节日，现在从事农业生产的汉族家庭，在丰收季节，常会用新米煮好的第一锅饭，用干净碗盛好，在碗中插上三炷香，放在家门口或神龛上，用于感谢上天和祖宗的佑护。这便是借鉴了吃新节祈求和感恩的节日内涵。

在最初的节日互访中，主要目的是加强“盟友”关系，抵御侵扰。之后，苗族、侗族、壮族等民族都有村寨之间的互访，节日文化从“盟友”向朋友转化，搭建交流平台，为年轻人提供恋爱婚姻的机会。通过借鉴，展现出各民族共同拥有的节日互访文化。

斗牛、芦笙会等竞技类的节日文化，都有着各民族文化借鉴的影子。无论是借鉴而形成本民族新的节日，还是在原有节日中丰富竞技、娱乐目的，完善仪式流程等，都有各民族相互借鉴的影子。

传统节日是各民族优秀传统文化的具体代表，作为民族精神符号和文化载体，不断传递独特魅力和文化自信。弘扬和传承传统文化，不仅要以喜闻乐见的方式赢得本民族的认同，也需要将积极的社会价值充分表达，赢得更多民族的文化认同。节日文化只有相互借鉴，才能在节日圈外延不断拓展的基础上，永葆其生命活力。

5. 节日文化圈的形成对构筑中华民族共有精神家园的作用

节日是群体认可的传统文化符号和形象，也是各族群众价值观念、文化风俗和民族情感的表达平台，世代流传历久弥新。对组织参与节日的成员而言，节日就是凝聚心理认同、增进共识、紧密联系的重要方式和纽带。“多元一体”是中华民族的显著特征，各种文化的独特性必然形成不同的文化圈，但在社会不断发展进步的新时代，若干文化圈正在融合、扩大，从宰便镇的民族节日发展趋势看已经有了充分证据。全民欢度的春节、中秋等节日正是各民族交往交流交融之后产生的节日大圈，在这个节日圈中，通过节日文化的凝心聚力，形成了中华民族休戚与共、命运与共的共同体理念，构筑起人们对民族精神、同宗同源的认同。

习近平总书记将“加强各民族交往交流交融”作为“中国特色解决民族问题的正确道路”的组成部分。“促进各民族交往交流交融，要正确处理差异性和共同性”，强调“要尊重差异、包容多样，通过扩大交往交流交融，创造各族群众共居、共学、共事、共乐的社会条件，让各民族在中华民族大家庭中手足相亲、守望相助”。节日，是中华民族共有的精神家园，也是中华民族生生不息、团结奋进的动力源泉。

四、各民族建筑文化的交流与借鉴

（一）村寨的择向及布局

1. 建村立寨的文化底蕴

从江县月亮山地处九万大山深处，森林密集，特产丰富，水源富集，历史上人口较少，各民族进入九万大山后，辗转迁徙，出现“你中有我，我中有你”的居住局面。在特定历史环境中，形成了“汉族占街头，壮族占水头，瑶族占箐头，苗族占山头”的立体分布格局。也有“壮侗住水边，苗族住山腰，瑶族住山巅”的说法，由此可大致看出从江县月亮山区各民族村寨的分布格局。各民族在建村立寨的择向方面，大都处于森林、水源下方，背北向南，背阴向阳，背风向阳，村寨的视野较为开阔。

择地立寨的缘由，各民族、各村寨、各姓氏也不相同。

一是因山林茂密、土地肥沃而立寨。如高武寨的壮族，传说在200多年前，有欧、韦两姓先到高武打猎，看到当地山林茂密，土地肥沃，于是就定居下来，后来又有梁、石、杨、罗、季、叶、戴等姓氏先后迁来。欧、梁二姓结为拜把兄弟，因而不通婚。

二是庄稼收成好而立寨。如宰便镇引东村杨氏是引东最大的家族。据说迁入引东的第一代先祖杨光明因偶然的机会进入引东寨，被结有四个棒子的玉米秸秆深深打动，认为此地土地肥沃，适宜种粮食作物，于是扛着四个玉米棒子的秸秆回到天柱邦洞老家，毅然决然地接来家人，在引东寨定居下来。他靠打铁为生，逐渐繁衍成为一个大家族。据引东寨现存的《杨氏族谱》记载，清光绪十九年（1893），引东杨氏祖辈曾派人到天柱邦洞参加修谱，并给每个外迁的杨氏分支留存一本《杨氏族谱》，可以证明引东杨家是在清朝时期迁入引东寨的。

三是因共同的利益而立寨。如引东村怎江寨蒙家，先前从荔波迁到榕江的加尼村，最后迁到怎江定居，与党扭迁来的王家共同开辟了怎江寨。据怎江寨王老行和蒙正辉介绍，王家的先祖王故俩、王故进两兄弟，与蒙家先祖蒙故花同年代迁入怎江寨，王家居怎江，蒙家居住在距怎江约4000米的一处苗语叫“撇井”的地方。后来为了壮大力量，共同抵御野兽和流匪，蒙家也搬到怎江，与王家共同打造了现在风景优美、人杰地灵的怎江寨。

据调查，王家先祖王故俩就葬在怎江寨边，为了让子孙后代铭记这个开山鼻祖，王家人在王故俩坟头栽有一棵枫树，现在这棵枫树依然郁郁葱葱，树干粗壮，两个成年人都抱不过来。据从江县人民政府2019年11月挂的“古树大树名木保护牌”记载，这棵树的树龄约为160年，这正契合了王老行和蒙正辉介绍的“我们迁到怎江寨已经八代了”的说法。随着枫树不断长高长粗，王老两的坟冢早已荡然无存，已成为古枫的一部分。现在，大树真正成为王氏的先祖，每年清明祭祀祖先，王家的后人就在大树下祭拜，焚香烧纸，祭品挂或绑在树干上，祈祷祖先护佑人丁兴旺，幸福安康。

距王家枫树祖坟上面偏西约30米，蒙家先祖蒙故花为了给蒙家和王家的一块田地标定永久的界线，在界线处栽有一棵红豆杉。160余年后，他栽的这棵红豆杉，成了怎江名副其实的护寨神树。这棵红豆杉屹立在寨脚，高大壮硕，树干三人合抱，爬满绿绿的青苔，枝干荫蔽了200多平方米的土地，根须密集地扎进寨子土地的深层，永保怎江寨无坍塌之虞。从江县人民政府2019年11月挂的树牌赫然标注“国家一级保护古树”，让人陡增敬畏之心。

四是因人们经常聚集而立寨。如宰便镇宰帽村，别名“掉帽”，位于宰便镇南面约3000米处的小田坝及山坡上，海拔460米。建村前是人们生产、游牧及打猎休息的地方，后来发展成村寨，系侗语称“宰帽”而得名。全村土地面积10.94平方千米，辖10个村民小组，11个自然寨，居住着壮、侗、苗、汉等民族。宰帽村由于自然寨分布广，民族混杂居住，人口较多，也是宰便镇的第一大村。

（1）苗族村寨

诚如民谚所说，从江县月亮山区苗族大多居住在高山地带，依山腰为寨，多聚本族而居，一寨多姓，少数村寨掺有其他民族杂居。村落大小不等，小的村寨只有七八户，如引东村一个苗寨仅有9户，因户数过少至今不通硬化路。一般寨子有50或超过100户，更大的有三四百户。如往洞镇的托苗村，全村辖7个自然寨9个村民小组，是往洞镇最大的苗族聚居地，有470多户2000多人；加鸠镇的加翁村，一个自然寨有260多户近千人，被称为“梭百方冬”和“摆百虾翁”（苗语，即托苗四百户，加翁三百户），还有丙妹镇的岜沙苗寨也有240多户人家。

由于苗族的村寨多建在山腰上，一般寨子后面近百米内是旱作地，种植烤烟和小米等植物，旱地上方是林地，以利于涵养水源。寨子下方是梯田，可利用自流水生活和灌溉。因此，才有了壮观的加榜梯田、引东梯田和友娘梯田，它们是人类征服自然、改造自然的宝贵遗产。

（2）侗族村寨

从江县侗族村寨大多依山傍水，多数地势较为平坦，视野开阔。寨外梯田层层，林木繁茂，环境幽雅，景色宜人。寨中鼓楼是侗寨重要的特征，寨边有凉亭花桥供人纳凉歇息，河上有风雨桥。过去，侗寨一般都有寨门、寨墙（土墙或栅栏），如今只有高增乡民主村等少数侗寨仍保留有寨墙。侗寨内多为石板路或用卵石镶成图案的“花街”，古朴而幽静。寨内、寨边空地鱼塘上建有禾晾、禾仓，金秋时节一排排金色的禾把挂满禾晾。有溪河的地方，寨边还有水车、水碓、水碾。

（3）壮族村寨

从江壮族多聚族而居于溪河边、田坝里或山脚下，一来空气新鲜，二来日常生活、农业生产也较为方便。以一姓为主形成大小不等的村寨。各村寨历史上均有风水树。有的村寨四周还筑有石围墙，栽插荆棘作护栏，设有寨门供人进出，现刚边壮族乡三联村还保留有寨门的遗迹。

2. 传统建筑形制及功能

（1）壮族

据明《嘉靖图经》等史籍记载，明代壮族“所居屋用竹为阁或板木为之，人安其上，畜在其下”。这种干栏式房屋，房屋主体为五柱三列两间或四列三间，两头加偏厦。外观分上下两层，上层距地面约 2.5 米，上层人居，下层养畜。下层分牛栏、猪圈，猪圈里设有厕所和鸡笼等。喂猪不用下楼，在楼上通过一个水笕把猪食倒入食槽便可。下层另一部分安舂碓、放农具和杂物。建筑格局基本上类似于当地的侗族、苗族。房屋的楼梯设在屋侧偏厦内，或左或右，梯子的上方和外侧多有木板遮栏，楼梯不外露。梯子尽头有一个宽约 1.5 米、长 2 米左右的门，供人上下楼，楼梯均为木制。进门后是一个走廊（称阳台），宽约 2 米，长度占房屋的三分之二以上，面朝东或东南方向，以利于采光和晒东西。平时在此纳凉、纺纱、织布。阳台的正中才是房屋的大门，正对大门的多是主人家的神龛和祖位，称为正屋。正屋的右边或左边是灶塘。房屋内分设堂屋（即正厅、厨房，吃饭待客处）、寝室。老人的卧房多在正屋后或靠近灶塘，年轻人或媳妇的卧室则在屋子的两头。有的房屋在堂屋和卧屋上都铺有楼板，存放粮食及杂物，因此，房屋实有三层。房屋从地面至房顶，高约 8 米。由于壮族的房屋多系木质结构，又是接踵相连，若遇火灾则损失很大。有一年秀塘壮族乡下敖村失火，全村烧得只剩下两户人家。故壮族很忌火，由此还产生了一个习俗，即每年秋后的“退火神”（或称“送火神”）节，由鬼师念咒消灾。

壮族的房屋多为木质干栏式结构，具体来说因住房地势稍有不同：一种为全木质结构，这种式样修建在平地，不同之处是其灶下另修一个深约 0.5 米、长宽约 2 米的木箱，上面盛满泥土隔热，用作灶膛烧火。木箱通过榫头与楼梁连接在一起，十分坚固。一种是建筑在较陡坡地上的房屋，即把坡地铲平，留有一个平台，约有 5 米见方，在上面设灶塘，其他地方搭楼板。这一类房屋与前一类的不同点是一面临坡，临坡的一面有用木板围起来的，也有用泥土舂墙隔挡。其实它们的式样完全一样，只是因地基的不同而稍有变化。房屋刚开始修建时多呈正方形，以后随着家庭人口增多，便在房屋的一头立柱增修房间，使房屋横向发展。它的形成，与壮族传统的大家庭居住有一定联系。有时看到一大排房子，其实便是一个大家族或一家人。兄弟分家，也是在原房屋旁接搭一新间，房屋都是相连的，都有门相通。只有当房屋左右都无空间发展，或与他人房屋相连时，才另觅地基新建。新中国成立前因防土匪而相连是这种建筑的一个原因，但也与特有的家族居住观念有关。

（2）侗族

侗族房屋多为干栏式木楼，有些寨子也有少数砖房。楼房多为两层，少数建三层，一、二、三开间（五、七间很少），房屋两头加偏厦。楼底关养牲畜，放置农具、柴草、肥料及杂物，安石碓。二楼住人（如系三层，二楼则存放禾谷和杂物，三楼住人）。居住层前为走廊，宽约 3 米，不按间分隔，故房屋间数越多，走廊越长。走廊上放置数张松木长凳。凳宽尺许，可供人躺卧歇息。走廊外侧只镶短板，可凭栏远眺。短板上开一两个圆形孔洞，供狗引颈外望。屋内正中是堂屋（一间或两间的房子没有堂屋）。一间作火塘，其余作卧室。当家人夫妇的卧室总是在火塘后面。火塘间正中用青石板镶成一个正方形，边长约 1.2 米；内填黄泥，中置三脚架，火塘上悬挂一个圆形竹炕。火塘间是做饭用餐、烤火休息和接待客人或来访者的地方。侗族的习惯是进到火塘间才算“到屋”。火塘间的构造有两种，大部分地区的火塘建在地楼板上；有的地方火塘间留一走道，其余部分另装一层楼板，比地板升高一尺许（俗称火铺）。靠近走道安火塘，客人和家人都坐在火铺上面，主妇则站在走道上准备饭菜。部分姓氏的人家在正中堂屋或走廊板壁上置有神龛，神龛上供奉“天地君亲师”牌位，其余为卧室。卧室开设的推拉式窗户很小。第三层除了部分作卧室外，还可作挂禾把及存放杂物的地方。

侗族人在修建房屋时，先根据地势修建 2.5 ～ 3 米高的底层立柱，底层立柱均选用直径 40 ～ 50 厘米的上好杉木，柱底垫青石板。立柱上部四面凿榫眼，用枋穿斗成排，镶满杉板，构成楼房的平座，其上再竖立第二层柱架。吊脚楼每层均比下层挑出 1 米左右，形成吊脚，吊下的柱脚雕成瓜状或龙头状。悬山式屋顶，屋脊高出的坡面形成前后两边倒水，坡面的水步按“檐四中五六”尺寸设计斜面，从而形成上陡下缓平的檐面。这样做盖瓦时不仅可以使瓦片不易移动，而且屋檐微翘使得造型更加美感而不至于呆板，形状如大鸟欲飞之势。

受汉族影响，清代以来，侗寨开始出现一些徽派建筑，如增冲、平江、平友、朝利等村。

（3）苗族

苗族住房多为“人”字形结构的干栏式房屋。多数盖瓦和杉树皮，少数盖茅草。房屋一般为三排两间或四排三间搭两边偏厦。偏厦一边或正中间安楼梯，梯级有九级或十三级踏板，长约 4.5 米，宽约 1.1 米。也有少数房屋为六排五开间，两头搭偏厦。月亮山地区苗族装板多数是横装，工艺粗糙。其他地方苗族的房子装板是竖装。安装的板壁都开有较大的窗口。屋顶的“人”字形立面开有 33 厘米长、15 厘米宽的天窗，有的地区不开。多数堂屋里边开简易的小窗子，屋内有走廊，宽 2.7 米，长以房屋间数而定。走廊一侧或正中开一个直径为 15 厘米的圆孔，供狗伸头外望，站岗放哨。若有外人或小偷进屋，狗狂吠发出信号，以防偷盗。走廊外边每根吊瓜柱上凿有小孔，从孔中插进的木棒约有 150 厘米长，架上竹竿或细长圆木条，供晾晒衣服、谷物、靛染布匹等。走廊靠里板壁放置一条 3 ～ 5 米的长木凳。里间为堂屋（即火塘或灶房），用木板镶成长、宽各 1 米，深 30 厘米的火塘。用黄土填上夯实，略低于楼板。火塘正中安放三脚架。火塘朝板壁一侧放着竹制或木制的碗柜、筷筒，碗柜下放锅头、鼎罐等。堂屋两侧为 2 ～ 3 个卧室或客房。火塘左或右卧室是当家夫妇居住，未婚子女住偏厦两边房屋。有平房和楼房之分：平房高 5.7 米，屋内有一矮层楼板，可放杂物；火塘设在正中间，火塘上有木制或竹制、长宽约 1 米的四方框架，用来烘干谷物。鸡、鸭、猪、牛另搭圈在房屋一侧喂养。楼房为上、中、下三层，上层高 2.5 米，有楼板，可存放杂物及粮食、烟叶、辣椒；中层住人，高约 3.5 米；下层高 2.5 米，是关养牲畜、堆放圈肥或放大件农具及舂米的地方。每家都在房边或寨边建有干栏式的 1 ～ 2 个禾仓，存放粮食。

新中国成立前，从江县苗族生活贫困，住房简陋，无能力修建高大、宽敞的住宅。有些人居住的四柱支撑的杈杈房，多用柴棒、杉木皮或杂草敷泥作壁，房顶盖杉木皮或茅草，四面通风，抬头见天。苗族大多居住在山腰或山梁上，民居坐向依山势而定。从江苗族民居一般体量都较小，特别是古民居。从江苗族民居大体可分为两种类型：一种为矮脚楼，一种为楼房。坐落在山梁上的住户大多是矮脚房，主要是防止房屋被大风吹歪或吹倒。矮脚楼不设置底楼，一般在柱子距地面 50 厘米的地方穿枋铺枕镶楼板以隔地防潮。屋内结构与设置基本与楼房相同。楼房一般为三层，底层墙板横装，主要用来关养牲口、家禽和堆放柴火、肥料，安碓。二层设火塘、长廊、卧室。三层放置平时少用的家什。矮脚楼人家的牲口主要关养在一侧的偏厦里。苗族民居大多是两排一间两厦和三排两间两厦，四排三间两厦的很少。

柱子有明显“侧角”，出檐较为深远。不管是平房还是楼房，居民家中都设有火塘，不设神龛。节日祭祀活动都在火塘边进行。火塘既是祭祀的场所，也是用来烹调的地方。

苗族民居建筑材料全是杉树，柱子、瓜柱、脚柱都用杉木做成，楼枕、楼板、装板均是杉材。屋顶为歇山式，用杉树皮覆盖，只有部分人家的屋顶用小青瓦覆盖。

（4）水族

从江水族主要居住在原摆亥水族乡（现下江镇摆亥村），民居都是两层干栏式吊脚木楼。建造房子时，用 3 ～ 5 根主柱穿成排，将三排或五排相对竖立，再以穿枋连架。上端架梁、铺椽，呈中高前后低的两檐。左右两边分别竖短柱，并架上梁，称为偏厦。有的两侧有偏厦，有的一侧有偏厦。房子大小和占地面积基本相同，多为单幢独立，也有两房相连。房顶呈人字形，大部分盖杉树皮或茅草，有的家盖小青瓦。偏厦上盖杉树皮或茅草，但比正房顶平。房顶与偏厦之间镶板子，并于左边开一扇门，可架楼梯进入堂屋，是晒东西时上下的出入口。二楼是民居的主要部分，面对房子正面，楼梯从房子左侧上楼，右边的偏厦连接房间。房子前间左边紧连楼梯头成走廊。走廊对直后厢为堂屋。堂屋中央放置火盆（亦称火塘）。有的火盆是用木板镶成无盖盒式，上放泥土，即可烧火，并可根据需要把火盆移动。堂屋后侧开一扇小门，可倒水和垃圾，在堂屋左后侧（即楼梯对准楼上）为一小间卧室。房子右边全部是卧室，房间一一对应，但体积比二楼小。因为前后的基柱都往里移，两侧基柱齐偏厦以内。大部分房子楼下镶板子，亦有的房子未镶板子。楼下主要用于关养牲畜、家禽，存放柴火、肥料、石碓、农具，开建厕所。

（5）瑶族

从江的瑶族大多居住在半山腰或深山脚，民居依山就势而建。住在半山腰要建房须先将基础开挖，再在基础上修建木结构的吊脚楼住房，房屋都是以杉木为主要材料，用横梁穿枋严榫斗合，不用铁钉，结构严密牢固，上盖杉树皮。装板壁用的材料有两种，楼下用树条竹片或木板围严，无窗口，仅留一门。楼上用木板刨光装成，有窗棂。窗棂用小木枋装成长方形，无装饰花纹。瑶族民居一般是三排两间两厦，但秀塘壮族乡打格村的瑶族住宅，大多是 7 柱 5 排 4 间的大房。上层室内有独木梯可供上下活动，家人和客人到底层不必绕到大门。上层住人，前部分是宽宽的走廊。从走廊正中进门是堂屋，堂屋中间有火塘，是冬季取暖、接待客人和供奉祖先的地方。供奉祖先的神龛在堂屋的左侧或右侧。堂屋两侧是卧房。厨房、碓房或磨坊设在堂屋后侧的房间里。大部分人家都用竹笕将山泉引入家中，并用大青石凿成水池接盛，用水十分方便。偏厦是瑶族民居的重要组成部分，是用来安置楼梯，堆放柴火、农具，并安置有煮锅和一个供洗浴的大木桶。此外，也有人家做卧室或客房。

瑶族居住的房子以杉木结构为主，有的是吊脚木楼，有的为半边吊脚楼。“优勉”支系房子是三、五根或七、九根柱落地，盖杉皮或茅草，有些用楠竹破成“竹瓦”盖房，美观、牢固而花费不多。“巴哼”支系立房分两层柱子，先立一层铺好楼板，再立第二层。房子较高，多数盖木皮和瓦。楼上住人，楼下关牲畜。楼上前为走廊，中间为堂屋，后为卧室。

3. 传统房屋建材

黔东南有中国“杉木之乡”的美誉，所产杉木称为“苗杉”，具有入土不腐、作棺不生白蚁、外腐心不朽的特点。当地培育的“八年杉”和“十八年杉”生长速度和平均单位面积产量，在国内针叶林中居首位。锦屏、天柱、榕江、从江等县的各族村寨还有栽培“儿女杉”的优良传统。每当一个婴儿降世，父母便在当年栽植100株杉树。人们对“儿女杉”如同种庄稼一样下功夫。18年后，人已长大，树也成材，男儿成婚，女儿出嫁，费用就有着落了，所以又叫“十八杉”或“姑娘林”。这种维护生态的传统是独特的、美丽的，而且代代相传，使几百年来苗族、侗族、壮族、水族、瑶族等民族村寨人丁兴旺，杉树满山。

由于杉树量多质好，唾手可得，壮族、侗族、水族、瑶族吊脚楼以杉木为柱，杉板为壁，多以杉皮为瓦。甚至室内的各种家具，也以杉树为主。

从江县各民族在竖新屋或进新居时，亲友们要带镜屏、禾把或酒一坛前来庆贺。主人设宴款待。若架设新楼梯，主人在梯枋两侧各钉一枚夹着红绸的铜钱，杀鸡敬神祈求吉利，亲友则鸣炮庆贺。主人在楼梯头撒下糖果、苞谷花让孩子争抢。当晚设酒席酬谢亲友。

4. 建村立寨的文化事象

(1)“窝堆”与“萨坛”

在从江，苗寨几乎都建有“窝堆”；侗寨则都建有“萨坛”。据民国《从江县志》记载：“迷信鬼神，每寨必设一神堂，堆以石，盖以油纸伞，旁蓄万年青（树）一株，以为表记，逆望必祀，或祀一古木，以神所凭依，男妇老幼，必择一长（常）青茂盛子木，……”[①] 在侗族的古歌中则有“未建村寨，先建萨坛”之说。这些都是苗村侗寨的保护神。有的村寨还在入村的桥头、寨门外建有简易的土地公庙，以此护寨。

（2）“活路头”

1957年以前，从江县各民族在农业生产上普遍有“活路头”习俗，即凡挖田、撒种、开秧门等重要农事活动，均由“活路头”来“起活路”。各个村寨都有自己的“活路头”。这个“活路头”不是由大家推选担任，而是固定的。一般来说哪家的祖公迁徙到该村寨居住的时间最早，那家的后代就是“活路头”，且代代相袭。每项新的农活开始，都由“活路头”择定吉日，于清晨在家点着火把，扛着锄头，带上泡酒、糯米饭、少许鱼肉等供品来到田边。用锄头挖田三锄，然后打草标插在新挖过的地方，同时撒些酒、饭、肉在上面，以示敬祖宗和天地，祈祷风调雨顺，祈求祖宗保佑活路做得好，来年是个丰收年。“活路头”起活路后，各家才能动工。以后撒种、栽秧等，均得由“活路头”来起活路。1957年后，“活路头”在各村寨相继消失，但各户仍保持有吉日开工的习俗。

宰便镇宰河侗族“活路头”姓潘，据说他们最早来到当地，是从黎平迁来的，已有十多代人了。他们的老祖宗来到宰河时，到处是深山老林，宰便河两岸长满芭茅草，他们到此地开荒辟草，整地造田。因为潘姓来得最早，故当了“活路头”。苗族等其他民族住在附近的山上，每年必须等待潘姓动土挖田和开秧门之后，他们才开始相同的耕作，否则认为庄稼长不好。

从江县苗族各村寨都有“活路头”，一般由来到大寨最早的住户充当，或者由德高望重的寨老充当。一年农活如挖田、耙田、打秧菁、播种、栽秧等农事，都要由“活路头”选择日子举行开工仪式后，全寨各户才开始搞各项农活。如挖田仪式，先由“活路头”烧香焚纸念咒词祈求来年生产丰收并挖几锄后，就等于农事开始了，其他人才开始挖田。此后，青年男子不能串寨，姑娘们也停止纺纱织布。传说，“活路头”祖先到村寨落户，对当地的土壤、气候、物产、水源等十分了解，每桩农事都由他家先动工，做活路才顺手，风调雨顺，五谷丰收。新中国成立后，

① 从江县地方志编纂委员会编《从江县志》，1999，方志出版社，第740页。

尤其是搞集体生产的那一段时间，“活路头”自然消失。现在，落实生产责任制，包产到户，各农户选择吉日动土的农事生产习俗又恢复了。

“活路头”的主要职能：开田门、撒谷种、开秧门等。

①开田门

以壮族为例，每年立春之后，许多壮族村寨都要举行“开田门”仪式。由最先定居当地的“活路头”选定吉日完成“开田门”仪式后，其他农户才开始耕作和插秧。

从江县壮族的“开田门”，即在春耕季节到来时，人们选一“天干”中有“辛”的吉日举行耕作仪式。到时，全寨农户到各自管理的田间，挖几锄土，挑粪放到田里，把禾草埋在田中，或将禾草把在粪堆上烧成灰，插根芭茅草，表示从此以后就进入了农事生产阶段。

②撒谷种

快到撒谷种季节，择一吉日（卯日）撒谷种。撒谷种这一天，仍先由“活路头”从家中点着火把，带上几粒谷种和一小撮肥料来到田边，象征性地将所带的谷种和肥料撒入田中，并插上草标。然后各家各户仿照“活路头”那样，象征性地往自家田里撒些谷种和肥料。撒谷种那天，寨民们一般都开田鱼来打牙祭。象征性撒种以后，一般还要 10 ～ 15 天才真正大面积撒谷种。撒谷种之后，各村寨就禁止吹芦笙、踩歌堂、敲铜鼓了，目的就是要村民集中精力搞农活，不要因为娱乐而误了生产。

③开秧门

即开始栽秧。开秧门同样须由“活路头”带头先做。开秧门的仪式是：那天天还未亮，“活路头”即由家里出发，带着酒、糯米饭、鱼肉等供品到田里去开秧门。“活路头”早走的目的是怕遇到鸟雀拦路。如果遇到鸟雀拦路，就预兆当年禾谷歉收。因此“活路头”必须赶早。“活路头”到达目的地后，将供品摆在田边敬供，并取少许酒、饭、肉和肥料撒入田中，接着象征性地栽上几蔸秧（一般单数），同时打草标插在旁边。开秧门那天，各家各户都得像“活路头”那样举行开秧门仪式。开秧门表示大忙季节已经到来。那天每户人家都要宰杀鸡鸭、捕捉田鱼、蒸糯米饭来敬供祖宗。敬毕，全家聚餐，庆贺开秧门。

从江壮族“开秧门”一般都选“地支”中有“卯”的吉日举行。当天清晨，全村各户到自家的田里象征性地插几蔸秧，另用芭茅草结成“草标”插在其中，意为人已经占有了，鬼不能再来侵占，同时告诫人们不要随便下田。

从江苗族栽秧前，也要举行“开秧门”仪式，即选择一个吉日良辰，户主先到坡上割几匹叶青茎粗的芭茅草捆成一大把，插在准备栽秧的水田中间，尔后才能开始栽秧。当天早上，分别杀一只鸡、一只鸭，开田捉三尾或五尾鱼煮熟，摆在火塘边立的石头旁，烧香焚纸酹酒掐肉、鱼祭祖宗，认为得到祖宗保佑才会有好的收成。从江县苗族多数人家不设神龛，祭祖就在火塘边立石代替，这样仪式完毕全家才聚在一起吃早餐。在大集体生产时，这些习俗被认为是“迷信”，因而一度废除，1978 年分田到户后，又恢复了该习俗。

（3）扫寨

从江县各民族的住房多由木材建成，主要是杉木，特别易燃，尤忌火灾，因此在每年的秋收后，都要举行一个仪式——“扫寨”。

①苗族扫寨

居住在加车村的苗族，每逢秋收后都要举行一次隆重的“扫寨”活动。扫寨的目的是驱赶火魔和瘟神，据说扫寨后，能袪除三灾八难，全寨得以安然无恙，一切平安。

在举行扫寨活动前，由寨里德高望重的老年人选定吉日，然后通知全寨各家各户集中商量活动事宜，置办扫寨所需的物品。扫寨时，一般需要一只小狗崽、三条腌河鱼、1 ～ 3 斤糯米、1 元 2 角人民币（活动完毕归巫师所有）、香、纸钱等。确定某位巫师后，由他组织扫寨队，一般由 3 ～ 7 人组成。活动这天，扫寨队负责挨家挨户收取一点米（籼米或糯米均可）。在巫师的指导下扎一只纸船，编织一个新竹笼，内塞很多草类，折来一把芭茅草，选好五倍子树削成一把木剑，并用火炭在剑上画 3 ～ 7 个“X”。一切准备齐全，巫师将扫寨队员带到寨边做法事。扫寨队员在巫师身后肃立，巫师摆好祭品，用木剑上下左右挥舞，嘴里念念有词。念毕，画好符水，便走在队伍前面，一边挥舞着木剑，一边念咒语以示咒神消灾。扫寨队员紧跟其后，按顺序从寨头开始，一家一户地驱灾。扫寨队到达某家之前，该户全家老少必须回避，家中不能留人。扫寨队每到一户，扒门而进，有的舞剑，有的用芭茅草挥扫主人屋里，有的象征性取主人家火炕上的一点点烟灰装进纸船里。在临出主家大门时，巫师口含符水喷灭主人家火坑里的余火，最后把大门关上即算完成这家的清扫事务。当扫寨队员进入下一家做完法事后，头一家才能开门进屋，但是绝对不允许立即生火或把火坑里的余火引燃，否则扫寨活动得重新再来，并由不遵守规矩的人家出资选定吉日重新搞一次扫寨活动。

扫寨当天活动开始后，寨头路口均安排 1 ～ 2 人把守，同时打个茅草标悬于寨门表示封寨。此间不许外人进寨，本寨的人可以从寨内出去，但不得在解除封寨前进入，直到整个活动进行完毕方能回到寨内来。

东朗镇摆鸠寨苗族每年的年末岁尾都要进行洗寨（俗称扫鬼火），全寨各户以水淋灶，消灭火种。做完洗寨仪式后，必须用钻木取的火，或者用铜器和白岩石打得的火作为新火给各户使用，达到每年用干净火的防火安全意识教育作用。

②壮族扫寨

从江壮族把“扫寨”叫作“退火殃”。每年秋收后，待农作物都收回家时，即选好日子送火神。到时全寨各户都要把灶火熄掉，不留一点火星，把房子打扫干净，自带酒、糯米饭，全寨人都集中到山溪或水塘边的平地上。全寨各户凑钱买一头猪、一只羊，杀来送神，猪、羊要在溪或塘边宰杀煮好。众人在溪或塘边忙碌时，寨里的鬼师带几个帮手，挨家挨户念祷词喷神水、撒沙子。待走遍全寨各户后，也到溪或塘边设台，把猪、羊肉当供品，烧香烧纸念经敬神，念完后用葱扎成一个竹排模样，在船上放几粒炭火，然后放到水面上，让水推走或风吹走，意为送火神。送火神后，由寨老按户分肉，每户一串，各家各户就所分的肉，或单独吃喝，或几户自由组合共饮，把带来的酒、糯米饭在溪边或塘边大吃一顿。所有的食物必须吃完，不能吃剩或扔掉，更不能带回家里。盛食品的器物，必须用砂姜和野麻水洗干净，在大火上拿过后方得带回家。之后才能在家里生火，否则即为不吉利。如果哪家不按规矩办事，一定会受到众人责备，并对当年的火灾事故负责。

（4）水源地保护的文化习俗

从江县各民族建村立寨后，生产生活用水均使用天然的自流水，为保证各村寨、各户公平利用水源，各民族十分重视水源地保护，以利于生产生活正常开展。

以宰便镇引东村为例，“以格分田水，立石为界线，浅沟分你我”是引东村传承一百多年来避免水源纷争的法宝。灌溉农田，多户人共用一股山泉，如果你争我抢，务必耗费更多的劳力和时间，更会陡增矛盾。为此，几家人相约来到田水分岔处，按田面积的大小将一块木板锯成几个大小不一的格，挡在分岔处，泉水便通过各自的格，跳跃着流向自家的农田。没有立碑诅咒，没有村规民约，一切都靠诚信。大家大可放心，没有人去破坏，三五天来清理一下沟渠杂草和落叶即可。

水井也是村寨的命脉。从江县居民多饮用山泉和井水，且自古有保护饮用水源的习俗，并根据地势和当地习惯修建了众多各具形态的水井。

（5）山林、生境的维护模式

由于靠山吃山，从江县各民族对山林有很好的管理制度和乡土知识。以宰便镇引东苗族为例，在古老的时代，他们就有人工栽杉种树的传统，也积累了一些科学栽杉的经验。吃、穿、住、生计的大宗经济来源靠杉树，所以他们很重视人工栽植杉树。在育杉树苗和开山造杉树林时，他们都要牵羊到坡上宰杀来祭苗圃和杉树山。因为养羊与栽杉树是很矛盾的，羊吃了杉树苗的树尖后，杉树苗就永远不长了，所以宰羊祭山就是发誓，不管哪家的羊进入杉树山都要罚款，家家户户都要遵守，这是没有文字的“法典”。

随着杂交水稻的普及，粮食收成逐年提高，当年开荒造地种植粮食的地块全都种上了杉树，杉树长大成林，原先的土地边界早已消失殆尽。但在杉树林里有些立在地里突兀的石头，形态各异，这便是无字的“界碑”，简洁明了，不用杀鸡诅咒，大家都会心知肚明，绝不破坏。就算长辈仙逝，儿孙仍会以“界碑”分界，一目了然，绝不会闹不愉快的矛盾。

此外，引东苗族先民恪守朴素的“绿水青山就是金山银山”理念。过去，四个自然寨的村民不管田地怎样紧俏，薪柴多么紧张，也绝不会动寨头那大片森林的一根毫毛。一切都约定俗成，无需立碑警示，宁愿走上七八里路到远处去砍柴，一天只能砍一挑柴，也不窥探寨头的柴火。在向土里刨食的年代，寨子周围被开垦得斑斑驳驳，寨头依然郁郁葱葱。当年刀耕火种的山头，如今也成了茂密的杉树林，称为“绿色银行”。

茂密的森林，曾经是引东人的避难所。民国后期，社会动荡，流匪猖獗，常常袭扰村寨。引东人在森林里选两三个天然洞穴或崖底，当作临时避难所，方位和路线绝不外传，紧要的物资都藏在其中。为了自保，人们还在寨子的四周栽着带刺荆棘和灌木组成的绿色“围墙”，“围墙”十分严密，连野兔都望而却步。小股流匪来侵扰，全寨青壮年就会紧守寨门，在隐蔽处抛石头赶跑可能带枪的坏人。大股流匪来袭，一声锣响，全寨人迅速隐入大森林。土匪不敢贸然进入大森林，不知道里面的机关和陷阱，就算在寨子里蹲守几天也毫无所获。

据民国《从江县志》记载：“苗族迷信鬼神……或祀一古木，以神所凭依，男妇老幼，必择一长（常）青茂盛之木，系以废衣，拜为寄命，保其健康长寿，四时以酒饭致祭，终身不伐。”[①] 苗族自古以来就有栽种竹木果树、绿化村寨环境的传统。不论是山脚河谷的村落，还是山梁坡顶的苗寨，绝大多数村寨旁边都是苍松翠柏，古木参天。房前屋后的桃树、李树、樱桃等果木，春来百花斗艳，金秋果实累累。在风景树下，放置一对对古朴的木凳，供过往客人小憩，也是守寨人休息和青年男女对歌、谈情说爱之地。村寨内有石板阶梯路，村中和寨旁一般有水井、水枧、水塘、菜园和一排排禾晾。较大的寨子一般都有芦笙坪和踩歌堂的宽敞坪子，以及斗牛塘等公共场所，平时供人们休息聊天，节日里供民众聚会娱乐。

（二）禾晾与禾仓建筑

1. 禾晾

禾晾是从江县农村常见的一种木结构建筑，它是村民用来晒晾禾把的。一排排整齐的禾晾竖立在村旁屋边，秋收时节，禾晾上挂满糯谷，金灿灿的一片，成为民族地区一道特有的建筑文化景观。禾晾产生于何时，已无史料可考。从江县各民族自古以来以糯食为主，并培育了牛毛糯、融河糯、香禾糯、红糯、黑糯、白糯、旱地糯、打谷糯等繁多品种，除了打谷糯直接在田间脱粒外，其余的都需连穗折下捆成禾把，晾干收藏。为了晾晒禾把，并使之免受家禽、家畜和鼠类糟蹋，人们便造出了专门晾晒禾把的建筑——禾晾。禾晾建在向阳、通风的寨外、塘边，远离住房，也有少数建在鼓楼边。禾晾的建筑形式有几种：一种是常见的“一”字形禾晾，柱子用一根较大的杉树锯成两半，从距根部 2.1 米左右地方开始，每隔 0.5 米凿一直径 10 厘米左右的圆孔（有的用半边凿成方孔）。圆孔数量根据木料长短来定，一般 7 ～ 10 个，圆孔凿成后，两边相距 3 ～ 5 米相向埋入地里栽牢，再用直径 10 厘米左右的杉木条穿在两柱圆孔内（如果有半边是凿成方孔，杉木条这边的根部也需劈成方形），便成了垂直竖立像一架巨型梯子那样的禾晾。另一种是用小圆杉树做柱子的禾晾，不凿圆孔，只用青藤交叉把杉木条绑紧，使它成为梯子状，竖立牢固即成。“井”字形禾晾是四排，“一”字形禾晾像“井”字那样交叉构成，多个“井”字形禾晾连在一起，又构成回廊式禾晾。“井”字形禾晾较“一”字形禾晾耐用。禾晾有的盖顶，有的不盖顶，禾晾顶用杉树皮覆盖，一般都盖成一面坡

---

① 从江县地方志编纂委员会编《从江县志》，1999，方志出版社，第 740 页。

倒水，也有少数盖成两面坡倒水。有的地方把禾晾建在禾仓的四周走廊边，把横杆装在禾仓的吊脚柱上。推行糯改籼和广泛种植杂交水稻后，糯稻种植面积减少，禾晾有的已废弃不用，也不再修缮，但在田多人少和阴、冷、烂、锈田多的地方，仍以种糯稻为主，禾晾仍在使用。

以壮族为例，他们喜食糯食，因糯谷收获时须用摘禾剪一穗一穗地剪下来，扎成把，故多在屋外修禾晾，在屋外一定距离竖一排两丈左右高的挂禾把架，壮语叫“廊”。禾谷挂于屋外晾干。此地因民风淳朴，村人遵守乡规民约，无人偷盗。

壮族有的禾晾就在房子的顶部，在柱和梁之间横搭上竹竿或木棍，糯谷也可以晾晒在横杆上，待要食用时，及时取用一些即可。随着糯稻种植面积的减少，壮家大规模的禾晾架子已经不多。

2. 禾仓

从江县的民用禾仓大多是一户一幢，为一楼一底的木结构建筑。禾仓一般建在寨子的路边、鱼塘边，或者鱼塘的水面上。有的村寨在离寨子几十米甚至上百米的地方建禾仓。禾仓用杉木建造，悬山屋顶，上盖杉树皮或小青瓦，4 柱落地，假中柱支撑屋梁，二排一间，立二层。底层不装板壁，高 6 尺有余，禾仓柱子之间的距离是 1 丈 2 尺，取一年四季十二个月有陈粮之意，但有的禾仓要小些。禾仓柱子直径一般 20 厘米，也有的达 30 厘米，木匠师傅造禾仓都要将原材料丈量后，按尺寸下料，刨光、画墨、加工。各部件加工后，先用一块枋把两根柱子串起来，两柱之间中央装一根假中柱，让假中柱骑在穿枋上，再用一块穿枋穿过两柱和假中柱，有的在柱和假中柱之间增加一瓜柱，这就成了禾仓的一排。两排都装好后，就可竖禾仓架了。立起来的两排架子要用四块穿枋串联起来，使之形成四面都是 1 丈 2 尺宽的禾仓架。建在鱼塘水面上的禾仓，先要在柱子下面加垫露出水面的石墩后再竖架子，以免柱子浸泡在水里容易腐烂。禾仓架子立好后，在第一层穿枋外加装楼枕，再铺楼板，禾仓楼板靠门外要长出 1 米左右，以便上下装粮和取粮，天花板直接钉在上面的穿枋上。禾仓四周板壁用木板横装，只开一扇门，不留窗，不设楼梯，取放禾把用可搬动的独木梯上下。禾仓底不装板壁，一是通风好，易防潮；二是柱子滑，密封好，鼠类不易进去；三是离寨子较远，可避免粮食被火灾烧毁。

为防火灾，壮族多在室外远处建谷仓。禾仓离地 50 ～ 100 厘米，主要是防潮和防鼠，多为单体单间，也有单体多间。在秀塘壮族乡打秀村就有单体多间的禾仓，整个谷仓为一个单体，整齐划一，由6间谷仓组成，现在仍在使用。谷仓楼梯多为活动木梯，需要取用粮食的时候，在禾仓下取木梯搭至禾仓门前，开仓进门取用稻谷，此类楼梯的最大特点就是方便，不用从家里携带攀爬进谷仓的工具，使用完移除。

有的谷仓建在住房附近，用木柱架空，以独木梯登仓，板壁镶嵌紧密，能防鼠防潮，宰便镇宰帽村的尾见组壮族禾仓便以此种类型为主。

（三）村寨传统的公共文化设施

1. 风雨桥

风雨桥在建筑史上称为廊桥或楼桥。桥上彩绘着人物、鸟兽、民族风情等各种图案，因而又称为花桥。它是一种集桥、廊、亭三者为一体的桥梁建筑，是侗族桥梁建筑艺术的结晶，也是侗寨标志性的建筑之一。

据统计，从江乡间分布有风雨桥56座，这些桥主要分布在纵横交错的溪河上，桥长30～100米，宽3～4米不等。侗族工匠们设计出各式各样的风雨桥，用途也不尽相同，既是水上交通设施，又是人们遮阳避雨、休息、乘凉、迎来送往的场所，同时还具有拦住财富（不外流）、保村寨（龙脉）之功能。

从江县民间传统风雨桥建筑结构主要由桥墩、桥身和桥廊三部分组成。下部是桥墩，多以大青石拌以石灰围砌（亦有直接搭木架桥墩的），以料石填心，为减少水对石墩的冲击，桥墩多进行减阻处理，即将桥墩设计为椭圆形或六面柱体。中部为桥身，以本地产大杉木为原料，采用密布式悬臂托架简支梁体系（俗称加长伸臂梁），用大杉木3～5根横架于两端及桥墩之上。上部为桥面廊亭，采用横穿直套、卯眼结合的梁柱体系连成整体，桥廊柱间设座凳栏杆，供人休息，桥面铺设木板。

从江风雨桥从形式上有亭阁式和鼓楼式两种，其中亭阁式风雨桥是主要的结构形式。位于从江县东南面的谷坪乡流架风雨桥是亭阁式风雨桥的代表，该桥于清道光丙戌年（1826）动工，至清道光辛丑年（1841）竣工，历时16载，该桥下部为单拱结构石拱桥，上部为传统风雨桥结构，集寨门、石拱桥和花桥为一体，设计独特，构思巧妙。鼓楼式风雨桥的代表是从江县往洞镇增盈村的金钩花桥，桥长75米，宽4.5米，上建有高5米的桥楼三座，中部为五重檐四角攒尖顶的鼓楼造型，顶为单宝顶斗拱结构，桥两端亦为四角五层重檐歇山顶鼓楼造型，桥翼角起翘，泥塑鸟兽。风雨桥横跨小河之上，在落日余晖下，三三两两劳作归家的侗族农民，村寨中袅袅炊烟……组成一幅优美的田园风光画卷。

2. 鼓楼及功能

鼓楼作为侗族民间建筑文化符号，是中国优秀的传统建筑艺术之一，史载侗族地区明代就建有鼓楼。从江境内现存最早的鼓楼建于清康熙十一年（1672）。从江县境内的鼓楼有鼓楼和地楼之分，地楼亦是公共建筑，功能同鼓楼一样，但其制式和民房基本相同。

从江的鼓楼一般以 4 根、6 根或 8 根合抱的主承柱作为支撑鼓楼的整体构架，其中 2005 年新建的从江鼓楼主承柱大的胸径达 130 厘米，小的也有 120 余厘米。但是小黄村 1984 年重建的十一层八角新黔鼓楼则独辟蹊径，与众不同，主承柱不落地，只有 12 根檐柱和 4 根大梁支撑整座鼓楼。该村后来重建的小黄、高黄鼓楼主承柱均不落地。

鼓楼外形结构都是飞阁重檐，不用一钉一铆，层层收束而上，宝顶尖端直插蓝天，像一株巨大杉树屹立在寨子中间。除苗族和少数侗族鼓楼楼冠采用悬山顶建筑工艺外，其余楼冠都是四角、六角或八角翘角攒尖顶。采用斗拱结构，保留着古建筑传统工艺，是鼓楼建筑的一大特色。大多数鼓楼楼冠的如意斗拱，都是采用变形人字斗拱和锯齿涩木构成，支撑着高大的楼冠顶盖。重建于 1980 年的西山陡寨鼓楼，使用正六边形如意斗拱和锯齿涩木构成。从下往上看，楼冠下的如意斗拱像一个巨大蜂窝。银良鼓楼楼冠下的如意斗拱，既不是变形人字形斗拱，也不是正六边形斗拱，却采用正四边形艺术结构。

鼓楼系整体木质结构建筑，主要以杉木为建筑材料，极个别鼓楼主承柱采用杂木建造（如百二下寨鼓楼采用楠木）。密檐式重檐多为 3、5、7、9、11、13、15、17 等奇数，也有 2、12 少数为偶数重檐。鼓楼顶层的鼓阁一般安放木鼓一个，鼓长约 1.7 米，鼓面直径约 28 厘米。木鼓鼓面为皮革，有的两面都用牛皮，有的一面用牛皮，一面用马皮，鼓楼因此而得名。

据统计，从江县有造型各异的鼓楼 108 座，在众多的鼓楼中，可分为九洞、千七、二千九、六洞和都柳江（又称融洞河）五大鼓楼群。九洞和二千九地区的鼓楼高大，气势雄伟，楼冠大且平缓，往往同风雨桥建在一起。六洞和千七地区的鼓楼大小适中，装饰华丽，鼓楼与戏台多相伴而建。都柳江沿岸鼓楼大多小巧玲珑，典雅秀美，雍容大方，楼冠小而且陡。这五大鼓楼群形成了各具地域特色的人文景观。

从江县现存鼓楼中除增冲、信地、高仟三座鼓楼分别被列为国家级和省级重点文物保护单位外，还有则里、往洞、荣福、金勾、增盈、牙现上寨、朝利、表里、银潭上寨、佰二、宰门、大洞、大桥、登岜、新黔等15座鼓楼列为县级文物保护单位。

（1）增冲鼓楼

位于从江县往洞镇增冲村，距县城83千米，建于清康熙十一年（1672）。鼓楼为全木质宝塔形结构，双层楼冠，通高25米，密檐式十三层重檐八角攒尖顶侗族古建筑，占地115平方米，鼓楼主柱4根，每根直径0.8米，高12米，柱距3.6米，构成锥形方柱体，成为鼓楼主要构架。距内柱外围3米，竖有8根高3.5米的檐柱，8块穿枋把主柱与檐柱紧紧相连，呈辐射状，往上逐层内收，以穿枋和瓜柱支撑，挑出楼檐紧密衔接，如塔重叠，到十一层内4柱顶端，再覆盖两层八角楼冠。楼冠为攒尖顶式，八面斗拱结构。楼檐平面为八边形。楼冠斗拱下装漏窗，翼角高翘，彩塑鸟兽。楼冠上端竖有5个由大而小的陶瓷宝葫芦尖顶，直插云霄。楼冠及密檐以小青瓦覆盖，并用猕猴桃藤捶烂与石灰拌和凝固脊梁。各层封檐板彩绘侗族风情画。鼓楼内有四层回廊，从第二层起有木板梯旋回而上，直至鼓阁，阁内置木鼓一个。各层内壁有精致的方格和万字格栏杆。正门上方悬有二匾额：一为清道光五年（1825）三宝寨（今榕江口寨）所赠的“万里和风”，一为1983年9月三省六县摄影展会议代表所赠的“侗寨生辉”。地面石板铺墁，中建有火塘，直径1.8米，四周有简易木凳供人们娱乐憩息，靠东有供案一个。内悬挂有楹联四副、诗作二首。1985年11月，贵州省人民政府公布为省级重点文物保护单位，1988年1月被国务院公布为国家一级重点文物保护单位。

（2）从江鼓楼

位于从江县城北上新区民俗生态广场，原平瑞中寨。建于2005年，投资168万元，占地477平方米。密檐式二十九层重檐，八角攒尖顶木结构，高46.8米，底平面为正八边形。楼身二十七级，双层楼冠，楼冠下置如意斗拱，斗拱下装漏窗，翼角翘起。底层东面进出大门各一。

鼓楼第一层檐口吊脚柱间装饰木雕画31幅，东大门上有“从江鼓楼”匾额一块。鼓楼基座花岗岩栏杆石屏除有从江香猪、从江椪柑、侗歌之乡小黄、从江鼓楼览胜的文字简介外，还有从江风光、侗族历史及其民族风情等石雕画面300幅。各层檐口封檐板亦有民族彩绘。

（3）鼓楼功能

鼓楼是侗寨吉祥的象征和团结兴旺的标志，是侗寨必有的。鼓楼的社会功能：一是村寨人们集会议事的政治中心和军事中心；二是大家休息摆古、对歌、祭祀、迎宾、送客等文化娱乐活动的场所；三是寨老处理民事纠纷、当众评判是非曲直、断案的地方；四是应付紧急情况的指挥所。

①唱侗族大歌

在吃相思的晚间活动中，夜幕降临，主寨在鼓楼里燃起大火，主寨姑娘和客寨青年男子或主寨青年男子和客寨姑娘相对入座对歌。歌的内容一般是问客歌、古源歌、叙事歌、声音歌（嘎所），有表达情谊的，有歌颂道德的，有赞扬祖先的。无论是男队或女队，都有主唱和配唱，主唱起头，歌声高昂激越，配唱随调低吟，时而齐唱，时而分唱，高、中、低音浑然一体，声调优美和谐，悦耳动听。听众挤满鼓楼内外，非通宵达旦不能尽兴。

②踩歌堂

在吃相思活动中，还在鼓楼坪上举行更热闹的踩歌堂活动。主寨和客寨各由一名歌师担当比歌的主帅。参赛的男女青年都穿戴艳丽的服装、银饰帽、项圈，不分寨别，手拉手围成一层或两三层的大圆圈，边唱边跳。歌师在旁提示歌词（或直接领唱），队员用踩歌堂调子跟着唱末句。开头三首歌内容是邀请侗族至高无上的女祖宗“萨岁”入场，请她到人间与子孙同乐，然后男女才开始对歌。歌师灵活机动，有针对性地即兴编唱歌词，以击中对方弱点为妙，以顺口和韵者为高。场外观众人山人海，哄笑不止，热闹非常。这实际是在大型场合下比富有、比才智的活动。踩歌堂活动现被侗乡人民用来做欢迎客人的一种仪式，寨中的青年男女与客人手拉手，跳起圆圈舞，唱的大多为领唱者即兴编的欢迎客人、赞美客人、歌颂盛世的歌词，领唱者唱一句，众人以主调衬词“耶嗬耶”附和，边唱边舞，这是一种最能表示与民同乐、民族团结的歌舞，也最能表达侗乡人民的盛情。又称为“踩耶”。

某寨兴建鼓楼或花桥，邻近寨子的姑娘挑甜酒来慰劳，主寨设宴款待。鼓楼落成，友好寨子男女盛装携楹联、镜屏、米酒、布匹、红包前来庆贺。当天主寨设宴款待客人，双方对歌联欢，尽兴客人方离去。

3. 戏楼

戏楼又名戏台，是从江侗族村寨的又一特有建筑。据统计，在从江县330个侗族聚居的自然寨中有240座戏楼。戏楼的出现、发展，以至于几乎遍及侗寨，是与侗戏的产生、发展、繁荣分不开的。侗戏鼻祖黎平腊洞吴文彩（1788—1845）将汉族说唱《朱砂记》和小说《二度梅》移植改编为侗戏《李旦凤姣》《梅良玉》后，原永从县（今从江县）六洞侗族戏师张鸿干（1779—1839）根据侗族叙事诗《金罕》改编成第一部侗族题材的侗戏《金汉列美》，成为地道的侗族戏剧。一个半世纪以来，侗戏戏师和剧目日益增多。侗戏深受侗族人民的喜爱，久演不衰，发展很快，遍及南部侗族地区。随着侗戏的发展，为侗戏提供演出舞台的戏楼应运而生，并随着侗戏的发展而遍及侗寨。从江县境戏楼多建在鼓楼边，与鼓楼、芦笙堂、祠堂一道组成侗寨的核心部分，戏楼主要为二层一间穿斗结构吊脚楼悬山顶，覆盖杉树皮或小青瓦，正面吊爪呈外“八”字形，面阔近10米，进深7～8米，台面两侧及台中后部用杉木板装修或以半米栏杆，戏台后部封板，里设道具室、化妆间，两边各留一门，供演职人员出入，鼻梁枋上多有装饰、彩绘风情图案、人物故事，富有浓郁民族风格。这一类戏台在从江县占多数，朝利小寨戏台、高阡宰养戏台、银潭戏台、则里戏台是其中的佼佼者，另一类戏台的地基高于戏坪1.2～2米，如高增坝寨戏台、增盈戏台。

每当节日及村寨之间举办吃相思等大型活动，戏班就轮番上阵，演出精彩节目。戏台成为侗族民族文化的重要载体之一。

4. 寨门

从江县境内的少数民族村寨过去都建有寨门。寨门早期的功能主要是防御猛兽及外敌入侵。因此，作为村寨的人为屏障主要有围墙、树木、刺蓬等，供人们出入的则是寨门。关上寨门则可以抵御外来的入侵者，同时还可以在门楼上攻击入侵者并向寨内通风报信。寨门无论是在村寨的建设过程中，还是在人们的心灵中都具有特殊的地位，因此有“未置房屋先置鼓楼，未设门楼先置祭坛”的说法。

寨门一般呈“干栏式”，有两层也有一层的，但顶部均为歇山式。两层的寨门，第一层为进出寨的过道，第二层有楼板可堆放柴草、农具。据说，以前寨门为一扇或两扇大门，一旦有紧急情况关上寨门后，寨内的青年即手持武器登上门楼窥视寨外情况，或者对入侵者进行自卫反击。仅为一层的门楼则仅仅用作抵御，没有反击功能。这种村寨的位置大多比较险要而且具有多面防守功能。这时的防御及传递信息作用就由鼓楼击鼓来完成。有的村寨在寨门边种上荆棘，增强防御作用。由于寨门地处村寨人们出入的必经之处，而且多数具有防御、通风报信的多种功能，因此，寨门是鼓楼之外很有特色的特殊建筑。

从江壮族多聚族而居于溪河边、田坝里或山腰中，以一姓为主形成大小不等的村寨。各村寨历史上均有风水树。有的村寨四周还筑有石围墙，栽插荆棘栏护，设有寨门供人进出。在刚边壮族乡一带，有的人家还修有望楼，与居住层相接，作休息、眺望等用。

5. 古井

从江县境内居民多饮用山泉和井水，自古有保护饮用水源的习俗，并根据地势和当地习惯修建了众多各具形态的水井。从江的水井从形式上大体可分为：简易井、石牛井、牛头井、龙头井、桶井、窑洞井、石瓢井、庙宇井、四合院井、石涧井等类型。石牛井有的是整牛状，有的是牛头状；石桶井形如大圆柱形。这种井，有的一寨一口，有的一寨几口。它是用整块巨石雕琢而成，大半截埋入地下，只有二三十厘米留在地面上做井沿。井沿凿有溢水口。泉水有的从井底流出，有的从井腰流出，也有的用石枧从其他地方接来，从上面流入井内。石屋井是用几厘米厚的青石板镶嵌而成，人字形屋顶。这类井建成靠山的一面倒水，或建成不靠山的两面倒水。井四周均用青石板铺地，井口有一高约 10 厘米的青石条做成的护栏，避免雨水、污水流入井内。窑口井形同传统的砖瓦窑口，呈半圆，这种井往往建在靠坡（坎）边，井壁用料石镶成方形，石板铺底。井口上方用料石拱成半圆形窑口状，下方用块 1 米多长的石板镶成井沿，高出地面 20 余厘米。从江民间的桶井、窑洞井、石瓢井较为普遍。石牛井、石屋井和窑口井不但造型别致，而且不易掉入树叶杂草之类的杂物，也不易飘入天然雨水，比较清洁卫生。此外，井沿都高于地面，脏水不易流入，井前大都置有上圆下方的石鼓两个或四个，专供汲水人搁置水桶，避免弄脏水体。无论其形式如何，它们的制作材料多为青石料，有些井中放养鲤鱼，有些古井还雕刻有鱼、龙及人物风情等精美图案，是苗乡侗寨一道独特文化景观。逢年过节人们还会到井边祭拜，祈求风调雨顺和平幸福。

加翁牛角井位于加鸠镇加翁村北 1 千米，加鸠至光辉公路里侧，靠山面向公路，坐北向南，苗语称该井为“阿公奴”，始建年代不详。该井占地面积约 12 平方米，正面由三块石板靠坎而立，宽 2 米，中间一块宽 1.26 米，高 1.8 米，顶部 0.4 米处凿空呈水牛角状，横刻牛角纹。牛角下边雕刻两个直径为 0.08 米的圆圈作为牛的双眼。往下是人骑马及马驹、鱼，左右各刻一鱼一鳝。牛角凹处支撑一长 1.48 米、宽 0.165 米青石枧。泉水从石枧流出。石枧出土 0.75 米，石枧左右侧分别雕刻有鱼纹和凤尾纹。

井水除满足人们的生产生活需要外，还给行人过客解渴去乏，故深得人们的尊重，在各个村寨，不用立碑定约，人们都会自觉对水井进行有效的保护，故一些清代水井，如贯洞石牛井位于从江县贯洞镇迫已寨，距县城 33 千米，建于清道光十六年（1836）、伦洞牛头井（县级文物保护单位，位于洛香镇伦洞村南，始建年代不详）、龙王井（位于下江镇，始建于道光年间，具体年代不详）、高仟宰冒古井（位于下江镇高仟村宰雷寨脚，始建于清雍正年间，具体年代不详）等，至今保存完好。

6. 凉亭

在从江侗族地区，星星点点地分布着一些造型别致的公共建筑，这就是凉亭。凉亭，又称风雨亭，主要建在山坳、路旁、井边、溪边、田边、地角等人员流动较多的地方，供过往行人小憩和在田间地头劳作的人们遮阳避雨。建凉亭的地方旁边或近处一般都有水井。

凉亭为杉木结构，一般为 4 柱落地，也有少部分是 6 柱，尖顶正中以石灰制一球状或葫芦形装饰，四面倒水，四角翘起，上盖青瓦。亭内两柱之间横穿木枋以代长凳，亭中备有石凳、石桌，有的石桌上刻有“山”棋盘供行人对弈。凉亭主要由村民自愿投工捐款修建，此类凉亭边往往立有石碑，碑上刻有凉亭建造事由、建造日期、捐工捐款数目等信息。有的还用五颜六色的油漆粉饰，配以亭边林木苍翠，更显雅静清爽，给人以舒畅的感觉。

凉亭除了是人们遮阳避雨的场所外，还是人们交流传递信息的场所。路人来到凉亭休息，不管认识与否，平等相待，互相摆谈。尤其是夏天，烈日炎炎，当翻山越岭步行数十里，来到凉亭，或坐或躺，迎着习习清风，很快解除旅途疲劳。再到亭边的水井边美美地喝上一瓢清泉凉水，甘甜爽口，你一定会感谢建亭人的深情厚谊。

7. 水车

又称“水转筒车”，是一种以水流作动力，取水灌溉的工具。水车在从江主要分布在水源丰富村寨的小河边、小溪旁。从江的水车体量大小不一，视提水高度而定，转轮直径小的 3 ～ 4 米，大的 10 余米。

从江水车的制作建造原理主要是在水流较急的河岸边，固定好木桩架子，以一根长 5 米左右的杂木为轴心，用杂木条（或枋板）围绕一端制成一个大轮，将大轮的轴置于木桩架子上，使其上部高出堤岸，而下部浸入河水中，大轮横面装刮板（用木块或杉树皮制成），刮板之间挂有可以活动的长方形水斗，水流推动刮板，驱使水车徐徐转动，水斗则依次舀满河水缓缓上升，当升至顶部正上方时，水斗会自然向内侧翻转向下，将水倾入事先架好的木槽中，由木槽导入水渠或田间，如此日夜不停，从而达到低水高流灌溉之目的。从江县境内的往洞镇、西山镇、斗里镇、翠里瑶族壮族乡高文村等地均有分布，至今仍在使用。

顶洞过去有水车 70 多架，每一架水车旁还搭建有一个小小的茅草棚，因为每一架水车还带动有一架水碓，茅草棚内就是水碓。水车就像一个勤劳的村妇夜以继日地忙碌，白天给水碓供水舂米，晚上灌溉稻田。顶洞寨上的村民每天从坡上回到家的第一件事，便是挑着箩筐到河边水碓棚里撮米，然后再将另一头水笕堵住，让水集中往一个方向流淌，使得木辘更快地转动，水车在转动中将系在身上的竹筒从河里舀水，倒入水笕，流淌进稻田。

8. 水碓

从江县民间水碓规模较小，“吱吱叽叽”地散落分布在村寨的小溪边、水沟旁，其原理与水车一般无二，只是在功用上与水车不一样。在水车圆轮的转轴上端安装十字拨板，拨板用来拨动碓杆，流水使圆轮转动，轴上的十字拨板随之转动，从而拨动碓杆的梢，带动石碓，石碓的起起落落便完成了对石臼内谷物的加工。从江民间多用一种简易水碓，在碓杆一端挖一凹槽，用水枧引水入槽，盛满水后，在重力作用下，此端下落（装有碓嘴的另一端就会抬升离开石臼），下落后，槽中水倾出重量减轻，随之自然抬起（装有碓嘴的另一端则下落入石臼中），如此反复。户主白天上山劳动前将谷物放入石臼，傍晚收工时，石臼中的谷物已经舂好，省工省事。从江水碓分布与水车相同，多在一些靠近溪河的侗族、壮族村寨，一些山涧水源较丰富的瑶族村寨亦有分布。

（四）各民族传统建筑文化的浸染

1. 传统建筑文化的传承与相互浸染

从江县各民族因长期生活在一起，彼此间的文化浸染由来已久。表现在建筑文化上，西部月亮山地区建筑文化趋同更为明显。

第一，房屋建筑样式。各民族建房大都为五柱四列三间，在我们调查的宰帽村宰帽、牛塘、尾见，摆虾村的麻栗坡，引东村的怎江、打碎河等村组，房屋外观大致相同，屋顶呈“人”字形，两端有的有偏厦。有的房屋是一边有偏厦，有的房屋两边都有偏厦，有的房屋甚至两边都没有偏厦，完全依地势而定。偏厦有直角的（据说是侗族原有的房屋样式），也有弧形的（据说是壮族原有的房屋样式）。从房屋的外观样式上，已不能断定哪栋房屋是苗族的，哪栋是侗族的，哪栋是壮族的。人们建房时，本民族传统的房屋样式已不重要，主要看建房工匠的喜好和地势。

第二，房屋的功能。在“三改（改厨、改厕、改圈）”完成以后，一楼过去作为养畜、存放粮食加工工具等的功能完全改变，人们装上围壁、窗子等，成为人居的一楼。因而，房屋室内布局大致相同，室内楼梯有从左边上的，有从右边上的。唯一差别就是，过去或现在是汉族（有的改成其他民族），一般都设有神龛，上书“某氏祖宗之位”，一些侗族、壮族、苗族、瑶族则没有神龛，他们祭祀祖先时，不是在火塘边，就是在堂屋正中的墙脚，而有些侗族家庭也有神龛。可以这样说：汉族家庭一定有神龛，而有神龛的不一定是汉族。

第三，工匠及工艺。由于建筑样式的趋同，工匠对当地各民族的建筑技术已了然于心。故当地各民族在建房时，并没有刻意地挑选自己本民族的工匠，而是本着熟悉、空闲、方便的原则聘请工匠。当地建房的方式，有把整个流程（工艺）外包的，一栋房屋约 2 万～ 3 万元；有整栋房屋（材料、工艺）外包的，费用约 16 万至 20 万元；有请工匠按天计算的，每人每天 300 元管吃住。以第一种常见，因为当地木材多，人均几亩至几十亩不等，利用自身的木材建房可以节约大量的费用。

2. 不同民族对传统建筑文化的欣赏与借鉴

（1）风雨桥

历史上，风雨桥、鼓楼都是侗寨的显著标志。但风雨桥、鼓楼的实用性及观赏性，也得到当地其他民族的欣赏。

以壮族为例，壮族原本没有风雨桥，壮族先民迁入贵州后，与贵州当地的侗族、苗族、瑶族等民族杂居，各民族相互影响、交融，侗族的风雨桥及其建造技术风格逐渐被壮族木匠师傅消化吸收，并运用到壮族的村寨建筑中，壮族的风雨桥也随之产生，成了壮乡一道亮丽的风景线。贵州壮族的风雨桥基本与当地侗族的风雨桥相同，受到侗族建筑文化的深刻影响。壮族的风雨桥一般以木质结构为主体，对于跨度较大的桥，中间建有石质的桥墩。桥的两边有栏杆，供人们避雨、纳凉、休憩等。有的风雨桥桥头立有功德碑，上面写着村里、乡里企业及个人为修桥捐款的数额，为保桥梁和村寨平安，有时当地人还在桥两头放置符咒，祈求平安幸福。如刚边壮族乡刚边村宰鸭寨的风雨桥就是壮家风雨桥的代表。据当地人介绍，宰鸭寨原本没有风雨桥，雨季时山洪暴发，当地老百姓不方便走亲访友，学生不能上学，便商议修桥，因风雨桥的功能性及观赏性，所以村里提议修建风雨桥。翠里瑶族壮族乡高文村也是因此而修建了风雨桥。贵州壮族有的风雨桥上装饰有吊瓜，画满牲畜、鱼、仙鹤、龙、家禽、几何图案等，有一定的装饰美感。贵州壮族虽然参考了侗族风雨桥的修建方式，但其风格形式和侗族有明显的区别：一是没有复杂的屋顶，平稳而坚实；二是没有塔和亭。

（2）鼓楼文化的衍生

侗族的鼓楼，也为苗族所欣赏。从江县境内现存有四座苗族鼓楼。苗族鼓楼是悬山顶楼冠，建筑工艺别具一格。一般 2 ～ 7 层。最高的是建于清光绪二十八年（1902）的大洞苗族鼓楼，为正四边形四面坡七层重檐，单楼冠两面坡悬山顶，底层有栏杆式围栏，通高 13 米。建于清道光丙戌年（1826）的谷坪乡高吊村表里鼓楼，是从江四座苗族鼓楼中的佼佼者。

①大洞鼓楼

大洞村位于丙妹镇西南约 17 千米，全村国土面积 10.54 平方千米，辖 4 个自然寨 11 个村民小组。种植水稻、大豆、玉米等作物，林业以种植杉树为主，楠竹、柑橘、油茶为主要经济来源。大洞村周围高山重峦叠翠，古树参天，寨前一片稻田，是一个鱼米之乡，村寨错落有致，完美和谐。木屋吊脚楼林立，建有鼓楼一座，至今保存完好，是苗族别具一格的鼓楼，现为县级文物保护单位。

大洞鼓楼的来源，与这个村寨的民族迁徙史有关。据说最早迁徙到大洞的是苗族。从江县苗族大聚居区有三个“总埋岩”组织，即“能秋嚷尝”“古冬整傍”“依直松难”（均为苗语地名汉语音译）。其中，“古冬整傍”大埋岩就埋在大洞村的芦笙塘旁边，距“大洞鼓楼”很近。比岩石高出地表面约 1 米，宽 30 厘米，岩顶刻有水牛脚印一个。这块无字埋岩碑比大洞鼓楼要早几个世纪，是苗族先到大洞定居的依据。据大洞人说，苗族到大洞定居最早是余姓，但从何朝何地迁来没有文字可考。其次是杨家，杨家祖先从榕江车江迁徙到大洞，本是侗族，来到大洞后就逐步同化为苗族。李家、廖家是大洞两大汉族家族，论户数人丁汉族居于首位，也是大洞的殷实人家，他们先祖很早就分别从中原一带和贵州黎平迁徙到大洞定居。还有陈、田、宁、范等汉族也在不同时期从不同地方迁来。杨家祖先说车江一带的侗家鼓楼有“镇宅”作用——能保护村寨安宁，又是一道亮丽的风景，在杨家先祖们的倡议下，得到大洞苗汉祖先们的认可，大洞鼓楼就在这样的历史背景下修建起来了。这只是大洞人的传说，找不到文字记载依据。

从江的侗族鼓楼造型大同小异，几乎是宝塔形模式。大洞鼓楼与侗家鼓楼在结构造型和外观上迥然不同。

大洞鼓楼是悬山顶楼冠，四面倒水，层层飞檐翘角。远眺，每层飞檐宛如老鹰的翅膀，从东、南、西、北几个方向飞来，像在空中展翅飞翔。每层楼檐有一定空间距离，造型及工艺独特。

据《从江县志》记载，大洞鼓楼始建于清光绪二十八年（1902），坐东朝西，占地 121 平方米，高 13 米，共有 9 层。鼓楼呈宝塔形，层层飞檐翘角，从下至上，逐层收缩。从远处眺望，仿佛一株苍翠的杉树，亭亭玉立于寨上一隅。宝顶之上的塔尖串着三个陶罐，塔尖直射云天。鼓楼底层是正方形，边长 11 米，地面混凝土铺墁（新中国成立后修葺），中间建火塘，直径 2.1 米，鼓楼底层四周镶上木板。火塘四周安放两尺多宽的长木凳，是聚会议事、迎宾送客、对歌的场所。

大洞鼓楼全部为木质结构，中间用六根合抱大杉树斗坊为中柱，外面接连立八根支撑柱，外形成八角状。鼓楼的连接处不用一钉一铆，穿枋瓜柱跟主柱相连，结实牢固，庄重美观。

大洞是苗汉掺半的村寨，苗汉民族在新中国成立前都有联姻。苗族男女老少都会讲一口流利的汉话，会唱汉族山歌；汉族男女老少也都会讲一口流利的苗话，会唱苗歌，风土习俗也很相似。民风古朴雅致，苗汉百姓团结和睦，没有民族隔阂和歧视。百姓热情好客，素有一家来客十家陪、一家有难全寨帮的赞誉。在衣着装束方面男子无异，妇女差别很大。苗族妇女穿百褶裙齐膝盖，姑娘穿绛色或黑色服装，已婚妇女穿的是花白色。妇女头饰是公鸡头，与本县岜沙妇女一模一样。汉族姑娘穿的是各种不同色彩的长裤，发型是两根辫子搭在脑袋背后，也有剪短头发型。从妇女衣着上看，苗、汉民族都各有自己本民族的标志。

②表里鼓楼

表里鼓楼位于谷坪乡高吊村表里苗寨。高吊村是中国传统村落，位于谷坪乡人民政府驻地西南15千米，距从江县城44千米，辖根列、根华、根里、好歌、别朗、根帮、下吊、岑桃、表里9个自然寨5个村民小组，均为苗族。主要姓氏有滚、杨、韦。高吊苗寨建于清康熙五年（1666），村落背靠高山，面朝田地，村寨布局依山就势，村落数百户人家的房屋依山而建，主要建筑为木建吊脚楼，有梯级向上，全村建筑与山坡融为一体。高吊苗族男装艳丽，即把很多只用在女孩身上的饰品如鲜艳的花、珠子、羽毛等用来装饰小伙子，有的男子还留有发髻。村民都穿自纺、自织、自染的苗布衣服。高吊节日气氛浓郁，主要节日为五年一度的芦笙节、一年一度的新米节等。这里的苗家淳朴好客，常以糯米饭、腌肉、腌鱼、红肉、牛瘪、烧鱼、鱼生、米酒等美食招待来客。

表里鼓楼是从江县为数极少的苗族鼓楼之一。始建于清道光丙戌年（1826）。坐西向东，占地36平方米，歇山顶木结构，通高10米，长12米，宽9米。底层和二层四周装木板。东面开门，南面开窗，面阔两间，进深三间。底层冬季使用，二层夏季使用，后檐柱向下延伸，形成吊脚楼。底层和二层均加腰檐。各层封檐板均有人物、牛、龙、骑马、斗牛、吹笙踩堂、对歌等风情人物和走兽彩绘。地面三合土铺墁，中建火塘，直径1.8米。表里鼓楼现为县级文物保护单位。

③大歹鼓楼

大歹村是中国传统村落，坐落在都柳江畔的坡顶上，海拔600米，国土面积17.21平方千米，以水稻种植为主，养有小个子黄牛、香鸡、鸭、鹅等牲畜。大歹村辖3个自然寨（大寨、代家寨、新寨），5个村民小组，居住有潘、代等两个姓氏，均为苗族。大歹村环境优美，古木苍翠。民族文化氛围浓厚，节日主要有吃新节、苗年、芦笙会等。大歹鼓楼在进寨的路口处，四方形四层结构，是全村议事及休息的场所。因楼上放置一鼓而名鼓楼，其实它更像门楼。

（五）民居建筑从民族性走向区域性对构筑中华民族共有精神家园的作用

1. 交通、经济发展对建筑文化认同的促进作用

尽管自古以来从江便有“黔南门户”之称，但与外地相连的通道唯有都柳江。新中国成立前，从江县境内没有公路。从江县城于1964年通车，是全省最后通车的县城。2002年实现乡乡通公路，也是全省乡乡通公路最晚的县。1985年全县公路仅有22条436千米，1992年全县有公路28条505千米，21个乡镇有11个乡不通车，381个行政村中不通公路的有290个，全县无柏油路，无汽车站和航运码头，腊俄渡口仍靠摆渡过河维持交通，321国道从江段靠盘山借线通行，落后的交通成为制约从江经济发展的“瓶颈”。针对这一状况，全县各族人民在上级各有关部门的大力支持下，通过十多年的艰苦奋斗，交通发生了翻天覆地的变化。截至2008年年底，全县拥有公路144条，里程2177千米，其中国道90.5千米，省道50千米，县道248.6千米，乡道148.0千米。20世纪60年代末，修通了平正、宰便至加鸠的公路，使宰便镇成为从江县西部的交通要冲和贸易中心。80年代末至90年代初，刚边、翠里两乡也先后通了汽车，1997年秀塘壮族乡通车。现在，从秀塘、翠里分别修通了到广西环江和融水两条公路。至2020年，从江县城乡路网互联互通，新增公路里程794.39千米，交通道路密度全省排名上升到第28位。

公路修通，既打通了从江边界、城镇、乡村的横向联系，促进经济、文化的迅速发展，也使钢筋、水泥、水泥制品、砖瓦等建筑材料得以进入各民族村寨，从而改变了过去单一木质结构的房屋，使月亮山区各民族的房屋建筑更趋一致。许多年轻人外出务工赚钱后，返乡按打工地的房屋样式修起了全新的现代建筑，使房屋的功能和布局更为合理，经久耐用。

全木质结构房屋不防火，而从江各民族又有楼上用火的习惯，稍有不慎，很容易引发火灾，故寨火频发。各家各户比肩接踵，一旦发生火灾，就会使整村整寨遭遇灭顶之灾。2000年前后，从江县人民政府号召县内各民族改楼上用火为楼下用火，人畜分居。六洞地区及都柳江沿岸不少村寨已逐步改变了居住习惯，楼下烧火做饭，猪牛羊关在屋外，柴草、厩肥远离住房。有些人家木改砖房，这些房屋渐渐失去了干栏式特征。

经济的发展也使人们的房屋建筑得到改变。20世纪90年代以来，由于从江椪

柑产业的发展，种植椪柑致富的村民，相继建起了砖混结构楼房，人们称之为“椪柑楼”。椪柑楼多分布在六洞地区和都柳江沿岸村寨。据2010年版《从江县志》记载，龙图修建砖混结构的“椪柑楼”共计310栋，总面积48万平方米，占总户数的46%。

2. 美丽乡村建设对中华文化的认同

随着人民群众生活水平不断提高，居住条件不断改善，从江境内农村居民住房有较大变化，一些村寨修建了2～3层的砖混结构住房，有的修建一层为砖混结构、二三楼为木质的有现代气息的新型民居建筑。

一些新型民居建筑大多仍采用全木质结构，保留吊脚楼的风格，但楼房加高为3～4层，层层挑梁下的吊柱，精雕细琢木瓜、龙、狮、猴等珍禽异兽。宽大的走廊栏杆在原样之上再加一平行穿枋，两枋相距10厘米左右，其间或以葫芦小柱连接，或雕以奇花异草镶嵌。楼层空间加高，由原来的2.5米左右加至2.8米或3米；窗户加大，并饰以窗棂；火塘移到一层，修建室内卫生间。悬山式屋顶下，加一层檐，瓦檐微翘，形成重檐，瓦脚用石灰塑为腰子形，檐下绘飞禽走兽、花草、故事人物。这些新型民族风格建筑成为农村一道亮丽的风景线。

在县城，机关办公用房和居民住宅虽为砖混结构，但增加了民族建筑元素，一改过去单调的箱式结构。

苗族的房屋建筑变化更为明显。新中国成立后，从江县苗族人民的生活水平逐步得到改善。杉木结构的青瓦房日渐增多，且较高大宽敞。房屋的建筑工艺颇有地方特色，经济条件较好的地方，在建房时穿枋、窗口边等处雕刻有龙、鱼、鸟、花草、兽虫等图纹。尤其是改革开放以来，有的人外出打工挣了钱，回来修建砖木和钢筋水泥结构的房子也不少。

（1）整村改造

自20世纪90年代起，上皮林、伦洞两寨开始新农村建设，几乎都住上了砖房。1984年，国家补助下江镇平江村36万元，村民将旧木房折价交镇人民政府，由建设部门统一规划、统一设计，农民自烧砖瓦，挑沙石。到1986年共建砖房13栋，建筑面积7800平方米，全村125户有65户住进新居。

在国家的大力支持下，农村的房屋建筑走向了新时代。以宰便镇宰帽村牛塘组为例，该组为苗汉民族杂居，原来修建的房屋较为混乱，东一栋西一幢。2010年由镇人民政府出资平定地基，分为两排，每户120平方米，各户抽签后，按统一的样式修建房屋，由镇人民政府提供砖（第一层）瓦，各户自备木材及投入劳动力，聘请工匠建房。由于有统一的格式，使室内外基本一致，一层是生活区，厨房、厕所一应俱全，使用的燃料有电力、液化气、木柴等，木柴主要用来煮猪食（量大）。二层是休息区，一般有五到六个房间，可完全满足一家人的生活起居需要。不同点是汉族住户有神龛而苗族没有。整个村寨整齐干净，室内宽敞明亮，一些家庭现代家具、电器如音响、电视等俱全，人们的满意度很高。

（2）易地扶贫搬迁及房改

易地扶贫搬迁也为人们的房屋建筑带来了变化。至2020年，从江县易地扶贫搬迁成效明显，实现了31872名困难群众搬出大山；常住人口城镇化率从35.64%提高到45.76%。乡村面貌焕然一新，完成农村危房改造1.7万户，老旧住房透风漏雨整治1.38万户，人畜混居整治1.9万户，农村生产生活条件大幅度改善。丙妹镇岜沙村、谷坪乡高武村分别获评第五届、第六届全国文明村，人居环境整治"一拆两治"（拆除闲置房、废弃禾仓、棚圈等，整治农户家庭卫生和村寨环境）工作经验在全省推广。

3. 新式建筑与传统建筑室内功能布局的变化

（1）厨房

过去，月亮山区各民族都没有厨房，家庭生活围绕火塘展开。壮族、苗族、瑶族等民族，火塘既是烹饪的地方，也是祭祖的地方。"三改"过后，为了安全，各民族都把火塘从楼上迁到了楼下，多数民族就在楼下的火塘边祭祖。也有一些村寨仍然在楼上老火塘原址边祭祖，如秀塘壮族乡乔谷组的苗族便如此。更多的家庭在楼下修起了厨房，或在楼下靠边的地方修建了灶台。在我们调查的村寨中，只有宰便镇摆虾村的麻栗坡组还在楼下保留有火塘，问其原因，因为该村寨位于宰便镇最高处，每到冬季，有几个月天寒地冻，人们无法外出，只能待在家里，烤火成为日常所需，但是木炭太贵，人们只能以老树根来烧火取暖，使火塘具有较大的保留价值。

（2）厕所

过去各民族室内普遍没有厕所，需要方便时大多到楼下的猪、牛圈解决，不积人粪尿。"三改"过后，每家每户都在室内或室外修建了厕所，厕所内一般都有热水器、洗衣机、取暖器等，整洁卫生。这样一来，农村的污水量大幅度增加，增加了污水处理的难度。

（3）家庭用具

过去每个家庭的生活用具不多，仅限于锅、碗、瓢、盆等几样，现在花样增多。据我们在牛塘组一户人家调查，他们在厨房内既有传统的三脚架（煮猪食），也有新建的灶台，灶台上有水池，灶台既可以用柴（节约灶），也可以用电，还有液化气，因而电饭锅、电炒锅、液化气灶俱全，人们按需使用，生活很方便、快捷。

（4）石碓

从江农村在用电普及前，几乎家家户户都建有石碓。舂米、舂饲料等均用碓，每到清晨和傍晚，家家响起舂碓声，奏起苗乡侗寨特有的交响曲。

从江农村常用的碓结构主要由碓窝、碓杆和碓脚三个部分组成。碓窝（臼）用大青石凿成一直径约 80 厘米形同锅底的底座，再在底座正中凿出一个深约 15 厘米、直径约 10 厘米的光滑凹坑，用来盛装加工物。碓窝完成后要固定好。碓杆选用直径约 25 厘米的上好杂木，长约 2 米，在距一端 20 厘米的地方凿一方形眼，装上一长 30 余厘米直径约 10 厘米的圆形青石作碓嘴，也有部分用一截杂木并在下端安上特制的铁套作碓嘴，可以减轻重量。在碓杆的另一端约 50 厘米的地方凿一方孔装一穿枋作轴，以下削平便于脚踏。碓脚由一对大木枋组成，前端高出约 15 厘米作为碓杆承轴的支架，后端削平供人站立。碓脚也有用大青石凿成的，形状与木质的相同。安装完成后，人在一端持续用脚加力，运用杠杆作用使另一端不断起落，碓嘴将石臼中的谷物等捣碎或脱皮。过去很长一段时期，碓一直是从江县农村必不可少的生产生活用具。

由于打米机的普及，水碓已由过去主要用于舂米，改变为舂饲料，甚至许多人家已不再配备石磨、石碓了。

4. 新农村建设对建筑文化的需求

（1）寨门

过去寨门的主要作用是防盗和防野兽进寨伤人。现在的寨门更多的是代表本村本寨的门面和标识，因而人们对寨门的修建很热情，都希望政府部门能给自己修建一个高大的寨门，呼声很高。

（2）文化广场

过去侗族以鼓楼作为文化中心，在此唱歌跳舞等。苗族以芦笙场为文化中心，在此吹芦笙跳芦笙舞。结合新时代的要求，目前各乡镇均已建立乡村综合文化服务中心及乡镇农民健身工程，实现全覆盖，一些乡镇配套建立了文化广场，但村级层面还不多。

5. 建筑文化认同对构筑中华民族共有精神家园的作用

第一，有利于村容村貌的改造。目前，从江县的特色田园乡村•乡村振兴集成试点示范建设有序推进，已完成省级试点村申报 1 个，州级试点村申报 3 个，县级试点村评审 14 个。

第二，有利于全面推进国家全域旅游示范区创建。从江县不断完善旅游基础设施，新增大歹景区、党郎红景区等 2 个 AAA 级旅游景区；大歹村、高华村被列入全省乡村旅游重点村。

第三，有利于资源综合利用。目前从江县鼓励支持乡村利用集体土地、传统村落闲置房等资源资产，以入股等方式参与民宿、客栈建设。拆除闲置房、废弃禾仓、棚圈等，整治农户家庭卫生和村寨环境。规划到 2025 年，实现创建三星级酒店 3 家，四星级酒店 2 家，五星级酒店 1 家；占里、小融、大歹、摆横、高华都柳江一带和刚边、加榜、加鸠、东朗、停洞等环月亮山一带高端民宿群建设取得新成效。

第四，有利于推进农村厕所革命、生活垃圾和污水治理，提升农村人居环境质量。同时发挥好农村基层党组织引领作用，引导修改完善村规民约，增强村民自治能力，提升乡村德治水平。规划到 2025 年，村村有主导产业，户户有产业收入；30 户以上自然村寨农村生活垃圾收运处置体系覆盖率在 90% 以上；建制村生活污水治理率在 25% 以上；全县文明村镇占比在 85% 以上。坚持精准治污、科学治污、依法治污，梯次推进农村生活污水治理，重点实施旅游村寨、“一城两区”周边、都柳江干支流、国省道沿线村寨农村生活污水治理，强化农业面源污染治理，明显改善农村人居环境。完成从江县城三期污水处理设施项目和乡镇污水提标改造及管网提升工程，启动实施城乡垃圾一体化收运处理体系建设。

第五，有利于加快乡村停车场建设，着力解决停车难问题。

第六，有利于传统村落的保护。深入推进村庄治理，完成产业类、公共服务类“两违”整治和传统村落风貌乱搭乱建乱堆乱放问题整治。加快推进特色美丽乡村•

乡村振兴集成试点建设，加快加榜乡党扭村等6个村贵州省传统村落集中连片保护利用示范聚集区项目建设，打造乡村振兴从江样板。

第七，有利于各民族更加团结，共享改革开放、乡村振兴的红利。

五、饮食文化的交流与借鉴

饮食文化是民族文化的重要组成部分，饮食文化的形成与当地自然环境和社会环境有着不可分割的联系。从江县民族众多，食材丰富而鲜美，在漫长的历史长河中，苗、侗、壮、汉等各族同胞在长期的交往交流交融中形成并构建了当地的饮食文化，各民族饮食文化相互融合的同时，保存了自身的独特性。

（一）主食文化

1. 由“糯到籼”与由“籼到糯”的历史演变

从江县各民族历史上以种植糯稻为主，主食多为糯米及糯米制品。以侗族为例，据我们的田野调查，从江侗族人在20世纪初中期以前，一般都通称本地世代传承的香禾糯品种为“苟”(kgoux，拼音侗文，下同)，为了与外来水稻品种“苟嘎”(kgoux gax，意为“汉家稻”）相区分，则将其称为“苟更”(kgoux gaeml，意为“侗家稻”）。后来，为了与越来越多的外来非糯品种相区别，又衍生出物种命名上的“苟进”(kgoux jiml，意为“非糯稻”）和“苟确”(kgoux dios，“有糯性的稻”）之分。另外，在侗语关于稻作的同义词谱系中，糯稻还被普遍称为“苟老（kgoux laox，古老的粮食或米饭）”“苟公补（kgoux ongs bux，祖宗的粮食或米饭）”“苟干（kgoux gaeml，侗族的粮食或米饭）”“苟赖（kgoux lail，好的粮食或米饭）”“苟纠（kgoux jos，黏的米饭）”“苟探（kgoux tanp，用摘禾刀摘的禾谷）”“苟稍（kgoux saos，蒸的米饭）”等。同时又将籼稻称为“苟嘎（kgoux gax，汉族的粮食或米饭）”“苟笨（kgoux bedl，喂鸭的稻谷）”“苟马（kgoux max，喂马的稻谷）”“苟酷（kgoux nguk，喂猪的稻谷）”“苟别（kgoux begx，用打谷桶脱粒的稻谷）”“苟栋（kgoux dungl，煮的米饭）”等。作为稻作民族的侗族，历史上以糯稻种植为主，籼稻是外来品种，所以命名为“汉族的粮食或米饭”，即使种植，也是少量的，仅供喂养家禽家畜。从这些构词我们也可看出，糯稻在侗族人基于语言的认知图式中乃是阶位最高的粮食作物。

新中国成立后，随着“糯改粘”运动的掀起，糯稻的种植面积急剧下降，种植区域也不断萎缩。尤其是在“农业学大寨”时期，公路沿线、都柳江沿岸等交通比较好的地区，几乎见不到糯稻的身影。20 世纪 70 年代初期，种植糯稻的区域只有零星的偏远山区和海拔较高的地区。比较成片种植的只有月亮山腹地的加鸠、宰便以及从江黎平交界部分地区，其他地区种植非常少，农民只在比较隐蔽的稻田里种植极少的糯稻。至 1975 年，杂交水稻在从江大面积推广，并以粮食相对匮乏的加鸠、宰便镇为重点。1975 年，宰便开始在寨平试行，产量比糯稻提高不少；接着在加鸠的党易村大面积推广，产量差不多高出一倍。由于人口的压力和长期缺粮，这个地区最终被杂交水稻所占据。到了 20 世纪 90 年代，全县绝大部分稻田都以杂交水稻种植为主，只有个别村寨保持较多的糯稻种植面积，保持 80% 以上种植面积的只有占里和龙江两个村，保持 30% 左右种植面积的有高仟、大融、会里、滚郎等几个村。进入 21 世纪以来，由于外出打工人口增多，当地粮食消耗大大减少，尤其是当地政府部门不再过多地干预老百姓种粮一事，县内糯稻的种植渐渐恢复。都柳江两岸及其支流，从苗村到侗寨，以及壮乡、瑶寨等，都不同程度地恢复了糯稻种植。

2011 年 6 月 11 日，在我国第 6 个文化遗产日到来之际，贵州从江侗乡稻鱼鸭复合系统正式被列为全球重要农业文化遗产（世界级名片）。近年来，从江县抓住“侗乡稻鱼鸭复合系统”被联合国粮农组织列为“全球重要农业文化遗产保护”契机，鼓励农民大力发展和挖掘“侗乡稻鱼鸭复合系统”重要生态农业价值。同时从江县委、县人民政府大力调整农业产业结构，把香禾糯作为该县特色农业的一项精品产业来抓。随着过境的厦蓉高速公路和贵广快速铁路的建设，从江县瞄准珠三角高端市场，提出了建设 5 万亩香禾糯的目标。2020 年从江香禾糯种植面积 5 万亩，平均稻谷亩产量 350 公斤，总产量 12250 吨，总产值 9800 万元。[①] 至此，从江香禾糯产业已经成为从江农民增收和贫困群众脱贫的支柱产业。

---

① 书中所用亩、公斤等，仍按调查统计资料原始信息，具体单位不另做换算，尽可能保持调查原貌。

2. 地方特色品种培育

从江香禾糯栽培历史悠久，品种也非常多。在糯稻种植面积下降，以及种植区域萎缩的背后，从江大量的糯稻品种逐渐消失。新中国成立初期，从江县的糯稻品种无法统计，但据有关专家估算至少有500个，到1980年全州调查时，从江县只有254种（全州最多的一个县，全州共有423种，参见《黔东南苗族侗族自治州农业志》），有一半品种已经失传；到如今，民间种植的糯稻品种已不到30种。现在大部分村寨种植的品种只有两三种。种植面积较多的几个村寨，也有品种单一化的趋势。

以我们调查的从江高仟侗寨为例，目前尚种植的糯稻品种有：小黄糯（kgoux suit wangc，由小黄村引种而得名，又分长芒和无芒两种）、黎平糯（kgoux liic pienc，由黎平引种而得名，又称红壳糯 kgoux bic yak）、香糯（kgoux dangl，因香而得名）、牛爷糯（kgoux kgongs guuic，由一位名为牛的爷爷留下的品种或他去引来的品种而得名）、八月融江糯（kgoux yongc beds，侗族称都柳江为“融江”——nyal yongc，产自都柳江沿岸的都称为“苟融”——kgoux yongc，几乎所有侗族村寨都有这一品种。八月融江糯由来自都柳江沿岸和成熟于农历八月而得名，适合低海拔种植）、铜锣糯（kgoux dongc lac，由铜锣村引种而得名）、细穗融江糯（kgoux yongc siik, 因细穗而得名）、蒸的粳稻（kgoux jiml zaos，属粳稻，但带糯性，可像糯米一样蒸来吃而得名，又分为高、矮两个品种）、卑浓糯（kgoux beix nongv，由苗族村寨引种而来，由苗语“卑浓”音译而得名，意为“粒重”之糯）、郎洞糯（kgoux laengc，由郎洞引种而得名。10年前，宰俄村石华荣、石补汉到巨洞看斗牛，晚上借宿在郎洞过去吃相思认识的一个朋友家里，席间吃到这一糯米饭，觉得口感、饭粒不错，讨要种子，郎洞朋友答应送两把，但觉得要两把别人是否认为自己太贪，所以只要了一把来试种，不料很适合高仟低海拔田，现已有多家农户种植）、鸭仔香禾糯（kgoux dangl lagx bedl，近年来政府部门发放给建档立卡贫困户种植，并配送有鸭苗而得名。其他非贫困户看到这一品种，这几年多与贫困户交换种子来播种）、蒸的八月熟粳稻（kgoux jiml beds，属粳稻，但带糯性，可像糯米一样蒸来吃而得名）、老牛毛糯（kgoux bienl guuic laox，因芒如老水牛毛而得名）、小牛毛糯（kgoux bienl guuic lagx，因芒如小水牛毛而得名）、飘带糯（kgoux bieengh，因穗与芒都较长，形如飘带而得名）、秧里苟浪糯（kgoux langh yangl，从邻村秧里引种而来的“苟浪”）、弯芒糯（kgoux dial jongv，因芒弯而得名）等16个品种。

记忆中的糯稻品种：卷叶糯（kgoux bav diius，因卷叶而得名，中熟，产量低而放弃种植）、苟浪糯（kgoux langh，名称来源待考，因晚熟而放弃种植）、苟闹糯（kgoux naol，名称待考，又分kgoux naol pap、kgoux naol yaengx两种，红米，因晚熟而放弃种植）、江边红糯（kgoux yak nyal，由江边引进、米红而得名，晚熟，霜降后才收割而放弃种植）、重糯（kgoux qaenp，因稻穗重而得名，中熟，易倒伏、不适合肥田而放弃种植。现稻田多施放化肥、过肥，不适应，是放弃的主要原因）、融江古糯（kgoux yongc laox，来自融江老品种而得名，因晚熟而放弃种植）、狼药糯（kgoux ems biungl，名称待考，从字面可直译为“狼药糯”，中熟，特别适合冷水田、井水田种植。因产量太低而放弃种植）、汉族糯（kgoux gal，由政府部门发放或推行的品种，通称为“汉族糯”，因早熟而放弃种植）、弄向糯（kgoux longl xangp，由弄向村引种而得名，因晚熟、产量低而放弃种植）、黑糯（kgoux naeml，因谷、芒黑而得名。适合冷水田种植，但是产量特低而放弃种植）等10个品种。从高仟放弃种植或淘汰的品种来看：一是这些品种过于早熟或晚熟，未与杂交水稻同季成熟，拖延了收割时间，影响人们外出务工。周边村寨或本村农户都不种这些品种，只有个别农户或部分农户播种，无法抵御鼠害和鸟害。二是这些品种产量低。三是这些品种的米饭口感、品质差，米饭冷易变硬。四是气候变暖，这些品种耐寒、耐冷，不适应现代变暖的气候。

香禾糯是从江各族人民千百年来利用当地特殊水土资源和气候环境栽培选育，并传承至今的一种特色水稻品系，完全采用稻鸭鱼共生模式和天然有机农业耕作方式栽培，被称为“糯中之王”。贵州省从江县历来以“香禾糯之乡”著称，从江香禾糯已入选贵州省名特优粮食作物品种。2006年2月，从江香禾糯被评为黔东南苗族侗族自治州第一届优质稻米“特色优质奖”。黔东南州农科院选用从江本地自产自育香禾糯，经科学提纯、复壮培育出具抗逆性强、抗病虫害、优质高产稳产的苟当1号、苟当2号、苟当3号常规优质香禾糯品种。选送的从江香禾糯“苟当2号”品种，在2016年度黔东南苗族侗族自治州优质米鉴评活动中荣获糯米类第一名。

3. 糯食文化传统与“糯米崽”的由来

从江历来以“糯稻之乡”著称，禾类中的香禾稻种植历史悠久。从江香禾稻品质好营养丰富，米饭软而黏、油脂多、不粘手、喷香可口，食而不腻，享有“一亩稻花十里香，一家蒸饭十家香”的美誉。

从江县的苗、侗、壮等民族喜食糯食，过去一日三餐几乎离不开糯食，更不用说逢年过节和喜庆活动了。在民国《从江县志》苗、侗风俗篇中均有“喜食糯食”的记载。香禾糯作为从江县乃至中国最具特色的地方品种，对于民族饮食文化、风俗礼仪、生产生活等具有积极作用。同样，正是因为从江县各族人民从生到死都离不开香禾糯，节日庆典、祭祀活动、红白喜事等文化习俗都要用到香禾糯，才使得香禾糯千百年来一直为从江人民种植和利用。香禾糯已经不仅仅是一种简单的粮食作物为大家所食用，更是民族文化价值的精髓。

在从江以糯稻加工出来的食品、饮料繁多，如乌米饭、黄花饭、社饭、血灌肠、扁米、糍粑、粽子、三月粑、笋子粑、汤圆、炒米、米花、麻叶、侗果、油茶、甜酒、糯米酒等。喜欢腌制食品的从江各族人民，在其腌制腌鱼、腌肉、腌菜的过程中，也必用糯米饭来制糟，即俗称的“腌糟”。逢年过节，不仅蒸糯米饭为主食和待客，还以糯米饭为敬神祭祖的供品，尤其是吃新节，必以禾苞祭祖。客人来访告别时，习惯给客人包糯米饭，赠予客人途中食用和辟邪。亲朋好友建房、结婚、生育除送其他礼物外，禾把、糯米或糯米饭是必不可少的。遇到丧葬，主家除用糯米饭为供品外，还要给丧者包一包糯米饭为午饭，认为如此他才能回到祖宗之地；对前来帮忙和吊唁的亲朋好友，主家除备办酒席招待外，还要赠予他们 1、3、5 穗糯稻带回家中，寓意给大家冲喜、添富贵。总之，当地各族人民不仅以糯稻为主食，由糯稻而产生的文化习俗亦丰富多彩，“吃不离糯”不仅是长期的饮食习惯，也是民族文化需求。当地将从小吃糯米饭长大的人称为“糯米崽”“糯娃”等，反映这样一个不争的事实：香禾糯不仅仅是生计层面上的一种农作物，它已经是各民族交往互动的物化媒介，更是当地人身份表征的重要载体。香禾糯及其相关的文化关联在从江各民族的社会文化脉络中形成了交错重叠的情结，一个集物质层面的文化元素与非物质的文化内涵于一身的集合体。

4. 禾文化的形成与影响力

禾类以糯稻为主，以迟熟、高秆、大叶、大穗、有禾芒、色彩多，较能适应冷、阴、烂、锈田以及不易脱粒，休眠期较长为主要特征。从江香禾系列有白毛香禾、大香禾、细香禾等 29 个品种。香禾绝大部分分布在海拔 500 米以上，森林覆盖率高、气候阴凉、湿润的生态环境，主要栽培在冷、阴、烂、锈田。现以高增乡小黄片区、洛香镇独洞片区、下江镇高岑片区、翠里瑶族壮族乡高芒片区等为香禾主产区。尤以小黄、占里香稻味独特，品质最好，食味最佳。

从江香禾糯，在从江人民的心中不单单是一种水稻，同时也是一种生产生活方式，它凝结了从江人的生存智慧，造就了多彩多样的原生态农耕文化。“香禾糯”的保护和传承在时间的历练下，与当地民族文化密切相关，在各民族相互间不断交融下，它不再单纯地以食物的形式存在，更重要的是形成了一种民族文化元素。它存在于从江人民日常饮食以及节日宗教祭祀的每个方面。

各族人民循环往复地重复日出而作、日落而息的作息方式。每天清晨，天微微亮，农民架好蒸笼、生起柴火，再将已经浸泡十多个小时的香禾糯米放入蒸笼之中。红日伴随着袅袅炊烟升起，糯米饭的香气越飘越远，渐渐笼罩了整个村庄。农民家庭的早餐加上几片腌肉、一两条腌鱼、些许酸菜及辣椒，一桶香喷喷的糯米饭，吃得津津有味。劳作总是辛苦的，为了节约时间，农民家庭通常都在田间地头解决午餐问题。摘一两片芭蕉叶，把糯米饭、腌鱼、烤肉、腌肉、酸菜放在上面，席地而坐，迎着炎日，午餐就这样开始了。当然，如果稻田中有鱼的话，也少不了烧鱼。待到太阳将要落山，老农带领小孩，扛上农具，徐徐返家。

在从江人心中，禾不仅仅是果腹的食品，更是他们的精神图腾。每逢佳节，从江香禾糯及其衍生产品是必备佳品。糯米饭、花米饭（加野花浸泡而成）、糯米酒都是招待贵客之佳品。就连稻田面积人们都不是用分、亩来计量，而是用所产的禾的产量手（一捏）、把（四手合成一把）等（10 把连成一等）来计。禾草除用来捆扎物品外，主要用来烧灰制碱洗衣、洗头、染布、腌制食品等。

围绕香禾，还诞生了多种多样的农耕节日。如每年谷雨前后，“开秧门”祭土地，活路头领着全寨人，焚香祷告，预示此后各家可以插秧了。每到糯稻灌浆的农历七八月份，境内各族都会举行隆重的“吃新节”，人们摘取打苞的禾穗掺在米饭上蒸好，进餐时每人取一线，祈祷丰收。在各民族的刺绣中，总能觅见香禾的身影。在这里，人们落魂要用香禾去招，择日、驱鬼要用香禾当头。

2011 年，从江侗乡稻—鱼—鸭系统以其丰富的生物多样性、独特的农业复合生产模式、古朴的少数民族传统文化成功入选联合国粮农组织“全球重要农业文化遗产”名录。2015 年，经贵州省人民政府批准“从江县侗乡稻鱼鸭生态示范园”为省级农业园区，黔东南苗族侗族自治州将稻鱼鸭生态产业列为全州 6 个 100 万亩绿色生态现代农业工程，把从江稻鱼鸭共生的传统农业上升为省州级农业园区的主导产业。

5. 农耕技术的交流与借鉴

稻鱼鸭共生生态农业系统是从江县各族人民赖以生存的耕作方式，历史悠久。如果说侗族开创了“稻—鱼—鸭”这一共作方式，那么苗族的梯田营造技艺则把这一技术从平地推向了高山，壮族的鱼苗繁殖技术与营销策略则为这一系统提供了鱼的保障，瑶族的瑶药则为这一系统提供了安全的生物防治基础。

从江县现有稻田总面积17.98万亩，其中有保灌的香禾、杂交稻田和能发展鱼、鸭养殖的水田12万亩。2015年春耕时节，县农业局与扶贫办在全县21个乡镇开展稻鱼鸭系统示范点建设。依据“从江侗乡稻鱼鸭生态示范园”发展计划，围绕着建设以月亮山九芗农业公司为主的大米加工基地，建设小黄、岜扒、加榜稻鱼鸭休闲观光旅游基地，建设平正鱼苗繁育基地，创建往洞、斗里优质稻高产示范基地。四大基地的发展，重点在高增乡、加榜乡、斗里镇、往洞镇、刚边壮族乡等乡镇实施。全县实施稻鱼鸭示范点建设面积0.81万亩，带动面积10.5万亩。各示范点与从江月亮山九芗农业公司签订粮食收购订单，为农户销售粮食提供保障。其中，在往洞镇增盈村实施的示范点，是从江县盈茂农业发展有限公司开展了5年有机稻生产基地700多亩，充分借助有机稻的生产基地，发展有机鱼、鸭生产，能有效增加农民收入。

6. 生产流程与工艺

从江香禾糯的稻田大多是梯田，这些梯田是典型的原生态稻作文化的杰作。它们层层叠叠、高低错落，气势磅礴，以加榜梯田最为壮观。在稻田里种植香禾糯，并放养鱼鸭，鱼鸭既可为稻田松土、除草、吃虫，鸭排出的粪便可喂鱼，鱼排出的粪便则可为水稻施肥。鱼、鸭在稻田中的活动还可为水稻调温，有利于水稻分蘖、扬花、抽穗，达到稻鱼鸭三丰收。

糯稻成熟后，采收时，通常使用专用的收割工具——摘禾刀。摘禾刀制作方法：用薄片钢作为刀片（长3～4厘米，宽2厘米，厚0.5厘米），嵌在半月形木板或牛角中，以短竹筒或实木为手柄（长6～8厘米，粗1～2厘米），形成“L”字形刀具，使用前将薄钢片外端（远离手柄）开锋，打磨锋利备用。摘禾方法：右手握住摘禾刀具，自稻穗端往下30～40厘米处切断稻穗，一穗一穗地摘收。摘下的稻穗搭放于左手臂弯，并用左手握住，右手顺势剥离剑叶及叶鞘。摘得两捏编成半把，然后两半把合成一把。过去多为人工肩挑运输或装船运载，现通机耕道的地方，以车运送。运至村寨，多晾晒于村边禾晾上或粮仓边。入仓时连草层层叠放，以草养谷，有利于长时间储藏和留香，食用前才从仓里按需取出脱粒、脱壳。过去都用石碓脱粒、脱壳，个别地方用水碾脱壳，现多用普通脱粒机脱粒，打米机脱壳。

从江香禾糯申报农产品地理标志，经中华人民共和国农业部审定，于2016年11月2日颁发了从江香禾糯农产品地理标志登记证书。贵州省从江县江南精品香禾种植专业合作社从江香禾糯申报绿色食品产品，经中国绿色食品发展中心审定，于2018年5月5日颁发了亚来牌从江香禾糯许可使用绿色食品证书。

随着社会的变迁，外来品种特别是杂交水稻的推广，更由于该品系所依赖的自然农法在化工型农业发展的大背景下难以为继，使得香禾糯种植面积逐步萎缩，品种日益减少，到了濒危绝种的边缘。香禾糯的重要生态农业价值和严重濒危的状态引起了有关农业科技界的高度重视，农业科技专家和技术人员对香禾糯开展了大量的调查研究工作，积极保护开发这一宝贵的农业文化遗产。为拓宽农民增收渠道，从江县委、县人民政府大力调整农业产业结构，把香禾糯作为该县特色农业的一项精品产业来抓。目前，全县香禾糯种植面积3万亩。采取“企业＋合作社＋基地＋大户（科技人员）＋市场”等模式，引导高增、建华、占里、朝利等村成立了贵州省从江县江南精品香禾种植专业合作社（州级农业产业化经营重点龙头企业、州级扶贫龙头企业、贵州省科技型企业、国家农民合作社示范社）、从江县香禾专业合作社、从江县侗族香禾糯专业合作社、从江县朝利香糯专业合作社。合作社的成立使农民由单个经营向合作规模经营发展，培育了香禾糯产业化经营重点龙头企业4个，提高了香禾糯的生产规模和产品质量。同时，从江县抓住“侗乡稻鱼鸭复合系统”被联合国粮农组织列为“全球重要农业文化遗产保护”契机，鼓励农民大力发展和挖掘“侗乡稻鱼鸭复合系统”重要生态农业价值。从江把稻鱼鸭的传统农业上升为“从江县稻鱼鸭系统保护与发展”的产业来抓。2015年发展稻鱼鸭种植养殖面积5万亩，2016年发展稻鱼鸭种植养殖面积6.8万亩，2017年发展稻鱼鸭种植养殖面积7.6万亩，2018年发展稻鱼鸭种植养殖面积8.8万亩，2019年发展稻鱼鸭种植养殖面积10.8万亩，2020年实现发展稻鱼鸭种植养殖面积12万亩。

目前，从江香禾糯授权企业建立的公共品牌有：贵州月亮山九芗农业有限公司—珍情品牌、贵州省从江县丰联农业发展有限公司—丰联贵米品牌、贵州省从江县江南精品香禾种植专业合作社—亚来品牌、从江县粮食购销公司—都柳江品牌。近年来，企业、农民合作社通过线上、线下销售渠道，使得从江香禾糯销往北京、广州、上海、杭州、澳门等市场，有效推动了从江香禾糯产业发展。

（二）菜肴文化

1. 主副食混烹混吃与“肉汁粥”饮食文化传统

从江各民族宰杀家禽、家畜，如鸡、鸭、鹅、羊、狗等，大多喜欢用清水煮熟，然后白切蘸血酱食法。煮鸡、鸭、鹅、羊、狗剩下的汤，一般用来熬粥；或肉、米同时下锅，肉熟米也成粥。这些粥既可当饭吃，也可当菜用，形成了主副食混烹混吃与“肉汁粥”饮食文化传统。

侗族男女青年行歌坐月时，也喜欢男出鸭、女出糯米，合煮鸭稀饭作为夜宵，同时也表示有一定的感情了。一般情况下，只能喝糖稀饭或油茶。部分侗族地区有煮鱼杂稀饭的传统，如县内的九洞地区和六洞的庆云一带，秋后人们开田放鱼，剖鱼腌制时，余下的鱼杂除做鱼杂酱外，也习惯用来煮鱼杂稀饭，邀请亲朋好友、寨邻前来享用。

2. 鱼食烹饪

鱼在当地各民族中，除食用外，还有许多文化功能。加工食用过程中，除常见的煮、炒外，更多人喜欢做酸汤鱼、烧鱼、腌鱼、鱼生片等。

酸汤鱼：将鱼肚剖开取出苦胆，把酸汤水倒入锅内煮沸，再将鱼倒入锅中煮熟，加入鱼蓼、生姜片、葱等佐料和广菜、鲜笋、豆腐等配菜即成，味道清鲜爽口，是筵席上款待客人不可少的一道佳肴。

烧田鱼：从江县一道非常有特色的传统美食。在侗族人眼里，素来就有“食必有鱼、鱼必烧烤”。烧鱼是侗族、苗族人民非常喜爱的一道佳肴，当地还流行着这样一句顺口溜：“家有粮食千万担，不搞烧鱼不下饭。”由此可见，烧鱼在当地各族菜肴中的地位。

烧田鱼一般是在野外进行。在摘禾的时节，人们邀上亲友，带上糯米饭、盐和辣椒。大家到田里一边摘禾，一边则放水抓鱼找香料，张罗着烧鱼。先找一方平地烧起一堆篝火，再用削好的小木棍或竹条，把刚从田里抓来的鲜活的鲤鱼从鱼嘴直穿至鱼肚，然后放在火边慢慢地烘烤，不断翻转，使鱼烧得金黄。然后拌着从田边找来的野韭菜、折耳根（鱼腥草）、大蒜、花椒、辣椒等佐料而食，是一道地道的绿色佳肴。

从江烧田鱼，原本是一种在田边地角随意制作的民间小菜。随着生活水平的不断提高和旅游业的不断发展，目前此菜已经被搬到了家中餐桌上，甚至登上了大雅之堂，成为待客的一道必备菜。

腌鱼：腌鱼也是从江各族人民家家户户常备的一道名菜，其制作有一定的工序。本地正宗腌鱼是用稻田放养的鲤鱼；居住在江畔的人家，也有用野生河鱼来做腌鱼的。秋收时节，放干稻田水，捉来鲜活鲤鱼，用清水泡养一两天。腌制时，将鱼从背部剖开，除去内脏，晾干水分。在蒸好放凉的糯米饭中加入食盐、米酒（有的地方加甜酒）、辣椒面（过去有些地方不加辣椒面，如侗族占里、陇里等村；苗族加鸠上半片区）等拌匀，作为基础的腌糟，是否加入生姜、花椒、木姜子等佐料，或加多少，可根据个人、家庭口味（或当时的条件）来定。然后在木制的腌桶或腌坛里铺一层腌糟，再铺一层鱼，层层相叠。装满后，需用大张木叶、水芋叶、草箍等将桶口密封好，并用大石压紧。两三个月后就可食用。过去腌制用具多为专用杉木制桶。直径 30 厘米左右，高约 60 厘米，每户均有 3 ～ 5 桶，足够全年食用。用木桶腌制的鱼存放时间长，可达 20 年，不易变质，香味浓，有甜味。这也是侗族家庭中，为年迈父母必备的丧用祭品和办丧事的待客菜品。现在很多人家用陶瓷坛或塑料桶腌制，其特点是发酵发酸快，能提前食用，但味道不如木制桶腌制的鲜美。在从江，洛香镇塘洞的腌鱼最为有名，腌制一年后的腌鱼，其色呈红色，干湿适当，酸度适中，特有的香气令人垂涎欲滴，放入口中酸、辣、香、甜，让人精神一振，食欲大增。腌鱼可以直接食用，不需任何加工，原汁原味。也可用火烤炙或文火油煎，皮脆骨软，味醇留香，回味无穷。

鱼包韭菜：选用鲜活的 1 ～ 2 斤重的鲤鱼或草鱼，去鳞、去鳃后，沿背部剖开，但腹部相连，除去内杂后清洗干净，洒上醇香的米酒，拌上荤葱、大蒜、生姜、糟辣，加少量食盐，然后再将洗净的宽叶韭菜、广菜充填在鱼腹内，将两半鱼合拢，用糯米稻草扎牢，放入大锅内清炖或放大甑子中清蒸，大约几个小时后取出即成。这是居住在下江镇摆亥片区水族特有的节日菜肴，其他民族少做。

鱼生片：取自稻田、鱼塘里 5～6 斤的草鱼，除鳞、去骨、切薄成片控干水分备用。花椒、花生、芝麻、文火慢炒，炒出香味后舂成粉备用。把折耳根、鱼腥草、小米辣、蚂蚁菜（一种独特的野菜，香味扑鼻）切细与花椒、芝麻、花生粉、食盐拌匀，最为独特的配料配齐，最后将配好的配料与鱼片一起搅拌，放入自制的米醋，一道贵州从江特色的“鱼生”佳肴便制作完成。现在的鱼生吃法还有两种：一是直接夹鱼片浸泡米醋片刻，裹上拌好的酸菜食用；二是在生抽碗中放入蒜末、碎米椒、盐、米醋、芥末，用生鱼片蘸着吃。鱼生片的制作与吃法，过去仅流行于沿江侗族村寨，现在全县侗族和壮族地区也十分青睐，苗族村寨尚未流行。

3. 瘪食传统

牛瘪、羊瘪（“瘪”为侗语音译菜名）：宰杀牛羊后，将肠胃内尚未消化完的草渣滓用棕片或纱布挤出汁，滤去渣滓。然后将“瘪”汁倒入爆炒或烘烤已八成熟的牛、羊肉里，加入吴萸子（俗称：捶油籽）、辣椒、葱、蒜、芫荽、鱼蓼和少量橘皮等佐料拌匀即成，鲜美可口。凡是宰杀牛、羊过节或接待客人，将牛、羊瘪视为上等佳肴，若不弄“瘪”菜吃，深感遗憾。牛、羊吃百草，百草皆药，据一些常吃牛、羊瘪的人说，它还可以治愈胃病。在下江、停洞、宰便、加鸠等地的苗族同胞都有喜吃生牛、羊肉瘪之习惯（佐料与制熟“瘪”相同，尤多放些吴萸子）。在从江，无论城镇、乡村，售卖牛、羊肉，无瘪配售的话，是难以售完的。

4. 红肉

红肉，也叫作紫血肉，它是贵州省从江县一带的传统特色美食。所谓红肉，是用沉积于宰杀后的猪的腹腔中的瘀血与烘烤熟的猪肉片配制而成，色泽鲜红，香味浓郁，回味无穷，是从江县一带非常受欢迎的特色美食。红肉味道非常好，辣中带着清新口感，嚼起来回味无穷。每当冬天的时候，由于山里新鲜蔬菜少，所以这个时候吃些新鲜清爽的红肉是非常不错的。从江县红肉色泽鲜艳、口感独特，已经成为从江县一道著名的美味佳肴。

5. 腌肉

腌制品是从江各族同胞为长期保存食物而发明的一种美味，一般可以存放一到两年或数十年。常见的腌肉有腌猪肉、腌牛肉、腌鸭肉、腌鹅肉、腌鸟肉等。其制作技术、食用方法与腌鱼基本上相同。

6. 烤香猪

从江香猪主产于西部壮族连片聚居的秀塘、加榜、宰便等乡镇，其香猪存栏数常年在 8 万头左右，占全县香猪存栏数的 60% 以上，如今已成为壮族地区的支柱产业。当地人称为“萝卜猪”。它全身毛黑，最大只能长至 60 公斤，因肉味特香而得名“香猪”。1993 年初，农业部以“从江香猪”之名列为二级保护畜种。从江香猪是壮族群众节日庆典、接待宾客的最佳宴品。

从江香猪有“体型矮小、肉质香嫩、基因纯合、纯净无污染”等特点。其显著特点是不同的生长时期都可以宰杀食用，哺乳仔猪及断奶仔猪食用均无奶腥味或其他异味，煮沸后肉汤无浑浊，透明清澄，清甜，皮薄肉嫩，肉香鲜美，口感惬意性好，多汁有糯性，味醇香，无渣质感，肉味香浓，回味深长，食而不腻，有“一家煮肉四邻香”，“颊齿余香三日长”之称，是从江香猪食用和其他猪种相比最为显著的特征。从江香猪的体型矮小、早熟，吃法很多，可做白炸、紫血，也可进行烤制，经常是整猪烧炙。烤好的香猪，皮色金黄，肉香四溢，切一块入口松脆无渣，满口醇香，色香味均堪第一。如今也有的把它做成香猪腊肉、腊香肠等，是从江深受游客欢迎的美食之一。

（三）佐食文化

1.“油茶”饮食文化传统

从江县苗、侗、壮、瑶等少数民族都有打油茶、喝油茶的习惯，油茶是当地人居家休闲最爱吃的小吃，具有提神解乏的功效。每当人们在山中劳作一天回来后，总爱喝上一碗热腾腾的油茶解除一身疲乏。在从江西山、斗里、翠里一带的少数民族“油茶”饮食文化更为浓厚。尤其是瑶族，一日三餐都离不开油茶，流传有“一天不喝茶，身子要发痧”“一天不喝茶，不会把田耙”的顺口溜，村民家里常年都备有供制作油茶的茶油、玉米、花生、黄豆、茶叶等。

油茶的制作步骤：油茶制作的主要步骤是制米和制茶水，油茶制米要经过“一泡”“二炒”两个环节；制茶水则分为炒茶和煮茶。首先用水将糯米浸泡 5 个小时，这是“一泡”，接着将泡好的糯米滤水下锅炒至水分蒸发后出锅，这是“一炒”，然后再将炒过一回的糯米重新倒入锅中用油炒至金黄，这是“二炒”。花生等辅料则在炒米结束后入锅翻炒。最后是制茶水，将本地的山茶叶在锅中炒至略糊，放入适量的水，待水煮沸后滤去茶叶即可。食时，将炒米、花生添入碗中，盛上茶水，放入少量的盐或糖，撒上葱花，一碗美味的油茶就制成了。如配上炒熟的猪肝、粉肠、油果、苦凉的野菜等，更是绝佳。

每逢盛大节日或者家中来了贵客，人们就以油茶相待，寓意深刻，既表示生活美好甜蜜，又预示来年五谷丰登。几碗油茶下肚，顿时觉得全身毛孔舒张，精神亢奋无比。油茶还可治疗轻微的感冒、腹泻等疾病，起到提神醒脑、解酒、消除疲劳的作用。如今，随着旅游业的发展，油茶越来越受到广大游客的喜爱，成为从江当地旅游美食中的一块“金色招牌”。

2. 酒类酿造

从江各民族都有饮酒的习惯，尤其是客人到来，必以酒招待，并想方设法将客人灌醉以表热情。常喝的酒有米酒、泡酒、重阳酒、煨酒等。传统上只有糯米酒和小米酒，且小米酒为苗族多酿。现在的米酒多用籼米制成。米酒多是发酵后，蒸馏而成，每寨均有一两套蒸酒的工具，家家户户会自酿，甜酒加酒曲发酵即成，多供妇女饮用，男人不喜欢。泡酒是将甜酒倒入烧制的米酒中长时间浸泡而成，度数低于烧酒，口感佳，但醉后难醒。“重阳酒”是重阳节这天酿制的米酒，封坛一年或数年后才打开，这种酒由于长时间封存，开坛倒出往往起丝，奇香诱人，平日里是舍不得喝的，待贵客到来时，方拿出来与客人开怀畅饮，醉后比泡酒更难醒。

过去酿酒多用自制的酒曲，如今多从市场上购买。传统酒曲的制作，工序复杂，配料多，但辣蓼是必不可少的主要原料。现在，民间酒曲制作技术与配料几乎失传。瑶族在从江各民族中，传统酒曲制作很有名，也是他们生计的重要补充，他们历史上主要靠酒曲的销售和藤编用具的编织与其他民族进行交流互动，换取他们的生活用品，如跟侗族换粮油、跟苗族换山货、跟壮族换鱼苗等。

煨酒是从江三百河壮族地区特有的产品。煨酒是以当地的香禾糯米为原料，经浸泡发胀、滤干、蒸熟，倒入簸箕加适量的水和甜酒曲拌匀，入坛密封，置于酿酒架上，并保持一定温度，使其发酵，自然溢出香甜的酒汁，将酒糟滤出，酒液置入坛密封，放在火塘边，慢慢煨烤，然后移出放在固定的地方存放，时间越长，酒味越香，浓度越高，酒质越好。以前，煨酒主要是壮族群众自己生产自己饮用，不作民间交易。2010 年后，开始有壮族群众规模化酿制煨酒出售。如今，煨酒生产已让刚边、秀塘、加榜、宰便等乡镇的一些壮族群众得到了实惠。

3. 调味品酿造

米酸汤，又习称白酸汤，是当地各族同胞的一种调味品，做法简单，家家会做。即将淘米水倒入坛中，置于火塘边，几天便发酵变酸可食用。当地侗族妇女还将它的沉淀部分用来洗头，这在民国《从江县志》侗族风俗篇中有详细记载：“青年女子好梳发，日必数次，时以酸汤脚洗之（酸汤以糯米水酿于瓦瓮，置火炉侧，变为酸味，用以煮菜，为日常佐餐品。沉于底者，谓之酸汤脚）。”

海茄酸，又称红酸汤，用野生小西红柿制成。将西红柿洗净，控干水分，装入洗净的坛中，加入适量食盐、米酒，封坛发酵半月后即可变酸，用来煮鱼、肉菜，味道十分鲜美、开胃。

米醋，习称白醋，是人们用尾酒制成。烤酒时，接来尾酒，置入坛中放凉，烧一团糯米饭变焦，放入坛里尾酒中，封好置于阴凉处，一两月后即变成米醋。米醋常用来凉拌黄瓜、萝卜、生鱼片等，有时也用它拌上野蜂蜜治烫伤。

（四）其他特色食品

扁米：每年糯稻成熟前，或摘禾期间遇到未成熟的稻穗，摘取未完全成熟的糯稻，先在簸箕上用碗口或镰刀背脱粒，然后下锅拌少量水炒熟，再倒入簸箕内散凉。尔后用石碓，舂出谷壳，用手搓散，簸扬弃谷壳，即得扁形的米，故称“扁米”。扁米呈黄绿色，柔软有韧性，满是稻香。从江各民族都有制作的习惯，作为闲时零食。但在侗族社会里，则是青年男女这一季节用以为媒的社交食品。某一女孩看上某一男孩，便邀约同伴到男孩家田间摘来七八成熟的糯穗来做扁米，扁米必须是姑娘们亲手所做。男孩知道后，便邀约好几个同伴，带上乐器、米酒，前往女方家品尝和享受这带着爱意的扁米。席间饮酒对歌，往往通宵达旦。

如今在从江县洛香镇塘洞村，则将扁米作为产业来发展。每年进入秋季后大家都忙着做扁米，过去用碗脱粒，人工碓舂脱壳的传统方式加工扁米太慢，一天下来做不出几斤扁米。现在经过群众摸索改良，改用打谷机脱粒，打米机调制脱壳，大大提高了效率，一家人一天可以加工上百斤扁米，按照市场最低价每斤 20 元计，除去成本净利润就能拿到1400元左右。扁米的消费者，除当地群众外，主要是黎平、从江、榕江等地各族在外打工的青年。该村目前利用冷链设备延长扁米原材料保存时间，发展线上销售，除了给在外打工的年轻人带去家乡口味和记忆外，也壮大了扁米产业，拓宽群众增收致富渠道，助力乡村振兴。

盐水猪脚：盐水猪脚是从江县宰便镇壮族特有的一道特色食品。制作方法：将猪脚洗净煮熟，控干水分。将山泉水煮沸放凉，倒入坛中，加入适量的盐、米酒、花椒、蒜叶、红椒等，放猪脚入坛中浸泡，封好置于阴凉处，十天半月即可取出食用。泡制的盐水猪脚，酸辣有味，清脆可口。在从江，也有很多人试过，或是当地人在外做过，用同样方法做出来的盐水猪脚，均比不上宰便产的清脆。人们多怀疑是水和气候原因造成的。

腌韭菜：从江人用腌制办法腌制的鱼、肉、蔬菜比较多，腌菜类有腌笋子、腌蕨菜、腌萝卜、腌青椒、腌青菜等，但腌韭菜的确实少见，唯有宰便镇宰河侗族喜欢腌韭菜，其方法与腌制其他菜品一样。他们除取韭菜叶腌制外，有时还取根和花腌制。

鱼杂酱：从江境内六洞地区侗族人家常把腌鱼时取出的鱼内脏剁碎（弃鱼胆），加入佐料拌匀放入坛内腌制鱼杂酱，数月后即可食用。色鲜味美，能增进食欲。与鱼杂酱类似的虾酱也是侗族人喜爱的佐餐食品。

（五）饮食文化与文化认同

从江各民族在长期交往过程中，各民族在保持自身饮食风貌的同时，都不同程度地揉合了其他民族的饮食特点，形成了独特的地域饮食文化。从江地域饮食文化，既有百越民族“饭稻羹鱼”的特征，亦有苗族瑶族“刀耕火种”的特点。各民族通过原料的互相引入、饮食结构的互补、烹饪技艺的互渗到饮食风味的互相吸收，从而构成了从江“喜糯”“嗜酸”“好辣”“尚瘪”“吃生”等特点。

饮食文化有明显的地域特征，饮食文化的生成与发展，深受当地自然环境（气候、土地、地形等）以及人文环境（传统生产技术、地方信仰、社会文化与价值）的影响。如生长在“糯”和“瘪”饮食文化环境中的从江人，不论哪个民族，他们通过“糯”和“瘪”就能确定彼此的认同。同时饮食在情感层面通常给予了人们归属感，“家乡味道”“从小味蕾”也能使人容易找到归属，如当地牛瘪、羊瘪、腌鱼、腌肉、糯米等线上购买者多为在外打工、工作的群体，在广东、浙江开设的瘪店也是这群人就餐、聚会的场所，通过饮食这种方式延续了人们对家乡、对民族文化的记忆和认同。可见地域饮食文化是人们认同感、归属感的交织场域。通过把握各地域饮食文化的同一性，厘清其交融性、辨明其联结性，是探究中华饮食文化认同的基础。以中华饮食文化认同为路径，铸牢中华民族共同体意识不失为一条有效的途径。

荔波县月亮山区各民族文化交往交流交融调查

课题组组长：吴　嵘

课题组成员：梁永枢　李筱竹　佘　湛　李永皇　敖　惠　李霞林　罗显仁　罗　林

一、概况

（一）月亮山区域

月亮山山脉位于贵州省黔东南苗族侗族自治州与黔南布依族苗族自治州交界处。因地理位置极其偏僻，至今仍保存着300多平方千米的原始森林，居住在这里的水族、苗族、瑶族、布依族等少数民族群众，同大自然和谐共存。

月亮山主峰海拔1490.3米，相对高差1100余米，山体雄伟高大，沟谷切割深长。因地处南亚热带，气候温暖湿润，珍稀动植物种类繁多，素有“物种基因库”之称。

月亮山区的原生植被保存完好，自然风景别具一格，千米以上山峰有80余座，主峰顶上有典型的“分水岭”。林中地表水丰富，众多飞瀑高悬，水畔林间。山顶不时可见“佛光”罕见天象，堪称“童话世界”。

月亮山有广义与狭义之分，一般来说，广义的月亮山区域，系指地跨黔桂两省区贵州的榕江、从江、荔波、三都以及广西壮族自治区的环江和融水共六县。狭义的月亮山地区，指主峰所在地的贵州省榕江县计划乡、水尾水族乡、定威水族乡、兴华水族乡，从江县的西部区域以及荔波县的佳荣镇。

荔波县位于贵州省最南端，地处云贵高原向广西丘陵过渡地带，东部、南部与广西壮族自治区环江、南丹毗邻，东北部与黔东南苗族侗族自治州从江、榕江两县接壤，北与三都水族自治县相连，西抵独山县，距省会贵阳市公路里程220千米，全县面积2415.47平方千米。下辖一个办事处（玉屏街道）、五个镇（佳荣镇、茂兰镇、小七孔镇、甲良镇、朝阳镇）、两个民族乡（瑶山瑶族乡、黎明关水族乡）共八个乡级行政区。

为主动适应县域经济社会发展需要，稳妥推进村组优化设置，通过开展村（居）优化调整，2018 年新设置一个易地安置点兴旺社区，2021 年 1 月和 2021 年 4 月，分别对一个社区和四个村进行优化设置，即玉屏街道红船社区分设为渡船口社区和红船社区，瑶山瑶族乡拉片村和菇类村合并为瑶山村、巴平村和力书村合并为巴力村。通过开展村（居）优化设置后，由 102 个村（居）调整为 100 个村（居），实现了治理空间更加精细化、科学化。

佳荣镇：“佳荣”是一个当地布依话地名，布依语称“巴容”，汉译为“佳荣”。

佳荣镇地处荔波县东部，东邻黔东南苗族侗族自治州从江县加勉乡，南与广西壮族自治区河池市环江毛南族自治县驯乐苗族乡接壤，西连荔波县茂兰镇瑶麓村，北靠三都水族自治县九阡镇及黔东南苗族侗族自治州榕江县水尾水族乡和从江县的西部区域，距荔波县城 30.3 千米，区域总面积 354.34 平方千米。

民国二十四年（1935），佳荣境域为佳荣联保。民国三十二年（1943），改佳荣乡。1957 年，划归三都。1961 年，又划归荔波，成立佳荣公社，属茂兰区。

1984 年，佳荣公社改为佳荣乡。1991 年，佳荣、水维、岜鲜三乡合并为佳荣水族乡。2000 年 3 月，佳荣水族乡改为佳荣镇。

2021 年统计，佳荣镇下辖 12 个行政村：威岩村、坤地村、拉滩村、高里村、拉祥村、拉易村、水维村、大土村、甲料村、拉毛村、岜鲜村、拉先村，镇人民政府驻威沿村。

茂兰镇：地处荔波县东部，东与佳荣镇相连，南与茂兰镇瑶麓村交界，西与凤庆县腰街彝族乡毗邻，北抵三都水族自治县九阡镇，距离县城 26 千米，区域总面积约 300 平方千米。

民国二十四年（1935），茂兰境域为茂兰联保，民国三十一年（1942），设茂兰乡。新中国成立后，茂兰乡属荔波县茂兰区。1991 年建并撤后，与瑶庆水族乡合并成立茂兰镇。2021 年统计，全镇下辖尧朝、瑶埃、比鸠、罗家、水庆、洞流、立化、尧明、洞湖、瑶麓等 10 个村民委员会，共 75 个村民小组。茂兰镇主要世居民族有布依族、水族、瑶族、汉族等民族，镇人民政府驻尧朝村。

（二）民族、人口

荔波地处黔桂边陲，明以前人口稀少。从清朝到民国的300余年中，人口有所发展，但起伏不定。特别是民国后期，因自然灾害、军阀混战等因素，人口呈下降趋势。据资料显示，民国二十七年（1938），荔波县人口为106735人，至民国三十一年（1942），人口下降为106269人。至1949年，下降到73921人。

新中国成立后，社会安定，经济发展，人口不断增长。据荔波县志资料统计，多年人口数据如下：

1953年，全县总人口为80016人。1964年，全县总人口为74846人。1982年，全县总人口为128385人。1990年，全县总人口为141621人。2000年，全县总人口为171366人。2010年，全县总人口为144865人。2020年（第七次人口普查），全县总人口为154896人。2023年，全县总人口为186330人。

全县平均人口密度每平方千米约64人。一般来说，人口密度与城镇经济、文化中心密切相关，城镇中心地区人口密度比边远地区大，平坝地区比山区地区大。荔波人口密度除县城玉屏镇外，甲良镇和朝阳镇人口密度最大，而东北部和东南部乡镇如佳荣镇等，属边远山区，人口密度较小，一般每平方千米在40人左右。

新中国成立后，随着人口的发展和人员的不断交往交流交融，县境内的民族结构不断出现新的变化。1953年第一次全国人口普查，县境内主要有汉族、布依族、水族、瑶族、苗族、侗族、壮族、满族8个民族。1964年第二次全国普查，除以上8个民族外，增加了回族、彝族两个民族，共10个民族。1982年第三次全国人口普查时，增加不少，达17个民族，增加了毛南族、土家族、土族、蒙古族、东乡族、京族、高山族7个民族。1990年第四次全国人口普查时，又增加了朝鲜族、锡伯族、白族、傈僳族、黎族5个民族，共有22个民族成分。迄今基本没有大的变化。

在民族成分比例上，少数民族人口历年来都占全县总人口的80%以上。

1982年第三次全国人口普查时，全县少数民族人口110688人，占全县总人口的86.82%。

2021年，荔波县总人口数为185849人，其中，城镇人口73986人，乡村人口111863人。荔波县少数民族人口173236人，少数民族占总人口的93.21%，人口较多的少数民族有布依族、水族、苗族、瑶族。其中，布依族占总人口的59.0%，水族占总人口的23.03%，苗族占总人口的5.68%，瑶族占总人口的3.64%。

佳荣镇全镇有水族、布依族、苗族、瑶族、侗族、汉族等民族，2021年，全镇总人口18381人，其中少数民族人口17503人，占总人口的95%。

茂兰镇有布依族、苗族、水族、瑶族、汉族等民族，2021年，全镇总人口15688人，其中少数民族人口14385人，占总人口的91.7%。

（三）社会发展历程

据有关史料记载，秦始皇二十六年（前221），荔波为象郡毋敛县地。

唐太宗贞观三年（629），置婆览县（治后水婆，即今三都水族自治县恒丰，原属荔波县）；唐玄宗开元元年（713）至天宝三年（744），改置劳州和莪州（劳州即今捞村片区，莪州在荔波县城附近）。

宋太祖开宝三年（970），置羁縻荔波州，属岭南西路广西庆远府。

元世祖至元元年（1265），荔波为蒙、皮、雷三土司领地割据。

明太祖洪武元年（1368），统一蒙、皮、雷三土司领地，荔波并入广西思恩县；洪武十七年（1384）置荔波县，属广西庆远府；孝宗弘治七年（1494），撤荔波县，置方村、蒙村、寠来村三巡检司，易十六埄为十六里，改属广西河池州；武宗正德元年（1506），荔波改司设县，仍属河池州；神宗万历元年（1573），县治设在喇轸村（今时来旧县），改属贵州都匀司；万历三十五年（1607）重定荔波、南丹地界，立石碑定县界。

清顺治元年（1644），荔波县属贵州；顺治十六年（1659），县治里袄村（今甲良镇方村片区）改属广西庆远府；雍正十年（1732），荔波县改属贵州都匀府；乾隆二年（1737）县治迁蒙石里全亨村（今县城），并设荔波营；乾隆五年（1740）置游击署、守备署、千总署。

民国时期，荔波县直隶贵州，先后属贵州第十一、第八和第二行政督察专员公署（均驻独山）。

中华人民共和国成立后，1949年12月6日，中国人民解放军解放荔波。1950年2月4日成立荔波县人民政府。1949年12月至1951年属独山地区专员公署。1952年以后，属都匀地区专员公署。1956年8月，都匀地区专员公署改建为黔南布依族苗族自治州，仍辖荔波县。1959年3月，荔波县被合并到独山县。1961年6

月 16 日，恢复荔波县建制，隶属黔南布依族苗族自治州。

新中国成立前，荔波县边远闭塞，交通不便，文化、经济等各方面都比较落后。新中国成立后，在党和人民政府的领导下，经过全县人民群众的不懈努力，如今社会各方面得到全面发展。

“十三五”期间，荔波县顺利完成“十三五”规划各项目标任务，全县经济社会发展大踏步前进。

2020 年全县地区生产总值达 67.94 亿元，是 2015 年的 1.5 倍。社会消费品零售总额达 26.77 亿元，是 2015 年的 2.81 倍。金融机构存、贷款余额分别达 66.69 亿元、104.07 亿元，分别是 2015 年的 1.25 倍、2.89 倍。城乡居民人均可支配收入分别达 34523 元、12293 元，分别是 2015 年的 1.49 倍、1.6 倍；城乡收入比从 3.0 降至 2.8，区域发展更加协调。经济发展综合测评连续五年位列全省县域第三方阵 10 个乙类县第一。获国务院通报表扬为“落实有关重大政策措施真抓实干成效明显县市”。县域经济发展在高速度兼顾高质量的良性增长中，创造了发展最快、质效最佳的历史。

“十三五”期间荔波县实现了脱贫清零全面小康的梦想。18 万干部群众和各方帮扶力量勠力同心、攻城拔寨，累计投入 87.2 亿元，全面攻克全省“三山”中月亮山、瑶山两座极贫堡垒，全县共减贫 15679 户 59494 人，贫困发生率由 37.76% 成功“清零”，高质量退出贫困县序列，彻底解决了千百年来的绝对贫困问题，完成了从满足温饱、总体小康到全面小康的历史性跨越。

“十三五”期间荔波县成功创建国家全域旅游示范区、省级旅游度假区、瑶山古寨 AAAA 级和 8 个 AAA 级景区，年接待游客量、旅游总收入分别突破 2100 万人次、180 亿元，2016—2019 年年均分别增长 35%、32%。荔波县委、县人民政府在全国旅游景区预约管理工作电视电话会、全省文化和旅游工作推进会上作经验交流发言，荔波成为贵州旅游新名片和国内知名旅游目的地。

荔波县构筑了六网通达城乡新旺的发展环境。三荔高速、荔榕高速建成通车，新改建县乡村各级公路 1109 千米，实现了高铁从无到有、高速和机场从有到优的飞跃，彻底改变了荔波重山阻隔、交通不畅、区位落后的历史，获评全国和全省“四好农村路”示范县。城乡面貌焕然一新，荔波县城规划区从 10.26 平方千米扩展至 38.14 平方千米，兴旺移民新区、上亿建材家居城等 27 个商住综合体拔地而起，荔波古镇、恩铭广场等景点公园点缀其中，乡村全面实现路通水洁、电稳讯畅、村美业旺，构建形成山水城交相辉映、产城景欣欣向荣的城乡融合发展新格局。

荔波创建了各民族团结共同繁荣的全国示范，成功创建全国民族团结进步示范县。全县各族人民拧成一股绳，共同团结奋斗，共同繁荣发展。

二、各民族文化交往交流交融的基础

（一）政治基础

荔波县各族人民在中国共产党的领导下共同团结奋斗、共同繁荣发展，缔造了平等、团结、互助、和谐的社会主义民族关系，为荔波县各族人民交往交流交融打下了坚实的政治基础。

荔波是无产阶级革命家、中国共产党创始人之一邓恩铭的故乡。1901 年，邓恩铭出生于荔波县水浦村一户水族家庭，他的父亲以行医卖药为生。当时，清末民初军阀混战、民不聊生，父亲邓国琮便举家迁居至县城定居。六岁时，邓恩铭踏入私塾学习，十岁时进入荔波县模范高等小学堂读书。新式学校的教学内容激起了少年邓恩铭对封建统治的愤恨。1917 年秋，16 岁的邓恩铭胸怀救国之大志，在二叔的帮助下赴山东求学。从荔波县城出发，经黎明关、柳州等地，最后再乘船前往香港、上海，历经了一个多月的时间，邓恩铭才到了山东省城——济南。几经辗转到达山东后的邓恩铭考入了济南省立第一中学，他阅读进步刊物，开始接触了解马克思主义等先进思想。1921 年 7 月，邓恩铭和王尽美作为山东党组织的代表，出席在上海举行的中国共产党第一次全国代表大会。当时邓恩铭只有 20 岁，是 13 名代表中唯一的一个少数民族代表。

党的第二次全国代表大会以后，邓恩铭按照党的安排，主要在山东组织和领导工人运动。当时，淄博煤矿为日本帝国主义势力所控制。邓恩铭深入矿工居住的地方，与矿工们同吃同住，鼓励工人们团结起来进行斗争。

1925 年 2 月 8 日，邓恩铭领导的胶济铁路工人大罢工开始，最终罢工达到了提高工人工资和工人斗争水平这两个目的。邓恩铭的一系列革命活动，引起了国民党特务的极大恐慌，他先后两次被捕入狱。面对酷刑折磨，邓恩铭始终咬紧牙关，在狱中还领导了两次绝食斗争，组织了两次越狱斗争，使部分同志得以脱险。

不幸的是，在 1931 年 4 月 5 日凌晨，邓恩铭被敌人杀害于济南市纬八路刑场，年仅 30 岁。

邓恩铭是中国共产党第一次全国代表大会唯一的少数民族代表，他是在中华民族生死存亡之际，毅然参加革命并献出生命。邓恩铭等中国共产党的先驱们创建了中国共产党，形成了坚持真理、坚守理想，践行初心、担当使命，不怕牺牲、英勇斗争，对党忠诚、不负人民的伟大建党精神，这是中国共产党的精神之源。

如今邓恩铭烈士纪念馆巍然矗立。开展党史学习教育以来，这里接待了一批又一批的参观学习者。2021 年 6 月，中宣部命名邓恩铭烈士纪念馆为全国爱国主义教育示范基地，红色基因在这片土地上血脉相承，成为激励荔波县各民族为实现中华民族伟大复兴而奋斗的精神伟力。

荔波是中国共产党领导的红色武装最早进入贵州的地区，红军在荔波撒下了革命的火种，同时也在荔波种下了民族团结的种子。1930 年初，红七军为了摆脱国民党重兵的围剿，保存革命力量，红七军前委决定游击黔桂边区，在思恩遇敌，兵分两路，进入黔境。

1930 年 4 月 16 日，军长张云逸率军部及第二纵队 1500 余人，从广西环江社村穿越黔桂古驿道经黎明关进驻板寨。之后，红七军、红八军总指挥李明瑞率第一纵队 1500 人由县境佳荣镇坤地村赶赴板寨，3000 余众红军队伍会师于板寨。

红七军板寨会师期间，召开群众大会，开展革命宣传，向群众宣传红军的政治主张，书写革命标语扩大红军影响，并及时召开前委会议作出攻打黔军军需重地榕江的决定，为扩大红七军政治影响，补充战斗力具有极其重要意义。

荔波有布依族、瑶族、苗族、水族等少数民族，红军会师板寨后，休整了六天，在驻扎期间，广泛向各族群众宣传党的政策、红军的性质和革命目的，动员各族群众参加红军。红七军指战员还帮助穷苦群众干活等，写下了许许多多宣传革命道理、鼓动人民群众起来推翻反动统治、争取民主解放的宣传标语。在红七军的宣传动员下，许多少数民族青年积极报名参加了红军。

红七军在板寨休整几天后，决定进入月亮山，奔袭榕江县城。月亮山苗族较多，由于长期受官僚、地主的欺压，他们不允许国民党桂系军阀部队进入苗族山区，每次国民党军队进入苗族聚居区，都会遭到当地苗族自卫武装的激烈抵抗。当红军初进月亮山的时候，当地的苗族群众都跑到山上隐藏起来。因为，他们以为凡是汉人的军队都是压迫他们的。但看到红军进山时，没有像过去军阀部队那样鸣枪，而且还有一些懂苗语的沿途打招呼，高声喊道：

"我们是工农红军！"
"红军是爱护苗族的！"
"红军是打国民党反动派的！"
"苗族同胞们，不要害怕！"

通过反复宣传，渐渐地，他们开始了解党的民族政策了。他们虽然不和红军采取敌对行为了，但恐惧和疑惑心理并没有完全消除，仍是一小群地聚集在山顶上，持枪监视红军，迟迟不肯下山来。

苗族同胞跑走了，家家房屋没有主人。长途跋涉的红军指战员们得不到粮食，于是决定各大单位统一征住户粮食、猪和青菜，以作军粮，并且按其他地区的市价付钱，分文不少，将大洋留在原来放粮食、猪、菜的地方，还要写明征集给养的原因、数量和留下款项的数目，同时放进宣传红军宗旨和民族政策的传单，争取苗族同胞和红军合作，反对国民党。另外，军政治部还发出布告，上面写着：如果被征食物的苗胞没有拿到钱，可以前来领取。经过这一系列的工作，既解决了部队的给养问题，执行了民族政策，又维持了红军的政治纪律。

苗族同胞中，也有些人稍识文字，稍通汉语，逐字逐句翻译过去，讲给苗族同胞听，而且见到了留下的大洋，苗族百姓顿时大悟，对红军产生好感，传播开来，一传十、十传百，传来传去，很快把红军纪律严明、秋毫无犯的感人事迹传遍了月亮山区。这时，他们才开始认识到，汉人和汉人也不一样，红军和国民党有着本质的区别，红军不光是穷汉人的亲人，也是苦难苗胞的朋友。自此以后，红军每到一处，苗族同胞们都前来热情欢迎。苗胞再也不惧怕红军了，他们拿出食物来售卖，红军用大洋和他们公平交易。由于我党的民族政策英明正确，加上红军纪律严明，处处为苗族同胞着想，使苗族同胞很受感动，他们不仅不为难红军，而且主动卖给红军粮食、猪肉、青菜，还热情给红军带路，遇到难走的地方，还帮助开路架桥，使红军顺利而秘密地通过月亮山到达榕江县城。红军在经过月亮山的小敖村时，一名姓兰的战士因伤势过重，不能随队前进，当地苗族群众收留他养伤，后来兰战士伤重去世，当地群众合力将他埋葬，并于每年清明前往祭扫。如今，红七军的革命事迹在这片土地上千古传颂，红色基因在这片土地上血脉相承。从浴血淬火的战争岁月，到艰苦奋斗的建设年代，再到波澜壮阔的改革时期，月亮山各族人民在传承红军精神的过程中默默耕耘，成为促进民族团结的力量源泉。

中华人民共和国成立后，在中国共产党的领导下，荔波县深入贯彻落实党的民族政策，贯彻实施《中华人民共和国民族区域自治法》和《黔南布依族苗族自治州自治条例》，《中华人民共和国民族区域自治法》（以下简称《自治法》）是根据《中华人民共和国宪法》（简称《宪法》）规定的基本原则，以适应党和国家新时期总任务的需要，结合我国实行民族区域自治法的经验，有利于加强民族团结和各民族共同繁荣，借助国家强制力量加以实施的基本法律。它对进一步完善和发展我国民族区域自治制度，巩固国家的统一，发展平等、团结、互助的社会主义民族关系，加速发展少数民族地区经济、文化，发挥巨大的作用。《黔南布依族苗族自治州自治条例》（以下简称《条例》），是根据《中华人民共和国宪法》《自治法》的原则规定，结合黔南布依族苗族自治州各民族的政治、经济、文化特点以及民族区域自治在黔南多年的实践经验制定的，是《宪法》《自治法》规范民族问题的法律化、具体化。1985 年 4 月 7 日黔南布依族苗族自治州第七届人民代表大会第五次会议通过，1986 年 7 月 11 日贵州省第六届人民代表大会常务委员会第十九次会议批准，根据 1989 年 7 月 26 日贵州省第七届人民代表大会常务委员会第八次会议批准《黔南布依族苗族自治州自治条例修正案》第一次修正，根据 2006 年 3 月 30 日贵州省第十届人民代表大会常务委员会第二十次会议批准《关于修改〈黔南布依族苗族自治州自治条例〉的决定》第二次修正。

《条例》不仅保证各民族当家作主的权利，同时许多条款对于促进各民族团结也作了阐述，如第四条中“围绕各民族共同团结奋斗、共同繁荣发展的主题，以经济建设为中心，发展社会主义市场经济。坚持改革开放，自力更生，艰苦奋斗，推动社会主义物质文明、政治文明、精神文明建设与和谐社会建设全面发展”第九条“自治州的自治机关保障各民族人民的合法权益，维护和发展平等、团结、互助、和谐的社会主义民族关系。禁止对任何民族的歧视和压迫，禁止破坏民族团结和制造民族分裂的行为。自治州的自治机关保障各民族都有使用和发展自己的语言文字的自由，都有保持或者改革自己的风俗习惯的自由”等。

从黔南布依族苗族自治州贯彻执行《自治法》和实施《条例》的实践来看，贯彻执行《自治法》和实施《条例》对民族地区的经济发展，促进各民族交往、交流、交融起到了法律保障的作用。

（二）经济基础

新中国成立以前，荔波经济十分落后，人民生活极端贫困。新中国成立后，在中国共产党的领导下，全县各族人民自力更生，艰苦创业，使荔波发生了根本性的变化。特别是中共十一届三中全会以来，全县各族人民以经济建设为中心，坚持“依靠省州，西向两广，开发山区，兴县富民”的经济发展战略，社会主义两个文明建设迅速发展，政治、经济、文化等方面取得了显著的成就。但是荔波位于贵州南部边远山区，由于地理位置和历史原因，荔波仍是一个国家级的扶贫开发重点县，月亮山和瑶山是全省深度贫困地区“三山”中的“两山”，贫困程度深，贫困发生率高。

党的十八大以来，我国实施精准扶贫精准脱贫政策，全面打响了脱贫攻坚战。在脱贫的征程中，荔波顺时、应势，对贫困发起了总攻，坚持以脱贫攻坚统揽经济社会发展全局，构建“1+8+94”县乡村三级联动指挥体系，对标“三精准”、抓好“三落实”、强化“三保障”。产业扶贫带动3.84万户14.11万人稳定增收，建成12个易地扶贫搬迁安置点，配套完善后续扶持“五个体系”，3851户15302人实现安居梦。“危改”“三改”和透风漏雨整治工程惠及10318户（次），完成新建、改建县乡道、通村路、组组通288条1109千米，改造危桥20座，以及道路维修、安防工程等，实现村民小组100%组组通硬化路，户户通水泥路。实现94个村16.46万人饮水安全有保障，电网工程全覆盖；资助学生31.04万人次，兑现资助资金2.06亿元，各学段教育资助实现全覆盖，建档立卡贫困人口参保率、贫困家庭医生签约率、重大疾病救治率、重点慢性病管理服务率均达100%。建成农村饮水安全项目68个，实现16.46万人饮水安全有保障。教育、卫健和民政领域兑现扶贫补助、救助11.63亿元。严格落实“四个不摘”，突出“两山”挂牌作战，高质量通过国家脱贫攻坚普查登记。荣获中国全面小康扶贫十佳县市等五项表彰，荔波扶贫案例入选新华社国家高端智库《中国减贫学》报告。在脱贫攻坚的过程中，得到了社会各界的大力协助。国家林草局、广州市白云区、贵州省教育厅、省州驻荔工作队和社会各界倾力帮扶，累计投入帮扶资金9.66亿元实施项目108个，141家爱心企业捐助4382万元帮扶1.95万人次，形成定点帮扶、东西协作、各界支持的全方位、多层次帮扶体系。脱贫攻坚中，干群携手共创攻坚传奇。2688名扶贫干部舍小家为大家、沉一线冲在前，探索形成激发群众自主脱贫内生动力的“3346”荔波战法，涌现出全国脱贫攻坚先进集体瑶山瑶族乡等41个先进党组织和全国脱贫攻坚先进个人王辉同志等90位先锋模范。

经过多年来的奋战，截至2019年12月31日，全县51个贫困村实现出列，累计减贫14585户57180人，未脱贫1119户2407人，综合贫困发生率降至1.53%。全面建成小康社会综合实现程度达98.65%。

2020年3月，随着省人民政府发布公告，长顺、独山、三都、荔波、平塘、罗甸6县退出贫困县，荔波历史性地摆脱了贫困，各民族携手踏上了小康的新征程，为各民族交往交流交融奠定了坚实的物质基础。

（三）文化基础

共有精神家园的建设是各民族交往交流交融的文化基础，荔波县通过传承弘扬民族文化，不断增强文化认同。坚持以社会主义核心价值观为引领，支持和推动民族文化传承和弘扬，引导各族群众不断增强文化认同。荔波是一个少数民族聚居县，民族节日多姿多彩，民族风情古朴浓郁。有省级民族保护村寨玉屏水浦水族村寨和瑶山董蒙瑶族村寨，有入选国家珍贵古籍名录的“水书”和“布依文”，有入选省级非物质文化遗产名录的《猴鼓舞》和《打猎舞》，有热烈诙谐的布依族婚礼中的唱“朗外”，盛大非凡的水族“卯坡”对歌，自由淳朴的苗族婚恋，古朴神秘的瑶族凿壁谈婚和抢腰带等，

荔波是民族文化的聚宝盆。荔波县历史悠久，文化底蕴深厚，布依族、水族、苗族、瑶族等民族共同创造和传承了多元奇特的民族优秀文化。目前，全县共有6个国家级、24个省级少数民族特色村寨，3项国家级、10项省级和若干项州县级非物质文化遗产项目。其中，荔波县布依族傩戏列入国家级非物质文化遗产项目，“雯当”舞、“固僦”习俗、酒药配制及酿酒技法等为省级非物质文化遗产项目。在荔波民间传承的布依古籍已于2008年列入国家珍贵古籍名录。水族马尾绣是首批国家级非物质文化遗产项目；水书习俗既是国家古籍名录，又是国家级非物质文化遗产项目。苗族芦笙舞是最具欣赏性的田野群体表演艺术，属于国家级非物质文化遗产项目。瑶族文化神秘古朴，猴鼓舞是国家非物质文化遗产项目，凿壁谈婚、打猎舞、洞葬习俗、打陀螺均是省级非物质文化遗产项目；尤其是陀螺竞技表演连续在多届全国民运会上夺冠拿金，累计荣获奖项一等25项、二等22项、三等18项，

堪称荔波县瑶族文化之骄傲，荔波县因此荣获“中国陀螺之乡”称号；布依族的“六月六”和苗族的“四月八”已被黔南布依族苗族自治州确定为法定民族节日。

民族古籍、民族体育已经成为荔波民族文化的两张黄金品牌，在党的关怀和民族政策的指引下，这两张黄金品牌正在引领着荔波县各民族文化推陈出新，走出乡间古寨，登上大雅之堂，融入中华优秀传统文化大舞台。

（四）社会基础

荔波是民族团结和谐的典范。世代生活在荔波这片和谐自然环境中的布依族、水族、苗族、瑶族等民族，自然形成了大杂居、小聚居的生态格局。各民族居住区域相对稳定，彼此友好往来、守望相助。随着社会发展步伐加快，各族人民相互交往交流交融不断深入，形成了今天各族之间语言基本可以交流，节日互相邀请做客，婚姻开始互通，各个民族学会经常开展互学互鉴文化交流，你中有我、我中有你的民族大家庭日益凸显，文化习俗各具特色、民族感情交融和谐构成了荔波民族大团结的生动写照。例如，瑶族的“伙计”关系演变成为荔波干群和谐关系的典范，苗族的芦笙舞蹈把不同民族、不同语言的亲朋手牵着手连在了一起，水族的卯节变成了各个兄弟民族共享的盛宴，布依族的“固僦”礼教习俗慢慢被其他兄弟民族所效仿，国家通用语言文字已经成为各个民族交往交流交融的有机载体。

按照党的民族工作要求，荔波县通过不断推进民族优秀传统文化“五进”工作，尤其是在全县城乡创办的“民族歌堂”，为各民族歌舞文艺搭建了交流、传承和提升的平台，使各民族的优秀文化得到了长足的传承和发展。2019 年，荔波县荣获国家民委授予“全国民族团结进步示范县”称号，“磐石荔波”成为这块土地最响亮的名片，团结和谐的民族社会生态筑成了荔波最坚实的发展根基。

（五）生态基础

荔波的樟江景区是国家 AAAAA 级旅游景区，荔波拥有“中国南方喀斯特”世界自然遗产地和“世界人与生物圈保护区”两张世界级品牌，被誉为“地球绿宝石”和“全球最美喀斯特”，成功列入国家首批创建全域旅游示范区、全省创建全域旅游示范县，先后荣获国家卫生县城、全国文明县城、国家生态示范区、中国十大森林、中国森林氧吧、中欧绿色和智慧城市、国际王牌旅游目的地、中国最具投资潜力的旅游目的地等荣誉称号。

近年来，荔波县坚定不移走生态优先、绿色发展之路，用实际行动诠释了“绿水青山就是金山银山”的深刻内涵，实现了生态惠民、生态利民、生态为民，发展和生态两条底线越守越牢，地球上的绿宝石越擦越亮。

一是擦亮生态底色。荔波县国土空间总体规划编制有序开展，生态保护红线国土面积占比达 50.29%，高居全省第二。“绿色荔波”和“美丽荔波”行动效果显著，完成营造林 31.47 万亩、石漠化治理 74.13 平方千米、水土流失治理 85.24 平方千米、矿山地质环境恢复治理 120 公顷，森林覆盖率由 64.84% 提高到 71.97%，位居全省第十，全州第二。获国家生态示范县、全国国土资源节约集约模范县等 8 项表彰。二是大力开展污染防治。完成各级各类生态环保督察反馈问题整改 128 个，整改率 94.8%。建成投运污水处理厂和生活垃圾中转站各 9 座，均实现建制镇全覆盖。垃圾分类实现“五进”和“三化”目标，并逐步向智能分类迈进，成功列入全州试点示范。县城环境空气质量优良率达 99.7%，县域河流国省控断面和集中式饮用水源地水质达标率达 100%。国家重点生态功能区考核获评“变好”等次。三是大力发展绿色经济。绿色经济是生态文明建设的物质基础。荔波县紧扣“把生态做成产业、把产业做成生态”这条主线，把“绿色 +”融入经济社会发展各方面，因地制宜发展绿色经济，生态旅游、康养、医养、游养等产业蓬勃发展。

近几年来，荔波全面推进全域旅游，大力发展生态经济和文化经济，以旅游为核心，把一、二、三产和城镇化导入可持续发展轨道，全力打造生态文明试验区典范，把良好的生态文化变成了经济资源，把绿水青山变成了金山银山。正因为荔波将全域旅游作为脱贫攻坚重要抓手，荔波才实现了全年旅游总收入游客接待量从 1108 万人次增长突破 2200 万人次，过夜游客量从 70 万人次增长突破 210 万人次。2021 年全县接待游客人数 1945.63 万人次，同比增长 55.41%，旅游总收入 159.63 亿元，同比增长 53.82%。同时围绕“1+5+N”农业产业发展体系，荔波精准布局桑蚕、精品水果、仿野生铁皮石斛等“长短结合”的绿色扶贫产业，青梅、蜜柚、桑蚕、黄金百香果、仿野生铁皮石斛面积均居全省县（市）前列，培育“瑶山鸡”“荔波蜜柚”“养珍谷石斛”等绿色经济品牌，订单销售蚕茧、水果、蔬菜、食用菌、生态禽畜等特色产品累计 9924 万元，带动 3391 名贫困群众增收。数字经济发展也取得重大突破，成功打造黔云通数字经济运营中台并在一年内实现交易额达 1.6 亿元。

获评全国森林旅游林下经济示范县，瑶山古寨荣列贵州十大康养度假旅游基地。如今，荔波县生态环境更加优良，生态系统更加完备，生态保护更加严格，生态产业更加兴旺，生态文化更加繁荣。

人与自然和谐的环境是各族群众最普惠的福祉“本钱”，是各民族交往交流交融的环境基础和空间保障。宜人、舒适的生态环境既是人民幸福生活的重要内容、生活质量提高的重要体现，也为人与人交往、民族与民族交往提供了良好的条件，形成了舒畅、和谐的氛围。

荔波县各族人民胼手胝足、披荆斩棘，建设了各民族赖以生存发展的丰收田园、美丽乐园、幸福家园，构建和谐共生的共同体，不断增强各族群众获得感、幸福感、安全感，为各民族交往交流交融、铸牢中华民族共同体意识创造了良好的环境条件。

三、各民族文化交往交流交融的现状

（一）物质文化中的“三交”

1. 民族经济的发展促进民族文化的交往交流交融

民族文化交流交融根植于长期的民族交往与互动，是一个由浅入深、动态深化融合的过程。不同时期、不同民族的人们迁入荔波境内，在这片土地上共同生活，一起生产劳动。关于荔波多民族社会生活、生产中的交往交流交融情况，民国《荔波县志资料稿》中有这样的记述：“在各个民族之间，其语言、服饰、习尚，亦有很多相同之点，而在一个民族中，其语言、服饰、习尚亦有很多不同之点，盖因古时交通不便，少事往还，同一民族虽距离不远，然亦有老死不柦往来者。年代既久，方音各异，服饰、习尚亦各有改变……至各个民族杂居在一个地区，彼此朝夕渐染，有的完全融化，有的虽不完全融化，而相同之点，亦在所不免。”①

旧时的荔波各民族受山地自然地理环境的阻碍，再加上交通不便、民族经济落

① 贵州省地方志编纂委员会办公室：《贵州历代方志集成》，2016，中国文史出版社，第432页。

后等，使得多数民族地区处在一种相对封闭的状态，所以各民族间的交往交流多集中在聚居于同一村寨内的同族，或地域上比较近的民族，民族间的交融比较有限。随着民族经济的发展，民族地区的基础设施水平得到提高，打破了民族地区的封闭性，因此少数民族群众得到了更多和外界交流的机会，民族文化的交流和互动成为可能。在和外界交流的过程中，本民族优秀的文化也能得到外界更多的认同。区域内不同的民族文化既按照各自的生活轨迹传承和发展，又在相互的交往中融入各自优秀的特点，各民族之间一方面加强认知理解，另一方面互相学习借鉴，遂在一些文化特征上逐渐表现出更多文化共享的趋势。例如，日常生活中的生产方式、服饰、饮食、建筑等相似性不断增强，差异性逐渐被模糊和淡化。因此，民族经济发展为民族文化融合提供了物质保障。

2. 根植于土地的生产方式互动

（1）生产活动是一个民族赖以生存的基本保证

由于各民族所处的自然环境和文化背景不同，栖身的生活空间和获取满足生理需求的各种物质生活资料的途径亦有所差别，因此形成了带有浓郁地域特点的民族生产方式。如荔波布依族、水族、苗族群众传统的经济生产方式为农业生产，他们世代依靠土地，以农耕所获维持生存。荔波瑶族群众因分布区域的地理环境不同，传统生产方式中既有种植业又有游耕和狩猎。

荔波布依族、水族分布地区多属于水稻产区，生产方式以山区梯田稻作农业为主。

荔波苗族一般居住在高坡地带，虽然土多田少，但也以种植业为主要生计方式。

荔波瑶族因分布区域不同，经济生产方式也有所不同。以茂兰镇瑶麓村为代表的瑶族，在当地定居较早，耕地较为固定，生产方式以种植业为主；长衫瑶支系，杂散在布依族、汉族之中，生产方式中农耕占了主导地位；白裤瑶支系主要分布在瑶山瑶族乡，在新中国成立前避居深山，迁徙无常，过着游耕兼狩猎的生活，没有水田、没有耕牛、没有犁耙等大农具，以赶山吃饭为谋生手段，大多数男子闲时即上山狩猎补充生活，妇女就上山采集野菜、野果充饥度日。因此，狩猎和采集经济在旧时瑶山乡的社会经济生活中占了很大比重。新中国成立后，党和人民政府为了帮助瑶族人民发展生产，一是先后将毗邻瑶山的翁昂乡、捞村乡、董界乡没收地主的部分田地分给瑶山群众耕地，同时还调进耕牛分给瑶族人民使用，并无偿发放各种铁制优质农具。二是组织附近的布依族、苗族向瑶族群众传授生产经验，帮助瑶山人民掌握农田耕作技术，使瑶山人民开始由游耕狩猎转向定居农耕。当时荔波地区的布依族、苗族、水族、瑶族、汉族等均以农耕文化为基础，为互相间在经济活动中的广泛接触提供了必要性和可能性。

（2）不同历史阶段、不同的生计方式影响着民族间的交往关系

1952 年 8 月，荔波县委在时来乡和朝阳乡首办了互助试点。互助组把各个村的所有劳力组成若干个小组，互助不计工，农忙时互助互耕。互助组通过临时换工互助的形式，在农忙时解决了全村生产上人力、农具和耕牛不足等困难，把村民从分散的劳动者组织起来参加集体劳动。在农业合作化时期，荔波县月亮山区群众经历了互助组、初级农业生产合作社、高级农业生产合作社等阶段。互助组、合作社既加强了各族人民在生产生活上的紧密联系，也推动了民族关系的和谐发展。

田土及山林承包到户后，农业生产由以前的集体化统一劳动变为各家各户自由安排生产劳动，不同民族的村民互动方式更加自由、灵活，如互相学习生产经验及技能，交流种植、养殖技术等，村民间交流互动的范围、深度等加深。

改革开放后，随着社会主义市场经济的不断发展，各种先进的技术及生产工具投入到荔波月亮山地区的生产劳动中，极大地提高了生产效率。生产效率的提高，推动了经济的发展、各族人民生活水平的提高，各民族之间的交往交流频率增多。

“十三五”期间，农村产业革命不断深入推进，荔波县“1+5+N”的农业产业体系全面铺开，包括月亮山区在内的乡镇共发展特色种植 21.96 万亩，规模生态养殖场 326 个。“小农经济”变为“集群农业”，农业产业摆脱了粗放低效、小量自给、户自为战的小农经济模式，向山地特色新型产业化升级。

3. 饮食文化中的民族交融与文化共享

“民以食为天”，饮食是人类社会生活不可或缺的一部分。从物产的选取、食品的烹调、饮食风俗习惯，都能反映出不同地域特征、文化传统，因此饮食不光是人们日常生活习惯的具体化、人们基本的生理需要，更是在“食”的过程中积淀出了饮食文化。饮食文化更多地与地方饮食习惯以及地理环境、特色物产等密切关联，从繁多和琐屑之中呈现了民族的基本价值取向，反映了社会的风土人情，也是居民生活情感交流的一部分。在岁月流逝中，月亮山区各民族间情感交融的过程便伴随

着饮食文化而生。

（1）瑶族饮食文化的融合

荔波布依族、水族、苗族一直以来都以种植业为主，生产的粮食作物基本相同，水稻是主要的传统农作物，此外还兼作玉米、小麦、高粱、红薯、小米等。

瑶山瑶族乡的瑶族在新中国成立后分到了土地，周边的布依族、苗族群众除了向他们传授农业种植的耕作经验外，还手把手地向他们传授了做糯食、酿酒、腌酸等方法。此外，瑶族群众还使用了从其他民族学习来的腌制方法将狩猎捕捉到的鸟和野味等进行腌制。狩猎食品不再是瑶族群众的主食，瑶族群众的饮食结构发生了改变，布依族、苗族等民族的饮食融入瑶族群众的生活中。

（2）共享“糯食”文化

糯米是荔波水稻产区一种基本的食物，在节日、婚姻丧葬、起房建屋等重要的场合都必不可少，糯食食品在群众的交往中作为礼品存在。

在传统节日中，布依族、水族、苗族都有吃糯食的习惯。布依族在“春节”和“重阳节”打糍粑，在“清明”“四月八”“六月六”“七月半”都要吃用植物染料染色过的糯米饭。“四月八”时，还要用枫叶汁染成黑色糯米饭给牛吃，以感恩牛的辛劳。水族群众在过年时要打糯米粑，做米扁、米花和炒米。不同的节日，糯米的吃法也不同，卯节吃糯米饭和渣粑，清明节吃黄糯米饭。水庆村至今还保留有40余种地方传统糯稻品种。苗族群众过年过节时，糯米饭、糯米粑是必不可少的。受布依族、水族、苗族的影响，现在荔波汉族、瑶族群众在过年节时也有吃糯米粑的习俗。

在荔波布依族、水族、苗族聚居地，糯米饭、糯米粑还是婚嫁、祭祀、走亲访友、待客的重要礼品。布依族人在祭祀时，供品也多采用糯稻以及糯稻制品。青年男女恋爱后，不管是男方到女方家，或是女方到男方家，第一次进家和出门时，父母都要用糯食来招待。水族群众待客或走亲访友时，糯米饭、糯米粑、糯米粽是重要的礼品。水族群众在提亲时要带上数十个到上百个三角粽粑作为见面礼，定亲、迎亲时要带上由双方商定好数量的大小两种糍粑，新娘到新郎家门口时要给前来祝贺的人们分发糯米饭、渣粑和肉，婚宴上的主食也是糯米饭。苗族群众走亲访友时糯米饭是必需的礼物；男女青年交往，糯米饭也是重要的媒介；女婿初见岳父母、新媳妇初见公婆，糯米饭是引荐。布依族、水族、苗族在互相交往或同汉族、瑶族群众交往过程中，也会将糯米食品作为礼物赠送，被赠与方会视为宝贵礼品而欣然接受。

（3）共享“酸食”文化

在荔波各族群众的饮食习惯中，喜酸食、制酸也是一个共同特点。但各民族的食材、做法、食用方法有所区别，各民族群众会相互学习、交流和借鉴。

布依族和水族家家户户常备一坛酸汤，酸汤的种类比较多，有辣椒酸、毛辣酸、鱼酸、盐酸、白笋酸等，以辣椒酸和毛辣酸最多。水族的腌青菜是每个家庭一年四季的常备菜，可以用来煮酸汤菜吃。布依族和水族的腌酸菜种类基本为酸笋、酸蕨菜、酸萝卜等。苗族、瑶族和汉族在学做酸食的过程中融会贯通地加入了自己独特的食材和制作方法，例如大土苗寨的酸鱼、酸鸟是其独特的风味菜，用来招待贵客；瑶族擅长狩猎和捕鸟，喜欢腌制鸟和野味酸肉；汉族制作的臭酸，是将原料熬制加工后烩以猪大肠、豆腐、青菜等，味道微酸且香。

（4）共享“酒”文化

在荔波各族群众的饮食中，酒是必不可少的一项，布依族有“无酒不成席”“无酒不成敬意”，水族有“无酒不成盛意”之喻。布依族的糯米酒和高粱酒是招待贵客的佳品，每年重阳节前，布依族家家都赶制重阳酒以备待客饮用。水族以荔波与三都毗连地区的糯米窖酒最为有名，特别是茂兰地区的水庆村，至今还保持采集120味中草药制曲的传统。水维村的苗族喜欢喝自己独特的泡酒。

在荔波各个民族村寨，“酒”促进了各族群众相互的交往交流交融，达到了饮食社交的作用。每当节日喜庆、宾客走访时，进餐必须有酒，不管是汉族、瑶族、布依族、苗族、水族，只要围坐在一张饭桌上，端起酒碗，就是好友，人们通过“饮酒”这种饮食方式来加深亲友间的关系、结识新的朋友。

荔波各民族间饮食文化的良性互动和文化共享，呈现了各民族群众比邻而居、日常交往友好的景象。在彼此尊重、借鉴、共享的良好氛围下，各族人民的饮食文化得以丰富和发展，食物品类逐渐丰富。

4. 服饰文化中的民族交融与文化共享

服饰被称为“穿在身上的文化”，作为人类特有的劳动成果，服饰积淀了人们的生活习俗、审美情趣、色彩爱好，以及其他种种文化心态。在历史的长河中，生活在不同地域的少数民族，随着时间的推移和文化的发展，慢慢地形成了特有的民族服饰。而时代的变迁，审美的变化在各民族服饰上得到了最好的体现，民族的交往交流交融也使得各民族服饰文化相互影响。

（1）民族间的传统服饰交融

服饰作为民族历史、习俗、审美的载体，是民族历史文化和社会生活的重要体现。服饰不仅仅是蔽体御寒的生活用品，也是一个民族的表征，有着丰富深刻的文化内涵。服饰交融是文化交融的重要体现，是一种基于款式、搭配、图案、裁剪等技术的长期的文化交融。

不论是荔波地域内的布依族、苗族、水族、瑶族或是其他地区的其他民族，少数民族女子的传统服饰总是多姿多彩和特色鲜明，但是不同民族之间也存在服饰的融合。例如，百褶裙便是水维苗族妇女、瑶山“白裤瑶”、瑶埃瑶族妇女都喜爱穿的服饰。从穿着舒适度来说，百褶裙的裙摆比较宽，裙身可以随体型有很大的伸缩空间，这一特点适合人们在炎热的气候条件下从事体力劳动。同时，百褶裙的皱褶就像一块有无限可能的画布，它给心灵手巧的妇女留下了展示刺绣、蜡染、扎染等技艺的空间。例如，苗族妇女的百褶裙分为上下两段，上半段为青布，下半段约有 15 厘米的白底蓝花蜡染图案。“白裤瑶”和瑶埃瑶族的百褶裙就是在裙边绣花的蜡染百褶裙。可以看出，百褶裙已被几个族群相互吸纳、相互影响。

除百褶裙外，“围腰”在苗族和布依族妇女传统服饰上也同时存在。苗族妇女上衣外系围腰，围腰以四片红、蓝、绿色银嵌为菱形，面上绣花。布依族妇女胸前拴银链绣花围腰。

另外，还有一些民族的服饰更是基本一致，例如红苗支系妇女的服装与水族妇女服饰类似，红苗男子日常服饰则与布依族男子服饰基本相同，水族男装则与布依族男装相似，散居苗族的男女服饰则与汉族基本相同。

同一地域内不同民族之间的传统服饰的这种趋同性，反映了他们在生活中的相互影响、相互交融。各民族在交往交流的过程中，相互学习、相互借鉴彼此的服饰文化，把他族服饰文化融合到本民族的服饰文化中，这是一种文化交融的表现。这种文化交融正是各民族之间文化互动并相互影响与吸收、结合与扬弃的结果。

（2）共享现代服饰文化

随着荔波各地经济和交通的发展，各民族间的交往范围扩大、交往程度加深，思想认识上的变化直接影响了服饰的变化。现在荔波布依族、水族、苗族、瑶族同汉族在服饰方面的交融度非常高。年轻人脱下传统服装，穿起了新潮服装，着装更加大众化；少数民族女性受时尚文化和城市文化的影响，也和汉族女性一样对城市女性服饰产生认同，民族着装从原先的烦琐复杂发展到现在的简约时尚，现代化的大众服饰成为各民族群众的主要选择，现代服饰文化成为各民族共享的服饰文化。各民族日常着装基本相同，一般情况下难以从衣着上辨别出人们的民族身份，民族服饰成为民族节日期间的生活习俗表征，民族服饰与大众服饰逐渐交融，民族特色服饰逐渐被大众服饰所取代。民族传统服饰穿着频率降低，一方面是因为民族服饰代表着一种传统风俗，与当前的生活有一定距离；另一方面是因为年轻一代的审美情趣更多地受到现代潮流服饰的影响。传统服饰和现代服饰的融合，既丰富了人们的日常生活，亦反映出多民族文化的交融。

民族之间服饰的交往交流融合，展现了服装作为一种文化现象，是不受地域疆界限制的，体现了中华民族文化内部的互相融合，也成为中华民族共同体的共建基础。

5. 居住文化中的民族交融与文化共享

（1）传统民居中的居住文化共享

人类的民居形式普遍受到自然地理环境条件的制约，民居的形式与当地的地理条件和天然的建筑材料有密切的关系。荔波月亮山地区气候环境炎热，多雨且潮湿，为了防暑、防兽、防潮、通风、采光，当地布依族、水族、苗族、瑶族群众因地制宜、就地取材，在传统民居形式中共享了吊脚楼式民居，也称干栏式建筑。吊脚楼完全是依山而建、遇石而落，房屋四周的墙壁不起承受作用，所有的重力均匀地分布到每根柱子的支点处。人们可以通过填挖、砌石墩的方式来解决悬空柱子的支撑点。因此，只要有小块平地作为柱子支点的地方，就可以把房子框架立起来，这样既解决了山区缺乏平缓地势的困扰，又解决了土木结构建筑对基础部分过于集中受力的缺点，当局部塌陷或受剧烈震动时它也不会受到太大的影响，并且悬空的楼柱可以防止虫蚁侵扰。在多雨季节，房子不会因下雨而潮湿。吊脚楼大多是两楼一底，每层都能为人们提供不同需求的空间。房屋高 12 米左右，是荔波地区农村最早的高层建筑形式，具有占天不占地、一体多用的多功能实用建筑体。由于各民族文化存在一定的差异，以及区域资源分布的多寡，当地布依族、水族、苗族、瑶族干栏式房屋的结构形制、建造方法、工艺、风格特征不尽相同，但传统民居建筑风格大体相似。

随着经济的发展、文化间不断交流融合，月亮山区各民族干栏式的建筑结构已由原来的全木结构或木竹结构发展为石木结构、土木结构、砖木结构或石、土、木混合结构。

（2）民族传统建筑与现代建筑形制、建筑材料的融合

因为各民族的生产生活方式产生了变化，生活现代化程度得到了提高，民族间文化上的交往交流交融的程度提升，再加上政府部门主导的危房改造、人居环境整治等，现在荔波民族地区建筑呈现出多元文化融合的现象。

第一类是以现代建筑风格为主的民居。部分少数民族群众将新建的房屋修到了道路旁、集镇周围交通比较方便的地方，新修或改建的房屋材料多采用砖石混凝土，房屋结构多为 2 ～ 4 层的平顶楼房，原来的人畜混居现象得以调整。相比于传统民居，新建的房屋更宽敞，结构更合理，卫生条件也得以提高，其建筑形制、建筑材料完全融入了现代建筑。

第二类是部分村寨改造为现代民居的同时仍存有少量的民族传统建筑。例如，在一些村寨中，木质结构的传统民居和砖混结构的民居并存，还有一些村寨的居民用石头和水泥砌吊脚楼，在建筑形制上仍保留了自己民族的特点，但融进了现代建筑材料。

第三类是仍保留民族元素的民族特色村寨。荔波县人民政府在民族特色村寨的规划、建设中，极大程度地保留和还原民族建筑文化特色，因为民族特色村寨是民族文化生成、流动、储存、传承和演化的物质载体和生存空间，承载着民族的历史变迁。少数民族村寨是促进各民族交往交流交融的重要平台。少数民族特色村寨的建设和打造，能促进各族群众相互学习、相互欣赏、共同提高。同时，秉承着让少数民族群众获得现代化居住体验的宗旨，在房屋内部空间建设上融入了现代建筑的居住理念。例如，在加宜村闲置房屋“变身”民宿后，房子的吊脚楼结构没有改变，原有的一木一瓦还可以继续使用，只是对房屋的功能进行了改变和完善。佳荣镇大土苗寨，现在的民居仍以苗族风格木瓦吊脚楼为主，但将防洪堤坝、赏月长廊、民族寨门、文化广场、乡愁馆、观景亭等现代建筑融入了村寨布局。

（3）传统村落选址文化与现代居住价值的融合

在少数民族传统的居住文化中，聚族而居、同族而居是常见的现象之一，族群内部以共同抵御外敌、共同进行生产的方式互为依靠。

例如，荔波布依族村寨往往由一个或几个血缘家族组成。小的村寨有二三十户，大的寨子有七八十户或上百户。布依族世代是农耕民族，对农田的珍爱与保护

意识特别强，为了保存耕地，在村落的选址布局上，一般选择风水好的土坡、河岸或溪边建造居所，整个村落的建筑布局都是沿山体依次往上建造。村寨周围喜欢培育高大葱茏的古香樟、古柏或枫木作为风水树，这些树被人们视为神树，从而倍加保护。有的村寨喜爱栽植大刺竹、吊丝竹、白竹或芭蕉，以构成绿色篱笆。水族村寨内部一般是由一两个血缘家族繁衍成为数十户的大寨子，单家独户的很少。村寨多分布在樟江上游和甲料河流域的山区平地，居住的区域大多是岩山或河谷地带，村落基本都是沿山体环绕，呈带状蜿蜒分布。水族人民很善于利用丰富的石头资源，在地势起伏的小丘上、池塘边或河岸上砌石造屋，村寨周围培植有高大翠绿的风景树或竹林。

随着城镇化进程的发展，各族群众对居住条件的选择标准发生了明显变化，必要的聚族而居的外部环境已经改变，从过去以民族为首要价值的选择转变为如今以宜居条件为首要价值选择，即从自发的选择民族聚居变为自觉的选择以适宜现代居住要求条件为标准。居住理念的变化推动了各民族居民交错杂居，从而促进了各民族的交往交流交融。

（二）民俗文化中的“三交”

1. 农耕文化事象的相互交流和吸收

生活在荔波的各族人民在历史上因为自身的发展程度各不相同，在习俗上存在一定的差异。这些习俗基于物质基础的不同，呈现出各自的特色，但各民族相处日久，以及相同的自然条件下，生计方式相互借鉴，民族之间的精神文化内容也日趋接近，渐而形成具有区域特色的文化内涵。这些民间信仰事象从一个侧面也反映了生活在这里的各民族相互交往交流交融的事实、程度以及变化。

就农业生产习俗而言，布依族是荔波从事农业生产最有代表性的民族，他们的耕作水平代表这一区域的农耕水平。布依族喜欢傍水而居，是典型的稻作民族，从文献上来看，布依族是该区域较早定居的民族，大致在宋代就已定居于此。在荔波这样的喀斯特地区，成片的坝子非常少，布依族群众生活的区域多是这样的山间坝子，所以他们能代表此地的农耕水平。基于这样的生计方式，他们的民间信仰行为更多地围绕稻谷和农业生产而产生。和大多数百越民族一样，这里的布依族重视糯稻，糯谷贯穿了整个社会的礼仪仪式，从出生到死亡，从婚礼到丧礼，再到各种节日都少不了糯谷的参与。恋爱时，青年男女之间相互走动要互赠糯米饭，平时家中招待贵客也要用糯米饭，在他们朴素的认知里，希望青年男女也像极具黏性的糯食一样永不分离。在进行“驱鬼扫家”“禳灾祈福”“祭祖还愿”等民间活动时，不仅要用到糯米及其制品，还要用到糯稻及禾梗，把糯稻作为贡品献给神灵和祖先，而禾梗则是驱除鬼怪的利器。在每年的“六月六”，布依族每家每户都要祭田，祈求糯稻丰收，其重视程度远胜于其他谷物。甲岸的布依族认为，糯稻是珍稀的粮食，用它来祭祀体现了对神和祖先的重视。在“清明节”“四月八”“六月六”“七月半”等传统节日中，他们都要吃染色糯米饭，“春节”和“重阳节”还要打糍粑，均以糯食为上。从实际需求的角度出发，保持糯稻的栽种很重要，布依族普遍认为糯稻有灵魂，秋收之后，他们要到田间去寻找“稻魂”并将它带回家放在谷仓里供奉起来。所谓“稻魂”就是一种蜘蛛在稻草上结的茧，或是一种身上有刺的蜘蛛。甲岸的布依族认为，在稻田发现“稻魂”就意味着水稻丰收，还是一种好运的象征，因而生活在荔波的布依族有蜘蛛崇拜，其实从实际生产中，蜘蛛是稻田害虫的天敌，可以减少稻田虫害以利于收成。

实际调查中，各民族在从事农业生产这块儿，很大程度上都向布依族群众学习，特别是青瑶和长衫瑶，他们和布依族村寨相邻，有关农事的许多知识都来源于布依族群众，所以在叙说农业生产的相关事项时，他们都用布依语或者汉语表述。在白裤瑶居住的瑶山乡拉片村，也是布依族和瑶族曾经共同生活过的地方。“拉片”一词并非瑶语，而是布依语，瑶语称为“瓜别”，二者都是“平坦开阔的地方”的意思，据说是清光绪年间，从广西迁来的以吴、覃二姓为代表的布依族在此居住，以“拉片”命名此地。与瑶族共同居住在一起，布依族教瑶族人种田，瑶族教布依族狩猎，相处和睦，后来布依族群众因为其他原因搬走了，只剩下瑶族居住。所以说，民族之间的交往促成了他们之间的技术交流，对提高生产效率起到了促进作用。

2. 礼仪文化——节庆娱乐活动的相互渗透

在荔波，各民族的节日很多，有布依族的“小年节”“六月六”“七月半”、水族的“卯节”“新米节”、苗族的“四月八”、白裤瑶的“陀螺节”、青瑶的“大年”“过卯”“吃新”等。

荔波县布依族过小年是在农历冬月三十日，过小年的除夕，布依语称过年叫

“更献”。小年节是布依族的传统节日，荔波县西北部甲良镇的某些片区仍保持有这样的古俗。节日期间，也是男女青年谈情约会的大好时机。每当傍晚时分，男青年成群结队走村串寨，寻觅女伴。年轻姑娘也三两为伴，在村旁路边等候情郎唱歌谈情。小孩子们穿着新衣，背挂红蛋，成群追逐嬉戏。阳凤地区对孩子们特别关照，初一那天，凡 15 岁以下孩童，每人必须背着一个红蛋作护身才准出家门，这一传统习俗别具趣味。

六月六，是布依族最隆重的传统节日。六月初六正值秋收前的农闲季节，人们借此机会游乐社交，也祭神祭祖；还在白纸马、三角旗上染上猪血、鸡血，插于田中、地头，以求消灾，祈祷五谷丰登。户主寨老则聚集到村社庙前，举行隆重的祭神活动，以保庄稼不受损害，全寨人畜平安。有时还利用这个机会，商量制定乡规民约。六月初六这天布依族村寨都会杀猪、杀鸡、祭神、祭祖，青年男女则会穿着盛装，相邀相约成群结队，赶六月坡、六月桥，唱歌娱乐，以歌会友，以歌传情，非常热闹。

卯节，水语称“借卯”，意为吃卯。卯节的日期是依据水族历法来推算的，流行于部分不过端午节的水族生活地区，节期为四天。按古老的遗俗，以水历九十月（农历五六月）的卯日开始，按不同地区先后分四批逢卯日轮流过节。水历十月，水书称为“绿色生命最旺盛的时节”，辛卯日称为“最顺遂的日子”，是过节的上吉日。水族认为，过节逢辛卯就预示风调雨顺，人寿年丰。当天，青年男女打着伞，手拿花帕到卯坡唱歌、歌舞和游玩。晚上，人们汇集村寨广场，击铜鼓、敲皮鼓、吹唢呐、演出传统的花灯剧等。水族男女青年在卯坡上用歌声传情达意，寻觅知音。情人们如若情投意合，便对石神、树神海誓山盟，终生不渝。

“新米节”是水族群众喜庆稻谷丰收和品尝新米的传统节日，是水族百草酿酒文化的重要组成部分。每年的农历八月初一，“新米节”节庆民俗以及发酵长达六十余天的“采香糯”原生态特产，是水族人民宝贵的文化遗产和传承水族酿酒文化不可缺少的重要载体。节日期间，水族人都会身穿传统服饰参加庆典。

四月八是苗族的传统喜庆节日，是苗族的祭祖节、英雄节、联欢节。人们聚集到预定的地点跳鼓舞、对山歌、舞花带、上刀梯、钻火圈，热闹异常，人数以万计，场面宏大而壮观，人们尽情歌舞以至通宵达旦。

瑶山陀螺节的时间在农历年除夕前两三天至正月十六日，这是瑶山白裤瑶过大年最热闹的娱乐活动，因而，瑶山人也把春节叫陀螺节。白裤瑶小伙子的陀螺比一般的陀螺要大一两倍，重二三斤，并在陀螺上漆上各种颜色，以示区别。陀螺比赛由瑶族德高望重的长者当裁判，谁的陀螺转到最后，谁便是优胜者；或是以陀螺相击，谁的先倒地谁为输家，得胜的小伙子，很得姑娘们的青睐。

以上这些节日都是荔波各族群众比较有代表性的节日，值得一提的是，现在这些节日已成为区域性的节日，成为各民族互相交往交流的重要节日。从白裤瑶和青瑶的节日观察，因为这两支瑶族群众过去的社会发展程度相对要低，本民族自创的节日较少，他们一般多跟随其他民族一起过节。例如，白裤瑶的陀螺节，就是过春节期间的庆祝娱乐活动，只是淡化了汉族过春节的仪式，而增强了本民族的文化内涵而独具特色。青瑶的节日很明显地受到了汉族和水族的节日文化影响，过春节时，他们也要点香烧纸，祭拜祖先和神祇，完全和汉族的仪轨一样，这些都说明青瑶受汉文化影响很大。同样，他们过卯节是受水族群众影响，但也加上了他们自己的文化特点，青瑶相传“寅”“卯”是一对男女农神，主司祈福禳灾。“卯”天要端饭菜和酒到稻田、棉花田边供奉，保佑庄稼丰产，并邀约亲友一起在田边进餐。同样，布依族群众过自己的传统节日时，周边村寨的水族、瑶族、苗族群众也会前来祝贺，一起过节。

小七孔镇的联江村是一个布依族村寨，但这个村的“七月半”节过得相当有特色，“七月半”是汉族的传统节日，贵州的少数民族因受影响大都过此节，仪式和内容跟汉族差不多，但是在这里加入了更多的内涵，这里的群众也会在家祭祀祖先，但他们更多的是聚众联欢，祈求丰收、尝新米、染花糯米饭，近些年更是组织文化活动搞文艺联欢，请其他民族其他村寨的人表演节目。例如，邀请瑶山的白裤瑶来表演打陀螺，请和平村来表演舞狮；组织青少年展示书法艺术。表演反映当代农村生活的自创节目，还通过自媒体进行对外宣传，完全把祭祀节日过成了一个民族交往、文化交流的文化节。传统节日注入新的文化内涵是当地群众现在过节的一个特点。在易地扶贫搬迁社区，这种文化交融的现象更为普遍，荔波县兴旺社区就是最具代表性的易地扶贫搬迁社区，在这里，有展示各民族文化的展厅，各具特色的民族建筑、各式农具、纺织机，居民们不时进来参观以解乡愁。不同民族的群众生活在这里，不管是哪个民族的节日都一起过，共同庆祝。社区工作人员在民族节假日举办“山歌颂党恩”“拔河比赛”“包粽子比赛”等文娱活动，构建民族团结、社会和谐的良好环境，营造和谐、安居、乐业生活氛围。定期开展文化进万家文艺巡演，同时开设“民族歌堂”，为民族文化“搭台”，通过活动增强搬迁群众的参与感和文化体验感，让大家积极主动融入社区“大家庭”生活。

3. 族际婚姻——文化认同的具体表现

各民族在交往交流增多的情况下，相互交融是一个必然的现象。在以往的调查中，多显示出当地各民族不与其他民族通婚的习惯。但是随着经济文化发展的步调，各民族间的差距逐渐缩小，民族之间相互通婚的现象越来越普遍。瑶麓青瑶在20世纪70年代才开始与外族通婚，现在他们的通婚对象有苗族、布依族、水族、汉族，多是与周围生活习惯相近的民族通婚。一般情况下，以两个民族为主的不同民族家庭很常见，现在已有山东、广东 、浙江的姑娘嫁到村子里。青瑶人口较少，他们的民族文化融入得较好，努力学习其他民族先进的地方，主动融入其他民族中去。在长衫瑶居住的瑶埃村，多民族通婚现象普遍，主要与周边的布依族、水族通婚，主动学习他们的民族文化。在茂兰村，652户人家有60%以上的家庭是两个民族为主的不同民族家庭。这是一个布依族村寨，80%左右的人都是布依族。这些年，由于外出打工的年轻人越来越多，他们的婚恋已不囿于本乡本土，他们还与云南的傣族、布朗族，海南的黎族等跨省区的民族通婚。在甲料村，多民族家庭的文化认同更加有趣，甲料村有水族、汉族、苗族，如果水族和汉族娶了苗族姑娘，生下女儿的话，女儿必须着苗装。总之，多民族婚姻的文化调适和生活习惯的遵从已经有了民间的办法，政府部门只需在宏观层面做指导，维护民族团结的大好局面即可。从调查中感知，民族异同已不是阻碍通婚的因素，经济因素才是阻碍通婚的要素。随着各民族对外交往的深入，民族团结的氛围扩大，各民族经济实力的提升，民族之间的融合将会更加迅速。

4. 多语现象与教育

日常生活中的双语和多语现象在荔波的各族群众中比较普遍。为了发展民族文化，国家在民族地区都实行了“双语”教学，主要是学习普通话和本民族语言，经过多年的教学实践，各族青壮年除了本民族语言而外，都能听懂普通话，40岁以下的人基本能说普通话。外出打工对他们的语言能力影响很大，促使他们迅速学会用汉语言交流。当地的各族人民根据自己的需要，大都会两三种民族语言，这是他们长期以来多民族杂住的情况决定的，学会与自己生活在一起的其他民族的语言成为他们日常生活的重要技能。在小范围内，人们大多会学习该区域人口占多数的或是经济文化较发达的民族的语言，一般会用这种语言作日常交流。

居住在水维村的布依族和汉族人口较少，这里的布依族基本不说布依语而使用汉语，水族和苗族仍然使用本民族语言，但在互相交流时大都说汉语。苗族能用当地各民族的语言唱歌。据介绍，当地唱布依族山歌最好的人是苗族，他们也能自由地使用相邻民族的语言和对方交流，所以当地苗族是语言习得种类最多的人，只有穿上民族服装才能分辨出是哪个民族的人。

从语言角度观察，荔波县的各族群众的多语现象呈现出几个特点：一是发展程度较高的民族会的语言种类较少。在当地，布依族群众的经济发展水平较高，其次是水族群众，瑶族和苗族群众大多会布依语和水语，交流时也多用这两种语言。二是人口较少民族会的语言种类较多，长衫瑶总共不到1000人，但是他们会说布依语、水语、汉语。三是落寨时间较晚的民族会的语言较多，苗族来荔波比较晚，但他们会说其他几个民族的语言。现在，随着人们对外交流的广泛发展，荔波旅游业的兴盛，县内所有的民族基本都使用普通话交流。

多语言现象从横向反映了民族间的交往交流情况，教育则是从纵向反映一个民族的文化交融，瑶麓青瑶就是典型的例子。荔波的三支瑶族从民国年间的文献上看出，社会发展程度都不高，差别并不大，但目前青瑶是整个荔波县文化程度最高的人群。1936年，民国贵州省政府在瑶麓水庆乡拉豆村办起了“苗民学校初级班”，是瑶麓小学前身。1938年，华侨商人胡文虎、胡文豹兄弟捐资3500元建起了瑶麓小学，开了新式学校教育之风，学校常年招生在200人左右，招生范围辐射周边乡镇，三都水族自治县周覃镇的水族群众都送子弟到此读书，开了一方教化。新中国成立前，瑶麓小学的七任校长都是由外地外族的知识分子担任，但由于民国政府一直施行同化政策，这个学校的教育成果不大。新中国成立后，在党的民族政策的关怀下，国家加大投入，改善了校舍等基础设施。新中国成立以后，长时期主持学校工作的是两名本地本民族的知识分子，他们更加了解本民族孩子的需求，教学设置也更加贴合当地群众，方便了瑶麓儿童迅速地掌握文化知识。在这里，最可贵的就是当地群众非常支持女孩读书，从民国以来的学校教育已深入人心。八十余年来，这所小学彻底改变了当地瑶族的知识结构，建成了一支本民族的知识分子队伍和民族干部队伍。目前，瑶麓村380多户人家1600多人，全日制的在校大学生约有40人，体制内的国家工作人员有89人，即使在外打工，瑶麓人从事的工作都是技术类工种，他们主要在宁波等地的建筑工地上扎钢筋，收入较高，瑶麓村是荔波县存款最多的村。这一切说明，教育对一个民族的改变是巨大的，对现代文明的吸取帮助他们实现了跨越式的发展。

5. 制度文化

生活在荔波的几个少数民族群众，因为在新中国建立时还处于不同的社会发展阶段，因而保留了比较有特色的社会治理模式。这些制度模式成为民族学、人类学研究的重要范本。联江村的布依族通过仪式来进行社会管理，瑶族的三个支系有着各自的制度模式，月亮山区的苗族社会也有自己的社会管理方法，以下将一一介绍。

（1）联江村的布依族社会

联江村是荔波县比较有代表性的布依族村落，联江村的布依族比较强调仪式，他们通过仪式来完成社会管理，从个人到社会再到自然，依次递进，形成一个有机的统一。

其一，“固僦”习俗，成人礼教，培塑家庭共同体意识。起源于联江村一带的“固僦”习俗，是当地布依族人的家庭伦理教育的传统仪式活动，也是当地布依族的“成人礼”。自古以来，当地布依族人结婚生育子女后二至三年内都必须举行“固僦”仪式。仪式活动是聘请当地德高望重的布依先生“固僦”歌班到家设坛唱戏，邀请家族长老、岳父岳母、舅公舅奶、亲戚朋友等到场见证。按照当地世代传袭的布依古文字音译记载的布依伦理教育古籍歌词诵唱，按章节对应人生成长的幼、童、少、青、壮、老六个阶段，指导当事的婚育夫妻及其全家老少如何尊老爱幼、如何种植养殖、如何做人处世、如何当家立业、如何爱护自然、如何看待名利等，教育当事人时时事事切记感恩，感恩天地的造化、感恩祖宗的传袭、感恩父母的养育、感恩先生的教诲、感恩医生的救治、感恩草木的遮阴、感恩五谷的给养等，倡导做人要遵循与己和气，与家和睦、与人和善、与社会和通、与万事和顺、与自然和谐的“六和”人生理念。“固僦”仪式主要表达三个标志信息：一是当事人已经成为成年人，结束了“家里孩子”身份与乳名的称谓，自己已经是有孩子的人；身为人之父母，称谓开始以自己的孩子的乳名之父母为通称，如“爹娇”“妈娇”“爹绚”“妈绚”。二是当事人开始成家立业，结束了父母对自己的养育责任，父母即将给自己分家立户另起炉灶，独立开创一户家业；自主养育自己的子女，耕种分给自己的田地，饲养分给自己的牲口；同时还要协助父母培养自己的兄弟姐妹读书和成家立业，分担赡养父母以及家中其他长辈的责任。三是当事人从此以新成立的一户之主对外履行相关社会责任，承担村组安排的各项工作任务和村寨管理事务；以单列户主的身份参加亲戚朋友红白喜事的礼尚往来。

习近平总书记指出，家庭是人生的第一课堂，家风是一个家庭的精神内核，家风是社会风气的重要组成部分。深挖“固僦”习俗的文化内涵和教化方式，可以清晰地看出“固僦”仪式具有显著的强化家庭共同体意识教育的宗旨目的和功能效应。在“固僦”习俗的积极影响下，联江一带自古以来民风淳朴，家庭婚姻和睦，离婚现象甚少，青年人创业不等不靠，自力更生，你追我赶的发展精神成为当地的优良传统。尤其是新中国成立以来，当地布依族积极主动与周边的水、汉、苗、佩、壮等各民族交朋友、打伙计、搭亲戚、通婚姻，同过节、邀艺演等，各族人民之间交往、交流、交融日益加深加强，共同团结奋斗、共同繁荣发展。曼井寨布依族“固僦”习俗被公布为贵州省非物质文化遗产名录。

其二，“保曼”习俗，规束共享，培塑村寨共同体意识。“保曼”是联江一带布依语“保护寨子”的意思。“保曼”是当地自古沿袭下来的一种集体履约仪式习俗，履约内涵主要是同一村寨各户家长均负有共同管理、治理、看守、保护村寨公共环境卫生、安全和人事的责任和义务。强调村寨要共住共建共享、联管联防联治，约定同寨之事，家家参与，同寨之治，人人有责。“保曼”习俗仪式每年举行一次，通常在春耕农忙前夕举行。惯例由组长提议并组织，由寨老或布依先生定日辰，活动当天全寨各家各户均由户主或长者参加。活动内容主要包括集体开会议事，议定当年本村寨拟办的重大事项，张榜公布参加户主名单和集资情况，集体祭祀布依族始祖及列祖列宗，以示感恩祖德和祈愿保佑全寨五谷丰登、六畜兴旺、平安吉祥。活动结束后，全寨男女老少集体聚餐，以期履约。

“保曼”习俗是当地传统的村寨治理方式，其履约的具体事务包括各家各户管好自家的人、看好自家的门；村寨卫生各包房前屋后，村寨治安看守全寨共担，劳力不足邻里互助，红白喜事全寨帮忙，山林水事共管共商，等等。举行仪式活动的地点一般是村寨中间空地或传统习惯场所。以曼井中寨为例，活动地点是祖传下来的全寨集体粮仓楼下，因古时粮仓是一寨之重地，全寨之口粮，有“保寨先保粮”之说，故选择于此，自有道理。随着包产到户的发展转变，现在各家各户均自建粮仓，但“保曼”习俗仪式活动仍然按老规定地点进行。

当前，党领导下的自治、法治、德治“三治结合”是社会基层治理的主导模式。“保曼”习俗虽然属于传统、朴素的基层自治模式，但它的思想理念承载了当地布依族人原始而强烈的同寨同族共生共荣的团结发展意识，归根结底是村寨共同体意识的原始表达，道出了联江一带布依族人自古以来已经形成的原始的村寨社会共同体意识的实践。在“保曼”习俗的影响下，联江村历来村寨邻里和谐，社会秩序良好，治安案件甚少，无刑事案件发生。

其三，“敬浦”习俗，饮水思源，培塑人与自然共同体意识。联江村水资源十分充沛，境内拥有江、河、湖、塘、井、溪等水系，堪称荔波西部的“鱼米水乡”。其中，因井而得名的“曼井”大寨，共有十二口井，井井有名有目，共同构成曼井湖、塘、河、沟的水网体系，依井生存、以井为根、视井如命的曼井寨布依族人沿袭着“敬浦”习俗。“敬浦”就是布依语“拜井”的意思，实质就是对井泉的感恩和敬畏。曼井寨的“敬浦”习俗仪式主要在每年春节三十晚至初一凌晨举行集中祭拜仪式，其余为家庭或个人自主开展活动。“敬浦”的目的主要是扫井清淤和祭拜井泉龙王，由布依先生或寨老诵词许愿结束后，家长带着孩子取水回家。春节凌晨“敬浦”取得的水称为“元辰水”，是一年的始水，寓意净洁安康。“敬浦”仪式简朴而庄严，古老而文明。为长期保证水源安全卫生，群众集体制定有“禁井公约”，特别强调保护环境和严禁捕杀井中鱼虾。“敬浦”习俗的文化内涵丰富多元，每逢喜事拜井，以表感恩；每逢灾情拜井，以示同心；辞旧迎春拜井，以期来年风调雨顺，福寿康宁，国泰民安。

从曼井寨“敬浦”习俗看其文化内涵，首先是人居对自然环境和自然资源的依赖，充分体现了“水是生命之源”的哲理。其次是自然环境和自然资源需要人类共同珍惜和保护，需要每个居民从意识到行为，像珍视生命一样去自觉珍视自然生态和自然资源。上千年来，当地村民形成如此自觉的爱井护井思想，既体现了“井”对这个村寨的重要性，同时也体现了这里的人尊重自然、顺应自然、保护自然的自觉性。这种思想觉悟充分反映了当地村民与井泉形成了生命共同体，村民依赖井泉而生存、井泉离不开居民集体的共同呵护。人与井的有机存在，也默默地培塑和强化着当地村民人与自然共同体意识的日益形成。在“敬浦”习俗的影响下，联江村曼井寨自古积淀了浓厚的爱井护井、爱树护树的文化氛围，如今村寨周围满目青山，百姓乐居其间，“绿水青山就是金山银山”在这里得到淋漓尽致的展现。

（2）三支不同的瑶族社会

瑶族的三个支系虽然同在荔波县境内，但因历史发展、地理环境及民族关系等原因，社会经济有较大差别。白裤瑶生活在地广人稀的瑶山，长期实行“刀耕火种”的游耕农业，狩猎之风盛行，直到20世纪50年代仍过着“赶山吃饭”的生活。瑶麓的青瑶在清代已经定居在此，出现了水田农业，清末民初私有制发展起来，有了地主制经济。长衫瑶处于杂居状态，经济状况与附近的布依族、水族大体相同。从游耕到定居，经济基础完全不同，社会组织与社会制度也有明显的差异，处在不同的社会发展阶段。当时，白裤瑶中长期保持“油锅”组织，这是由父系氏族演变而来的血缘组织，又在此基础上建立了“瑶老”制度。而青瑶已经处于由原始社会向阶级社会过渡的“农村公社”，同时在短时间内受到其他民族的影响，又包含家长奴隶制、封建领主制及封建地主制的演进形式，血缘关系作用减退，地缘关系的重要性逐渐凸显，因而在此基础上建立起的“石牌制度”得以盛行。这两种制度代表了荔波瑶族在不同发展阶段的社会制度，并在白裤瑶和青瑶社会中长期存在，影响至深。

根据四十年前的月亮山调查，白裤瑶的瑶老制度由其社会中的“油锅”组织发展而来，“油锅”组织由父系氏族演变而来，所有的氏族成员都是出于同一个父系祖先的亲属，意为“同在一个锅里吃饭的人”，他们以血缘为纽带，聚族而居，随群迁徙。随着父系氏族的解体，“油锅”演变为血缘家族组织，不再是“共同劳动，共同消费”的集体，而是以血缘为纽带的若干家族，以姓氏为单位形成一个个“油锅”，瑶山有谢、何、罗、陆、王、蓝、覃、黎、韦九姓，同一“油锅”的人有血缘关系，不能通婚，但为了自身的繁衍，数代之后可以“破姓开亲”，所以有些姓氏有大小之分，其实每一个“油锅”均是以男性祖先的名字来称呼，而这些姓氏均是在改土归流之后由汉官代取的汉姓。“油锅”组织都有一个自然领袖，不一定是最长者，但一定是族中能力较强、办事公道、能说会道、能服众者，族中一切都会由他来决断，成为执法者，族中婚丧大事均由他主持。除此而外，每个“油锅”还会有猎首和鬼师，猎首是负责狩猎活动的，对野兽出没的规律了如指掌，熟悉周围的地理环境，狩猎技能高超，能组织和指挥狩猎活动。鬼师负责祭祀、卜卦、送鬼、驱邪、消灾弥福，主持丧葬仪式和神明裁判，受人尊敬。由这样的几个“油锅”组织形成一个排，排与排之间有着血缘关系，是一个婚姻集团，排的头人由这几个“油锅”共同推选，通常是大家族的头人，遇事共同商量，并无任何特权，在20世纪50年代，瑶山共有三个排。同理，若干“油锅”组成一排，几排联合而为部落，从下至上都有自然形成的领袖，大大小小的头人谓之“瑶老”，形成以血缘关系为基础，有着地缘关系的部落形态组织，便是“瑶老制”。“瑶老”依靠习惯法来管理白裤瑶社会，习惯法由人们约定俗成，作为维持社会秩序、调整人与人之间关系的法规和准则。内容主要是解决婚姻纠纷、财产纠纷和人事纠纷。惩罚原则是：小事教育，一般采取请酒赔礼；严重的丢山洞或开除族籍；无法辨明事实真相的则采用神明裁判。

瑶麓瑶族称为青瑶，因为有覃、韦、欧、卢、常、莫等六个姓氏居于此，因而也称为瑶六。瑶麓所处的地形为喀斯特山地间的平坝，耕地面积狭小，土地贫瘠，严重缺水，农业生产很受影响。在中华人民共和国成立以前，青瑶已经发生了阶级分化，由于受自然条件影响，瑶麓的社会生产力一直不高。在民国前后，这里还盛行“石牌制度”，由于青瑶已从游耕狩猎转而为定居的农业，有了村寨，对于内部的管理就是超越了血缘关系，而以地缘关系为结盟要素，这些结盟的村寨成为一个整体，共同抵御外敌，代表瑶麓群众与其他民族交涉；对内负责调解家族矛盾，处理人事纠纷、财产纠葛，维持社会治安，执行石碑法规。石牌制是把参与石牌组织的村寨和全体村民一致通过的法规写成条文，刻在石碑上，内容涉及面广，大概有三个方面：一是保护瑶民的利益，共同防御外来侵犯及官府盘剥；二是保护私有财产，严禁偷盗；三是改良婚姻制度，废除“九牛婚姻制”以利于人丁繁衍，严禁乱伦、通奸。石牌制度具有绝对权威，一经确立，任何人不敢轻易触犯，违者必遭重罚。

瑶麓的石碑共有六块，曾竖立在瑶麓小学门前，现已毁四块，剩下的两块由荔波县文化馆保存，这是目前研究青瑶社会历史和地方经济的重要资料。其中一块记录于民国九年（1920）的一次减免赋税，内容是：“所有瑶庆乡瑶六团民，人稠地瘠，丁粮过重，于前清前任杨，瑶民具禀，恳求以示体恤，正拟酌减，每两只准收市钱两千伍百文上纳，永不加征，通报有案，不准备格外需索。至于棉花一种，奉杨令，一律从今减免，勒石以存永远。”另一块则记录了1949年国民政府关于对卢姓村民的惩罚，内容为：“盖闻我瑶麓风俗习惯，自古以来，覃姓与卢姓原系同宗共族，不能通婚，乃有卢金贵暗与覃姓之女通奸，后又娶为妻室，查与地方规律有坏伦纪，经地方众老等议定，立碑革除条例如下：一、不准卢金贵与瑶族与卢、覃、欧、莫、姚、常、韦各姓互相工作；二、不准交借用具；三、不准与亲戚房族往来；四、不准其子女与本瑶族通婚；五、办理婚丧喜事不准参加；六、如有人违反本规律者，罚洋七百二十毫、猪一百二十斤，酒米供全瑶民尽量饮食，不准包回。凡今后有人败坏伦纪者，按照地方规律赔偿。否则也照章实行立碑革除。恐后无凭，立碑切记。”从两块碑的内容来看，说明瑶麓社会对影响本民族生活的大事非常重视，必须勒石以记，并希望后世永记，以此为行为准则。对于违反规则的惩罚也是非常重的，差不多要开除这个人的族籍，把他从瑶族社会生活中剔除，并且延续到他的后代。上述石碑所记的卢金贵之子在当地一直找不到媳妇，只有在广西娶了一个比自己大的女子，卢家一再表示愿付重金把石碑砸碎，但被寨上群众拒绝，卢家后代在当地一直受到冷遇和歧视，一直到新中国建立后开展合作化运动时才缓解。有些人家在经济上受到严惩，家庭积累一扫而空。

从白裤瑶和青瑶的社会管理制度来看，很符合当时的社会发展情况，重视本族的团结和社会财富的稳固，以婚姻来巩固社会伦常，重视人口繁衍。特别体现在婚姻制度上，都以族内婚姻为主，排斥与其他民族通婚，以婚姻的形式加强族内团结。虽然在新中国成立后，党和人民政府大力宣扬各民族平等，鼓励相互通婚，但瑶族内部这种通婚方式以民族习俗的方式保存了下来，但是随着改革开放的深入，农村经济社会发生了较大的改变，大量的青壮年外出务工，认识了不同民族的青年人，自然就产生了许多跨民族的婚姻，缔结婚姻的视角变得开阔，不再以周围的村落或姓氏来确立通婚范围。曾经还有一段时间，青瑶的村寨还鼓励对外通婚，青瑶的男青年如果娶到了外地的姑娘回家还有奖励。虽然这种方式后来不提倡了，但从一个侧面说明了青瑶社会积极与其他民族交往交流交融的事实，希望融入其他民族中去。

（3）月亮山区的大土苗寨

生活在月亮山区的苗族同样有自己的社会管理模式，大土村位于月亮山南麓，与三都、榕江和广西环江等县接壤，地处偏远，环境比较闭塞，这里的苗族据说都是清朝中期从黔东南苗族侗族自治州的雷山、从江等地迁过来的，至今还与那边的苗族群众保持着密切的联系，由于是搬迁而来，生存环境相对受限，因而对内部的管理比较严格，以维持自身的发展。他们通过“八个不许，三个一斤”来约束村民，一百多年来成为大土苗寨信守的公约，时至今日仍然发挥着重要作用。“八个不许”即“不许不孝老人，不许虐待儿童，不许打骂他人，不许玩弄妇女，不许通奸乱淫，不许聚众赌博，不许偷盗财物，不许打架斗殴”，如有违犯，就用“三个一斤”来惩罚，即按村寨人头以一斤酒、一斤米、一斤肉的量供全寨召开批评教育大会时用餐。这种量级的物资惩罚在物质生产并不丰富的地方是很严重的，导致的结果就是倾家荡产，因而谁也不敢触犯。

布依族、瑶族和苗族中的这些社会管理制度，长期在当地社会流行，对人们的影响至深，直到今天，虽然所有民族都是在社会主义法治原则下生活，但这些民间条规仍然是当地社会管理的有效补充，被村民们写进了村规民约之中。布依族社会的仪式管理在今天仍然具有较强的生命力，特别是敬畏自然、保护山林水源的仪式成为这一地区很有代表性的自然保护原则和方法而被其他民族借鉴与共享。大土村的惩罚措施虽然在经济上的惩罚量级较以前要轻，不至于让人倾家荡产，但也会让被惩罚的人在村子里觉得不好意思，影响到他的社交活动，所以人们还是比较遵守这些规约的。由大土苗寨的“三个一”演变而来的“三个一百”在当地流行开来，很多村子借鉴了这个办法，即是受罚的人只需罚一百斤米、一百斤肉、一百斤酒供全寨吃用，程度较之前的按村寨人头算要轻得多。现在“三个一百”的村规民约已经成为区域性的文化现象，在其他民族的村寨也流行开来，虽然被这个条规惩罚的人很少，但已成为这个区域内所有民族都认同的文化现象，它作为区域性的制度文化体现了荔波当地的民族文化交流。白裤瑶随着定居生活的时间越来越长，“瑶老”在村寨中的作用也逐渐下降，取而代之的是政府部门各级干部对村民的有效管理，瑶老只是主持一下村民们的婚丧活动。瑶麓的“石牌”制已成为研究青瑶社会的历史资料。这些曾经深刻影响当地民族的社会管理制度在具有完善法治体系的社会主义中国，已失去了其存在的意义，社会主义法治思想早已深入人心，虽然一些习惯还在影响着人们，但也只是选择其中有用的部分作为国家法的补充，对传统村民社会进行管理，从这个意义上说，个别民族的传统管理方法得到了升华，成为区域性的文化特征发挥着作用，这也是各民族交往交流交融后产生的必然结果，只有在相互认同的基础上才能接受他者的文化方式，这种制度文化的相互交流和借鉴说明了经过几十年的社会主义建设，各民族之间的隔阂和壁垒已被打破，特别是随着经济交流和发展的进一步深入，各民族间的联系会更加紧密，彼此之间求同存异的必要性将会进一步体现，文化的共融将是未来民族发展的趋势。

四、影响文化“三交”的因素分析

（一）推进文化“三交”的因素

民族交往交流交融是民族发展的自然过程，是一种长期的、必然的行为和状态。民族交往交流交融是一个循序渐进、相互关联的过程，民族交往是民族交流交融的起点和基础，民族交流是民族交往和民族交融的中间起点，是更深、更广、更频繁的民族交往，民族交融是民族交往交流的高级形式，是各民族关系发展的最终结果。各民族交融共生、和谐共处的民族关系并不是一蹴而就，而是需要不断接触、理解和包容，逐渐形成“你中有我，我中有你”的交融和谐局面。月亮山地区在历史发展过程中逐渐形成了各民族和谐共生、交融发展的局面，是各民族交往交流交融发展的经典案例。探析月亮山地区民族交往交流交融的主要原因，对激发各民族交往交流交融的动能，进一步推进月亮山地区各民族交往交流交融和民族团结进步事业有着重要意义。

1. 促进经济社会发展

近年来，荔波县在各级党委、人民政府的坚强领导下，经过全县各族人民的共同努力，使得荔波县经济社会快速发展，全县基础设施明显改善，发展环境不断优化，城乡面貌变化发生了巨大变化，人民群众得到实惠最多，主要经济指标均保持较快增长。据荔波县人民政府官网显示，2022 年荔波县完成地区生产总值 77.28 亿元，农林牧渔业总产值 25.15 亿元，全县财政总收入 2.06 亿元，一般公共预算收入 2.41 亿元，社会消费品零售总额 32.70 亿元，同比下降 3.2%，金融机构各项存款、贷款余额分别为 80.61 亿元、119.90 亿元，城镇和农村居民人均可支配收入分别达 39347 元、14525 元，分别增长 4.5%、6.5%。2020 年 3 月荔波县正式退出国家贫困县序列。佳荣镇地处月亮山腹地，经过多年的艰苦奋斗，荔波县佳荣镇月亮山地区由贫困落后、物资短缺、各族人民为温饱而奋斗的贫困状态转变成了人民收入提升、生活质量明显提高、各族人民一道步入小康生活的美好图景。据调查，2022 年 4 月 22 日在佳荣镇第六届人民代表大会第二次会议上通过的《佳荣镇人民政府工作报告》显示，2021 年佳荣镇全镇农村居民人均可支配收入达 12458 元，收入支出

1778.68万元，较2020年增加398.75万元，城乡居民人均可支配收入8900元，增长10%。玉屏街道兴旺社区组建建筑劳务队、农耕劳务队、民族工艺坊、日用商品经销门店等，发挥致富能人带头作用，支持鼓励搬迁移民群众就业创业500余人，助推搬迁移民群众可创业、能发展。通过优化结构、提质升级，产业发展裂变升级，农业产业成效显著，2021年佳荣镇全镇种植精品水果1500亩、铁皮石斛1000亩、白茶2000亩、桑园1200亩、罗汉果150亩、黑木耳800亩、精品蔬菜600亩、蚂蟥养殖300万条，佳荣生态牛存栏8000余头，生猪存栏8000余头，畜禽存栏3万羽。通过引进企业公司，佳荣镇建成农业产业配套设施，12个村集体经济合作社年收入均达10万元以上。

月亮山地区经济社会的发展，对各族群众的生活产生了极大影响，人们的生活质量稳步提升，各族人民的交往交流交融程度不断提升。经济社会发展影响了月亮山地区的方方面面，推动月亮山地区实现了全方位发展，使月亮山地区与外界有了紧密的联系，不仅促进当地各族群众之间的交流互动，而且推动了月亮山地区群众与外界各族群众的交流互动，开拓了月亮山地区民众的思想，使民众更加主动积极地接触、理解其他民族文化，增进不同民族群众的互信和互动。文化繁荣使月亮山地区各族人民更重视本民族文化，利用丰富多元的民族文化发展乡村旅游，以旅游产业推进乡村振兴。旅游产业发展不仅使各族人民关注民族文化的时代价值，还提升了群众经济收入，提升了群众满足感、幸福感，在这基础上促进月亮山地区各民族的交往互动更加积极、更加频繁。市场繁荣发展使月亮山地区商品供求平衡，农业生产、工业生产、服务业等稳步增长，不断满足人们对生产生活的需求。社会经济的一系列发展变化，切实提升了月亮山地区人民群众的生活水平质量，改善了月亮山地区的基础设施建设，营造了团结友爱的社会交往氛围，构建了各族人民温馨和谐的精神家园，为月亮山地区各民族交往交流交融提供了良好的物质条件和和谐共生的社会氛围，推动了月亮山地区各民族交往交流交融的新局面。

2. 交通通信进步

荔波县月亮山地区地处山区，山高路险、道路崎岖，长期以来交通不便，生产生活只能靠肩挑马运。加之荔波县的财力有限，政府部门对交通投入不够，致使交通网络体系不健全，道路设施质量差。交通是制约各族人民交往交流交融一大因素，交通不便严重阻碍了少数民族群众的交往空间，他们只能在附近几个村寨内交往交流，使各民族交往交流交融的程度不高。中华人民共和国成立之前，月亮山地区的交通运输依然十分困难，许多村寨都没有通车，交通基本靠步行，简易公路都很少，落后的交通状况严重阻碍了月亮山地区布依族、瑶族、水族、苗族等各民族之间互动交往。

改革开放以来，党和国家高度重视民族地区的交通事业发展，尤其在新时代脱贫攻坚中，以更大力度支持月亮山地区交通发展，使得月亮山地区的交通状况发生了质的变化，构成了机场＋高速路＋柏油路＋水泥路的现代交通网络体系。现代交通网络体系使人们的出行方式更为多元，各族群众的交互空间不断拓展。据荔波县人民政府官网显示，2021 年，荔波县全县公路通车总里程达 1928 公里，高速公路 51 公里，国道 85 公里，农村公路为 1792 公里（省道 251 公里、县道 314 公里、乡道 281 公里、通村公路 478 公里、组道 468 公里），农村公路占公路总里程的 93.4%。公路密度为 79 公里 / 百平方公里。沥青（水泥）路面总里程达 1928 公里，桥梁总数达 136 座，其中大桥 10 座。荔波全县共有 92 个行政村，已全部实现村村通沥青（水泥）路，通畅率为 100%。2021 年，荔波县全县共完成道路客运量 328 万人，客运周转量 63836 万人 1 公里，全县现有客运班线 44 条，其中农村客运班线 29 条，行政村通车率为 100%。荔波县 7 个乡镇开通公交线路 7 条，辐射自然村 242 个，自然村通车覆盖率达到 100%，全县基本形成了有路就有车的良好状况。2021 年，荔波县邮路总长度 825 公里，电话用户数 205037 户，固定电话用户数 16892 户，公用电话数 126 户，移动电话用户数 182874 户，网络数字电视节目标准套数增至 123 套，网络数字电视节目付费套数 47 套，数字电视发射机节目套数 16 套，模拟广播 3 套，数字广播 1 套，乡镇广播电视站 8 个，卫星地面接收站 3.6 万个，广播人口覆盖率 99.70%，电视人口覆盖率 99.67%。截至目前，荔波县月亮山地区农村公路建设仍在稳步向前推进，形成了“村村通公路、组组通硬化路”的良好交通局面，实现了城乡客运一体化。村级公路基本实现了道路硬化，构建了一体化、系统化的交通网络体系。同时，月亮山地区的网络通信建设不断加快，已经实现了村村通网络，构建了高效的网络体系。交通通信成了推进月亮山发展的重要推动力，交通通信体系健全，大大加快了月亮山地区社会经济文化建设，促成了月亮山地区布依族、瑶族、水族、苗族等各民族的深度交往。

交通、通信的发展，不但促进了月亮山地区各族人民之间的交往交流交融，使各族人民建立了更为紧密、更为真挚的情感和社会关系，而且加深了月亮山地区人民群众和其他地区人民群众的交往互动。各族人民在相互接触和深度交往中增进了对其他民族文化的认识，彻底打破了因交通不便导致的交往壁垒和文化边界，形成相互往来的良好局面。

3. 生产生活方式转变

随着经济社会的发展，月亮山地区的生产生活方式也发生了较大改变，这种转变是加快月亮山各族人民交往交流交融的重要因素。改革开放以前，月亮山地区生产生活主要以自给自足为主，许多生产资料都靠群众自己制造。比如，农业生产从耕地到收割每个步骤都是自己亲力亲为，耕地用的是自家养的牛，种子是上年留下的，种植、除草和收割都由家庭成员共同完成，整个农业生产过程都是由家庭成员或村寨邻里协作完成。生活物资也依靠自己供给，很少到市场上购买生活物资。从月亮山地区传统种植情况来看，月亮山地区的粮食作物主要有水稻、玉米、土豆、薯类、小麦、豆类等，经济作物主要有蔬菜、瓜果等，这些作物基本满足了月亮山各族群众的基本生活需求。随着市场经济的发展，月亮山地区的生产方式更加多元，产业体系不断优化，部分村民已经不从事农业生产，转而外出务工或从事第三产业，有些家庭的生产生活资料主要是从市场上购买，传统自给自足的家庭模式逐渐瓦解，村民们必须依赖市场，必须与他人沟通交换。生产方式的改变极大地推动了月亮山地区各族人民的交往交流交融。

生活方式相较于传统发生了巨大转变，这种转变体现在衣、食、住、行、社交、教育、休闲娱乐等各个方面。以前，月亮山地区各少数民族的服饰均是自己制作，如今各民族的传统服饰更多地在民族节日穿戴，日常着现代服装。现代服装都需要从市场上购买，而且市场已经有了传统服饰制作产业，也可从市场上直接购买民族传统服饰。月亮山地区的传统建筑主要以土房子、木房子为主，就地取材、邻里协助即可建造完成。如今月亮山地区的房屋主要是砖房，钢筋水泥等材料需从市场上购买，建造也需请专业团队施工。社会交往方面，以前月亮山各族群众更多基于地缘和亲缘关系建立社交关系，其社交网络非常狭窄，基本上很少与远方的人交往交流。人们更多在村落这个地缘关系上与他人走动，除了亲戚关系走动，很少与远方的人们频繁交往。如今传统的社会关系依然紧密，邻里之间会串门闲谈，邻里和谐、富有温情，各族人民的关系融洽。同时，许多人也通过网络和外出务工等方式认识了许多外地的朋友，交互空间不断拓展，佳荣镇 2021 年全镇劳动力 12739

人，其中省内就业4236人，省外转移就业8503人，加强了人们与外界的交往交流交融，促进了文化的发展。生产生活方式的转变使人们更加依赖于社会关系和社会交往，各族群众为了生活物资更加积极、深入地与其他民族群众进行交往交流，极大地推动了月亮山地区各民族的交往交流交融。

荔波以“走出去、迎进来”的胸怀，常态化开展各种民族文化活动，敞开了与全国乃至世界各民族的交往交流交融的大门。结合荔波少数民族传统节庆，开展春节、四月八“斗牛节”、六月六“歌节”、卯节、七月半、中秋节、重阳节、新米节等民族交往交流交融活动。比如，荔波县在易地扶贫搬迁安置点开展形式多样的文化活动，结合群众民风民俗喜好，组建少数民族山歌队、广场舞队，在民族节假日举办“山歌颂党恩”“拔河比赛”“包粽子比赛”等文娱活动，推进移民群众德治、法治、智治、自治“四治融合”，构建民族团结、社会和谐的良好环境，营造和谐、安居、乐业生活氛围，实现搬迁群众“搬得出、快融入、稳得住、能致富”目标。围绕“一城两区”“经济文化中心”“易地扶贫搬迁主站”特点，以“卯节”“额节”“六月六”“小年节”少数民族节日为契机，以文艺下乡、科技下乡、电影下乡等为载体，实施民族团结“六进”工作，开展“三同三连”“六讲六比”“社区结对助力脱贫”等思想扶贫活动，将社会主义核心价值观融入到少数民族生产生活中，实现各族群众相融相通；结合国家有关节庆，开展元旦节、三八妇女节、五一劳动节、“七一”建党节、“八一”建军节、国庆节以及农民丰收节等文化汇演活动；结合全域旅游，开展瑶山古寨专场民族文化演出、“文旅繁荣促发展•文化精品乡村行”“我们的中国梦——文艺景区”文艺演出活动等；举办“大瑶山与世界对话2020年民族地区脱贫攻坚经验交流峰会”等民族文化交流活动。通过开展系列活动，转变了群众生产生活方式，促进了民族交往交流交融。

4. 推动文化教育普及

学校是教育的核心场所，也是各族青少年交流互动、相互学习的重要阵地。2021年，荔波县中小学、幼儿园校点共有103所，其中，小学54所、普通初中6所、普通高中1所、职业学校1所、幼儿园41所。荔波全县在校学生35767人，其中，小学在校生15131人、初中在校生6258人、中职在校生3211人（其中全日制1833人）、高中在校生3422人。佳荣镇全面落实教育扶贫政策，扎实抓好控辍保学工作，全镇义务教育阶段适龄学生入学率100%，无一人辍学。荔波全县幼儿园在园（班）儿童7745人（其中在园7376人、在班369人），在职教师共2367名，其中，小学教师947名、初中教师477名、高中教师293名、职业学校教师141名、幼儿园教师509名。荔波县幼儿园、小学、初中专任教师学历合格率均为100%，普高、中职校专任教师学历合格率分别为99.59%、99.54%。荔波县2021年共完成102个“国培”项目师资培训639人次、省级培训（“百校扶百校”“易搬点”）963人次、州级培训98人次、县级培训3727人次、东西部协作项目培训2629人次。2021年，荔波全县拥有图书馆1个（荔波县民族图书馆），图书馆分馆9个（8个乡镇全覆盖、兴旺社区1个），流动图书点12个。各族儿女在学校中获取知识、增加了解，逐渐熟悉和正确认识其他民族的服饰文化、语言文字、生活习惯、节日文化等。月亮山地区布依族、瑶族、水族、苗族等少数民族同学在学校生活交往交流交融，相互学习，共同提高，比如瑶族学生和布依族、苗族学生在一起学习的过程中，了解苗族、布依族的文化，同样苗族同学也懂布依族、瑶族文化等，每一个学生都成为文化交往交流交融的“使者”。在学校活动中，各民族同学积极展示本民族特色文化，布依族、瑶族、水族、苗族等各民族学生穿着本民族服饰载歌载舞，不同服饰、歌舞形式等文化元素，释放了各民族不同的历史文化、信仰文化、审美志趣等，在这一过程中不同民族的学生手拉手一起做活动，近距离地理解和体验其他民族同学的民族文化。同时，学生是一个流动性较大群体，可以影响周边人对其他民族文化的认识，积极引导其他少数民族群众建立正确的文化观。

搭建语言桥梁是推进各民族交往交流交融的关键要素，月亮山地区生活着多个民族，这些民族都有各自的民族语言，语言不通是阻碍月亮山地区各族人民交往交流的关键。学校教育的普及让越来越多的少数民族群众学会国家通用语言文字，使月亮山地区各族人民有了共同的交流媒介，构建起了各民族沟通的语言桥梁。荔波县通过深入持久的民族文化和民族团结意识教育，从基层广大群众和少年儿童入手，培塑民族认同感，铸牢中华民族共同体意识。在荔波县第六幼儿园、播尧小学、益觉小学等开展民族文化进校园活动，把布依族、水族、苗族、瑶族等世居民族的文化融入日常教学中，主要把民族文化在不同节日中呈现、学校文化墙展示、校本材料等形式，让学生了解不同民族文化知识，增进学生的文化积累，让学生富有中国传统文化气息。同时加强家校联络沟通，向儿童及其家长开展民族文化、民族团结意识教育。乡村少年宫在开展活动中，将民族文化有效融入，达到传承和发扬的目的。开展“三陀”进社区活动，以竞技陀螺、花样陀螺、健身陀螺运动为载体，向广大群众开展少数民族特色文化和民族团结意识教育。深入推广普及国家通用语言文字，消除民族间、地区间的语言交际障碍，才能更加全面深入地实现各民族交往交流交融，构建各民族共有精神家园，增进各民族之间的尊重、理解和包容，进一步铸牢中华民族共同体意识，共同建设多元一体的中华文明，推动各民族共同团结奋斗共同繁荣发展。学校教育普及对国家通用语言文字的重视，极大地加快了月亮山地区各民族间交往交流交融。

荔波县玉屏街道兴旺社区于 2018 年 11 月成立，位于荔波县城南部，划分 7 个小区 33 个居民小组，共 4168 户 15302 人，其中：布依族 9334 人占 61%，水族 3672 人占 24%，苗族 841 人占 5.5%，瑶族 612 人占 4%，汉族 112 人约占 1%，少数民族占比 99% 以上。该社区注重把“中华民族共同体意识”和民族优秀文化的植入，发挥意识引导、促进民族“三交”，强化各族移民群众“民族一家亲，共建新家园”的中华民族共同体意识，组建了中华民族共同体意识宣传教育基地，搭建平台，促进各民族在交往中建立互信、在交流中取长补短、在交融中相互认同。一是建设“民族家园”广场，解决群众休闲交流活动场所，营造共同家园氛围。二是建设中华民族共同体意识文化墙，推出促进民族情感、拉近民族关系、铸牢中华民族共同体意识的标语、墙画等，培育提升各族群众中华民族共同体意识。三是建设民族交往交流交融舞台，解决传统节庆活动场所，让各民族群众充分展示各自的文化魅力，培育提升彼此之间的文化认同。四是建设“民族歌舞堂”，解决群众歌舞娱乐活动场所，促进各民族群众在日常娱乐交往中建立互信。五是建设陀螺文化传习场，满足了荔波各族群众普遍喜好陀螺娱乐的需求，促进他们在传统体育文化传承与交流活动中增进相互认同。六是建设民族工艺传习坊，解决各民族群众传统技艺的传承与交流活动场所问题，推动文化技艺转化为商品，促进民族文化创新发展。七是建设民族特色商品一条街，建立民族文化链接就业机制，拓宽各民族群众就业增收渠道，促进各民族优秀传统文化共同繁荣发展，让各民族群众之间交往交流交融进入更深的层次，进一步巩固相互信任、相互认同的“家人”民族关系。2019 年以来，兴旺社区开展民歌交流活动 100 余场、各民族节庆活动 30 余场、文化表演活动 20 余场，各民族在交往中互信、在交流中取长补短、在交融中相互认同，亲如一家、团结奋进。在兴旺社区民族工作中，荔波县抓住了“中华民族共同体意识”的引领、民族文化认同的根基、民族交往交流交融的载体，强化了“民族一家亲，共建新家园”的中华民族共同体意识，促进各民族在交往中互信、在交流中取长补短、在交融中相互认同，不断增强社区集体归属感，同心协力共同推进新家园建设。

5. **民族旅游发展**

民族地区的旅游发展为民族交往交流交融提供了一个更广阔、更紧密的平台。在月亮山地区旅游产业发展壮大的过程中，文化资源、经济资本等元素相互作用，构成了民族地区旅游产业发展的主要推动力。民族文化是月亮山旅游开发的核心资源，月亮山旅游开发打造了许多以“文化”为主题的公园和少数民族特色村寨，不可避免地激活了民族文化的时代价值。这些主题公园和少数民族村寨为各民族交往交流搭建了新的“舞台”，各族人民密切接触、相互了解，绘制了各族人民交往交流交融的美丽图景。2021 年，荔波县以完善旅游产业链、推动旅游产业化发展为核心，持续对县内旅游产品进行改造升级，推动旅游品质迈向中高端，全县共有 AAAAA 级景区 1 个、AAAA 级景区 1 个、AAA 级景区 8 个，共有住宿单位 887 家，床位数 3.7 万张，其中按星级标准建设酒店 9 家、星级酒店 11 家、宾馆酒店 503 家、招待所 24 家、酒店式公寓 1 家、民宿 38 家、农家乐 62 家、客栈 239 家。2021 年年末，实现旅游总收入 159.63 亿元，同比增长 53.82%，旅游产业化综合评价指数在我省高质量发展绩效考评三类地区方阵中排位第一。在发展民族旅游过程中，当地各族人民真正体验和实践了文化主人、文化持有者的身份，并通过这种特殊身份获取利益。这不仅要求他们要进一步认识和挖掘本民族优秀传统文化，还要求他们要以合理的方式向外来游客展示这些民族优秀传统文化，积极与游客接触、交流，共享文化资源。旅游中各族人民的文化观和各族人民间高频率、高密度接触，加快推进了月亮山地区各族人民的跨文化理解和融入。一方面，结合民族文化特色，突出民族优秀传统文化的传承与保护，将红色资源、民族资源优势转变为经济发展优势，着力打造一批富美乡村旅游精品，推出水乡颐舍、晓溪谷、水葩乡村旅游、水瑶新村、水利大寨等一批乡村民族文化旅游示范村寨，不断塑造少数民族生态文化旅游精品。特别是水浦村走出了一条文旅融合、景村融合、产业兴旺的致富路径，先后荣获中国美丽休闲乡村、中国少数民族特色村寨、全省文明村等荣誉称号。在月亮山地区文化挖掘、整理和展示的过程中，各民族人民加深了对本民族文化和其他民族文化的认识，增强了各族人民对中华文化的认同。丰富多彩的民族旅游吸引了当地居民更频繁地交往互动，推动了月亮山地区各族人民的交往交流交融。另一方面，布依族、瑶族、水族、苗族等通过旅游与外界各族人民展开深入的沟通互动，旅游成为文化持有者和游客相互了解的重要窗口。民族特色旅游活动是一项放松身心的娱乐活动，也是一种民族交往的重要形式，当地居民向游客展示民族特色的饮食、建筑、银饰等，外来游客的思想观念、行为举止也反向影响和带动了当地居民的审美等变化。

民族旅游产业发展还增强了月亮山地区各民族的凝聚力。在民族旅游产业运营发展过程中，各族人民相互借鉴、借用其他民族的优秀传统文化，形塑了各民族特色的旅游文化。月亮山当地人民政府为了更好地发展旅游业，吸引更多游客，由政府部门领头、村民自觉参与，实现了布依族、瑶族、水族、苗族等民族特色文化相互借用，促进了这些民族文化的交流互动。文化的借鉴是一次次走访、交流的结果，是各民族深入交往交流交融的重要凭证。同时，依托民族旅游产业的经济价值和社会价值，激活推进各族人民交往交流交融的新动能，重塑旅游场景中的民族关系，推进各族人民形成了不分你我的亲切、亲密关系。民族旅游产业的发展壮大，带来了各民族间的更多合作和交流，促进了很多特色商业的崛起，增加了各民族之间相互合作的场域。

（二）阻碍文化“三交”的因素

月亮山区地跨两省区（贵州、广西）、三地州市（黔南布依族苗族自治州、黔东南苗族侗族自治州、河池市）以及六县（荔波县、三都水族自治县、从江县、榕江县、环江毛南族自治县、融水苗族自治县），其周边分布苗族、水族、布依族、侗族、壮族等少数民族。荔波县月亮山地势崎岖，山高地少，山区的老百姓多数以少数民族为主，过去他们向山要粮，过着刀耕火种的原始生活。经过几代人的共同努力，月亮山地区经济社会得到了长足的发展，但发展不平衡不充分依然存在，阻碍了荔波县月亮山地区民族文化交流交融。

1. 掌握应用民族政策熟练程度不够

近年来，虽然民族团结进步已经成为干部群众日常行动自觉，但月亮山地区广大干部对党和国家的民族政策、民族团结进步教育工作目标任务和方法措施等掌握应用的熟练程度还是不够。有些干部存在以干代学民族理论与民族政策的现象，特别是当工作与学习发生矛盾时，他们往往认为学习民族理论与民族政策是“软指标”，导致学习理论的自觉性不高，学习的系统性不强，学习效果不理想。学用结合的关系没有处理好，忽视了理论对实际工作的指导作用，导致理论学习与实际工作脱节，对于民族理论的学习，只满足于片面地引用个别原理，而不能有效地与实际工作紧密结合起来。在学习民族理论与民族政策时，有些干部缺乏对前沿理论的学习，造成有些理论政策随着时代发展已做了相应的调整但自己却不知，比如少数民族“双语”教育政策，随着时代的发展，语言环境的变化，不同时代“双语”教育政策重点解决的问题不同，相应地“双语”教育的政策就会打上时代的烙印。随着社会的发展、各族群众交流范围的扩大，语言不通就难以进行交流沟通，所以国家推广普及国家通用语言文字的规范化、标准化及其健康发展，使国家通用语言文字在社会生活中更好地发挥作用，促进各民族、各地区经济文化交流。由于政策已调整，有些干部没有对前沿理论进行深入学习，对民族相关理论和政策已不熟悉。

2. 经济发展不平衡、不充分

经济基础决定上层建筑，阻碍荔波县月亮山地区民族文化交流交融的主要因素是月亮山区的经济发展不平衡不充分。首先，该地区的经济生态环境相对差，经济基础薄弱，没有工业基础，月亮山区周边的少数民族没有原始资本积累，都是以男耕女织的自然经济生产方式为主，生产工具粗劣，生产效率不高。该地区山多地少，当地的居民都是向山要田，靠天吃饭，年成的好坏全靠气候，稍微遇到天灾人祸，就会严重地影响生产生活，甚至食不果腹，对巩固脱贫攻坚成果带来一定难度，更不可能谈文化建设与文化交流。其次，荔波县月亮山地区因为山高谷深，水流密布，修路需要架桥打洞，成本非常高，道路等级低，山里的村民出去都是走小路，进出的货物都是以牛马驮运为主，道路是影响经济建设的重要因素，严重地阻碍了月亮山区的民族文化与外界文化交流，山里优秀的少数民族文化资源走不出去，山外一些先进的文化理念走不进来。另外，月亮山地区经济增长后劲不足，“四化”的发展质量还不高，产业转型发展任重道远；财政收支矛盾突出，政府部门债务压力较大，刚性支出持续增加；巩固脱贫、乡村振兴、教育医疗等民生领域仍有不少短板等，造成缺少科学文化的投入，没有形成完备的产业链条；生产的目的不是销售，而是满足家人温饱，不能直接产生强大的经济效益。在此环境之下，月亮山周边的少数民族难以承载多余的资本来搞文化建设，如修建公共活动场所，修建学校、图书馆等，在一定程度上影响了民族文化交往交流交融。

3. 传统观念根深蒂固、法治观念不健全

对交通相对闭塞的月亮山区的少数民族而言，长期的社会治理依靠村民长期形成的价值观念和道德素养，一方面，维护月亮山区这个内在空间的社会秩序，使得大家自觉遵守，养成隐性的道德习惯。当然，习惯中也不缺乏强制性的处罚措施。同时，公众的舆论和监督促使人们自觉遵守社会秩序。如月亮山地区苗寨的家规家法，多用以确保本家族的和谐稳定。凡是有不轨之徒，参与盗窃者，先抓入族中审议，作退还赃物和惩罚处理；故意破坏水利设施，必须归还和恢复破坏设施前的原状；若发生火灾，或者丧葬，全村人都相互帮扶；尊老爱幼，妻和子善，邻里和睦成为大家约定俗成的道德规范。在他们的世界观里，族规和乡约成为国家制度的替代品，个体通过仪式感知获得一定的道德认知结构图式，经过仪式中言行符号的教化将道德信息整合进自己原有的认知结构中，内化为自己的道德观念。这时个体对道德规范的认识处于他律阶段，认为这些规则与禁忌是由权威人物规定的，不能改变只能遵守，对于行为好坏的评定也是以祖先规定的好坏为标准，根据行为的后果而不是动机来判定行为，在社会舆论力量下接受道德规范。它维护月亮山内部空间的稳定秩序，给大家一个合理而且安全的生活空间，让生活在这里的每一个人都能够对自己的生命和财产得到保障。换言之，要是你生活在这个空间内，只要你能够遵守这里面的约定，那么你就会得到大家的尊重和帮助，你可以获得相应的权利，同时也要尽到相关的义务。另一方面，大家生活在这个空间内，因为地缘空间的割裂使得内在与外在缺少有效的交流渠道，生活在此空间的人们所形成的价值观念与外部空间可能存在很大的差异，内部空间的人们不管有意识还是无意识，在接受本民族文化的同时，可能缺少对文化创新的刺激，对外部空间的文化也缺少探索的兴趣。月亮山把山内与山外划分为两个不同的文化空间，内外虽然来往，但长久生活在内空间的人可能形成一种闭塞心理，即对后来形成的价值观念和生产方式深信不疑，不利于月亮山周边少数民族与外界的文化交流。当前，由于普法工作还不够深入，导致当有的人人身权益受到了侵害时，不是先找法律，而是利用传统的社会治理方式解决，有时会得到有效的解决，有时却没有从根本上解决，造成社会矛盾，损害了党和人民政府与人民群众的关系，不利于民族文化交往交流交融。月亮山地区有些群众在生病的时候，不去医院寻求治疗，而是寻找寨里的巫师，从而加重病

情，使病情恶化，错过最佳的治疗时间。如村里出现重大事故，有些人没有探本寻源，而是寻求鬼神的帮助，最后没有把事情解决，造成了社会矛盾，阻碍了月亮山周边少数民族对外来文化的交流与接受。

4. 群众文化整体水平还不高

由于历史原因，月亮山少数民族地区的教育落后，体现为当地各族人民受教育程度普遍低下，文盲和半文盲较多。这种落后的教育状况既与学校教育设施不健全、师资力量不足等客观条件有关，也与人们对教育不重视等主观条件有关。一方面，月亮山地区的群众以前对教育的重要性认知不够，教育观念陈旧，父母认为孩子上学会减少家里劳动力，额外增加家庭开支，孩子上学的意义不大，上学几年不能改变什么，最终还是要回到家里干农活。小孩因受到环境的影响，对学习知识重视不够，学习态度不积极。另一方面，月亮山地区的教育水平较低，许多年纪较大的少数民族群众不会说国家通用语言，基本上不与外界交往，极大阻碍了月亮山地区各民族的交往交流交融。

荔波县月亮山区在党和国家各项惠民政策的大力支持下，经济社会得到了较大发展，但发展依然是不充分不平衡的，在一定程度上阻碍了当地的文化发展。首先，该地区 50 岁以上的人很少外出，世世代代都在月亮山生活，与外界交流甚少，尤其是妇女，故月亮山地区的居民在日常生活中都以少数民族语言交流为主，年纪大的会汉语者甚少，语言不通成为文化交流最大的障碍。其次，月亮山区都以少数民族聚居为主，目前都已村村通公路，但是道路交通等级低，外出不便，很多年纪较大者很少外出，平时交流用本民族语言，故该地区年纪较大的群众大多数不会说国家通用语言，即没有读写汉字的能力，而语言文字是人们交流最有效的途径与手段，相对于口传，文字具有稳定性和传播空间的广泛性。月亮山周边年纪较大的少数民族群众缺少与外界最有效的交流方式，虽然其文化传承都是靠本民族的语言，代际口传为主，但他们缺少对其他民族文化的认知和比较。再次，当地经济发展还不够发达，在文化建设的投入上有限，阻碍了民族文化的发展，致使当地少数民族文化难以走出去，外面先进的文化难以流入进来，形成二元化的空间，就算偶有人走出大山，也难以改变整个大山的风貌。另外，月亮山成为山内与山外交流的屏障，从地理空间而言，山内属于内空间，山外属于外空间，内空间里的少数民族在自己民族语言和习俗下，形成了自己的价值观和世界观，缺少外空间的刺激和交流。对内空间而言，存在着一种内在的更新机制，对接受外来的新事物比较慢，不有利于内外机制的交流。

5. 地缘环境阻碍了月亮山各民族交往交流交融

地缘环境成为阻碍月亮山及周边少数民族文化与外界文化的交流，这种阻碍不仅体现在我们可以用肉眼看得见，或是用知觉感知到有实体的物质产品，更重要的是会形成一种我们看不见，却不知不觉影响月亮山内外的空间形态。首先，地缘空间的有限性与人口繁衍的无限性存在着矛盾，如何平衡两者之间的关系，不管是人类学者，还是经济学家，或者社会学家都赞同可持续发展的理念。荔波县月亮山区已经基本上可以满足周边少数民族的生存和发展的资源需求，但是随着人口的增长，而地缘空间不变，势必会对生存环境带来巨大的挑战。在月亮山周边的少数民族本身就有一种与自然环境相互依存的文化理念，这种文化理念主要体现在他们的生产生活方式上，如牲畜以及人的粪便可作为农耕最好的肥料，注意护山养山以及用山，对水资源的保护和利用，但是随着人口基数的增大，势必会给这种文化理念带来冲突。当地缘空间的资源不能满足月亮山人民群众最基本的生存时，人们就会对其空间的资源过度地利用，势必会对其地缘空间所承载的限度造成伤害，这种破坏又加重了人们对其地缘文化的破坏。其次，月亮山周边的少数民族文化资源是有限的，若缺少外部文化的流入，势必会严重限制其内部文化空间的发展。月亮山周边少数民族文化有其独特之处，但也有其劣势，若缺少外部文化的流入，难以对弈和扬弃月亮山周边少数民族的文化。如月亮山周边民族群众认识到可以用动物的粪便给农作物施肥，但毕竟是有限度的，他们对月亮山之外的物质文化接触比较晚，更谈不上先进的耕作方式和生活方式了。最后，地缘空间对月亮山区周边的少数民族文化输出以及月亮山外的文化引进来成为最大的阻碍。文化有精神文化与物质文化，相对而言，月亮山区可能接受的物质文化比精神文化要大。物质文化是一种有形的载体，其文化价值、理念以及形态都赋予在此载体上，它是精神文化的具象表现。精神文化则不然，它需要新旧本体的碰撞和扬弃，换而言之，它需要很长的一段时间，经过不断的挣扎和抗争，从认识、了解、批判、接受需要一个过程，而这个过程需要接受者与被接受者一直处在一种相互连接的状态，如果连接不顺畅或是中断连接，那么势必会给接受者与被接受者造成距离的疏离，使得营造文化交往交流交融的社会氛围不够浓厚，阻断了月亮山内外文化交流。

五、推进文化“三交”的对策建议

习近平总书记参加十三届全国人大五次会议内蒙古代表团审议时强调：“铸牢中华民族共同体意识，既要做看得见、摸得着的工作，也要做大量润物细无声的事情。推进中华民族共有精神家园建设，促进各民族交往交流交融，各项工作都要往实里抓、往细里做，要有形、有感、有效。”促进各民族广泛交往交流交融是党的民族工作理论和实践的智慧结晶，也是党中央关于新时代民族工作的重大决策部署。因此，推进月亮山地区民族文化“三交”，需要从民族政策和理论、经济物质基础、制度保障、思想根基和社会氛围等多方面提供帮助，以推动中华民族共同体建设。

（一）坚持党和国家的民族政策，为文化交往交流交融提供政策保障

我国是一个统一的多民族国家，习近平总书记在中央民族工作会议上指出：“要加强各民族交往、交流、交融，尊重差异，包容多样，让各民族在中华民族大家庭中手足相亲、守望相助。”对于这样一个统一的多民族的社会主义国家，各民族文化间的平等交往、交流、交融尤为重要。因为文化是一个国家、一个民族的灵魂，是中华民族的优势所在。在以习近平同志为核心的党中央的治国方略中，新时代民族工作的重要目标是：以铸牢中华民族共同体意识为主线，坚持党的民族理论与民族政策，加强民族团结，维护国家统一，促进社会和谐发展，强化中华民族命运共同体建设，实现中华民族伟大复兴的中国梦。

推进荔波县月亮山周边的民族村寨的文化“三交”，应当坚持党和国家的民族政策，坚持民族平等和民族团结。民族平等和民族团结作为我国解决民族问题的政策，在中国的宪法和有关法律中都有明确的规定。《中华人民共和国宪法》规定：“中华人民共和国各民族一律平等。国家保障各少数民族的合法权利和利益，维护和发展各民族的平等、团结、互助关系。禁止对任何民族的歧视和压迫。”荔波县是少数民族聚居地，居住着布依族、水族、苗族、瑶族、汉族等多个民族，有丰富多样的民族文化和古朴浓郁的民族风情。他们的生产生活方式、文化信仰都保留着远古的传统，有着别具民族特色的族群特征和“集体记忆”，是“民族文化的历史

博物馆”。鉴于月亮山地区民族情况错综复杂，在当地推动文化“三交”，首先要充分尊重和保护月亮山区少数民族人民的风俗习惯和信仰自由，平等对待和团结少数民族人民。一是尊重月亮山地区少数民族人民的饮食习惯，如有些少数民族有吃油茶招待客人的习俗。鱼是水族的图腾，饭稻羹鱼是水族的重要饮食习惯，且喜食酸辣口味，有“无菜不酸、无辣不食”的习俗。瑶族人民的主食是大米、玉米、红薯等。二是尊重少数民族年节习惯，如瑶族最为盛大的节日是农历十月十六日的“盘王节”，男女老幼均要梳妆打扮，穿上节日服装，载歌载舞以尽欢。三是尊重少数民族婚姻习惯，像苗族人民的恋爱以歌为媒，青年男女会在民族节日或农闲时站在山头对山歌，以表达自己的情意。四是在大众传播媒介中，防止侵犯少数民族风俗习惯的事情发生，尊重少数民族改革自己风俗习惯的自由。五是应当注重保护和传承少数民族文化。习近平总书记指出，中华文化是各民族文化的集大成。各族文化交相辉映，中华文化历久弥新，这是今天我们强大文化自信的根源。党的十八大以来，以习近平同志为核心的党中央高度重视民族文化保护与发展，少数民族传统文化在创造性转化与创新性发展中迸发新活力。荔波县月亮山地区少数民族较多，民族文化丰富多样。生活在都柳江一带的水族有本民族的语言和“水书”,“水书”保留着象形文字的特色，被誉为水族的“百科全书”；苗族、布依族、瑶族也都有本民族的语言和文化，在推广普及国家通用语言文字的基础上，保护各民族的语言和文化，使各民族在相互深入了解的基础上开展交流。保护各民族文化，就是保护民族文化的丰富性和多样性，也是弘扬中华文化的题中之义。六是在荔波县月亮山地区开展文化“三交”要严格执行民族区域自治制度，在党和国家的统一领导下，充分考虑月亮山地区多民族聚居、民族文化差异的情况，因地制宜，将文化活动与当地民族情况相结合，更好地实现民族发展与融合。

（二）加快民族经济社会发展，夯实各民族交往交流交融的物质基础

民族地区经济社会发展，事关各民族文化“三交”能否进一步贯彻实施。文化和旅游部、国家民委、国家发展改革委印发《关于实施旅游促进各民族交往交流交融计划的意见》，决定实施旅游促进各民族交往交流交融计划，以旅游业高质量发展推动各民族在空间、文化、经济、社会、心理等方面全方位嵌入、铸牢中华民族共同体意识，加强中华民族共同体建设。荔波县月亮山地区风光秀丽，生态环境极

佳，有着丰富的自然资源，且民族众多，有浓郁古朴的民族风情，有红色文化体验基地，应当充分挖掘当地资源来促进经济社会发展，以此带动周边民族村寨的就业和经济发展，为各民族交往交流交融提供更充足的物质基础。

1. 大力发展旅游产业

巩固好国家全域旅游示范区成果，启动大土苗寨AAAA级景区创建，积极融入全省生态文化、红色文化、民族文化旅游产业带。荔波是国家AAAAA级旅游景区，被称为“地球绿宝石”，被列入国家首批创建全域旅游示范区，荣获中国国家生态示范区、中国森林氧吧等称号。月亮山地区风景秀丽，气候宜人，生态良好，浓缩了贵州山水风光的所有精华，集山、林、洞、湖、瀑、险滩、激流于一体，因此，可以充分利用荔波县月亮山地区自然环境的大好优势，紧紧围绕“打造国际一流旅游目的地、争当全域旅游新典范”目标定位，以高质量发展为统揽，奋力推进旅游产业化发展。一是完善旅游景点的配套设施，以旅游业为龙头引领本地经济发展，带动文化、体育、生态、农林、城镇建设、乡村振兴等协同发展。二是充分挖掘红色精神遗产，发展民族特色旅游。荔波是邓恩铭、蒙九龄、全正熹、杨家骝等革命烈士的故乡，也是重要的革命老区，可依托邓恩铭故居、黎明关抗战遗址等开展红色文化体验旅游和爱国主义教育。荔波月亮山地区民族众多，民族风情浓厚古朴，比如玉屏水浦和瑶山董蒙这两个省级民族保护村寨，可努力发展民族风情旅游，开发别具特色的旅游项目，让游客体验民族风情，如苗族的“四月八”、水族的端节和卯节、布依族的“六月六”等节庆活动，还有《瑶王传》《瑶族猴鼓舞》《瑶山•瑶人》《布依族傩戏》这些文化演艺项目，月亮山地区少数民族对山歌等习俗，形成民族文化旅游标杆性产品，让游客观赏和体验少数民族的民俗、歌舞和文化。广泛开展文化艺术交流活动和研学活动，大力发展文化体验游，这样既发展了当地的旅游经济，又很好地宣传了月亮山地区的民族文化和保护非物质文化遗产，有利于各民族相互交流融合。

2. 发展其他优势产业

荔波月亮山地区山体雄伟高大，气候温暖湿润，珍稀动植物种类繁多，有着丰富的生物资源和矿产资源。发展当地经济可因地制宜，突出特色，大力发展中药材、水果等优势产业。依托优越的生态环境、优良的气候条件和丰富的药材资源，以罗汉果、灵芝、板蓝根、茯苓等为重点，大力发展中药材种植业，保护中药材资源，提高中药材资源的利用水平。积极推广优良水果品种，重点发展荔波血桃、荔波蜜柚、荔波枇杷等特色精品水果，百香果、李子、杨梅等时令水果，提升水果品质，打造荔波品牌的水果。坚持农林特产品加工和旅游商品加工并举，大力发展生态特色食品、健康医药、酒类生产等绿色轻工业。

总之，加快荔波县月亮山地区经济社会发展的同时要深入践行“绿水青山就是金山银山”的理念，要贯彻落实新发展理念，坚持农业农村优先发展，促进农业高质量发展，全面推进乡村振兴，为各民族文化交往交流交融提供充足的物质支持和广阔的发展空间。

（三）提高依法管理民族事务的能力，为文化交往交流交融提供制度保障

一个国家的繁荣进步，离不开法治的支撑；一个社会的和谐稳定，离不开法治的保障。民族工作作为党和国家事业的重要组成部分，必须在依法治国的大战略下与其他各项事业一道整体推进。依法管理民族事务，同样必须按照依法治国的总体要求，不断健全和完善。多民族是荔波县月亮山地区的典型特征，民族事务工作与文化事业紧密相连，依法管理民族事务是推进民族治理体系和治理能力现代化实践的重要途径。

努力推进月亮山地区管理民族事务规范化、制度化。“有效的法律既不是铭刻在大理石上，也不是印刷在书本上，而是铭刻在公民的心中。”提高依法管理民族事务能力，关键要强化法治思维和法治方式。只有树立法律的观念，各族群众才能自觉按法律办事，民族团结才有保障，民族关系才会牢固。首先，应当加强普法教育和宣传，利用“12·4”“民族团结进步宣传月”普法宣传等平台，广泛开展民族政策法规宣传活动，使百姓明白什么是合法，什么是违法，什么是法律要求的，什么是法律禁止的，什么是权利和义务。倡导各族群众遵法、守法，并通过法律渠道和手段维护自身合法权益，懂得法律面前人人平等，谁都没有超越法律的特权，使百姓能够互相尊重、凝心聚力，使月亮山各民族群众能够和睦相处、团结互助，共同营造健康、稳定、和谐的社会文化环境和法治氛围。其次，要依法妥善处置涉及民族因素的矛盾纠纷。随着我国现代化的加速推进，各族人民共学共居共事共乐成

为常态，同时，一些涉及民族因素的矛盾纠纷仍然时有发生。荔波县月亮山地区布依族、水族、苗族、瑶族等混居，民族情况复杂，在处理涉及民族因素的矛盾纠纷时，应当坚持以事实为依据、以法律为准绳，坚持实事求是、具体问题具体分析，绝不能把各民族群众在经济社会生活中发生的一般矛盾纠纷，简单地、“一刀切”地归结为民族问题，进而在执法上进退失据、无所适从。凡属违法犯罪人员，不论属于哪个民族、来自哪个地区、信仰何种宗教，都要依法制裁。再次，营造积极健康的法治环境。我国是统一的多民族国家，民族工作在国家治理中占有重要地位，处理好民族问题、做好民族工作，是关系民族团结和社会稳定的大事，是关系国家长治久安和中华民族繁荣昌盛的大事。着力提升依法管理民族事务的能力，努力促进荔波县月亮山地区各民族共同团结进步、共同繁荣发展，为各民族文化交往交流交融提供重要可靠的制度保障，营造积极健康良好的法治环境。

（四）构筑各民族共有精神家园，巩固各民族交往交流交融的思想根基

习近平总书记在中央民族工作会议上的重要讲话中指出：“加强中华民族大团结，长远和根本的是增强文化认同，建设各民族共有精神家园，积极培养中华民族共同体意识。”“我们要把建设各民族共有精神家园作为战略任务来抓，让各民族人心归聚、精神相依。”做好民族工作的精神建设，努力构筑一个各民族认同和尊崇的共有精神家园，即中华民族共有精神家园。中华民族共有精神家园是建立在各民族文化基础上且实现自我超越，是民族生命力、创造力、向心力、亲和力的源头活水。构筑各民族共有精神家园是巩固各民族交往交流交融的思想根基，是推动经济社会发展进步、实现中华民族伟大复兴的强大精神力量。

构筑荔波县月亮山地区各民族共有精神家园，首先，要以铸牢中华民族共同体意识为主线。荔波县月亮山地区多民族共居，多种民族文化共存，是多元一体中华文明的缩影之一，是中华民族共同体的重要组成部分。荔波县月亮山地区民族工作要始终牢记各民族之间的交往交流、守望相助、共存共荣，这是历史发展的主流，要深刻认识中华民族多元一体格局，各民族要相互欣赏、相互学习，充分认识荔波是重要的中华民族特色文化保护地。要把物质力量和精神力量结合起来，加强民族团结，深入开展民族团结进步宣传教育，把荔波县月亮山地区建成民族团结模范区，成为各民族团结友爱的大家庭。其次，积极践行社会主义核心价值观。社会

主义核心价值观植根于中华文化的深厚土壤，是最深沉持久的力量，是坚定文化自信、构筑各民族共有精神家园的根本遵循。积极践行社会主义核心价值观，要立足以文化人，以文育人。深入发掘荔波县月亮山地区爱国主义历史文化资源，把核心价值观的要求融入日常行为准则，坚持把热爱祖国作为最基本的价值导向深化到各项道德实践活动中。引导群众追求健康文明的生活方式，增强现代文明生活观念。高度重视荔波县月亮山地区各族青少年的爱国主义教育，引导和培养他们树立正确积极向上的世界观、人生观、价值观，自觉爱党爱国爱社会主义。尽最大努力把各族群众凝聚在爱国主义伟大旗帜下，让民族团结之花绽放得更鲜艳。再次，推动民族文化融合，构筑各民族共有精神家园。荔波县月亮县地区民族文化丰富多样，应当遵循“尊重差异、包容多样”的原则，正确处理好各民族文化之间“共同性”和“差异性”的关系。在节庆活动中实现民族文化的创新融合发展，荔波县月亮山地区有水族的端节、苗族吃新节、布依族小年节、瑶族盘王节等丰富多样的民族节庆活动，要把“中华一家亲”融入活动之中，举办抓鱼、唱山歌、民族服饰展演等独具少数民族传统特色的比赛活动，展现多姿多彩的中华优秀传统文化。组织各族群众积极参与到节庆活动之中，共同分享改革开放成果和民族节庆的欢乐，做到民族节庆搭台、民族文化唱戏、民族感情融合，增进各民族的情感交流，相互学习、相互欣赏、相互包容，增进民族文化自信和认同。在推广普通话的活动中促进民族融合，组织举办推广普通话宣传周活动，用普通话讲述中国梦，用规范字书写中国梦。推广普及国家通用语言文字，让荔波县月亮山地区各族群众通晓国家通用语言文字，促进各族群众增强文化自信，扩大民族文化交往交流交融，维护民族团结。各族群众在传承发展本民族语言文字的同时，提升使用国家通用语言文字的能力。

（五）深化民族团结进步创建，营造各民族交往交流交融的浓厚社会氛围

党中央和国务院历来高度重视民族团结工作。习近平总书记在 2014 年中央民族工作会议上强调，民族团结是我国各族人民的生命线，做好民族工作，最关键的是搞好民族团结。在 2019 年全国民族团结进步表彰大会上他进一步指出，把民族团结进步事业作为基础性事业抓紧抓好，要把民族团结进步创建全面深入持久开展起来，创新方式载体，推动进机关、进企业、进社区、进乡镇、进学校、进连队、

进宗教活动场所等。

深化新时代民族团结进步创建，努力为荔波县月亮山地区各民族交往交流交融营造浓厚良好的社会氛围，要始终坚持鲜明政治导向，加强党对民族工作的领导，引领各族干部群众不断增进对伟大祖国、中华民族、中华文化、中国共产党和中国特色社会主义的认同。要坚持文化认同是最深层次的认同，着力构建各民族共有精神家园，加强国家通用语言文字教育，推动各民族优秀文化传承发展、交融互鉴，引导各族干部群众树立正确的国家观、历史观、民族观、文化观、宗教观。要准确把握中华民族是多元一体的伟大民族，推动各民族广泛交往、全面交流、深度交融，出台有利于构建互嵌式社会结构的政策举措和体制机制，完善荔波县月亮山地区少数民族流动人口服务管理体系等，促进各民族共建美好家园、共创美好未来。要把各族人民对美好生活的向往作为奋斗目标，坚持与乡村振兴、民生保障、生态保护等工作紧密结合，推动出台并落实好相关支持政策，优化转移支付和对口支援机制，发挥荔波县月亮山地区后发优势，推动各民族同全国一道实现社会主义现代化。要坚持中国特色解决民族问题的正确道路，推动民族事务治理体系和治理能力现代化，以铸牢中华民族共同体意识为主线，促进民族政策法规与时俱进调整完善，健全民族事务治理体系、提升治理能力，为新时代“中国之治”贡献正能量。在荔波全县开展民族团结进步宣传教育活动，一是开展民族政策理论讲座。各部门要积极组织参与荔波县民族政策理论讲堂活动，充分利用“学习强国”“法宣在线”等新媒体软件，通过“学习讲堂”开展专题讲座，教育引导各族干部群众牢固树立中华民族共同体意识，切实树立正确的国家观、民族观、宗教观、历史观、文化观。二是推送民族团结进步主题宣传片。播放荔波县民族团结进步主题宣传片，通过荔波县广播电视台、“学习强国”、各级各部门微信公众号、公交车等公共交通工具，以及交通要道路口大型显示屏等载体，播放荔波县创建全国民族团结进步示范宣传片、“民族团结进步标语视频”、民族团结进步宣传标语及民族团结进步模范和民族团结进步创建示范单位事迹，充分展示荔波县民族团结进步创建的丰硕成果。三是以“中华民族一家亲、同心共筑中国梦”为主题，征集月亮山各族群众共建美好家园的故事，宣传各岗位各战线，促进民族团结、助力民族发展的时代先锋人物，在报纸、网站上开辟专栏刊登部分优秀征文，征文结束时择优刊印成书。四是举办民族文化宣传周活动。采用网络课堂的方式，向全县各民族广泛宣传关于荔波县民族工作的重要论述和民族团结进步事业的辉煌成就，宣传荔波民俗文化，凝聚共同建设壮美荔波的强大精神力量。五是举办山歌擂台赛。组织以传统山歌为基础的荔波山歌擂台赛，利用抖音、快手等短视频媒体，让参赛山歌手通过视频录制的方式参赛，并根据选手在网络上的影响力，比如阅读量、转发量、投票量、专家评审等综合情况进行评奖。六是以多种形式推进民族团结教育进校园。组织全县师生利用黑板报、文化墙、校园广播等宣传载体开展民族团结宣传教育，深入宣传各民族文化、风俗习惯、风土人情，教育引导学生相互理解、相互尊重、相互包容、相互帮助，自觉维护民族团结，营造民族团结教育良好氛围。充分发挥课堂主阵地作用，将民族团结教育融入课堂教学各个学科、各个环节，指导任课教师结合学科实际，将民族团结教育融入语文、品德与社会、音乐、美术等学科教学中，结合不同学科的教学内容和教学特点对学生开展民族团结教育，让学生在日常学习中潜移默化地受教育、受感染、受启迪，真正让民族团结走进内心、融入血液、深入灵魂。利用本地民族文化丰富的民族资源，组织开展民族文化进校园活动，推动当地民歌民谣、传统体育（陀螺）进课堂，依托班会、团队活动等活动载体，通过组织唱民族歌曲、跳民族舞蹈、举办民族传统体育活动等方式开展民族团结教育。

总之，习近平总书记在全国民族团结进步表彰大会上强调，坚持促进各民族交往交流交融，不断铸牢中华民族共同体意识。这一论断是新时代马克思主义民族理论中国化的重大理论创新成果，是新时代开展民族工作的重要遵循。中华民族命运共同体建设要拥有坚强有力的制度保障、严密完备的法律体系、强大的经济基础、崇高的精神信仰做支撑，并以各民族间的平等交往、交流、交融为手段。对于中国这样一个统一的多民族的社会主义国家，荔波县月亮山各民族文化间的平等交往、交流、交融尤为重要。因为文化是一个国家、一个民族的灵魂，是中华民族的优势所在。中华文化是各民族文化的集大成，是我国各民族在5000多年的历史长河中共同孕育和创造的。荔波县月亮山地区各族文化交相辉映，进一步增强文化自信。因此，我们要进一步加强月亮山地区各民族交往交流交融，引导各族群众共同学习、共同生活、共同工作、共同致富，促进各民族共同奋斗，在交往交流交融中丰富和发展中华民族共有精神家园，不断铸牢中华民族共同体意识。

三都水族自治县月亮山地区各民族交往交流交融调查

课题组组长：韩荣培

课题组成员：李玉军　梁芳敏　任　艳　杨　泉　潘兴文　辛丽平　李平凡　姬安龙

一、概述

在黔南布依族苗族自治州实施大镇制之后，三都水族自治县共辖六镇二街道，除了北部的大河镇、普安镇之外，都江镇、三合街道、凤羽街道、中和镇、周覃镇、九阡镇在地域上都与月亮山有着密切的关联。其中，都江镇、三合街道、凤羽街道和中和镇北部属都柳江流域，中和镇南部、周覃镇、九阡镇属樟江流域。

在民族构成上，都江镇是水族、苗族、布依族、汉族、侗族、瑶族、彝族等7个世居民族交互杂居的乡镇；三合街道和凤羽街道一样，是水族、苗族、汉族、布依族等4个世居民族交互杂居的乡镇；中和镇和九阡镇均为单一的水族乡镇，周覃镇是水族、布依族等两个世居民族交互杂居的乡镇。

本次调研，课题组深入走访了都江镇羊福社区的达荣村、兴荣村；巫不社区的怎雅村、高尧村；坝街社区的羊瓮村、坝辉村；打鱼片区的盖赖苗寨；三合街道拉揽社区的排烧村、高寨村；凤羽街道的尧麓村、南岭村；中和镇的东山村、甲化村、水龙村；周覃镇的拉近村；九阡镇的月亮山村、扬拱村和石板村等；对三都各民族在婚姻交往、建筑交流、节日与饮食交融互嵌等方面进行了深入考察。

（一）族际婚姻状态

总体上各民族的婚姻交往已经从过去单一的民族内婚，发展为各民族全面婚姻开放，以自由恋爱为主的现代族际婚姻。都江镇、三合街道、凤羽街道和周覃镇，各民族的族际婚姻边界已经相当模糊，各民族之间在婚姻上几乎没有民族限制的观念；中和镇和九阡镇由于都是单一的水族乡镇，其婚姻形态主要表现为，除族内婚姻之外，族际婚姻主要是苗族、布依族和汉族姑娘嫁入水族村寨，而水族姑娘外嫁主要嫁入外县外省，较少嫁入本县的其他民族村寨。

（二）建筑文化传承变迁

在建筑文化交流方面，表现得比较整齐划一。三都水族自治县城以东的都江镇、三合街道、凤羽街道等多民族杂居区，仍然保留有较多的各民族传统干栏式建筑，“上人下畜”的传统居住状态仍然大部分保留，村寨周边仍然保留较多的独体粮仓；零星的砖混结构建筑，主要分布在干线公路两旁。三都水族自治县城以南的中和镇、周覃镇、九阡镇，主要以现代的砖混结构建筑为主，房屋建筑多在三层或三层以上，房屋宽大明亮，新式建筑基本上没有牲畜厩圈；零星的传统干栏式建筑主要保留于月亮山腹地的少部分村寨。比较统一的建筑文化装饰无论是传统的干栏式建筑还是现代的砖混结构建筑，每户人家都于堂屋四壁张贴有毛泽东等伟人的标准像，彰显各民族人民对中国共产党、中国特色社会主义的感恩之情。

（三）节日文化形态

与其他民族的节日文化形态不同，三都水族人口明显分为四大节日集团，并且节日的地区性明显。每个节日集团各以一个节日作为“年节”隆重过节，不过其他节日集团的“年节”。四大节日集团分别为端节、卯节、苏宁喜节和春节。中和镇、周覃镇、都江镇、三合街道、凤羽街道以端节为年节，共分六批次过节，并且伴有端坡跑马等节日集会活动，他们不过卯节、苏宁喜节和春节；周覃镇廷牌地区和勇吴氏水族则以“苏宁喜”（农历冬月丑日）为年节，他们不过端节、卯节和春节；九阡镇的水族以卯节为年节，他们不过端节、苏宁喜节和春节；三都水族自治县周覃镇廷牌地区阳安一带的杨氏水族和九阡镇扬拱村中寨的杨氏水族以春节为年节，他们不过端节、卯节和苏宁喜节；九阡镇扬拱村中寨的杨氏水族以七年一度的“霞节”为最隆重的节日。

三都苗族的节日主要有开秧门、粽粑节、洗犁耙、七月半、芦笙节、吃新节、春节等，其中，开秧门和吃新节是县境苗族共同的节日，吃新节也被视为县境苗族的年节，但节期有明显的不同，县境北部普安镇的苗族以农历九月九为节期，县境东部苗族以农历九月第二个“申”日为节期。节日活动内容基本相同，主要有芦笙舞、斗牛、对歌等大型集会活动。

布依族节日主要有二月二、四月八、六月六、七月半、九月重阳和“小年节”，其中，四月八、六月六和七月半，是三都水族自治县布依族共同的节日，四月八伴有斗牛、对歌等大型集会活动；“小年节”是周覃镇周氏和覃氏布依族的独有节日，虽然区域范围不是很大，但尤为隆重。

三都水族自治县境侗族的节日主要是六月六。瑶族的节日主要是七月半。除此之外，清明节、端午节等也是各民族的共同节日。近年来，春节也逐渐成为三都水族自治县境各民族的共同节日。

（四）饮食文化一致性

自然地理、土壤成分、气候条件的高度一致性，使饭稻羹鱼成为县境各民族共有的饮食文化传统。族际之间的饮食文化差异，主要体现在婚姻宴席、节日特色食品和待客礼仪等方面。自改革开放以来，随着三都水族自治县各民族物质生产的不断丰富和民间交往的更加密切，饮食文化的趋一性逐渐增强，一种积极健康向上的现代饮食文化正在逐步形成。

二、族际婚姻交往

（一）青年男女传统社交与婚姻缔结方式

改革开放以前，三都水族自治县各民族的婚姻多以族内婚姻为主，以苗族青年男女的社交恋爱最为自由，他们可以在自己的婚姻圈内自由选择伴侣，婚姻自主；水族、布依族、汉族等，则主要表现为“恋爱自由、婚姻包办”。

青年男女利用赶集、节日集会或日常走亲访友，都可以通过对歌的方式，与对方建立情缘关系，一般要通过若干次的集体对歌才能发展到两人私下幽会。男女青年一般在十五六岁由父母订婚，十七八岁成婚。

但不同民族的社交，均受到很多禁忌的约束。苗族青年男女只能在自己的婚姻圈内选择对歌恋爱对象，双方情投意合即可成婚；水族、布依族和汉族大多遵循“同宗不婚、异姓开亲”的原则，有目标地选择对歌恋爱对象，但双方即使情投意合，只要一方父母不同意，青年男女基本上不会成婚。在中和镇、周覃镇和九阡镇的水族中心地区，青年男女的社交、恋爱还必须避开姑娘同宗族的父辈和兄弟。因此，在传统婚姻时代，族内婚姻成为约束人们思想解放的严重桎梏。

1. 水族传统婚姻

过去，水族婚姻的缔结，基本上是依父母之命、媒妁之言。婚姻缔结主要包括以下程序。

问亲：男方探访女方父母的态度，是否答应这门亲事。

提亲：得到女方父母的同意后，男方请媒人正式向女方家提亲。

开亲：提亲之后，男方约请宗族近亲父兄四五人携礼物到女方家做客，吃“开亲酒”，双方正式确立姻亲关系。

订亲：吃“开亲酒”之后，男方家族携礼金、银首饰，糖、酒、糯米若干和肥猪一头到女方家吃“订亲酒”，酒席上双方通过吟唱“诘俄牙”的方式，规定女婿、姑娘以及双方父母对婚姻缔结之后的责任与义务。在都江镇巫不社区一带，订亲时，男方需牵一头黄牛到女方家去宰杀，完成“订亲酒”仪式。

迎亲：举行结婚仪式的整个过程。

2. 布依族传统婚姻

清乾隆《独山州志》载，布依族每当春季，“男女成群，山歌对答，父母姑舅，自古不禁”。“婚姻聘，用牛只，或一、二只，或三、五只，每牛挂角银二两。”新中国成立以后至改革开放以前，三都水族自治县境内布依族仍然奉行说亲、订婚、结婚等与清代几乎相同的婚姻程序。

说亲：布依族婚姻尤为讲究“门当户对”，男方家物色到中意的姑娘后，请媒人携一公斤左右的红糖或点心到女方家提亲，若女方家不退还红糖或点心，则表示女方家同意这门儿女亲事。

订婚：男方家委托一两个中年妇女和几个挑抬礼物的年轻人陪同媒人携礼金去女方家“吃小酒”，正式确立姻亲关系。

结婚：布依族传统婚姻，新婚之夜新郎新娘不同房，婚后新娘还有三四年“不落夫家”的时间。

3. 苗族传统婚姻

与水族、布依族的单纯包办不同，苗族青年男女的恋爱比较自由，但双方确定关系之后，亦需要由男青年禀告自己的父母向女方家提亲，婚姻缔结一般包括如下程序。

说亲：男女双方确定关系之后，男方父母托媒人携一公斤左右的方块红糖或点心到女方家提亲，叫“吃开口饭”，若女方家不退还红糖或点心，则表示女方家同意这门亲事。

订婚：都江镇一带的部分苗族传统订婚仪式，也叫“订婚酒”，但仪式比较简单。届时，由男方父母中的一人陪同媒人携一只公鸡（不带其他礼物）到女方家去“认八字”。由媒人亲自宰杀公鸡，整鸡下锅煮熟后捞出看鸡眼，左眼主男，右眼主女，若双眼紧闭则婚事成功，若左睁右闭或右睁左闭，则婚事不能确立。

结婚：都江镇一带的部分苗族传统结婚仪式比较简单节约，接亲时只由新郎和一个本家族的哥哥两人带彩礼（彩礼也比较简单）去女方家迎亲，新娘不带嫁妆，只随身穿戴新衣裙和银首饰，由一个小姑娘陪同前往。婚期双方仅置办几桌酒席宴客，很是简单。新婚之夜新郎新娘不同房。婚后新娘有一二年“不落夫家”的时间。

（二）族际婚姻与各民族的交往交流交融

三都水族自治县各民族之间的族际婚姻，最能反映当地各民族在文化上的相互尊重与相互认同。如水族男子讨苗族姑娘为妻，则在“说亲”和“订婚”环节，按照苗族的婚姻礼俗进行，在结婚环节按照水族的婚姻传统进行，反之亦然。

1. 都江镇羊福社区的“烧鱼节”

三都水族自治县都江镇的羊福社区是月亮山连接雷公山的中间过渡地带，也是三都、雷山、丹寨三县的交界处，位处边远，民风古朴。羊福社区的居民主要是苗族和水族，苗族约占总人口的65%，水族占35%。明代中期以前，羊福社区为苗族居住区，明代中后期，一些韦姓、陆姓、王姓和石姓水族陆续由现在三都水族自治县的廷牌、三洞和水龙一带迁入羊福境内，与苗族杂居。最初，两个民族都执行民族内婚，族际之间没有通婚。

当地苗族属“百鸟衣”婚姻圈，婚姻范围较广，婚配顺畅。“百鸟衣”称为“穿在身上的苗族史书”，一衣百鸟，各鸟形态各有不同，每只鸟的形态都记录着这一支系苗族在不同历史时期的社会生产生活。“百鸟衣”婚姻圈是上古图腾崇拜时期苗族“鸟”部落的后裔，他们今天主要分布于都柳江流域的三都水族自治县、丹寨县、雷山县、榕江县、从江县的二十多个乡镇，其最重要的文化标识是过鼓藏节时成年男女都必须身着“百鸟衣”参加节日集会。这一文化标识同时也是他们相互认同的通婚范围。因此，羊福苗族的通婚范围，除羊福、盖赖外，还包括现在都江镇的打鱼村、怎雷村；榕江县的脚车村、高排村、摆贝村；雷山县的达地水族乡、丹江镇；丹寨县的雅灰乡、排调村等地，不但通婚范围广阔，而且人口众多，不存在婚配不足的问题。

水族初到羊福时，最初的几代人只与羊福地方水族内部的不同姓氏之间互为婚姻，婚姻范围很窄，婚配不足时，很多水族家庭要返回到中和、三洞和水龙一带的水族中心区去讨亲。明末清初，部分水族又由中心区迁到三都水族自治县都江镇的坝街、雷山的达地居住，羊福社区的水族婚姻圈才有所扩大，但仍然存在婚配不足的情况。

大约在清代早中期，随着生产生活、节日互访等交往交流的逐渐频繁，水族、苗族人民情感日渐加深，水族社会受迫于婚配不足的状况而开了水族男讨苗族女的婚姻先河。当时的羊福地区，无论是苗族还是水族都盛行“还娘头”姑舅表亲的婚姻传统，苗女嫁入水寨，则她生下的第一个姑娘必须“还嫁”给苗寨舅家的儿子为妻子（第二个姑娘以后则不受“还娘头”的婚姻约束，若青年男女双方情投意合，也可以相互婚配）。到第二代水家女嫁入苗寨后，也遵循“还娘头”的礼俗，她生下的第一个姑娘也必须“还嫁”给水寨舅家的儿子为妻子。由此，苗族和水族的族际婚姻开始盛行。

这种族际婚姻进一步开启了苗族和水族人民的文化交往交流交融历程，促进了两族人民的文化理解、文化尊重和双方相互的文化认同。男方到女方家说亲、讨女，尊崇女方家的民族婚姻礼仪，姑娘嫁到男方家，则尊崇男方家的民族婚姻礼节、生产生活礼俗和禁忌。这种婚姻交往，促成两族人民从婚姻礼俗文化理解、尊重到语言、服饰和生活方式的全面认同。姑娘嫁入男方家后，必须学会男方家村寨的民族语言，着男方家村寨的民族服饰，按照男方家的生活方式生产生活；姑娘返回娘家时，则着本村寨的民族服饰，姑娘和女婿都要遵循女方家的生活礼俗和禁忌。

大约在清代中后期，整个都柳江流域都经历了一次废除"姑舅表婚"的婚姻改革。规定以后姑妈家的大姑娘不必还嫁舅家的儿子，但是为了表示对舅家的尊重，苗族家庭在妻子生下第一个姑娘后，夫家要给舅家牵去一头牛，以示"还娘头"，姑娘长大后可以自由嫁人；水族家庭待姑娘长大后若有男方上门来讲亲时，议定由男方家送给姑娘的彩礼中必须给舅家一定的彩礼，叫"舅爷礼"或"外甥钱"。清代，这种"舅爷礼"一般为 1 ～ 2 两银子，殷实之家一般为 5 两银子；民国时期一般为 2 ～ 4 枚银圆或 20 枚银毫；新中国成立以后的不同时期，则大多折算成人民币，多少不一；现在一般为 168 ～ 368 元人民币。苗族"还娘头"的礼俗，后来也借鉴水族的"舅爷礼"礼俗，不再送牛而送钱。有些嫁入殷实之家的姑娘，若外家生活比较艰辛，则仍然有送牛而不送钱的情况，但这已经不是单纯的"还娘头"的礼俗，更多的是帮衬外家生产生活之意。

这种由族际婚姻形成的文化交往交流和文化借鉴，后来延伸到民居建筑方面。虽然都是干栏式的木构建筑，但原先的苗族建筑大多不带走廊和栏杆，采光度也不够，室内功能布局的实用性稍差。所以，后来一些娶水族姑娘为妻的苗族家庭在另建新房时，便请水族村寨的工匠帮忙建房，久而久之，大家都仿照水族村寨的建筑形制建房，形成了今天羊福地区建筑形制基本统一的局面。现在羊福地区最著名的建筑工匠是达荣村排外组的水族木匠王应胜，他主要是根据业主的建屋地基空间和业主的新房诉求，设计制作新房的屋架，他手下有一个 21 人的建筑工班，专事新房屋架的制作加工。由于技艺高超，诚实经营，目前他的加工坊除了满足羊福和都江地区的需要外，还有来自榕江、雷山、台江和丹寨的民居建筑订单，且供不应求，实实在在地将水族传统建筑工艺做成了一项民族传统文化产业。

这种族际婚姻，为羊福地区带来的最大变化是节日文化的变迁与创新。羊福苗族一年中最隆重的节日是每年水稻收割完毕后的"新米节"，也叫"尝新节"或"吃新米"。节期多在农历九月的第二个"酉"日，节期两天，节日集会活动主要是斗牛、跳芦笙舞和古瓢舞，宴客的程序中有一个重要的环节是主人和客人一起到主人的鱼塘里开穴放水捉鱼，于鱼塘边上用木姜树枝穿破鱼肚，用稻草火将鱼身烤成香脆的金黄色，加入切碎的鱼香菜、韭菜、烧青椒与鱼身一起捣碎，佐以鱼花椒和木姜子，做成一道凉拌的冷食佳肴，宾主一起于屋外野炊畅饮，酣醉而归，别是一番风情。

羊福水族一年中最隆重的节日是每年农历九月的端节。30 多年前，羊福水族共有两个端节，其中韦姓水族过农历九月的第一个“亥”日端节，潘、王、杨等其他姓氏水族过农历九月的第二个“亥”日端节，现在则不分姓氏统一过农历九月的第二个“亥”日端节，节期在苗族“新米节”之后的第三天。羊福水族端节没有端坡，所以也没有节日集会活动，过节的主要内容就是祭祖和宴客。过去，水族端节以鱼包韭菜或酸汤煮活鱼来祭祖，于屋内宴客。后来借鉴苗族“新米节”的烧鱼文化，也开塘促鱼，于屋外野炊畅饮。

族际婚姻形成的羊福苗族和水族纷繁复杂、层层叠加的婚亲关系，导致每个苗族家庭都有水族亲戚，每个水族家庭也都有苗族亲戚，所以，一到“新米节”，水族村寨的男女老少全部到苗族村寨去过节。又由于“新米节”与端节前后衔接，所以过完“新米节”，水族村寨又邀请苗族村寨的男女老少一起到水族村寨过端节。这样，虽然两个民族之间的联谊更加深厚，但由于两节相接，导致节期过长。这种情况也引起了社区、村两委、寨老、乡贤、村民代表等各方的改革创新思考。由于“新米节”和端节都有“烧鱼野炊”的环节，于是大家议定，以后两个民族的传统节日，不再叫“新米节”和端节，而是统一称“烧鱼节”。节期一天，过节日期也不再遵守传统的苗族“酉”日或水族的“亥”日，而是待整个羊福社区每个家庭的水稻农耕生产全部收割完毕、米粮归仓之后再择日过节。

2021 年，首次羊福“烧鱼节”于农历九月末举行，效果出奇的好，各方反响强烈。“烧鱼节”将苗族传统的“新米节”和水族传统端节合二为一，节期天数缩短，并且改变了原来苗族和水族节日互访、自娱自乐的过节方式，转而变成羊福苗族、水族共同举办，邀请羊福域外各民族共同参与庆祝的地区性民族节日，体现的是民族地区新时代中国特色社会主义的家国情怀。“烧鱼节”的节期定在羊福地区每个家庭的水稻农耕生产全部收割完毕、米粮归仓之后再择日举行，体现了真正的“中国农民丰收节”的文化韵味。

2. 怎雅村族际婚姻与区域民族节日共同体

都江镇巫不社区怎雅村共 7 个村民小组，其中一二组为侗族居民，三四组为水族居民，五六组为苗族居民，七组为苗族、瑶族和彝族居民。与都江镇羊福社区苗族、水族共度“烧鱼节”的文化融合不同，怎雅村各民族都保留了各自的民族传统节日，但在族际婚姻的纽带作用下，这些节日的开放性与文化共享，导致了怎雅村区域节日共同体的产生。

按农历月序排列，怎雅村有 6 个比较隆重的节日，分别为侗族六月六、水族端节、苗族新米节、瑶族七月半、彝族春节，另外还有各民族共度的 10 月 1 日国庆节。

怎雅村过国庆节，缘于“文化大革命”时期的极左思想影响。当时各民族都不能过自己的传统节日，于是，当地各族群众便把各自的传统节日统一挪到每年的 10 月 1 日，与国庆节共度。国庆节期间，家家户户都在堂屋毛主席的挂像下设席祭祀祖先。后来虽然恢复了各民族的传统节日，但与中华人民共和国共度国庆节的节日文化传统却被沿袭下来，成为在原先的传统节日之外附加的节日。

悬挂伟人像，现在已经成为包括怎雅村在内的整个都江镇巫不社区每户人家必不可少的住屋堂屋装饰。而包括怎雅村在内的巫不社区各民族的国庆节，除了具有与全国各族人民一样的欢度中华人民共和国成立日的喜庆传统之外，还具有自己特色的区域性民族节日。以今天“铸牢中华民族共同体意识”的现实意义而言，包括怎雅村在内的整个都江镇巫不社区的每个家庭悬挂伟人像，是对伟大祖国、中华民族、中华文化、中国共产党、中国特色社会主义的高度认同，也是当地各族人民感恩中国共产党、中国特色社会主义的真实情感写照。

在多民族共居的怎雅村，其族际婚姻还催生了当地民族节日共同体的形成。最初是每当节日来临，各家各户都会邀约自己的亲戚朋友前来一起过节，但仅限于与自己存在亲戚朋友关系的人家；后来发展到与自己有姻亲关系的人家，在过节时可以邀约自己的亲戚朋友一起到对方家里过节；再后来又发展成为凡属于自己的亲戚朋友都可以再邀约自己的亲戚朋友一起到对方家里过节。由于族际婚姻的代际有效叠加，使整个怎雅村各个自然寨的个体家庭之间，都在村寨内部形成了若干的亲戚关系，所以，每至节日来临，每个家庭都有若干去处到对方家里过节，反之亦然。表面上看，虽然每个民族一年中只有一个重大的传统民族节日，但他们一年中却要过四个传统民族节日。每个民族都把自己的传统节日办成区域的开放性节日，邀请其他民族一同过节，从而使侗族六月六、瑶族七月半、水族端节、苗族新米节之间形成了有效联合，成为区域性的民族节日共同体。

调查发现，这种民族节日共同体在新中国成立以后开始形成，但过去由于家庭生活困难，受邀过节的范围和人数都不多；自改革开放以后，随着各民族家庭生活水平的不断提高，人们越来越接受这种过节方式，也使各民族的传统节日越过越隆重。这种区域民族节日共同体的形成，促进了不同民族之间的文化理解与文化尊重，使各民族形成了“休戚与共”“荣辱与共”“生死与共”“命运与共”的良好关系，大家彼此和睦相处，共同走在新时代中国特色社会主义社会的康庄大道上。

怎雅村的秦氏彝族，原先以“过大年”为传统节日，但由于人口较少，在这种区域性的民族节日共同体的过节方式中，他们承受的节日接待压力太大。由于他们主要与当地的苗族互为婚姻关系，因此，后来他们放弃了原先“过大年”的传统节日，转而与苗族同胞一道过“新米节”，以文化借鉴的方式，很好地融入了当地的区域民族节日共同体之中。

这种区域民族节日共同体也发生在凤羽街道南岭村的上双、下双两个自然寨之间，上双自然寨的59户人家为杨氏汉族，他们以“七月半”为传统节日；下双自然寨的37户人家为杨氏水族，他们以端节为传统节日。杨氏汉族自清代中后期定居上双自然寨开始，就与周围的水族形成了族际婚姻关系，尤其是与下双自然寨水族的婚姻关系最为密切。

原先是两个自然寨之间互有婚姻关系的家庭相互邀约过节。自改革开放以后，也逐渐形成与怎雅村一样的区域节日共同体，上双自然寨汉族同胞过“七月半”时，下双自然寨的水族同胞便邀约自己的亲戚朋友前去过节，到下双自然寨的水族同胞过端节时，上双自然寨的汉族同胞同样邀约自己的亲戚朋友前去过节。这种建立在族际婚姻关系上的节日互访与文化走亲，不但密切了上双、下双两个自然寨邻里的和睦关系，也使两个自然寨与周边其他自然寨之间形成了地域性更加广泛的民族情谊关系，促进了各民族的文化欣赏与文化认同。

3. 欧家寨汉族的丧葬文化习俗借鉴

实施大镇制之后，中和镇甲化村由原来的小甲化村、板庙村和务朝村组成现在的大甲化村，小务朝村地处月亮山的乌朝山岭，共有10个村民小组，欧家寨属甲化村务朝一组，务朝一组分大小两个自然寨，小自然寨即是欧家寨，是中和镇唯一的汉族村寨，全寨11户人家65人，易地扶贫搬迁4户后，目前还有7户41人。欧家寨的祖先原籍湖南麻阳一带，他们大约在清代早中期由湖南游走到今三都的务朝地方，以打铁业和泥瓦业手工艺为生，至今已经有200多年的历史。据说，欧家寨的祖先刚到务朝时，居住在务朝一组大寨的集市附近，当时的集市主要以桐油、铁器、棉纱、木材、盐为大宗贸易商品，居民原来有苗族、水族、布依族和他们欧家汉族，因为当时苗族以刀耕火种为主，后来逐渐往月亮山腹地迁移，布依族在清末农民起义期间为躲避战乱也陆续迁往别处。集市衰落后，欧家人便在务朝大寨的附近边上居住下来，务农为生，形成了现在的务朝一组的小自然寨。

由于他们都是欧姓汉族，周围都是水族，在后世的婚姻过程中，欧家寨便形成了女嫁水族男、妻娶水族女的婚姻传统，并且在衣着上形成了汉女嫁水家日常着汉装、丧葬着水族孝装，水家女嫁汉家日常着水装、丧葬着汉族孝装的文化现象。长期的这种族际婚姻传统，使欧家寨形成了着汉装、过汉节（春节）、讲汉语又讲水语的独特风俗。长期以来与周围的水族同胞世代和睦相处，互通婚姻。从文化互嵌上考察，今天欧家寨汉族在保存自身的文化传统之外，又融入了很多水族文化元素，尤其是节日文化和丧葬文化。节日文化方面，欧家寨汉族仍然保留过春节祭祖的传统，同时也过水族的端节，但端节不祭祖。丧葬文化方面，由于欧家寨的媳妇基本上都是水族，而水族有丧葬忌荤的文化传统，所以现在欧家寨汉族在丧葬期间也形成了丧葬忌荤的文化传统。比较而言，现在欧家寨汉族在丧葬期间的“忌荤”风俗比水族有过之而无不及。当地风俗，在死者未入土为安之前，一般的“忌荤吃素”是忌吃动物及其油脂，但鱼虾等水生动物产品不在忌禁之列；若丧家要杀猪祭祀，则水族表现为丧家直系血缘亲族（含外嫁的姑娘）不得吃祭祀的猪肉，前来参加丧事的其他亲族可以吃猪肉及油脂，且烹饪食用时可以添加适当的各种植物调味香料；欧家寨的汉族除了尊崇和水族一样的风俗外，还要忌食辣椒、花椒、木姜子、葱、姜等各种植物调味香料，到死者入土安葬后才开荤席解忌。

务朝一组的水族、汉族在丧葬忌荤时，一般均以几尾鱼、一块白豆腐供祭死者亡灵。但若在忌荤期间，杀猪以猪头祭祀死者亡灵，汉族和水族都一样，丧葬场面比较大，周围村寨和路过此地的无关人员都可以在丧家喝酒吃席而无需送礼。

细考欧家寨汉族这种借鉴水族“忌荤”的丧葬风俗发现，这是一种完全由族际婚姻形成的文化风俗。因为欧家寨汉族男子娶妻，都是周边的水族姑娘，而水族丧葬忌荤的风俗，涉及同一姓氏宗支的所有亲属血缘人群（水语称“南逮宇”，意为由一个祖先繁衍而来的家族同胞），自然也包括已经外嫁到欧家寨的那些姑娘；而从欧家寨嫁到周边水族村寨为妻的汉族姑娘，自然也需要尊崇夫家的丧葬忌荤传统。这种双向流动的族际婚姻长期代际叠加，是促成欧家寨汉族丧葬文化变迁的根本原因。而这种文化的交往交流交融，使汉族与水族都获得了彼此之间的文化尊重与文化理解，使人们在价值观念和心理情感的认知上达成一致。

4. 族际婚姻与产业发展

白茶、九阡李、海鲜菇、九阡酒，是三都水族自治县九阡镇的四大特色产业。其中，白茶产业是其特别重要的支柱性产业，目前种植面积 2.24 万亩，随着白茶产业的发展壮大，当地干部群众戏称这一产业为“女婿茶”。这是因为，九阡镇白茶产业的发展，缘于一桩族际婚姻的牵线搭桥。

21 世纪初，九阡镇石板村梅彩组的水族姑娘潘手，与村寨中的同伴远赴浙江安吉的一个茶厂打工。后来潘手与经营茶厂的贾氏家族的贾卫民恋爱结婚。2009 年春节，贾卫民与潘手夫妇携子回九阡镇石板村老家省亲。贾卫民发现，九阡镇一带的自然环境、气候条件和土壤都特别适宜种植白茶。但当时的九阡镇除了传统的九阡李、九阡酒外，几乎没有什么现代特色产业，村民大部分均处于贫困之中。于是，贾卫民与潘手夫妇便建议大家尝试种植茶叶，或许可以增加收入改变大家比较贫困的生活状态。当时群众思想观念不开放，加之没有茶叶种植技术，大家一笑了之，根本没有放在心上。九阡镇党委、镇人民政府在获知这一信息后却十分重视，镇党委、镇人民政府动员当时的水梅村通过“以亲招商”的形式，于 2012 年把贾卫民与潘手夫妇招回潘手老家梅彩组示范种植浙江安吉白茶，贾卫民还利用自己在浙江安吉同行业的社会关系，广招浙江安吉客商一同到三都九阡发展白茶产业。刚开始时，由于当地群众思想观念不开放，他们宁种苞谷不种茶叶、宁要牧坡不要茶园，也不愿意流转土地，还百般阻挠白茶产业的发展。镇党委、镇人民政府坚定信心和决心，全力支持配合入驻企业发展，多次召开动员大会和专题会议，进行广泛宣传动员和部署，充分利用各方亲戚朋友关系，以亲戚动员亲戚、以朋友说服朋友，并发动党员和老干部上门做一些钉子户的思想动员工作，撮合客商与当地群众做成朋友、结成亲戚，一方面把客商留了下来，一方面又激发了群众种茶的积极性。

经过几年各方的共同努力，九阡白茶产业终成气候，产品的市场效应越来越好，随之，种植面积也在不断扩大。贾卫民和潘手夫妇后来虽然转让了他们最开始的水梅梅玄茶园，返回浙江安吉经营自己的家族茶厂企业。但他们自己的族际婚姻和九阡镇“以亲招商”的形式，为九阡镇带来的这一项特别适宜当地发展的绿色产业，着实带动了当地经济社会的发展。现在当地干部群众每每面对收获时，念及他们夫妇的开创性功劳，就将这项产业戏称为“女婿茶”。

现在，九阡镇的茶产业已经形成以基地为依托，以公司为抓手，按照“公司+基地+农户”“合作社+农户+基地”、种植大户等发展模式，全镇引进“三都名贵农业投资开发有限公司”(省级重点龙头企业)、“贵州美之农农业开发有限公司”、“黔南三都水族自治县皕盛农业旅游投资发展有限公司”、“三都水族自治县采阳农业发展有限责任公司”四家茶叶企业。名贵公司经营的水梅梅玄茶山建设起步早、规模大，标准化程度高，2017 年就被评为“黔南布依族苗族自治州十大最美茶山”称号。目前各类公司（合作社）拥有茶叶直销店 13 家、代销店 25 家，产品销售辐射至北京、上海、广州等城市，巩固已有的长三角地区销售辐射面，同时铺设其他地区的销售渠道，为即将到来的茶叶丰产期的大量出产奠定销售基础。

为促进茶产业发展，延伸生产链，提高产品附加值，九阡镇通过引导企业或者利用财政专项资金入股企业（合作社）配套建成 4 个茶叶加工车间。通过茶产业的发展带动了合作社和农户积极参与。目前，具有规模种植茶产业合作社 7 个，农户个人种植累计达 4500 余亩，全镇茶产业累计种植面积 2.24 万亩，其中稳定采摘面积达 1.8 万亩。如今，九阡镇茶产业已在北京马连道茶叶市场、上海金桥茶叶市场、四川成都五块茶叶市场、安吉地铺茶城、安吉溪龙白茶市场等布有销售网点，并申报注册有“云雪茗”“老树兜”等三都白茶商标。

据统计，白茶产业亩产茶青 50 千克，目前全镇茶青产量超 900 吨，市场均价 320 元 / 千克，2 千克茶青制成 500 干茶，按等级价格从 1600 ～ 3200 元 / 千克，总产值 3.6 亿元。每亩除去人工、化肥、茶苗等成本后，亩纯收入在 7000 元以上。目前，石板村的梅岭山、扬拱村的老树蔸、水各村（基寨）的生态茶园、九阡村的雅院茶园等白茶基地在春茶采摘期间，可解决临时劳动力就业 5000 余人次，采茶务工收入 1350 万元以上。

由族际婚姻带来的这项“女婿茶”产业，实实在在成了九阡镇带动地方经济发展的特色支柱产业。

同样的族际婚姻引发经济发展的事例，也发生在三都水族自治县。只是种植的是金钩藤而不是白茶。三都水族自治县都江镇坝街片区光明村李姓苗族姑娘嫁给相邻的三都水族自治县中和镇东山村姑劳三组石盼（水族）为妻。婚后夫妻俩长期在外打工，2019 年 10 月，夫妻两人回姑劳三组过水族端节后去姑娘老家光明村省亲，其间夫妻两人帮岳父母采收金钩藤。石盼了解到，金钩藤特别适宜三都水族自治县都江镇这种环境、气候条件的生长，林边地角皆可种植，当年种植，当年就有收益。在当地有商贩专门收购，并且有两种采卖方式，粗放之法是把长钩的枝条从藤干上剪下去叶、晒干，16 元 / 千克；精细之法是把金钩单钩剪下晒干，64 元 / 千克。岳父母靠种植金钩藤，收益还不错。石盼突然想到，自家山林里就有很多野生的金钩藤。于是回到东山村姑劳三组后，夫妻两人于 2019 年秋冬季节从山上将野生的金钩藤扦插到自家旱地里进行试种植，结果，2020 年即获得成功，每亩纯收益 3000 元以上。在他们夫妻两人的示范种植带动下，2021 年，东山村姑劳片区四个组推广种植金钩藤面积达到 288 亩，2022 年东山村其他村民组又有 100 多亩种植，目前全村种植约 400 亩。

金钩藤现在也是东山村最为成功的特色种植业。

5. 由篮球比赛带来一种新的交际方式

近年来，随着九阡镇白茶产业、海鲜菇产业等新兴特色产业的快速发展，加上原先的九阡李、九阡酒、板蓝根等传统特色产业的更加兴旺，九阡镇不但留住了大量的年轻劳动力在家乡就业创业，也吸引了部分外出打工者返乡创业。一时之间，九阡镇从原先的经济发展滞后的贫困乡镇一跃成为三都水族自治县特色产业发展大镇，同时也是三都水族自治县年轻人留守最多、人气最旺、社会活力四射的大型乡镇。

九阡镇辖区面积 430.7 平方千米，共辖六村一社区，户籍人口 32819 人，劳动力人口 17300 余人。近年来，以白茶产业为龙头的特色产业快速发展，九阡镇劳动力人口一改过去主要以外出打工为主的就业方式，大部分留守家乡就业创业，发展地方特色经济。以白茶产业发展为例，现在可采摘的茶园主要是石板村水梅梅玄、扬拱村兰懂、九阡村雅苑、水各村基寨等茶园基地，各茶园的日常用工人数在200人以上，在3、4月的青茶采摘旺季，每天用工人数超过3000人，采茶工人日平均收入150元，极大地提升了当地群众就近就业的劳务收入，从而吸引了一部分劳动力留守家乡就业创业。根据测算，在全部茶园达到丰产期后，所有茶园的日常用工人数将在300人以上，在青茶采摘旺季，每天各茶园的用工量将在5000人以上，将留住更多劳动力人口就近就业。

除白茶产业外，三都水族自治县九阡镇的另一项特色支柱产业是九阡李种植业。目前全镇的九阡李种植面积14000多亩，年产九阡李鲜果60多万千克，产值近4000万元。九阡李从初花、挂果到采摘的管理，要历时几个月，吸引了一大批懂技术、会管理的青壮年劳动力留守家乡创业就业。

为助力乡村产业振兴，打造美丽乡村品牌，助推九阡李产业和旅游产业化发展，充分营造欢乐、祥和、文明、喜庆的九阡新时代社会主义文化氛围。九阡镇党委、镇人民政府于2022年6月14日开启了全镇范围内的“美丽乡村李子文化”篮球联赛活动。目的是通过比赛，进一步增进各村（社区）和镇级之间的学习和交流，丰富基层干部文化体育生活，充分展现九阡镇干部职工精神风貌，全面提高职工身体素质；进一步凝聚合力、鼓舞斗志，把更高、更快、更强的体育精神融入各项工作中，运用到建设发展的实践中，为九阡镇推动各项工作高质量发展注入强劲动力。

由于办赛形式新颖，围观者众，极大地推动了当地经济文化的交往交流，更为青年男女的自由恋爱提供了一种新的社会交际途径。

九阡镇辖九阡村、月亮山村、石板村、扬拱村、水各村、水昔村、雅苑社区等6村1社区，6村1社区各组一个代表队，加上镇党委、镇人民政府的代表队，全镇共8支代表队。比赛采取主客场双循环赛制，比赛时间为每周六和每周日18:00。每周进行8场比赛，最后按联赛积分分出冠、亚、季军。

比赛活动的主题是：友谊第一、交流第二、比赛第三。

友谊第一：是说通过新农村建设和社会主义核心价值观教育，篮球运动已经成为当地干部群众所热爱的群众性体育活动，通过篮球比赛可以更加增进村寨之间的群众联谊和情感认同。

交流第二：大赛组委会规定，比赛期间，主队必须提供一到两个特色产业发展和一个民族文化建设的展板供客队学习观摩，达成主客队之间在经济文化发展上相互学习和深度交流，从而促进各村寨共同团结进步、共同繁荣发展。

比赛第三：篮球比赛只是为村寨之间的群众联谊和相互学习交流提供一个健康的平台，大家没有必要太过看重比赛成绩。

与过去单纯的男子篮球赛或女子篮球赛不同，九阡镇的“美丽乡村李子文化”篮球联赛活动，采取男女混合组队的“5V5”篮球比赛。比赛采用4节制，第一节和第三节规定每队必须男女混合参赛，且女运动员不能少于两人，第二节和第四节可以自由调配球员。

2022年8月6日，我们调研组前去调研，比赛进程已经过半，陪同我们一起调研的九阡镇人大主席石红官向我们介绍说，比赛效果出奇的好。球队打主场时，篮球场周边村寨的男女老少都会齐聚篮球场边上，聚精会神看比赛；而客队带过去的啦啦队，主要以男女青年为主，除了观看比赛外，客队啦啦队大部分时间要与主队观众进行场下互动，一些未婚青年男女便趁机观察对方，遇有心仪之人便想方设法互加微信，以便日后私下联络，建立感情。

在网络时代，互加微信是一种正常不过的情感交流手段和方式，但对九阡镇的未婚水族青年男女而言，无疑是他们交际交往的一种新途径、新突破。因为九阡镇作为水族人口分布的中心区，长期以来，未婚青年男女的社会交际一直受到严格的社会礼仪约束。除了每年一度的卯坡对歌，青年男女可以公开、大胆向对方表白外，平日青年男女的社会交际交往都必须要避开女方的父母、哥嫂，甚至包括女方家族的叔伯兄弟，私下秘密进行。待到双方感情稳定，女方认为可以向男方托付一生后，才由男方告知自己的父母请媒人到女方家说亲、提亲，若女方父母及其家族认可这门亲事，则从此以后，男孩可以在女方父母和家族的视界下活动，并主动参与女方家重要的社会生产和社交活动，以获得女方父母及其家族的认可，但女孩在结婚前仍然不能随意到男方家走动。

现在，长达两个月的篮球比赛，不但为未婚青年男女在公众场合的公开交际提供了时间与空间，也为双方父母近距离提前了解男孩女孩的个人品性提供了环境。九阡镇人大主席石红官最后向我们介绍，由于效果很好，在这届比赛结束后，九阡镇四大班子将认真总结经验，争取把比赛办成年度常态化的一项工作。

可以预见，九阡镇这种新颖的男女混合组队的“5V5”篮球比赛，在“友谊第一、交流第二、比赛第三”的主题背景下，其常态化开展，不但为全镇各民族的社会交往交流提供了一个广阔的空间，在导引和提振各民族热爱家乡、建设家乡的信心和决心方面，也为未婚青年男女寻找爱情、建立幸福美满婚姻家庭提供了新的交际途径，二者相得益彰。

（三）族际婚姻形成的文化交流与思想解放

从调研的情况看，族际婚姻形成的文化交流表现在以下方面。

（1）语言的交际

除了汉语言作为通用交际语言外，每一桩族际婚姻的建立，都会促使双方家庭相互学习对方的民族母语，以便于在日常生产生活中进行信息沟通和情感表达。族际婚姻多向流动和代际叠加，这种相互学习彼此民族语言的情况已然成为村民的一项自觉行为，使得每个村民都能熟练掌握当地的各种民族语言。以妇女交流为例，如果大家都身着汉装三五人聚在一起用民族语交流，你根本分辨不出她们到底是哪个民族。如果以苗语开始交流，大家都讲苗语；如果以水语开始交流，大家都讲水语，而她们中有人可能是苗族、有人可能是水族，甚至有人可能是汉族。这种现象在三都水族自治县城以东的三合街道和都江镇一带表现极为明显。都江镇坝街片区羊瓮村的西引里地自然寨是一个纯粹的苗族村寨，但村民除学前班以下的婴幼儿外，不论男女老少都能熟练使用水语与周边的水族交流，反之亦然。一些嫁入水族村寨的苗族姑娘，三五年之后，甚至可以非常熟练地用水语吟唱“旭早（水族双歌）”。在都江镇，嫁入苗族村寨的水族姑娘，三五年之后，不但能挥笔画蜡，制作苗族蜡染，也能在“新米节”时身着苗族盛装，参与苗族芦笙舞“踩月亮”的舞蹈。

这种由族际婚姻促成的人人都能掌握多门民族语的交际现象，不但极大地方便了大家彼此之间的信息沟通和情感交流，而且模糊了相互之间的族际边界，彼此融入。

（2）文化交流与文化互嵌

在三都水族自治县城以东的三合街道和都江镇一带，族际婚姻形成的文化交流，首先体现为妇女手工技艺的交流。当地各民族一般都擅长土布纺织，但在服饰制作上，手工技艺的差异明显。以苗族和水族为例，苗族擅长蜡染、亮布制作，水族擅长马尾绣、豆浆染制作。嫁入苗族村寨的水族姑娘，身着水族的马尾绣嫁衣，但在苗族村寨生产生活后，她们日常与男方家族做客出行则需要身着苗族的蜡染服饰，因此她们必须学会蜡染、亮布的制作技艺，返回娘家时则身着水族的马尾绣服饰；苗族姑娘嫁入水族村寨也一样，她们也需要学会马尾绣、豆浆染的制作技艺。近年来，三都水族自治县马尾绣产业、蜡染产业健康发展，一些嫁入水族村寨的苗族女性也可以制作出非常精致的马尾绣作品，而嫁入苗族村寨的水族女性也能挥笔作蜡画。

这种文化交流与文化互鉴也体现在三合街道和都江镇一带的建筑文化上。前述羊福社区排外寨的水族工匠王应胜，他的干栏式建筑技艺之所以享誉都江及其毗邻的榕江、雷山和丹寨地区，除了他的工匠技艺精湛外，他的干栏式建筑造型中有效地综合了水族的二滴水建筑、苗族的美人靠建筑和侗族的歇山式屋顶建筑等多种民族建筑文化外形的元素。这种综合性的干栏式建筑外形在体现民族风格的同时，更多地表达了其地域意义上的统一性与当地人关于建筑文化的共同价值取向。

族际婚姻引发的文化交流与文化互嵌更多地体现在对彼此文化的相互尊重与相互理解方面。除了节日文化走亲外，三都水族自治县各民族的民间礼尚往来，主要是在建房、嫁娶、丧葬等方面的相互支持与道贺。互有姻亲关系的族际之间，一族到另外一族的村寨做客，必须尊崇对方的风俗习惯，按对方的社交礼仪行事过礼。这种民间的礼尚往来所形成的文化尊重与文化理解，也促成各民族在文化人格上的相互理解与尊重，保证了文化互嵌的进一步深入。

（3）思想解放

在族内婚姻时代，不同民族由于文化价值观念不同，导致他们的世界观不同，理解自然、利用自然的思维方式和行动目标相对固化。族际婚姻打破了人们固化的思想，由族际婚姻形成的文化交流与文化互嵌，使彼此之间的交往交流更加频繁，人们思想更加活跃，也更加开放，使得整个社会生活充满活力。这在三都水族自治县表现得尤为明显。中和镇是三都水族自治县的单一水族乡镇，族际婚姻相对发生较少，与其他多民族共居、族际婚姻发生较多的乡镇相比，人们的思想明显固化，一些大姓宗族由于思想不解放，甚至无法融入当今的社会潮流。

族际婚姻最明显的特征是一个家庭由两个民族的成员组成，族际婚姻的多向性则促进了一个家族宗支或一个村寨的多元民族与多元文化构建。这种多元民族与多元文化的构建，在实际社会生产生活中，可以确保家庭、家族宗支和村寨在面临社会发展的选择时始终向好。以都江镇的水稻农耕生产为例，在传统农耕生产时代，都江镇一带的苗族主要热衷于糯稻生产，而水族、布依族地区至迟在明代中期已经逐渐接受了产量较高的水稻农业生产。我们知道，糯稻不但口感好，也耐饥饿，但产量太低，不足以养活庞大的人口增长对食物的基本需求，籼稻农业由于产量较高，则可以达成这种需求。据中华民国《三都水族自治县志略》记载，明代都江地区的苗族社会基本上以种植糯稻为主，清代开始引入籼稻种植，民国之初，糯稻与籼稻种植面积比例基本上为9:1。新中国成立以后，由于政府部门在农业科技方面的强力推广，糯稻与粘稻种植比例才开始发生明显的变化，目前糯稻与籼稻种植比例为1:9。这种变化很明显是新中国成立以后政府部门强力推广农业科技的结果，但不可否认的是，最初引入籼稻种植的倡议，应该是嫁入苗族村寨的水族姑娘、布依族姑娘按照娘家的生产方式主推的结果。

生产生活领域的另外一种变化是，过去的苗族、水族家庭一般都特别善养牛，也特别嗜养牛。但他们饲养的黄牛、水牛，除了作为农耕生产的畜力牵引力使用和祭祀用牛外，一般不作为商品牛出售。一个家庭中饲养三五成群的黄牛或水牛，平时作为家庭财富炫耀，但基本上不会出售以获取家庭的经济收入。苗族、水族家庭的妇女只专事农业生产，一般不进行商业经营。嫁入苗族、水族家庭的布依族姑娘，则打破了这种传统思想的禁锢。三都水族自治县的布依族地区，自明代中后期开始，三都各乡村的商业氛围就比较浓厚，妇女经商活跃。过去，整个三都水族自治县的苗族、水族都一样，在水稻秧苗栽插之后，所有的耕牛都要关入厩圈割草喂养，以避免敞放的牛群啃食水稻秧苗使庄稼受损。但布依族不一样，布依族家庭多数是一个家庭只饲养一头耕牛，他们认为，在水稻农业生产期间，将耕牛关入厩圈割草喂养，太牵扯家庭劳动力的精力和时间，因此，布依族家庭在完成水稻秧苗栽插之后，都会将耕牛出售，出售耕牛获得的经济收入交由家庭妇女进行商业经营，增加家庭收入。到秋季水稻农业生产收获之后，再从市场购回耕牛翻田犁地，进行秋季农业生产和次年的水稻农业生产。嫁入苗族、水族家庭的布依族姑娘，带动了苗族、水族村寨其他妇女的商业经营活动。与布依族家庭不一样的是，苗族、水族家庭并不完全出售家庭的所有耕牛，他们把主要耕牛留下关圈割草喂养，再把其余的耕牛出售以获得商业经营的原始资本，进行商业贸易。苗族、水族家庭这种保留主要耕牛不出售的模式，确保他们在秋季水稻农业生产收获之后，不需要从市场回购耕牛，有效避免了市场耕牛价格波动的影响。

族际婚姻形成的这种多元民族与多元文化构建所形成的思想解放，可以确保姓氏宗族或村寨在面对经济社会发展的新生事物、外来文化影响时，找到接受新生事物的多种方式以及与外来文化合作的多种途径。由族际婚姻形成的文化交流与文化互嵌，打破了人们的思想固化，由思想解放与文化理解形成的思维活跃，为社会交往交流交融提供了极大方便，使人民对社会发展目标非常容易达成统一，并为发展目标的实施提供综合软实力。这对我们今天构筑中华民族共有精神家园、铸牢中华民族共同体意识具有非常积极的作用。

三、建筑文化的交流与借鉴

建筑是人类文化的产物，从来不是孤立的物质体。三都水族自治县地处月亮山、雷公山地区，都柳江穿境而过，境内居住有水族、布依族、苗族、汉族、侗族、瑶族等世居民族。在世代交往交流交融中，各民族建筑文化既各具特色，又欣赏互鉴，在保留个性的同时，其共同性日益凸显，彰显了三都各民族建筑文化认同的时代特征。

（一）建筑文化交流与互鉴

1. 共同的建筑文化“母题”

毛泽东指出：“在中华民族的开化史上，有素称发达的农业和手工业，有许多伟大的思想家、科学家、发明家、政治家、军事家、文学家和艺术家，有丰富的文化典籍。鲁班是我国古代的一位出色的著名工匠家、发明家，两千多年以来，他的名字和有关他的故事，一直在广大人民群众中流传，被后世尊称为中国工匠始祖。”鲁班故事是三都水族自治县各民族民间建筑故事共同的文化“母题”。关于建房造屋，水族的《造屋歌》这样唱：

唱起了，洪荒远古，
那时候，一片光秃秃，
土坡上，未生茅草，
大地上，不见树木。
…………

没斧头，用啥砍树？
没利钻，怎么穿柱眼？
没推刨，怎么造好屋？
远祖父，日夜盘算，
进深山，伐木烧炭。
起熔炉，炭火熊熊，
铁水融，火花飞溅。
打铁具，叮叮当当，
远祖人，浑身流汗。
斧锯刨，毫光闪闪。
工具成，一片腾欢。
男人们，邀邀约约，
拿斧锯，奔上高山。
选杉树，砍做柱子，
选松树，锯做楼板。
背长绳，拉起木棒，
枋和板，扛在肩上，
上山路，茅草踩光，
运木人，浩浩荡荡。
请鲁班，前来帮忙，
量柱子，决定短长，
一根根，划好墨线，
一处处，考虑周详。
锯子锯，柱梁匀称，
养子削，义厚相当；
沾子打，成了柱眼，
推创描，平直光亮。
长柱子，立在中间，
垣柱子，摆在两旁。
用方板，穿牢柱眼，

一根根，安装停当。
问仙鸟，哪天吉利？
问鲁班，何时立房？
仙鸟说，寅天吉利，
鲁班说，卯时立房。
立房时，人人都忙。
远祖母，准备饭汤，
远祖父，拉着长绳，
后生辈，齐推木榨。
房柱子，全立稳了，
柱顶上，架起横梁。
…………

水族《造屋歌》叙述了水族远祖人建造住房的时候，没利钻穿柱眼、没推刨造好屋，怎么办？都要“请鲁班，前来帮忙”。何时立房？问鲁班。“鲁班说，卯时立房。”水族建房的整个过程都是请鲁班师祖，可见，鲁班在水族民间社会的影响力。

在苗族民间传唱的造房歌《替寨拉架》《集羊乡先》里也有关于鲁班的故事描述。鲁班故事在其他民族民间也是家喻户晓，鲁班故事“母题”文化在三都各族民间得到深入的认同。在新居落成当天，立房子的时候，都要举行祭祀仪式，祭祀鲁班。

2. 建村立寨的文化传统

（1）村庄选址的原则

三都各民族的建筑都特别注重村庄选址，人居空间选址既具有鲜明的民族特色，又有共同的地域特征。

水族：水族村寨大都坐落在低丘谷地或平坝的边缘，多依山傍水，四周喜植翠竹和李子、桃子、柑橘等果树或棕、漆等经济林木，寨内有鱼塘。水族是农耕民族，村寨大小要根据耕地面积而定，耕地集中面积大，则村寨大；耕地分散面积小，则村寨小。老寨大而新寨小。但不论是哪种类型的村寨，都要有四个有利条件才可作为选择盖屋建寨的场所：一是容易获得水源的地方；二是有建筑房屋的竹、木等材料的处所；三是靠近耕地的地方，以便耕种；四是野兽出没较少的地方。

过去，水族一直是自给自足的自然经济占主导地位，相互间的贸易往来基本上靠“赶场”的集市贸易。水族村寨没有严格的规划，因此房屋的位置布局比较自由，村寨的布局取决于地势环境。

水族选择定居地很讲究风水龙脉，“活者居其阳，死者葬其阴”。所以要选择所谓的地势开阔、风和景明的阳地作为安身立命之所。水族是一个安土重迁的民族，定居之地一旦选定，除非天灾人祸否则不轻易搬迁。他们认为祖宗选中的居住地就是一方风水宝地，一旦搬迁，就会失去原来人寿年丰、六畜兴旺的美好生活。如九阡镇扬拱片区中寨杨姓水族所居之处，村前田畎千顷，寨后雄关险峻，两侧群山怀抱，溪水环村缓流，阡陌间农人躬耕劳作，一派怡然自得的乡村风景。

苗族：苗族村寨大多在半山腰，依山为寨，依山建寨，背山面田。苗族村寨选址喜欢避阴向阳，遵循“阴打尖峰阳打坳”的原则，建房选址选应面山坳，山坳为阳地，认为只有选择这样的地方才能“钟灵毓秀”“人丁兴旺”，还讲究风水和定向采标。宅基尽可能选择背靠大青山，屋朝宽阔的山坳。苗族认为大青山是龙脉，龙脉连通宅地自然是风水宝地，屋门朝宽阔的山坳是迎接富贵扑门而来。忌屋后对着深谷和山凹风口，认为这样的地基风从背后吹，必然住不宁，睡不暖。修整地基要选择吉日，地基平整后，木匠师傅在宅基预设大门处象征性地挖几锄，烧香化纸，捋酒，杀一只红公鸡，把血沿着宅基四周滴一遍，祷告天地神灵，破土动工。三都水族自治县三合街道拉揽片区、都江镇打鱼片区、羊福片区、巫不片区苗寨基本上都遵循这样的选址原则。由于苗族人多居于高山或半高山地区，苗族村寨特别讲究房屋的横向排列，但受地形约束，一般不讲究纵向进深布局。

布依族：布依族村寨多依山傍水，翠林绿竹，环境优美。远眺山寨可见到建筑群体因地形高差而展现出不同的层次和高低错落的轮廓。

（2）村寨风景林文化

“在原始人看来，整个世界都是有生命的，花草树木也不例外。它们跟人们一样都有灵魂，从而也像对待人一样地对待它们。”这种崇拜意识至今仍在三都水族自治县各民族民间传承，村寨附近高大苍劲的古树，都会受到人们普遍的崇拜。

风水树：在水族寨子，风景林一般叫风水林。水族的自然崇拜意识传承至今，很多方面已渐趋淡化或消失，但现在的水族社会还存在着古树崇拜、石岩崇拜、井泉崇拜等现象。几乎每一个村寨附近高大苍劲的“风水树”下，都设有祭台供奉，以祈愿纳福。经历史传承，现今保留较完整的古树崇拜仪式是部分水族地区都进行的一种水语叫“韵娘”的活动，其用意在于祈求风调雨顺、五谷丰登。“韵娘”以村寨为单位，每隔一年在水历十月（农历六月）择一吉日举行。届时，每户出一人参加，由水书先生带领，参祭者抬着猪、酒、糯米饭和香蜡纸烛等来到古树下。当场杀猪，用猪肉煮成肉稀饭，捞出煮熟的肉放在簸箕里，猪头置于肉上，酒、稀饭置于一旁，然后烧纸焚香，水书先生念经祈祷。祭祀前，村寨四周路口处均插上草标封寨，严禁外人入内。祭毕，将猪下颌骨挂于大树上，众人分食供品，猪肉按参加的户数平均分配带回家。旧时，一些村寨还专门划出一块“韵娘田”，指定专人耕种，供祭祀之用。我们走访的三都水族自治县九阡镇扬拱村中寨就是非常典型的例子，霞坡村在寨子正对面，古木参天，寨子背后的绿树成荫，这些树林都是全寨的风水树，神圣不可破坏。

护寨树：在苗族寨子，风景树一般叫护寨树。护寨树是苗族图腾崇拜的产物，“护寨树”一般与村寨历史同龄，是祖先建寨时栽种；另一种情形是在过去地广人稀、人们寻找拓荒处女地的时代，人们栽树为标，树活则建寨，所以“护寨树”比村寨历史还古老。在苗族人的观念中，“护寨树”能保佑全寨百姓幸福平安，祖祖辈辈都能得到古树的庇护。一般来说，苗族村寨前后都是古木参天，那些最高最大的古树就是“护寨树”。这些“护寨树”多为枫香、楠木、红豆杉、杉木等树种。三都水族自治县都江镇羊福社区达荣村寨子口就有由千年楠木和杉树等组成的护寨林，逢年过节，苗族同胞以肉、酒、糯米饭等进行祭祀；三合街道拉揽社区排烧村排烧苗寨后山有几株古枫香树，寨上苗寨群众根据需要，自行进行祭拜，有的群众还杀猪祭之，并将猪笼割开套在树腰上，以求猪肥牛壮，五谷丰登。

这些寨前山后的树木，受到村民的严加保护，不容砍伐。风水林、护寨树既是各寨村民以独特的方式保留下来的独特风景，又与新时代生态文明理念相契合，体现了村民敬畏自然、顺应自然、保护自然的自觉实践。

（3）扫寨——群众性防火保寨的民间习俗

扫寨是三都水族自治县各民族一种集体防火保寨的民间习俗活动。特别是月亮山区和都柳江沿岸一带，其干栏式木楼建筑极易燃烧。一旦有一家发生火灾，便殃及全寨。因此，自古以来人们都有每年“扫寨”防火的祭祀仪式。在都柳江一带，“扫寨”多在秋冬时节进行。“扫寨”寓意“扫火星逐火魔”，警示各家各户男女老少注意防火、谨慎用火，避免发生火灾。都江镇羊福社区达荣寨和九阡镇扬拱村中寨现在都还保留扫寨习俗。

达荣寨每年农历三月进行扫寨，一般选择龙场天进行，“龙”性属水，而水能灭火。届时，寨子每家每户平均筹钱购买一头黄牛或一只羊做主祭品，请巫师主持仪式。巫师先按照“金、木、水、火、土”五行相生相克原理，选一个生肖带“木”的人和两个生肖带“水”的人，协助师傅开展仪式。五行相克中“水克火”，这三人的组合，寓意“大海大溪出大水”，由这三个人出寨子取一桶水来扫寨，具有五行“水克火”的巫术力量。扫寨时，生肖带“水”的那两人抬桶，由生肖带“木”的那人，率一众年轻人手持青竹叶扫帚，将桶中水洒到各家各户的火塘，象征性将家家户户的“火”灭掉。“扫寨”结束后，要派人去附近寨子的人家买新火种（象征性给对方1元钱），在祭祀场烧成大火堆，各家各户需从火堆中取新火种回家生火。

在“扫寨”仪式开始前，要派出守路人员到寨外，守住通往寨子的各个路口，在路边插上两根木棍，上面用芭茅草打上草结作为标示物，不准许任何外人进入本寨内。直到祭场发出信号已经取回新火，方可放行。

扫寨习俗事实上是三都水族自治县各民族民众为增强防火意识，让全寨各户凑钱、凑米，购买牲畜，众人一起祭祀宰杀，经巫师念咒盟约，然后每户平均分肉而食，每个人吃了这种肉，就负有防火保寨的义务、责任和集体意识。

同时，各民族在防范火灾方面有着良好的传统。设在正厅的火塘是日常就餐和宴请宾朋的场所，为保证安全用火，火塘大多制成木箱状，内盛泥土用于防火隔热。这种火塘可以有效地预防火灾的发生。日常生活中，人们的防火意识也很强，人离开家时要先把火熄灭，以冬天烤炭火，人不在时一定要用火灰把火盖住，以防意外发生。良好的安全用火意识，有效地防止了火灾事故的发生，这对确保群众财产和生命安全、维护社会稳定起到了积极的作用。

（4）水源保护与水井习俗

水是生命之源。三都各民族的村寨，在选址建村立寨时，水源是最先考虑的因素，没有水源就不会建寨，故每个村寨都会有一两口水井，饮用至今。各民族在漫长的生活中，形成了各自独特而又相似的水井习俗。

水井建筑由井底、井台、井栏、井罩、洗菜池、排水沟等构成，整个水井精致干净。其中，井罩是为保护水的清洁而建，却形成了独有的水井建筑艺术。水井是村寨公共饮用水源，故修井时整个寨子每家每户都要出力，挖井、搬石、砌井，水井建筑装饰，平均集资购买。一般水井修好后，还要立功德碑：一是公示修井人、集资人名单；二是提示人们节约用水，爱惜水源。

水井周围一般要栽种松柏、桂花、万年青等树种，寓意“水生木”，常流常青。

（二）传统房屋建材与形制

1. 水族干栏式建筑

水族传统民居多为“干栏式”建筑，全木质结构，房屋的正面二楼建有栏杆走廊，歇山式屋顶，二檐滴水，盖小青瓦，也有少数房屋盖杉树皮。一般为四排三间或六排五间，忌偶数开间。楼房多为一楼一底或分上中下三层，楼下为牲畜圈或农具间，楼上为人们日常生活场所。二楼堂屋中设有神龛、火塘，两头为卧室；顶楼设置粮仓及未婚儿女的卧室。楼梯设于房屋一端或正中，房子当阳一面搭建晒台晒谷物，或供人小憩休息。

水族“干栏式”建筑的特色是“楼上楼”建筑。一般分上下两层。下层是整个上层房屋的承重部件，根据木屋间架结构的性能，屋基只要求按地形用块石安稳柱脚即可，一般不修整屋基平面。下层柱粗，柱身榫眼用穿枋纵横连结，每排抵柱上端扣架粗大的原木作为横梁，梁与梁之间铺着垫木，俗称“楼枕”，枕上铺着宽厚的楼板，形成平整的楼面。上层屋架，一般每排为五柱四瓜或五柱六瓜。木楼为穿斗式结构，柱与柱之间用穿枋组成网络。特别是上层屋架柱脚扣枋为鱼尾式的斗角衔接，是水族木工干栏式建筑中最出色的创造。柱脚扣枋分这种鱼尾式“斗角”结构，牢牢固定了每根柱子的方位。顶上再用檩子卡住各排柱头和瓜头，各部与衔接处都是齿榫铆紧，使建筑物整体性强，十分稳固。下层的抵柱和横梁与上层排架必须对应，俗称“柱顶柱”，这使木材整体抗压的性能得到了充分的发挥。

柱顶柱，也叫脱节式结构。瓜的长度不一样，一般五柱八瓜，指每排屋架有五根柱和八个瓜由枋子连接组成。瓜的长度不同决定了房屋的“水步”差异。水步可确保屋顶雨水畅通，同时又能牢固瓦片，使屋顶跨步美观。这种建筑在九阡镇石板村的石板寨尚保存完好。九阡镇扬拱社区中寨整寨原来都是干栏式建筑，目前仍保存有 10 多栋。

有些民居因地势所限，他们往往在坡度较大的地方或水塘边建造房屋。为了增加建筑面积，水族人因地制宜，顺着山势，依山建造既牢固又别致美观的吊脚楼房。“吊脚楼”屋基大致分前后两级，前低后高，房屋靠山的一面是平屋，前半部柱长，伸至一级屋基，为前半部的楼下一层，上铺楼板成半边楼，与后半部的地基一样高。楼上及后半部分平房住人。后半部多作厨房餐室、磨坊、舂碓坊之用。前半部正间作客厅，两头为卧室。前部底楼豢养牲畜和堆放农具。这种建筑，既有“干栏式”的特点，又具有平房的功用。有些人家还在正房前半部一侧或两侧修建吊脚厢房，走廊相通。支承挑檐，高低参差，纵横呼应，结构严谨，造型雄伟，美观大方。

近百年来，也有些人家盖起了木架砖墙、泥墙的三合院、四合院的平房或楼房。改革开放以后，水族村寨涌现出一批钢筋混凝土结构的楼房。院内设有天井和走廊，装饰细木格子窗棂或铝合金门窗，加上花木扶疏，这种建筑是水族人吸收汉文化而演进的结果。

2. 苗族吊脚楼

三都苗族村寨多处于半高山、高山地带，地势不平，人们便因地制宜，在半山以上面向阳之处依山势建吊脚楼，一般为两层木构架，柱子因坡就势长短不一，廊柱大多不落地，便于廊下留出通行通道，整个房屋起支撑作用的主要是楼板层挑出的若干横梁，加上廊柱的辅助支撑作用，使得挑廊稳固地悬吊在半空。这种住宅的房屋构建全用木材，其中柱子、穿枋、檩子、板壁全用杉木，楼板大多是杉木板，因苗族习惯在大堂屋跳芦笙，为防楼板闪断，有条件的家庭的大堂屋大多铺以木质坚硬的红丝栗木板。结构上，苗族吊脚楼与水族干栏式建筑工艺相同，屋架排扇采用“穿斗式”，屋脊采用“抬梁式”，整个屋体稳定坚固。吊脚楼的优点很明显，人住在楼上通风防潮，又可防止毒蛇侵害。

3. 干栏式建筑与吊脚楼互相借鉴

都柳江干流沿岸的拉揽、打鱼、都江、坝街、羊福、巫不一带主要是汉族、水族、苗族、瑶族、侗族等交错杂居区域。因各民族居住同一地域，受地理环境的限制和影响一致。这一地带盛产杉木，所以人们采用的建材一致得益于各民族交错杂居的形成的交往交流的方便，使得人们的居住建筑互相影响、互相欣赏、互相借鉴。如都江镇羊福片区达荣苗寨、达落苗寨，过去基本上都是吊脚楼，而排外、党虾、小昔等水寨，基本上都是平地通长柱干栏式建筑，由于受水族建筑文化的影响，现在羊福地区的很多苗族村寨，也转而兴建平地通长柱干栏式建筑。都江打鱼片区打略村的打略寨是一个汉族、布依族、水族、苗族等多民族杂居的村寨，共18户人家，原来的建筑多为落地干栏式瓦房，后来受到周边苗寨的影响，重新搬到公路沿线安家后，全部改为吊脚楼建筑。

上述事例表明，这一地区各民族的建筑文化借鉴，并不是趋一和单向性的，而是双向性或多向性灵活选择借鉴，充分彰显各民族在利用地利方面的建筑文化智慧。

（三）传统建筑的室内功能布局

1．“干栏式”建筑

水族的“干栏式”建筑，内部一般分为三层，楼板以下为底层，楼板以上为楼层，中间层为主要的居住层。从使用情况来看，底层主要喂养牲口、置放农具、设置厨房和碓房；顶楼通风干燥，多做贮藏室，若家中人口多，未婚儿女的卧室也设在这一层；中间层是住宅的主要空间，以五间房最常见，少则三间，多则七间或九间。明间为堂屋，家庭的主要活动在此进行，明间正对大门的墙壁上供有祖先牌位，俗称“神龛”，其余次间是家长及家庭主要成员的卧室，并留出一间用以设置火堂。布局上，水族的民居基本上以堂屋为中心向四周辐射，鲜明地体现了水族家庭的亲和力和向心力。

2．吊脚楼

苗族吊脚楼一般以三间四立帖或三间两偏厦为基础，通常分为三层，底层用作家畜和家禽的栏圈、搁置农具杂物等；中层住人，正中间为堂屋，堂屋两侧的立帖要加柱，楼板加厚。因为这是家庭的主要活动空间，也是宴会宾客、笙歌舞蹈的场所。三楼多作为妇女织布或堆放杂物。如果人口多，也会装隔出住人的卧室。厨房安置在偏厦里。建筑的空间分割组合，以祖宗圣灵神龛所在的房间为核心，再向外延伸辐射。家庭成员在这样的空间组合下生活，无形中便被祖宗圣灵所在的堂屋的空间引力所凝聚，从而为家庭的团结增强了亲和力。大多数吊脚楼在二楼地基外架上悬空的走廊，作为进出大门的通道。堂屋外的悬空走廊上安装有独特的S形曲栏靠椅，因为姑娘们常在此挑花刺绣，向外展示风姿，民间称作“美人靠”。“美人靠”

也是家人劳累后休闲小憩、纳凉观景、讲述故事、吟唱歌谣的多功能凉台。

（四）粮仓与禾晾建筑

1. 粮仓

粮仓是储存粮食的建筑。在都柳江流域和月亮山地区，出于防火的需要，人们一般都选择于远离村庄且靠近水源的地方建设独立的单体粮仓，这种粮仓建筑往往与传统的干栏式相配套。在三都水族自治县，现在这种单体粮仓多见于都江镇、三合街道、中和镇、九阡镇的月亮山腹地。其中，以九阡镇石板寨村、扬拱村的水上粮仓最具特色，至今仍保留着大量的“水上粮仓”建筑。这些粮仓建在村寨的水塘中，为全木结构，底部立在露出水面的石墩上，把木质粮食仓库科学地修建在池塘之中，既防火，又防鼠和虫蚁；池塘中还养鱼、养鹅、养鸭，立体空间充分利用，一举多得。每个粮仓高 3.5 ～ 4.0 米，面积 10 ～ 25 平方米不等，可储粮 2500 ～ 5000 千克，由四根或六根仓柱支撑，仓底距离水面约 1 米，屋顶用青瓦加盖。这种古朴的建筑、精妙的设计，既是水族农耕文化的一个重要标志，又是历史与现实的一种完美结合。

三合街道拉揽片区排烧苗寨，民居 300 余栋，在鳞次栉比、层层相叠的吊脚楼间，也点缀着许多古老的粮仓。据统计，目前排烧苗寨共有 81 座粮仓，这些粮仓都是穿斗式的吊脚楼，每间仓库约 250 平方米，可以存放 5000 千克以上的谷物。其中，一排粮仓沿路修建，形成一道靓丽的风景，这些粮仓古色古香，与周围的吊脚楼相映成趣。

三合街道拉揽片区高寨村的百里寨，亦有 7 座粮仓，这些粮仓建筑独具特色，呈楼上楼格局。粮仓地占地面积一般为 20 平方米左右。下层是 6 棵合抱粗的抵柱，两棵并一排，合为三排，柱身榫眼用穿枋纵横连结，形成稳固的长方体构架，架高 2 米左右的柱脚各垫上打磨精细的圆石墩，石墩高 1 尺（合 33.3 厘米）许。建设时，构架立好之后，在每棵柱顶套上打磨好的圆石板，石板中间打圆孔，厚约 3 厘米，直径 1.5 米左右。每排抵柱上端扣架粗大的原木作为横梁，梁与梁之间铺着垫木，枕上再铺着宽厚的楼板形成一个楼上楼的平面，再依次立上仓排，一般为三排，厚木板顺槽横装，顶上盖瓦即成。仓门也比较别致，即门两边各竖立安上檩子，檩子穿眼，扣上一宽 10 厘米、厚 3 厘米左右的枋子将门抵住。扣的时候，两边穿眼塞上木榫，用木槌子敲紧，便是所谓的上锁。开仓的时候，又用木槌子将木榫退回来。

水上粮仓和楼上楼粮仓的功能、作用基本一样，但外观美感各具特色。单体粮仓建筑传统上是都柳江流域和月亮山地区各民族共有的建筑附属文化，现在一些地方之所以消失了，是因为后来的砖混民居建筑提供了极大的防火便利，人们储粮于住屋也更加方便。

2. 禾晾

禾晾是用来晾晒摘糯稻谷的一种简易木建筑，一般建于寨边，高 4 ～ 5 米。先以两根通直的大木杆建成禾晾的大木架，大木架上下两端以穿枋连接，下端埋入土中固定，穿枋中间横穿着一二十根由圆木组成的可以活动的桁条，禾晾的顶部用杉木皮搭成人字形顶盖。这种建筑过去遍布都柳江流域和月亮山地区的各个村寨，随着摘糯种植面积急剧缩减，禾晾在很多地方已经逐渐退出了人们的生产生活领域。在三都水族自治县，目前禾晾仅存于都江镇坝街片区坝辉村的坝辉水寨、羊翁水寨、里高水寨、里地苗寨，羊福片区的羊福水寨、达落苗寨、达荣苗寨、排外水寨和巫不片区怎雅瑶寨、高尧苗寨等。

（五）传统公共建筑文化

三都水族自治县各民族传统公共建筑，既是展示传统文化的重要活动场所，又是促进各民族交往交流交融的重要活动阵地。

1. 赛马坡——民族交往的场所

自古以来，“端节”赛马一直是水族重要的节日风俗。水族喜欢将赛马场选定在村寨野外的山坡上，人们称端节赛马场为“端坡”，也称“马坡”。“马坡”一般由同一端节的各村寨寨老共同商议确定。设立马坡的寨子，一般选好一个有利于观看赛马的小山坡，在小山坡下面挖开一条宽 5 ～ 10 米、长约 50 米的平直马道，然后再开挖一段爬坡道。各个赛马场的马坡赛道坡度和长短不一，一般坡度为 35 ～ 45 度，长度 100 ～ 200 米。爬坡道的宽度十分狭窄，通常是三米左右。整个赛马场地形成了以直道、上坡、弯道、下坡为一体的赛道。水族赛马的基本规则是，每位选手从起点快速跑完直道，到达爬坡赛道的顶端，接着跑完一个转弯坡道。

水族赛马不配马鞍，人裸骑于马背上，也没有比赛的性质，选手们可以三五成群自由组合驰骋，但每一轮须沿马坡赛道完成二圈或三圈的循环路程。水族的这种端坡赛马，也叫“跑马”，主要体现水族男青年的英武豪气和人们节日期间的欢乐气氛，跑马过程中还可以随时换人但不能换马。

过端节的各个水族村寨，一般都修有端坡，作为全寨公共文化活动场所，有些则是共同过端节的几个村寨共建一个马坡。赛马坡一年中只在端节那天使用一次，平时闲置，但不允许私人生产耕种。

水族端节于2006年6月被国务院列为国家级非物质文化遗产名录。端节主要内容包括宗族内部祭祀和端坡赛马，而端坡赛马则是水族人民欢庆佳节的高潮，也是水族人民庆祝“端节”最重要的方式之一。水族端节被列入非物质文化遗产名录，不仅是国家对民族传统文化的保护与传承，更是对传统水族赛马文化价值的一种认可，同时也对促进民间赛马文化的发展起到了积极的促进作用，因此水族端节赛马正以它独特的民族特色被越来越多的人所熟知。

通过赛马活动，民族的认同感不仅可以提升民族个体之间的相互联系、相互合作、相互帮助、相互融合，还可以增强民族凝聚力，促进民族事务健康有序发展。它是民族凝聚力的前提与表现，民族强大的凝聚力来源于民族的认同。水族“端节”赛马的全民参与性正是这种认同的具体表现。民间赛马参与的群众广泛，各村寨初一早晨在家祭祖后，男女老少都穿上新衣，妇女更是精心打扮，相约来到端坡。而在赛马场里举行的赛马比赛要精心筹备，在比赛的前几天，赛马委员会在县城人流密集的地方张贴海报，通知比赛的时间、地点及竞赛的项目，参赛人员扩展到贵州省各地（州、市）、各县（市、区）及省外特邀代表队。到比赛当天，邻近乡镇的男女老少都穿着崭新的衣服，纷纷来到赛马场。有些较远的地方，天还没亮人们就赶来，有的骑着马来，有的走路赶来。赛马场里人山人海，比赛时赛马场里的欢呼声、马蹄声，热闹非凡。这不仅增强了水族人民的交际能力，增强了民族的凝聚力，同时也传承着水族的传统民族文化。赛马场更是增进各民族交往的重要场所。

2. 斗牛场——民族交流的空间

“斗牛”是月亮山地区苗族、侗族、布依族、水族、瑶族等民族开展的水牯牛以角相抵争斗论胜负的活动。斗牛活动在三都水族自治县具有广泛的群众基础和巨大的市场潜力，同时也是推动三都农、文、旅等产业联动发展的有力抓手，有着深厚的文化底蕴，是三都水族自治县最具特色的一项文化活动，现在它已经成为促进各民族经济交往、文化交流、民族交融的重要活动。

现在三都水族自治县各民族村寨得斗牛场很多，各苗族村寨都有斗牛场，其中排烧苗寨、高尧苗寨、盖赖苗寨等的斗牛场是建村立寨伊始就修建的传统斗牛场，高硐村、苗龙村、排月村等的斗牛场是新时代文化旅游开发背景下才修建的斗牛场。据了解，现在各村寨在传统节庆日都要举行开放的斗牛比赛，举办斗牛的村寨以民间的方式发放海报，邀请周边拉牛参赛。比如，苗龙斗牛场（三都鑫斗牛场）定期举办“中国•三都鑫斗牛场猛牛争霸赛”，来自省内外的名牛闪亮登场，规模巨大，场面热烈。和芦笙场一样，斗牛场也是展现民族文化的“大窗口”，届时，各族群众都以斗牛场为中心，来自四面八方，载歌载舞，观看斗牛，其乐融融。斗牛活动在拥有广泛群众基础和文化认同的基础上，进一步为弘扬民族优秀传统文化，增强文化自信，促进民族团结进步起到了积极的作用。

斗牛活动已经成为三都水族自治县民族文化和群众文化生活的重要内容，是促进各民族广泛交往全面交流深度交融的重要方式。三都水族自治县充分利用斗牛活动，推动经济发展、促进民族团结和社会和谐，铸牢中华民族共同体意识。

3. 芦笙场——民族交融的舞台

芦笙场是苗族节日集会、纵舞扬歌的重要场所，也是展现苗族人性格、心理特征、风俗习尚、伦理道德等文化形态的“大窗口”。现在，芦笙场作为苗族人民重要的文化活动场地，无论是过去或现在，都具有不可替代的社会功用和价值，那就是为各族群众提供人际交往平台，拓展各民族交往交流空间，促进各民族共同团结奋斗、共同繁荣发展，推进各民族交融。

三合街道拉揽片区排烧苗寨原来的芦笙场就设在寨子中心的嘎往党呆，每逢吃新节、鼓藏节、丧葬等重要活动，均在此举行芦笙舞蹈表演，后因场地小才改到现在的学校操场开展，以拓展各民族交往交流交融的空间。每逢节庆或重要活动，都会邀请周边民族村寨参加。2019 年，排烧苗寨吃新节，通过发海报邀请，来自三都高硐、排月、苗龙、排招、排偷、巫烂、盖赖、排怪、高尧等苗寨以及榕江摆贝苗寨等近 20 支芦笙队伍参加活动，另外还特别邀请隔壁的小寨水族同胞参加。小寨水族同胞组织了芦笙舞蹈“猴鼓舞”参加“跳月”表演，共庆佳节。

芦笙场基本上每个村寨都有一个，也有几个村寨共用一个芦笙场，或者同一服饰和方言的地区共有一个大芦笙场。多寨公共芦笙场，如都江镇打鱼片区打略村芦笙场是各村寨共建共享共用的芦笙场，逢年过节，周边的苗寨都到此跳芦笙，同时邀请全县各村寨芦笙队来助阵热闹。

目前，最富民族交往交流交融代表性的芦笙场是普安镇高硐村芦笙场和都江镇怎雷村的芦笙场。其中，怎雷村全村居民共221户，有水、苗两种民族，水族占65%，苗族占35%。芦笙场共用，逢年过节，水族芦笙、苗族芦笙共舞，水族、苗族同胞和睦相处，民族团结，成为各民族共舞新时代的民族文化广场。

（六）文化互鉴与工匠交流

1. 共有的上梁文化习俗

调查发现，三都各民族的传统木房民居建筑都有上大梁的习俗，起新房必须举行上梁仪式。

（1）水族

水族人认为，人要有脊梁才能够昂首挺胸，干栏式建筑要有房梁才能够巍然屹立。房梁在水族人心目中的地位十分神圣。建房时，上梁是头等大事。首先要对作为房梁的原木作精挑细选。大小适中，结疤少而直的原木是首选。房梁的原木还讲究两端的直径要几乎一样，不能用一头粗一头细首尾不一的木材作房梁。上梁的时辰更是要严格推定，上梁当天还要举行隆重的庆贺仪式。上梁前，要用一块正方形的大红布对角包裹房梁的正中央，有条件的家庭还要用薄片状的白银包裹在其中，象征吉祥如意。水族民间认为白银能够驱魔逐怪，有避邪的作用。上梁之日，全村人都来帮忙，大梁安装稳妥之后，主人还要用一匹一丈多长的青布从大梁上垂挂下来，象征新房能够让一家人和睦相处，福泽绵长。上梁毕，有的还从房梁上往下洒梁粑，并准备几大箩糯米饭供人任意取食。上梁的当天，主人家杀猪大宴宾朋。

（2）苗族

苗族人也很注重上大梁仪式。起新房当天，请舅家来上梁，梁木也由舅家送来。大梁一般为杉木且需要涂上色，中间用红绸布包裹。梁木抬到主人家后，木匠师傅按需要尺寸开好梁口，主人家穿上新长衣，戴上头帕，在师傅开梁口的时候，背对师傅开梁口处，将衣服摞卷接住梁口的木屑，把木屑、纸钱、红香一起用红布包裹在梁中央，然后钉上梁刨。上梁时，两边架楼梯上梁，主家人上左边楼梯，舅家人（客人）上右边楼梯。一般一边三五人，用绳子捆住梁木两头往上拉，在这一过程中，主、客两方的人要唱上梁歌，上一步楼梯唱一句。梁木安好后，双方一边选一人在梁木的两头对着划拳、喝酒，寄言新房建成后主人家从此兴旺发达、富贵齐全，然后从梁上往下撒糍粑、钱、糖果。大人小孩蜂拥哄抢，欢声一片，满堂喜庆。

三都水族自治县境内的其他民族也有自己上大梁的习俗，上大梁是各民族起新房共有的文化习俗。现在，砖混建筑虽然没有了上大梁的环节，但“撒梁粑”习俗仍然为不同民族所传承。

2. 美人靠的相互借鉴

“美人靠”过去主要是苗族建筑的装饰，在吊脚楼二楼正中堂屋外侧宽敞明亮的悬空走廊上，安装有独特的S形的长方形靠背栏杆，这些靠背栏杆的设置十分讲究，它由几十根向外隆出的弯月形小木条等距离排列而成，木条上端固定在一根较长的方形横木上，下端固定在一条宽型的坐凳上。坐凳之下，由平板精装与楼板连接，形成一个木制阳台，精致美观。整个“美人靠”宽敞明亮、舒适，既可凭高远眺，又可休息聚会。苗族美人靠，是男婚女嫁、迎来送往出入必经的地方。男人新娶，新娘必从美人靠走过进入堂屋，拜祀祖先后，才进入洞房；女儿出嫁，必从堂屋经过美人靠走出去嫁到男方家。逢年过节，亲朋好友在此聚会宴饮，酒足饭饱后，随手拿起板凳跳板凳舞。苗族美人靠不仅仅是建筑技术，更是生活艺术，是先辈们用辛勤和智慧谱写的凝固的乐章。

美人靠建筑装饰，现在也流行于水族村寨。三都水族自治县都江镇的坝街、羊福、巫不、打鱼一带和三合街道办拉揽一带的水族寨子的吊脚楼，大都安有美人靠。如都江镇坝辉水寨、羊翁水寨、里搞水寨、里古水寨等的吊脚楼建筑，一般都修有美人靠。美人靠已经成为族际之间互相借鉴，彼此欣赏的共同建筑艺术。

3. 建筑雕饰点缀互赏

水族民居建筑的门、窗、梁、柱、隔断、神龛等处大都用各式各样的浅浮雕、深浮雕的木雕部件进行点缀，图案大多是表现当地人民现实生活的画卷，或耕种、收获、纺纱、织布、狩猎、捕鱼等方面，或飞禽走兽如蝙蝠、鸟、凤凰、牛马、猪、鸡、鹅、鸭、鱼以及花卉瓜果等，也有当地群众喜闻乐见的吉祥图案，如“吉庆有余”“五谷丰登”“平安如意”“龙凤呈祥”和“福”“禄”“寿”“喜”等。这些图案以象征或寓意的手法，或用谐音比拟的手法，表达人们追求美好生活的愿望。如鱼作为图腾物，鱼托葫芦的图案便清楚地反映了水族祈求子孙繁衍的心愿。苗族建筑也与水族一样，门、窗、栏杆等上面都喜欢雕上鸟、凤凰、鱼、龙等，并在屋顶两端悬挂木制的鱼，鱼在苗族风俗习惯中亦表示多子多福之意。近年来，苗族建筑喜欢在房顶上置放两只相向的土陶鸽子，表示吉祥如意。

4. 建房全程互助互帮

三都各民族在修建房屋过程中，都有一个很好的传统，即协力互助。

（1）水族

水族村寨一直以来都有建房互助帮工的传统。特别是在伐木、运输、排扇拼接和立房上梁盖顶时，全村劳力主动帮工，甚至家里没有成人男劳力的，妇女孩子也来参加辅助劳动。立房那天，村里前来协助帮忙的人同心协力，立柱抬梁，穿枋斗榫，用很短的时间便可盖好一栋木楼，房主人则依惯俗备宴，招待参加立房的人们。

（2）苗族

苗族村寨修建房屋，自挖地基开始到发墨、砍柱、抬柱、排扇、穿方、立房、盖瓦的整个建房过程，都是靠寨上父老乡亲及周边亲朋好友的帮助完成。特别是立房的时候，全寨男女老少都来帮忙，新居落成后，主人家杀猪宴请大家。苗家的建房过程，是互相帮助的过程，是团结奋进的过程。

5. 民间工匠交往不断深入

随着时代的进步、社会的发展，三都各民族建筑木匠交往不断深入。既有民族内部的交往，又有民族之间的交往。以前，主要是一个木匠师傅带一个徒弟开展建房活动，相对比较保守。现在是寨内所有木匠抱团开展建房活动，有请建房的大家邀约一起，集中力量修建一栋房屋，既节约时间，又集中智慧，修的房屋更完美。比如，都江镇打鱼片区来术苗寨、盖赖苗寨、三合街道办拉揽片区高寨苗寨的木匠们，很早就组织团队建房，分别到周边寨子给人建房，甚至到九阡水族各寨子修建。民族之间木匠的交往也在不断深入，如三合街道拉揽片区排烧大寨（苗寨）的木匠和排烧小寨（水族）的木匠经常联合建房。同时，也有民间掌墨师相互交流的，如排烧苗寨吴祖书到排烧小寨（水寨）掌墨建房三架，到懂术、拉揽等其他水族村寨起房六架；排烧小寨（水寨）蒙新全到大寨（苗寨）掌墨起房两架，其中一架是 2021 年 10 月 6 日为罗正全家掌墨立房。都江镇羊福片区排外水寨木匠王应胜，今年 60 岁，是当地整个片区享有盛名的木匠，因其木匠手艺好为人好，整个片区无论水寨、苗寨都请他打房架。据说，雷山西江千户苗寨很多吊脚楼都是他做掌墨师。

（七）建筑文化变迁

1. 对传统建筑文化符号的取舍

在新农村建设的不断推进中，根据需要，新式建筑对传统建筑文化符号有所取舍。一是砖房逐步取代木楼。木楼建筑是三都各民族村寨最为典型的文化符号，因时代变化，社会发展需要，很多村寨都选建砖房，木房子建筑逐渐减少。比较明显的是九阡镇扬拱村中寨，原来是 120 多栋干栏式木楼房屋，现在基本上已被砖房所取代。据了解，全寨中杨胜海家建砖房最早，主要原因是其外出务工见过世面，认为砖房比木楼好住，既方便，又防火。之后，寨子上陆续拆木房、修砖房，现在木楼尚保留有 20 余栋。二是火塘逐渐消失。火塘是各民族村寨建筑的象征性符号，特别是苗族村寨，因为苗族村寨祭祀基本上在火塘边进行，故都设有火塘，除就餐取暖之外，主要是祭祀。现因建筑功用变化，室内功能也在发生变化，很多建筑都不设置火塘了。三是木楼梯逐渐减少。因地势及建筑情况，以前进屋基本上都要走木楼梯，因为楼梯是主要的通道，现因建筑形制及材料变化，梯子基本上都用水泥坎取代。

2. 室内功能布局的变化对比

随着时代的发展、生活方式的变化，三都各民族民居室内功能也随之变化。

（1）“上人下畜”大革除

原来的三层干栏式建筑或吊脚楼，一般底楼关牲口、鸡鸭，二楼住人，三楼堆放杂物、粮食。居住砖房的住户，基本上都从底楼住起。居住木楼的，则改变居住模式，即一楼主要用于生活，二楼住人，三楼作客房。在都江镇羊福片区调查时我们了解到，产生这种变化的原因主要有：一是现在外出务工人员居多，在家务农人员少，种田人少，且种田基本上用犁田机，故基本上不养牛马等牲口了；二是大多农户都选择一楼建砖房，二楼打地平之后立吊脚楼的模式，在一楼修建厨房，底楼作为生活用房，比较方便。因此，“上人下畜”的传统居住方式基本上已自然消失。

（2）居室条件大改善

新式砖混建筑的居住空间宽敞，光线明亮，居室条件得到改善和提升。明间仍为堂屋，是家庭主要的活动场所，也是看电视、接待客人的重要场所。正对大门的墙壁上仍供有祖先牌位，其余次间是家庭成员的卧室。苗寨的明间除了以上功能之外，还是议事和跳芦笙舞的重要场所。

（3）盥洗卫生大改观

通过新农村建设、脱贫攻坚“三改”“五改”的推进，农村人居环境卫生得到改善，人们的生活习惯也随之发生了变化。特别是盥洗卫生方面，基本上改变了原来旱厕的习惯，每家农户都修建有水冲式盥洗、卫生间，卫生环境得到了明显改变。

（4）感恩教育氛围浓

基层党组织和驻村工作队通过脱贫攻坚工作入户宣传“不忘初心、牢记使命”的主题教育和党史学习教育，让党的富民政策家喻户晓，引导党员群众感党恩、听党话、跟党走。各民族村寨感恩教育氛围浓厚，如都江镇羊福片区达荣苗寨和羊福水寨、巫不社区怎雅村，九阡镇石板寨、扬拱村中寨等家家户户都在堂屋的墙壁上悬挂伟人像，凸显了各民族新式建筑与感恩教育的联系。

3. 建筑文化的需求和建筑文化公共符号

在乡村振兴新时代背景下，新农村对建筑文化的需求、建筑文化公共符号都有极大的改观。一是各民族认同的文化符号。比如，木楼建筑，特别是吊脚楼、干栏建筑就是各民族认同度较高的建筑文化符号。二是雅俗共赏的文化事项。比如，美人靠既美观，艺术价值又高，是各族群众喜爱的一种文化事项。三是传统与现代相结合的文化表征。比如，砖房与木房相结合、铝合金与吊脚楼相结合。

4. 民居建筑从民族性走向区域性，对构筑中华民族共有精神家园的作用

调查发现，三都水族自治县月亮山区及都柳江流域地区各民族建筑文化发展，

呈现出民居建筑从民族性走向区域性变迁趋势，这对我们构筑中华民族共有精神家园具有非常积极的作用。

（1）增强民族文化自信

习近平总书记指出：“各族文化交相辉映，中华文化历久弥新，这是今天我们强大文化自信的根源。”文化自信从根本上讲是一种自觉的文化认知和认同。三都水族自治县建筑文化发展是各民族优秀传统建筑文化的智慧结晶，是中华优秀传统文化的一部分，弘扬优秀建筑文化，有利于增强各民族的文化认同，进一步增强民族文化自信。

（2）促进文化传承发展

习近平总书记在党的二十大报告中指出：“推进文化自信自强，铸就社会主义文化新辉煌。”三都各民族建筑文化借助交流互鉴的平台得以传承，在交流互鉴中互相欣赏、彼此吸收，从而推动优秀传统建筑文化实现“创造性转化，创新性发展”，为“铸就社会主义文化新辉煌”贡献力量。

（3）增进民族团结进步

习近平总书记在党的二十大报告中指出：“传承中华优秀传统文化，满足人民日益增长的精神文化需求，巩固全党全国各族人民团结奋斗的共同思想基础。”建筑活动及其建筑礼仪，为各民族群众提供广泛的交往交流的平台，各民族在这种建筑活动中不但物质上互相帮助，情感上相互交流，并引导建筑文化从民族性向区域性发展，从而增进各民族共同团结奋斗，共同繁荣发展。

（4）构筑共有精神家园

习近平总书记在全国民族团结进步表彰大会上强调：“各民族在文化上要相互尊重、相互欣赏，相互学习、相互借鉴。在各族群众中加强社会主义核心价值观教育，牢固树立正确的祖国观、民族观、文化观、历史观，对构筑各民族共有精神家园、铸牢中华民族共同体意识至关重要。”三都各民族在建筑活动和建筑文化交往中构建了“我中有你、你中有我”的群众基础和现实基础，为我们以社会主义核心价值观为引领，加快民居建筑从民族性走向区域性发展，构筑各民族共有精神家园，提供了坚实的社会人文基础。

四、节庆交往与文化走亲

中共中央办公厅、国务院办公厅印发的《关于实施中华优秀传统文化传承发展工程的意见》中指出，深入开展“我们的节日”主题活动，实施中国传统节日振兴工程，丰富传统节日文化内涵。

近年来，一些民族地区的文化实践表明，借助各民族优秀传统文化资源，一定区域内的民族传统节日已然成为同一区域多民族交往交流的重要文化空间。传统节日的形成过程，是一个民族或国家的历史文化长期积淀凝聚的结果。作为非物质文化遗产的一部分，传统节日既是人性和个性的，又是乡土和民族的；同时也体现人类对世界的理解和心灵的追求，蕴含着人的智慧与创造力。各民族传统节日的起源古老，具有内容丰富、形式多样，重伦理观念和礼节仪式，讲究节日饮食的特点。根据节日的类型可分为农事节日、祭祀节日、庆贺节日、娱乐节日等。中华文明源远流长，传统节日是其中的重要组成部分，它们代表着特定时代人们的思想智慧，寄托着无数美好的愿望，已积淀成中华民族的精神符号。

在三都水族自治县世居的各民族之中，每个民族都有属于自己独特的风俗习惯、文化传承、民间信仰、生存方式等，文化呈现出多元性与多样性的特征。丰富多彩的民族节日，绚丽多姿的民族歌舞，特色鲜明的民族建筑，精华荟萃的历史文物，精美繁多的民族民间工艺，艳丽缤纷的民族服饰，风味独特的民族食品……这些得天独厚、别具特色的具有较高文化内涵的民族民间文化，蕴藏着绵延数千年的文化奥秘，构成了极为丰富、最具魅力的民族文化资源。三都水族自治县世居少数民族传统节日，是三都少数民族人民生活的一大特色，这些民族传统节日源远流长，与少数民族人民的生活、劳动密切相关。三都水族自治县各民族的节日，在不同程度上反映了他们的生产和生活方式、历史传统和心理感情，是各民族在很长历史时期中形成的文化积淀。

（一）三都水族自治县各民族节日文化活动开展情况

三都水族自治县位于黔南南部，地处月亮山、雷公山之间，居住着水族、汉族、苗族、布依族、瑶族、侗族、彝族等7个世居民族，总人口38.1万人，其中少数民族人口占全县总人口的97.4%，水族人口占总人口的67%。水族、苗族、布依族、汉族、瑶族、侗族、彝族等民族节日相互渗透，形成全县的地方节日文化特点，除了各民族自己的传统年节外，近年来大多数地区已与汉族一样，过春节。此外，清明、端午、中元（七月十五）、中秋等节日，也为许多少数民族所接受，这是在民族大杂居、小聚居的地理环境中，民族习俗与文化相互渗透的象征。

1. 各民族节日开展现状

三都水族自治县2022年民族节日表如下。

时间		节日名称	过节民族	主要过节地区
农历	水历			
正月一日	五月一日	春节	各民族	全县各地区
正月十五日	五月十五日	元宵节	各民族	全县各地区
三月五日	七月五日	清明节	各民族	全县各地区
三月十六日	七月十六日	粽粑节	苗族	咕噜、排烧、排怪、盖欶、柳排
四月八日	八月八日	粽粑节	苗族	甲雄、羊福、怎雷、坝街、交德
		四月八	布依族	周覃、九阡布依寨
四月九日	八月九日	粽粑节	水族	羊福、怎雷、丰柳、交德
四月十五日	八月十五日	粽粑节	水族	都江坝街
五月五日	九月五日	端午节	各民族	全县水族地区
六月二日	十月二日	卯节	水族	九阡、母改、板高
六月三日	十月三日	卯节	水族	九阡、水各、周覃、水备等地
六月六日	十月六日	六月半	布依族	周覃、九阡
六月十四日	十月十四日	六月半	水族	九阡水龙寨
七月十三日	十一月十三日	七月半	水族	全县水族地区

续表

<table>
<tr><th colspan="2">时间</th><th rowspan="2">节日名称</th><th rowspan="2">过节民族</th><th rowspan="2">主要过节地区</th></tr>
<tr><th>农历</th><th>水历</th></tr>
<tr><td rowspan="2">七月十四日</td><td rowspan="2">十一月十四日</td><td>七月半</td><td>布依族、苗族、汉族、瑶族、侗族</td><td>全县各相关民族地区</td></tr>
<tr><td>吃新节</td><td>苗族</td><td>普安阳基等地</td></tr>
<tr><td>八月十二日</td><td>十二月十二日</td><td>第一端节</td><td>水族</td><td>丰乐和套头</td></tr>
<tr><td>八月十五日</td><td>十二月十五日</td><td>中秋节</td><td>各民族</td><td>全县各地区</td></tr>
<tr><td>八月二十四日</td><td>十二月二十四日</td><td>第二端节</td><td>水族</td><td>水东、拉佑、苗草</td></tr>
<tr><td>八月二十九日</td><td>十二月二十九日</td><td>吃新节</td><td>苗族</td><td>交梨、阳东</td></tr>
<tr><td>九月一日</td><td>一月一日</td><td>吃新节</td><td>苗族</td><td>交梨、高洞</td></tr>
<tr><td rowspan="2">九月六日</td><td rowspan="2">一月六日</td><td>吃新节</td><td>苗族</td><td>交梨、排月、野记</td></tr>
<tr><td>第三端节</td><td>水族</td><td>水龙、延牌、恒丰、安塘、水维、独寨、庞寨、下岳、阳猛</td></tr>
<tr><td>九月九日</td><td>一月九日</td><td>吃新节</td><td>苗族</td><td>普安、重阳、羊吾</td></tr>
<tr><td>九月十一日</td><td>一月十一日</td><td>吃新节</td><td>苗族</td><td>拉揽、排烧、打鱼、高寨、盖敕</td></tr>
<tr><td>九月十三日</td><td>一月十三日</td><td>第四端节</td><td>水族</td><td>塘洲、交梨</td></tr>
<tr><td>九月十八日</td><td>一月十八日</td><td>第五端节</td><td>水族</td><td>三洞、中和、地祥、坝街、羊福</td></tr>
<tr><td>九月二十六日</td><td>一月二十六日</td><td>第六端节</td><td>水族</td><td>牛场、龙台、行偿、三纳</td></tr>
<tr><td>十月一日</td><td>二月一日</td><td>第七端节</td><td>水族</td><td>九阡水昂</td></tr>
<tr><td>腊月一日</td><td>四月一日</td><td>小年节</td><td>布依族</td><td>周覃九阡</td></tr>
<tr><td>腊月四日</td><td>四月四日</td><td>苏宁喜</td><td>水族</td><td>河勇</td></tr>
</table>

（三都水族自治县水族文化研究院提供）

（1）水族

从上表中可以看出，三都水族自治县水族过的节日大致有春节、元宵节、清明节、粽粑节、端午节、卯节、六月半、七月半、端节、苏宁喜节，其中卯节、六月半、端节、苏宁喜节是水族独有的传统节日。

端节是水族人民一年一度最为隆重、最为盛大的民族节日之一，也是县境除九阡镇之外大部分水族人的年节，更是人们庆祝五谷丰登、祈求国泰民安、辞旧迎新、亲友团聚的农业丰收节。端节的特点是不同姓氏宗支的水族，依据所聚居的地域分批分期依次过节，前后共分七批次。每年过端节的日期必须根据水书习俗来推算，水历和农历一样，一年分12个月，以农历九月为岁首，八月为岁末。水历十二月（农历八月）至水历新年二月（农历十月）期间，以亥日为端节，亦有以午、未、申、酉、戌日为端节的节期。按古老惯例，第一个端为都匀市归兰水族乡的农历八月亥日（头亥）套头端；第二个端是三都水东、拉佑的农历八月亥日（尾亥）端，第三个端是三都廷牌农历九月亥日（水历新年头亥）端，第四个端是塘州农历九月午日端；第五个端是三洞农历九月亥日（第二亥）端，第六个端是牛场农历九月未日端，第七个端是水昂端。前后共49天，节日持续时间之长，堪称世界之最，因此，水族端节被称为“世界最长的民族民间传统节日”。2006年，水族端节被列入首批国家非物质文化遗产名录。端节之前，家家洒扫庭院，居室内外收拾得干干净净。节日的前一天，过节的村寨敲响铜鼓，辞旧迎新。端节要忌荤以素席祭祖，以鱼为至珍祭品，鱼包韭菜是传统的供馔。祭祖除食品、酒水之外，还将锄犁和镰刀等生产工具摆上，借以启迪后裔继往开来，靠劳动去开拓幸福。节日里家家户户要开田捉稻花鱼、杀猪宰牛，备好新谷糯米，隆重庆贺水稻农业生产丰收。

水族卯节，水语称“借卯”，意为吃卯，也称“歌节”，是三都水族自治县九阡片区以及荔波县一些水族村民过的最隆重的年节之一，节日的日期依据水族历法推算，即在水历九月、十月（农历五月、六月）的卯日开始，按不同地区先后分四批逢卯日轮流过节。水族卯节忌过“丁卯”，以“辛卯”为大吉。卯节以寅日为大年三十，家家户户打扫卫生，杀肥猪、打豆腐、蒸糯米饭、开窖酒、备鲜鱼，与过端节的“素席祭祖”不一样，卯节要以丰富的酒菜祭祖。节日活动中，祭祖和祭稻田仪式是卯节的重要内容，祭稻田以祈求当年风调雨顺、五谷丰登为寓意。过卯节还是促成水族青年男女婚事的重要节日，节日当天，水族适婚青年男女纷纷登上卯坡，三五成群，各自在卯坡对歌中寻找自己如意的对象，以歌示情，互对情歌，表达爱意。每年农历六月的第一个或第二个卯日是三都水族自治县九阡镇过卯的日子，以九阡水族各大寨为主的水族村寨过卯时规模最大、最隆重。

水族过端节者则不过卯节，过卯节者则不过端节。过端节的水族主要集中于都柳江上游地区，过卯节的水族主要集中分布在龙江上游的樟江河上游地区。过端节的水族人在规模范围上要比过卯节的水族人多得多。在同一民族内部存在两个截然不同的节日习俗，这是一个有趣的民俗文化现象。通过实地考察，我们还发现水族的这两个节日习俗不同的群体确实存在语言、服饰、风俗习惯等方面的明显差异。其一，两个节日的时间安排不同。端节是年节性节日，卯节则是生产性节日或者说农事节日。从时间上看，端节是在水历的岁末年初，即农历的八、九、十月间，这段时间正是秋天谷物满仓之际。而卯节的时间是水历的九、十月间，即农历的五、六月间，此时正是栽秧上坎之际，即《水书》解释的“绿色生命最旺盛的时节”，这个时候也正是农业自然灾害多发期，可见卯节是农事节日，与端节不同。其二，两个节日活动的目的不同。端节是年节性节日，祭祀祖先、辞旧迎新、庆祝丰收是端节活动的目的；而卯节的目的在于祭神、娱神，祈求神灵消灾赐福，保佑风调雨顺、五谷丰登，二者有明显的区别。水族过端者则不过卯节，过卯者则不过端节的习俗，说明水族的形成至少是由过端节和过卯节这两大群体融合而成，民族文化的历史继承性使得水族这一单一民族形成之后，随着水族社会的不断发展进步，端节和卯节的性质与内容都发生了改变，特别是在娱乐性和社交性两方面，端节和卯节越来越显示出明显的共性特征。

上述表中没能体现水族敬霞节，从我们实地调研九阡镇扬拱村得知，敬霞节不是每年都过，过节时间相隔两年、六年、十二年不等。如九阡镇扬拱村中寨，全寨为水族，主要节日有春节、清明节、端午节、敬霞节、苏宁喜节，其中以敬霞节为重要节日。“霞”是水语“水神”的意思，敬霞就是敬拜水神。敬霞节在三都水族自治县九阡镇扬拱社区及毗连地区比较盛行。举行仪式时，同宗姓氏方能参加祭祀，以自然寨为单位组建敬霞队伍，不论有多少个祭祀队伍，每一个队伍的人数和所带供奉品的分量必须一样，预示雨神给各地平均降雨。时间相隔两年、六年、十二年不等，具体时间由水书先生根据《水书》来择定。九阡地区扬拱“霞”，在地支的丑、未年，中间相隔六年。2021 年，九阡镇扬拱村“敬霞节”时隔七年举行，节日期间，举行盛大的敬拜霞神仪式等水族文化活动；苏宁喜节在扬拱村不作为主要节日来过，主要是家里有八岁以内小孩的家庭为祈祷孩童健康成长而过。

（2）布依族

从前述表中可以看出，布依族的节日大致有春节、元宵节、清明节、四月八、端午节、六月六、七月半、小年节，其中，六月六、小年节最具特色。

四月八是布依族纪念耕牛的节日，在这一天人们会举行捉鸭子、捉鱼等节目欢庆。目的是祈祷来年风调雨顺、五谷丰登，表达人们对秋天丰收的美好祝愿。

六月六是布依族的一个传统民俗节日，但每个地方过节的情况不一样，多半是祭山神、田神、天王、虫王、龙王等，祈求风调雨顺，农业丰收。节日来临，各村寨都要杀猪宰鸡，用白纸做成三角形的小旗，沾上鸡血或猪血，插在庄稼地里，传说这样做，蝗虫就不会来吃庄稼。三都水族自治县周覃镇的布依族六月六又叫“敬老节”，是一个专门为老人过的节日。节日这天，嫁出去的姑娘都要领着自己的丈夫和孩子带着鸡、鸭、米和双亲的新衣服回娘家团聚。在布依族山寨流传着这样一句话“六月六龙晒骨”，当日，若艳阳高照，腾龙会出门晒骨，预示来年风调雨顺，全家和睦，安康吉祥。这时家家户户都翻出家里的被褥、衣服等放在房前屋后晾晒，去霉防潮。举行规模盛大的歌节，欢歌庆祝，歌唱美好生活，为老人祈福添寿。通过这样的方式，号召大家孝敬老人，大力弘扬敬老爱幼的优良传统。

过去，“六月六”这天早晨，很多村寨的布依族妇女还要上山采草药来制作“酒曲”。民间相传，六月六这天制作的酒曲，不但耐存耐放，而且酿造出的酒，酒质特别好。

布依族的小年节主要流行于三都水族自治县周覃镇和荔波县甲良镇一带，该习俗在当地由来已久，比春节还要隆重。根据布依族古历推算，每年农历冬月最末一天为除夕，农历腊月就是布依族的正月，但各地过小年节的日期不统一，周覃片区的拉近、播花、新荣、新合、水便、洞览等村寨及九阡所有布依族以腊月初一为小年节。恒丰乡和勇村姑养寨覃姓布依族以腊月初八为小年节，周覃镇的三江、洞里等村寨在腊月初八至初十过小年节。过节期间家家户户缝制新衣，祭供祖先，放鞭炮，备酒肉，打粑粑、制米花和炒米享用和待客。节日期间有跳竹帚舞，还盛行摔跤活动，布依语叫“别雅龟”。周围的水族、汉族亲朋都来做客，当地布依族群众还会宰鸡杀鸭、制作糯米饭，准备好糯米酒、腊肉、扣肉等佳肴，款待亲友，欢迎各方来客前来参加。

（3）苗族

从前述表中可以看出，苗族的节日大致有春节、元宵节、清明节、粽粑节、端午节、吃新节，其中吃新节是三都水族自治县苗族最隆重的节日。

吃新节亦称“吃新米”，是三都苗族同胞为庆祝丰收、祭祀先祖、品尝劳动成果而举行的重大传统农事节日，每个苗寨过吃新节的时间也不相同，大多在每年新谷入仓以后择日“吃新”。主要以新糯米饭和水牛皮为供品，同时备有鱼、肉和酒等祭祀祖先。一般人畜需要休息 3 ～ 5 天。吃新节也是苗族同胞亲朋好友团聚的好时机。节日期间，苗族同胞身着盛装，捧着拦门酒，恭候远道而来的客人。当天，苗族同胞还特别进行跳月芦笙舞、对歌、斗牛和跳木鼓舞等丰富多彩的文娱活动，表达他们内心的喜悦。

前述表中没有体现苗族鼓藏节。从我们实地调研的都江镇巫不社区高尧村和拉揽片区排烧村得知，鼓藏节是他们最古老、最盛大的祭祀性节日，苗族民间过去有“不惜粮粟几百石，不惜牛畜几百头，只求我祖来保佑”的说法。三都苗族的鼓藏节不是每年都举行，而是每 13 年才举行一次。人们在举行节庆之前的五六年或二三年就开始准备牛、猪、鸡，储存柴、粮、油、盐等，最重要的是准备好上等好斗的牛。如拉揽片区排烧组主要有春节、粽粑节、撒秧节、栽秧节、薅秧节、尝新节、吃新节、鼓藏节等。排烧苗语称鼓藏节为“哝鸟”，寨上尚留有木鼓、铜鼓、祭祀物及藏鼓湾（藏鼓的地方）等遗存。我们调查了解到 2013 年 12 月 10 日都江镇控抗苗寨举办了一次规模宏大的鼓藏节。鼓藏节也是高尧最古老、最盛大的祭祀性节日，一般活动为六七天。据寨中 69 岁的老人雷启安讲：“很久没有吃鼓藏了，前两年本来要吃鼓藏的，受疫情的影响，没吃成，最后一次吃鼓藏是 1996 年。”

（4）瑶族、侗族等少数民族节日

瑶族的节日有许多与汉族相同，如春节、清明节、端午节、中秋节等，但端午、七月半过节内容却与汉族不同，具有浓厚的民族特色。端午要包瑶人粽，七月半杀鸭、烧包，祭祖较为隆重。如巫不社区瑶族最隆重的是十月瑶族节，其他民族不参与过节。平常过的节日与汉族一样，七月半举行的严人节（阎王节，即鬼节）也比较隆重。每逢这天，会邀请客人来家做客，杀鸡杀鸭，先祭祀家中祖先，然后祭祀土地公、牛圈等。

侗族节日以春节为隆重，其次为农历六月六“祭牛神”等，当地侗族所过其他节日与汉族等其他少数民族无异。

巫不社区怎雅村的彝族过去以春节为大节，近年来受周围其他民族的影响，开始以“新米节”为大节，节日活动内容与苗族“新米节”大体相当。

2. 节日分类

根据节日的主要活动内容分类，三都水族自治县民族传统节日可分为：纪念性节日、农事节日、年节和祭祀性节日。

（1）农事节日

撒秧节、栽秧节、薅秧节是都江镇巫不社区高尧村苗族家庭自家过的节日。每一项农事做完后，一般要准备一只公鸡、猪肉、糯米饭和米酒祭天，祈求秧苗无虫害、风调雨顺，稻谷大丰收。

洗犁耙和祭天节：主要过节地为拉揽片区排烧村苗族，插秧完毕，祭祀犁耙，叫洗犁耙，意为让犁耙休息，一切顺利。一般是杀一只鸭或者买两三斤肉，当天中午过节，各家自己过，不邀请客人，邻里也不互相邀请。祭天节，即祭天，祈求风调雨顺，来年丰收。

六月半是三都九阡大、小水龙寨和旁边两个村寨独有的节日，当地称龙王节，水语称“借十喜龙”，意为敬龙王，于每年水历十月（相当于农历六月）庚寅日举行。水族认为六月十三日是龙的生日，六月十四日要敬请它祈祷风调雨顺，开展祭祀、舞龙、情歌对唱等活动。

（2）年节

过去，水族端节、卯节，布依族的“小年节”，苗族“吃新节”等是当地各民族最重要的年节，有谚语云：“水吃端，苗吃新，布依过小年，客家过大年”，这说明三个节日在人们心中的规模和春节一样，都是一年中最大的节日，只是民族有别，过节时间不一，各具特色。现在，受主流文化影响，春节和元宵节已成为全县各民族一年中最隆重的节日。

（3）祭祀性节日

七月半：三都水族自治县汉族和周边各民族的共同节日，一般在七月十三或七月十四日过节。届时，县城居民都会自发前往都柳江边以放河灯、孔明灯的方式，寄托对故去的亲人的哀思，对生者的祝福。目前，当地还流传着“十三吃鸡、十四吃鸭”的节日顺口溜，也就是鸡鸭可以选择，但稻花鱼家家户户必不可缺。

粽粑节：苗族同胞的传统节日，承载着苗族同胞对身体健康、家庭美满的美好祈愿。节日期间要举行跳月和斗牛活动，传达苗族同胞对生活的热爱。

清明节：系农历推算节令，一般在农历二月末三月初，祭扫亲人坟墓，叫“挂亲”或“挂纸”。

苏宁喜节：水语称为“借宁喜”，又叫“娘娘节”“母子节”，是廷牌、恒丰等地的吴姓水族村寨每年在农历冬月（水历四月）逢丑日专门为小孩和送子娘娘过的节日，亦是当地吴姓水族的年节。节日当天要包粽粑和带孩子到野外修桥补路，节日主要活动是祭祀“牙希登”（即水族始祖母）和祭桥、休息处的石凳等，以祈祷孩子健康成长。父母会准备红鸡蛋、糖果、花糯米饭等给 11 岁以下的孩子享用。其他地区也在过这个节日，但不作为主要节日来过。

此外，还有苗族和水族不定期的鼓藏节、敬霞节等大型祭祀性节日。

（二）各民族的节日交往与文化认同

改革开放后，三都水族自治县各族人民在劳动生产过程中结下了深厚的民族情谊，少数民族之间或少数民族与汉族之间通过经济上的生产合作、文化上的彼此交流，亲如一家。如都江镇的羊福社区达荣村，水族、苗族共居，共享民族节日，和睦相处；巫不社区怎雅村居住着水族、苗族、汉族、侗族、瑶族等民族，是各民族杂居的典型村寨。每逢水族端节、侗族“六月六”各民族群众就会相互邀约，欢聚一堂，共同庆贺。虽不是同一个民族，但他们往往以“认哥弟”或“打老庚”的方式沟通感情，逢年过节，互相往来探访，一方有事，对方也要像对待自己的事情一样，伸出援助之手。每逢各自民族的节日，“老庚”之间就会互相来往，加深了老庚之间的感情，就如走亲戚“越走越亲”。各民族同胞正是依靠这种交往交流机理与机制维系彼此私人感情，从而建立和维持和谐的族际关系。正如当地一首水歌中所唱：太阳出来照山寨，山山水水紧相挨；村连村呀寨连寨，木楼瓦房排对排；同饮一井水，同砍一山柴；淘井一路去，栽树一路来；清清泉水流不断，巍巍群山永不衰；水绕青山山映水，水布苗汉分不开。歌词描绘了各族群众在同一片土地上生产、劳作，互助互爱，各民族以一家亲的佳话谱写了社会主义新农村建设和民族团结的新篇章。

1. 汉族参与水族过端，水族参与汉族过节

春节、元宵节、清明节、端午节、中秋节、重阳节等是以汉族为主体的传统节日，过去当地的少数民族基本上不过这些节日。在较长的历史过程中，受到毗邻而

居的汉族影响，少数民族群众也逐渐参与到这些节日中来。开始是在以汉族为主的村寨过节，少数民族同胞是必被邀请的重要客人。渐渐地，少数民族村寨也开始过起春节、端午节、中秋节，原本是单一汉族的节日，现在已经成为县内各少数民族共同参与的节日。

如凤羽街道南岭村的上双和下双两个自然寨，上双寨为汉族，50多户；下双寨为水族，30多户。上双汉族的主要节日有春节、四月八、端午节、七月半、中秋节等传统节庆，下双水族主要过端节（三洞端）。下双水族过端节时会邀请上双的亲朋好友一同过节，上双汉族过七月半时也一定把下双水族同胞喊上，双方互邀互拜，喝酒吃肉，共叙水汉一家亲的情谊。共同过节既是汉、水两族交往交流的外在表现形式，同时也体现了汉、水两族的文化理解与文化认同。节日相互参与与欣赏，不仅加强了民族团结，更促进了各民族对中华民族、中华文化的认同，对铸牢中华民族共同体意识有积极的推动作用。

2. 民族节日的相互参与性

当地少数民族的传统节日，分为自身传统节日和受外来文化影响而吸纳为本民族传统节日两类，在这些节日中，最具影响力的要数春节。多种不同的节日圈促成了婚姻、亲属、家族关系之间相互来往。通过传统节日的人情往来，形成这一地区的人们亲属之间更加密切的关系，有效地构建了地方社会关系网，在社会化快速发展进程中，进一步加强了地方的稳定与和谐发展。

如巫不社区怎雅村居住着水、苗、汉、侗、瑶、彝等民族。节日以水族端节为主。此外还有其他民族的春节、清明节、端午、六月六、七月半以及国庆节。其中，瑶族过七月半最为隆重，人们会在这一天包灰粽子。其他少数民族在长期的共同生活交往交流中逐渐同质化，在这些节日中，现在最具影响力的要数春节，因多数外出务工人员春节返乡，回归村寨过春节，并且加入了多民族文化元素，如举行斗牛、跳芦笙等娱乐活动。过去，当地水族端节一般都以宗族血缘为标识划分地域分期分批过节，但现在已经不分了。节日活动也比过去丰富了很多，过去的端坡活动就是单纯的赛马，现在除赛马外，主要活动有斗牛、唱歌、吃长桌宴等，其中端节祭祀是少不了的一项活动。戌日晚和亥日早上，人们要举行祭祖活动（祭祖席除鱼外忌荤），用做好的“鱼包韭菜”作为主要祭品，在供桌上摆设素瓜豆、茄子、烟叶、鲜果等祭品及家中老人的服装、农具等供奉祖先。怎雅村汉族、侗族、苗族、彝族、瑶族在水族端节期间会参与活动，但自己家里不举行祭祖仪式。此外，怎雅村为感恩新中国成立，家家户户在国庆节期间自发过节庆祝，以前会在堂屋中悬挂当代国家领导人的画像，以村民自娱自乐为主，不分民族，共同庆祝。节日期间的交往交流交心，加深了怎雅村各个民族的了解，打破了族际边界，促进了多民族的交往交流与交融。各民族节日不仅仅是一个民族的节日，而是在自然交融的基础上，创造一个既具有本民族文化独特性，又具有各民族共同参与的普遍性的节日活动大家庭，这正是民族文化交往交流交融的映照。在各民族长期的交往中，其他的民族往往会积极参与进来。

3. 苗族参与水族过端

传统节日是中华优秀传统文化的重要组成部分，人民群众的普遍参与为节日赋予了强大的凝聚力和广泛的包容性。端节是水族的传统节日，节日的主要内容是祭祀祖先和赛马，含有辞旧迎新、庆贺丰收和预祝来年幸福之意。在水苗共居的少数民族村寨，苗族同胞也积极地参与水族的过端节。在长期的节庆文化交流中，水族等其他民族也喜欢观看苗族同胞的斗牛与跳月、吹芦笙等民俗活动，民族节日的双向认同与接受，体现了不同民族文化的互动与相互吸收，呈现了族际交往交流的发展态势，是民族间互动共生的外在表现。

如都江镇羊瓮村主要有苗族和水族，是水族和苗族共同居住较为典型的少数民族村寨，保存着古朴典雅的水族文化习俗，民族风情独特，民族歌舞多姿多彩。民族节日有春节、清明节、苗族粽粑节（农历四月酉日）、水族端节、苗族吃新节，庆祝活动有斗牛、赛马、跳铜鼓舞和水族祭祖、苗族古瓢舞、芦笙舞等。赛马是水族端节期间的一项重要活动，为各村寨间、民族间的社会交往提供了一个平台。在过去，赛马受水族习俗的影响，水族群众是赛马活动的主导力量。改革开放以来，当地原本不过端节的苗族百姓也有越来越多的人由看热闹变为爱好者，融入其中参与赛马活动，人们更多地以赛马为由头，前来各村寨走亲访友、相约聚会。在赛马场上有来自各个民族的群众，让节日促进了各族群众之间的情感联系和文化交流。

据羊瓮村里地组 69 岁老人雷启安讲：“他们村寨过‘尝新节’时，有些年还请水族的水书先生看日子。”他们既不会考虑所请先生的族别，也不会考虑所请先生所属的地域。用他们自己的话说，就是“谁灵验用谁”。从请先生事项我们可以看到，水、苗两族先生的通用与兼用打通了两族交往交流的通道，加强了水、苗两族的联系与理解，弱化了民族界限的观念，消除了两族交往交流的心理障碍，有利于民族间关系向好发展，进而促进两族和合交融。

4. 水族端节、苗族吃新节同过

苗族同胞参与水族过端节，水族同胞参加苗族过吃新节。我们认为，只有族际的文化认可与认同，民族间才会有可能保持长久地交往交流与交融，只有民族间维持频繁的交往交流交融，方有可能发生民族间相异文化的相互采借。也就是说，只有在基于文化理解的前提条件下，才会达到对“其他民族”文化的欣赏，最后促成“本民族”与“其他民族”文化共存与共享结果的出现。节日共享，弱化民族之间的边界，构建族际的共同文化，疏通水、苗两族的关系，逐步把水、苗两族拉到一种彼此尊重、相互赞赏以及互利共赢的良性交往的轨道上来，从而形成“你中有我，我中有你”的节日文化景观。

如都江镇羊福社区的达荣村、联兴村和高新村，其中高新村里勇组苗族过节与其他两个村不同。里勇组共同居住有苗族和水族，以苗族人口为多，两者在长期的共同生活和生产交流中，渐渐形成以苗族节庆为主的生活习俗。里勇苗族主要过春节、四月八、端午节（五月十五）、七月半（七月十三），五六十年前曾经过鼓藏节，现在不过了。里勇水族不过端节，但与当地苗族一起过节。过节期间，水族人也参与苗族跳古瓢舞、吹八仙、芦笙舞、敲铜鼓、铜鼓舞等娱乐活动。

羊福社区的达荣村，节日主要有春节、清明节、粽粑节、苗族吃新节、水族端节等，其中最为隆重的是苗族吃新节和水族端节。由于苗族吃新节和水族端节都有在野外烧鱼野炊的环节，并且节期前后相连，现在达荣村水、苗两族把过端和吃新“合二为一”只过一个节日，统称为“烧鱼节”。“烧鱼节”反映了水族和苗族在文化事象上达成的共识及认同，体现了两族和谐互动的态势。三十多年前，当地水族同胞按姓氏分时间先后过端节，韦姓过农历九月第一个“亥日”端，潘、王、杨姓过第二个“亥日”端。之后，水族过端和苗族吃新时间由水族同胞和苗族同胞共同商定，一般选定农历九月第二个酉日举行，如水族同胞稻谷先收割完，苗族同胞还未收割完，水族同胞就等十三天，苗族同胞也是如此，只有在村寨稻谷全部收割完后，才开展节日活动。节日时间共三天，第一天举行苗族吃新节，活动内容主要有烧鱼、跳月、斗牛、斗鸟、跳芦笙等；第二天举行水族端节，活动内容主要有敲铜鼓、跳铜鼓舞、烧鱼等；第三天所有的活动由苗族、水族同胞一起娱乐。节日

成为汇聚水苗等各族民众共同欢庆的文化空间，斗牛、跳芦笙、敲铜鼓、跳铜鼓舞等活动成为整合民族关系融洽的有效纽带，是民族团结的重要体现。各民族节日活动的娱乐性较强，某种程度上也促进了节日文化的共享。透过节日活动，各族人民对彼此民族的文化更加了解甚至认同和接纳，从而形成文化交融和民族团结的和谐格局。

（三）政府部门以节庆为媒开展文化走亲活动

“文化走亲”是一项“文化亲民、文化惠民”举措，“文化走亲”为促进城乡文化交流，进一步丰富全县基层群众文化生活，满足人民群众日益增长的精神文化需求发挥了积极作用。节日众多是三都水族自治县各民族最为突出的文化特征之一。每个民族均有自己的传统节日，但规模较大的当属水族端节、卯节，苗族吃新节，布依族六月六、小年等节日。每逢这些节日，都会举办盛大而隆重的活动。这些节日在举办时，人数众多，数量有时可达数万人。积极利用和开发丰富的民族传统节日资源，广泛开展文化娱乐和节日活动，不断创新，丰富民族传统节日活动的内容和形式，突出地方性，保持民族性，体现时代性，使之与当代社会相适应、与现代文明相协调，推动当地民族传统节日的保护与传承，是铸牢中华民族共同体意识，构建中华民族共有精神家园根本的、有效的途径。

近年来，三都水族自治县始终坚持以铸牢中华民族共同体意识为主线，全面贯彻落实党的民族政策，以节庆活动为抓手，开展“文化走亲”活动，有力促进民族团结工作向纵深发展。不断盘活基层民族文化，倾力打造民族文化品牌，以开展民族节庆活动方式，搭建交流平台，促进各民族同胞交往交流交融。以多种形式开展正面宣传引导，传播民族团结正能量。利用电视、广播等传统媒体和微信、微博等新媒体，普及党的民族理论、民族政策、法律法规，正面引导社会舆论，传播民族团结正能量。通过开展“文化走亲”活动，进一步促进各民族和睦相处、和衷共济、和谐发展。在开展民族文化活动过程中，充分利用传统民族节庆这一重要媒介和载体，开展丰富多彩的民族文化活动，各族人民在“同唱一首歌、同跳一支舞、同过一个节”的文化活动中，促进了彼此之间相知、相亲、交流、交融。

三都水族自治县县委、县人民政府十分重视文化产业的发展，其中苗族舞蹈《踩月亮》荣获全国荷花奖二等奖，《水族斗角》荣获第十一届全国少数民族传统体育运动会综合类表演项目一等奖，水族舞剧《木楼古歌》进京展演获好评，水族端节入选国家级非物质文化遗产名录。在非物质文化遗产保护和文化产业发展的背景下，在促进县域文化产业发展的同时，引导多民族共同参与，促进民族间相互了解、相互尊重、相互包容、相互欣赏、相互学习、相互帮助。地方政府利用传统节日资源推动文化产业发展，同时依托传统节日水族卯节、水族端节、布依族小年节等传统节庆，开展民歌对唱、美食大赛、赛马、斗牛等民间活动，进一步促进各民族广泛交往、全面交流、深度交融。

伴随时代的发展，春节越来越多地成为各民族共同欢度的节日。因城镇化的快速发展，大量人员外出务工，往往在春节这样的长假才能返乡返家，使得过春节变得热闹起来。近些年的春节期间，三都咕噜景区各族同胞大联欢，身着苗族、水族盛装的群众聚集在广场中央，芦笙曲、铜鼓声交相辉映，苗族群众踏着欢快的舞步伴随着芦笙曲变化表演踩月亮，水族群众跳起铜鼓舞、唱起水歌庆丰收，迎新年。在中和镇雪花湖社区，水族妇女敲铜鼓、唱水歌、跳起舞蹈，热热闹闹迎接春节，也迎来了各族群众的大围观。丰富多彩的各民族传统节日文化是地方政府推动民族融合的重要举措。在黔南布依族苗族自治州，地方政府十分重视民族政策的具体落实，参照国家节假日制度，适当对少数民族重要传统节日做出放假安排。三都水族自治县人民政府就按黔南布依族苗族自治州的相关规定，在水族的三洞端节、苗族吃新节和布依族“小年节”时，分别为各民族放假3天，这为促进区域内各族民众共同欢度节日提供了时间保障，在一定程度上扩展了民族间社会交往的渠道。

近年来，三都水族自治县人民政府利用水族端节、卯节、布依族小年节等传统节庆，以村社主办、政府部门主导、市场主推的办节办会模式，打造成为特色旅游的节庆活动，在促进县域文化产业发展的同时，引导多民族共同参与，促进民族间相互了解、相互尊重、相互包容、相互欣赏、相互学习、相互帮助。搬迁社区借助各种民族节日，邀请各族群众在移民社区一起过节，开展跳芦笙、敲铜鼓、打糍粑等民俗活动，把各民族文化一起“搬”进社区，增强各民族之间的亲情感、归属感和幸福感，进一步促进各族群众相互交往交流交融。在节日活动中，不分民族，只要愿意参与其他民俗文化展演活动，都可以在社区报名。地方政府和基层社区在节庆文化建设中起到了很重要的组织动员作用，无疑促进了节日活动规模的扩大，加速了节日文化圈的形成。节日前夕，三都水族自治县人民政府通过微信公众号、网站、报纸、电视台等多种传播方式，宣传当地民族传统节日文化，营造浓厚的节日氛围。节日期间，现场直播展示当地各族民众欢庆节日的盛会。节日中同样有汉族妇女出现在盛大的节日队伍中，她们参与少数民族节日活动，并不完全是为了配合地方政府推动的文化旅游活动，更重要的是他们认为春节和少数民族节日一样是不分彼此的共享节日，各族群众都乐在其中，同享喜庆热闹、民族和谐共处的节日氛围。我们在做田野调研期间，有幸在普安镇高硐村排月寨体验了第二届“爬坡节”。经了解，爬坡节是高硐村野记寨苗家人的“交际节”，苗语称“结当”。每年农历七月初六、十八以及农历八月初一这三天（相隔 13 天，这三天当地群众俗称“猪场天”）举行。原来是苗家青年男女一年一度特有的择偶恋爱盛会，以前只是小过，并没有盛大举行。如今，爬坡节成了苗族群众农闲时聚会的盛大节日。在普安镇高硐村，爬坡节涵盖野记、排月、望结等寨。爬坡节分三次过（水稻开花之后才算日子），在这期间，活动设有芦笙舞（跳月）、唱山歌等多项活动。活动当天，排月汇集了四面八方的客人，有来自高硐村周围、三都附近以及毗邻的丹寨县，有苗族、水族、布依族、汉族等。

调研中发现，在三都水族自治县人民政府的引导下，以村社主办、政府部门主导，调动地方各民族同胞积极参与的丰富的过节行为，不仅充分利用传统的春节、各民族传统节日，还将国庆、元旦、五一等纳入地方节日体系之中，一方面在于传承弘扬传统的节日习俗、娱乐活动，另一方面将群众喜闻乐见的现代娱乐活动融入节日之中，更重要的是把增强国家认同、铸牢中华民族共同体意识等寓于节日文化展演之中，充分体现了创造性转化、创新性发展的新理念。如三都水族自治县三合街道城北社区，以促进移民社区各民族群众和睦相处，借传统节日端午节契机，每年端午节，三都水族自治县三合街道城北社区都会举办包粽粑比赛。2021 年端午节参加活动的移民群众包含 7 个民族共 100 余人，比赛以分组计时的形式举行，每 6 人为一组，共有 14 组，每组比赛限时 5 分钟，奖品则是自己亲手包的粽粑。比赛过程中，广大群众踊跃参加，或相互监督，或相互帮助，比赛在一片热闹和谐的氛围中结束。活动结束后，各族群众纷纷要求社区在来年的端午节继续举办包粽粑比赛，此次端午节包粽粑活动增强了易地扶贫搬迁群众对中华文化的认同，进一步促进了各民族相互融合，极大地提升了各族群众的幸福感。

拉揽片区排烧村的节庆很多，主要有苗族的鼓藏节、尝新节、粽粑节、祭天节、洗犁耙节、吃新节，水族的端节等。在众多的节日中，数吃新节最为隆重、热闹。节日当天，来自周边村寨的近万名苗族同胞身着节日盛装，齐聚排烧村共度佳节，节日还吸引了县内外汉、水、布依等各族群众参与。苗族青年在寨门口摆上“拦门酒”迎接贵宾，铜鼓、芦笙响彻苗寨，热闹非凡。家家户户将一年珍藏的美酒佳肴拿出来招待贵宾，流水席用餐过后，苗族同胞不论男女老幼都到跳月场上去跳月，还有斗牛、长跑、拔河等比赛。调查得知，长跑、拔河为近年来新增加的活动内容，活动内容丰富多彩，令各地游人流连忘返。“文化走亲”促进了各民族之间的文化交流，有利于实现区域间的文化资源共享，为各族群众带去不同的视听体验，让他们享受到别样的文化大餐。这一交流方式让各民族群众有机会领略区域内各民族的悠久历史、独特文化，能在家门口欣赏到不同民族的独特魅力。

地方政府重视并积极推动传统节日“文化走亲”活动，是增进各民族间情感交流的重要保障，进一步促进了各民族间节日共享和交往交流交融的实现。据我们调查，目前三都水族自治县境内不论是以汉族为主的村寨还是以少数民族为主的村寨，不仅“嵌入式”居住格局已经成型，且跨民族通婚的家庭比例逐渐增加，使各族民众深切体会到“中华民族一家亲”，呈现出民族团结、民族关系融洽的新面貌。

（四）节日文化圈的形成，促进了中华民族共有精神家园的构筑

传统节日文化是中华文化的重要组成部分，节日文化圈的形成对建设中华民族共有精神家园无疑具有极其重要的意义。传统节日是一个民族千百年传承下来的生活方式和文化传统，承载着这个民族的记忆，是一个民族区别于另一个民族的符号标识。传统节日以其丰富的文化内涵和周期性、民族性、群众性的特点，深深融入人们的日常生活和精神世界，是维系国家统一、民族团结和社会和谐的重要精神纽带。节日文化圈的形成有利于增强不同民族之间人们的情感，增强人们爱祖国、爱家乡的情感。

三都水族自治县各族群众通过政治、经济、文化和社会诸方面长期地交往交流交融，在保持各自节日文化特性的基础上，各族之间和谐共居一地，大家相互认可。这一现象，反映了民族多元一体现象，呈现出跨民族、跨地域的特征，这种特征既是三都水族自治县各民族节日风俗相互交往、交流、融合的结果，也是区域经济、文化交流的结果；既是其他地方民族之间通过交往交流交融需要达到的结果，同时也是民族发展的大趋势。斗牛、赛马、跳芦笙、对歌等活动成为整合各民族关系的有效纽带，是民族团结的重要体现。各民族节日活动的多样性，某种程度上也

促进了节日文化的共享。透过节日活动，人们对彼此民族的文化更加了解、认同和接纳，形成文化交融和民族团结的和谐格局。少数民族传统节日有着丰富的文化符号、载体及仪式，文化符号与载体是节日内涵的重要内容，文化是依靠具体载体来传承，载体让文化变得生动和可感知，能够给予人们视觉、听觉、触觉的多元享受。对传统节日文化内涵的挖掘，以及对文化符号、载体、仪式的重视，离不开国家宏观层面的正确引导和积极干预，也需要各类媒体、学者、民俗学家、艺术家等社会主体的共同参与。党和人民政府要切实加强传统文化的宣传、普及与教育，发挥各级组织的引导作用，共同宣传、解释、介绍及传播传统节日中优秀的文化元素，使其成为滋养民族精神、民族气质的重要内容。

节日文化是民族地区社会文化的“整体性呈现”。在三都水族自治县县委、县人民政府和各族群众的共同努力下，“水族端节”“苗族吃新节”“布依族四月八”等传统节日被逐步推广，人们定期互相拜访、结交朋友，促进了区域内的民族关系互动，传递着三都水族自治县各族群众共有的历史记忆、共同情感和经验智慧，是中华民族共有精神家园的重要内容的体现，进一步提升了各族群众的文化认同和自信，对铸牢中华民族共同体意识具有极大的推动作用。各民族传统节日活动成为增进各民族间情感的重要保障，进一步促进了各民族的交往交流交融，如拉揽片区排烧村苗族同胞自发组织的群众欢庆“粽粑节”。2022 年 4 月 29 日，“中国 • 水族部落 2022 年祭祀大典”即“水族祭祖”在三都水族自治县咕噜景区隆重举行。由黔南广播电视台、三都水族自治县融媒体中心联合拍摄的《贵州三都：跳起芦笙舞，欢乐过小年》，在 CCTV-13 新闻频道《东方时空》、CCTV-4 中文国际频道《中国新闻》播出，水族非遗题材电影纪录片《过端》荣获第三届加拿大国际电影节最佳纪录片奖。通过这些发源于大山深处的节日聚会，让各族传统节日文化一步步走出大山、走出三都、走向全国，最终成为一张响亮的特色节庆旅游名片，积极促进了全国乃至全世界各族群众交往交流交融。年复一年的节日欢庆成为促进区域内各族群众交往交流交融的重要方式，而加强民族节日共享互融是铸牢中华民族共同体意识的生动实践。传统节日是跨民族的文化共享，是形成超越单一民族区域文化认同的有效途径，充分利用区域内各民族传统节日文化资源，促进民族团结和社会和谐，进而对铸牢中华民族共同体意识、丰富和构筑各民族共有精神家园以及促进社会发展进步发挥更重要的作用。

民族传统节日凝结着中华民族的民族精神和民族情感，承载着中华民族的文化血脉和思想精华，是维系国家统一、民族团结和社会和谐的重要精神纽带，是建设社会主义先进文化的宝贵资源，滋养着民族的生命力、创造力和凝聚力，它们在全面建成小康社会、构建社会主义和谐社会的历史进程中发挥着巨大的作用。传统节日具有增强民族凝聚力，维护国家统一的功能。在民族精神中，民族凝聚力具有突出的地位，民族凝聚力整合着中华民族的价值观，激发着人们强烈的向心力，构筑了中国人家国统一的群体意识。在三都水族自治县全面深入开展民族团结进步创建活动的不断推进下，进一步铸牢中华民族共同体意识，加速各族人民交往交流交融的速度，为各民族共筑共有精神家园奠定了基础。各民族间的大团结，是民族交往交流交融最有说服力的结果。随着各民族交往交流交融的不断深入，节日文化圈的形成对加强文化的认同，增强各族群众凝聚力，促进民族团结与构建中华民族共同的精神家园具有重大作用和利用价值。

五、饮食文化交流与互鉴

三都水族自治县居住着水族、苗族、汉族、布依族、彝族、侗族、瑶族等 7 个世居民族。由于气候及环境的一致性，各民族在农耕生产和饮食文化方面，也具有高度的同一性。在漫长的历史演进中，各族人民以自己的辛勤劳动和智慧，创造了光辉灿烂的民族文化，这为各民族交往交流交融奠定了坚实的基础，同时，不同的民族文化在相互融合中也不断得到整合，形成共同的文化取向和价值诉求，对构建各民族共有精神家园、铸牢中华民族共同体意识提供了思想认识上的趋同性。月亮山地区各民族饮食文化便因这种人文基础和地理因素高度重合而趋于类同。故本节的饮食文化调研主要以水族为主线展开，兼顾其他民族与水族的饮食文化比较。

（一）糯食文化传统

历史上，糯米是都柳江流域社会的重要主食，汉文史籍中在言及都柳江流域各民族饮食之时，皆言他们“食不执箸筷，但以手捏团咽之”。这是人们食用糯米的真实写照，也与当地社会各民族的稻作农业的起源相关。至今，都柳江流域各民族在所有的节庆祭祀、民间信仰及礼仪馈赠等方面，仍保持“糯食独大”的原则，足见这种饮食文化观念的深刻影响。明代以前都柳江流域普遍以种植糯稻为主。明洪武年间的“调北征南”，随着大量江南汉族军士进入贵州屯田戍边，他们带来先进生产技术的同时，也带来了产量更高的籼稻品种。随着文化交流的日渐深入及人口的充盈，一些交通主干道沿线的多民族地区开始转而种植籼稻，由此获得比糯稻更高的收入。但在大部分的偏僻地区，尤其是月亮山腹地，糯稻仍然是人们种植的主要稻作品种。今天月亮山西麓荔波县茂兰镇水庆村种植的糯稻仍有 42 个品种之多，其中摘糯 29 种，打糯 13 种，是迄今人类学田野工作者所发现的保留糯稻品种最多的水族村寨。水庆村在民国时期就以产优质糯米而闻名。

现在三都水族自治县境内的月亮山地区籼、糯水稻的种植比例已达 9:1，除极个别地区外，大米已成为人们日常生活的主食，而糯米由于产量稀少，只能在节庆、婚丧嫁娶、营造及一些宗教祭祀场合中，作为特色食品或祖先认可的供祭品出现。这种现象表明，在民间信仰产生之时，糯稻是都柳江流域各民族社会的大宗食物。因之，以糯米作为主祭品，才被固化为民间信仰的祭仪方式。

1. 水稻种质资源与地方特色品种

明代中期以前，水族和壮侗语族诸民族一样，主要种植糯稻，兼有籼型和粳型两类糯稻品种，且粳型为多；明代中期以后，随着烂土张氏土司的建立和汉文化的渐次传播，籼型籼稻品种开始在三都地区出现。由于产量较高，清代籼型籼稻品种在都柳江流域得到普遍推广，但种植面积不大，清代其糯稻和籼稻的种植比例约为 8:2。新中国成立时，这一比例变为 7:3。此外，一些山区还兼有少量旱稻（亦称陆稻）品种。截至 20 世纪 60 年代中期，都柳江流域各民族经营的水稻品种有糯稻、籼稻以及选种适宜水稻

（1）糯稻

传统糯稻品种主要有麻谷糯、黑壳糯、大园粒糯、大糯、黄壳糯、长芒糯、光头糯、香禾糯、高脚糯、虾糯、黑芒糯等近 50 个品种。最近的田野人类学调查表明，荔波县茂兰镇的水庆村目前仍有各种传统糯稻品种 42 个，其中摘糯 29 种，打糯 13 种。民国时期，水庆村以产优质糯稻而闻名。

（2）籼稻

主要种植于低海拔地带的坝上田或岭上田的向阳田中，籼稻是现在水族社会的大宗主食稻类品种。这一区域传统的籼谷品种计有小广谷、大红谷、小红谷、大白

谷、小白谷、小红谷、大麻谷、小麻谷、七月谷、八月白、旱麻谷、拐龙米、撒拉谷、撒拉红米、撒金谷、冷水红、二广谷、长安大广、烂杆麻、六十旱、金麻籼、芭茅籼、银籼、丝苗籼、齐头黄、洗把籼、旱黄籼、百日籼、盖草籼、小红粳、大红粳等55个品种。主要种植品种为小广谷、百日籼、八月白、大红谷、小红谷、小红脚、大白谷、七月谷、撒拉红米、冷水红、撒金、拐龙米、二广谷、麻谷、旱麻谷和烂杆麻等20多个品种。这些品种不是每个家庭每年都要全部种植，而是选择性地种植3～5个品种，但每隔3～5年要轮换不同的品种。这样，全部的种植品种会在岁月流转中实现经常性的更替，既保证了不同品种的有效传承，又保证了单位面积正常的粮食产量。

传统水稻品种大多米粒较短，油脂丰富，饭味清香，但产量较低，无论什么品种，亩产都在200～300千克。无论是糯稻还是籼谷，这些传统品种，在都柳江流域和月亮山地区都有很长的种植历史，其种植的历程，是大自然对品种选择的结果。因此，这些传统品种对当地的自然地理条件都有很强的适应性，但它们也具有明显的缺点，即茎秆高，节间长，株型松散；有抗逆性差，分蘖少，易倒伏，不耐肥等特性。

（3）选种

“好种出好苗”是都柳江流域和月亮山地区各民族总结的地方选种知识和经验，“瘠地选种，肥地育秧”是人们普遍遵循的选种原则。“脊地选种”是指在没有稻瘟病、没有病虫害、稻穗成长率好且土质稍显贫瘠的水稻田中，选取那些成长率特别饱满的稻穗留作种子。同等条件下，选用海拔位置最高的稻谷作为种子。这种“脊地”选出来的种子，通过第二年“肥地”育秧增强抗逆性之后，可以适应不同环境条件下的稻田农业再生产。传统农耕时代，正是这一选种原则，维系了各民族稻作农耕文化的传承与发展。就文化多样性而言，这是都柳江流域和月亮山地区传统生态智慧对中国稻作农耕文化传承发展的贡献。

新中国成立之后，自20世纪60年代中后期开始，三都水族自治县各民族经历了种子从“自选、自繁、自留、自用”阶段，逐步过渡到60年代的“三粳”“三矮”的茎秆中矮秆改良阶段；自20世纪70年代后期开始，随着杂交水稻品种的引种成功，现在，除了少数地区仍按“脊地选种”的原则自选、自繁、自留部分糯稻品种外，所有的籼稻品种全部实现了“良种良法”的种植生产。

2. 水族稻作农耕文化的形成

根据水族民间歌谣和相关人类学资料，水族稻作农业大致产生其先民活动在骆越社会时期的“骆田农业”。水族先民定居黔桂边境之后，由于月亮山及都柳江流域的山地生境，地势高耸，山大坡陡，使得经营丘陵稻作型农耕的水族同胞，世代以来依山就势，沿山开发出层层梯田。由于水稻农耕生产以水资源作为生产的先决条件，而山地生境的生产环境无法像平原那样坐拥大江大河的灌溉之利。因此，强调对自身小环境有意识的生态维护是人们获得生产可持续发展的基本保障。今天水族人口集中分布的月亮山和都柳江流域，一直以来，都是贵州乃至中国传统的“稻田养鱼”区。长期以来，“饭稻羹鱼”一直是包括水族在内该区域的各民族共同追求的农耕文化主题。

根据史料记载，早在宋代，水族社会的传统稻作农耕技术体系就已基本定型，在其后漫长的历史岁月中，这一农耕技术体系，不断得到更加完善。

事实上，今天聚居于都柳江流域和月亮山地区壮侗语族的诸民族，大抵都经历了与水族一样的稻作农耕文化形成的历史。苗、瑶民族在由“刀耕火种”实现经济文化转型时，他们也借鉴了壮侗语族诸民族完全一样的水稻农耕生产模式，从而使整个都柳江流域和月亮山地区区域性的稻作农耕文化得以形成。

（二）饮食文化传统的形成

1. 主副食混烹混吃与“肉汁粥”的饮食文化传统

都柳江流域各民族对稻米的烹饪加工多以熬煮、焖煮和蒸煮三种方法为主。

熬煮即煮粥，煮粥之法有两种：一种是熬煮原汁的白米稀粥。农忙时节，除大米干饭外，多数人家都会熬煮一锅稀粥，在饭前食用，起开胃作用。另一种方法是熬煮各种肉汤稀粥。肉汤稀粥是都柳江流域包括水族在内各民族待客的一道特色食肴。杀鸡、杀鸭、杀鹅或宰猪待客时，将整只鸡、鸭、鹅和鲜血一并放入锅中（小猪则砍成几大块）烧煮，烧开后加入大米或糯米，待肉熟取出后，加入大叶韭菜、广菜、青菜、笋子、蘑菇等各种新鲜时蔬和佐料继续熬煮，即成一道汁鲜味美的肉汤稀饭。

这种肉汤稀粥的熬煮方式，应是远古时期人类缺少炊饮器皿时，人们主、副食不分，同锅烹饪的食品加工方法。至今，水族端节在上端坡前皆以素席祭祖，但从端坡返家后则须以肉汤稀粥祭祖，才可开荤宴客。这一文化记忆表明，水族端节源于遥远的时代。

2. 鱼食烹饪的文化传承与制作技术借鉴

都柳江流域各民族，因稻田养鱼所形成的“饭稻羹鱼”生计方式追求，故对鱼类的烹饪方法较多。

煮：取0.5～1.0千克的新鲜活鱼，不刮鳞，不破肚，放入酸汤冷水中煮熟，另将青辣椒切段用猪油于小锅中炒熟后，再加入小西红柿、广菜等，然后将煮好的鱼从背部刮开，使鱼骨与鱼肉分离，把鱼肉放入炒好的青椒广菜中，拌以干辣椒面、花椒面及盐等佐料食用，这是水族地区“稻田养鱼”收获季节的主要食鱼方法。青椒炒广菜拌以鱼肉，有一种特别的鲜美味道。另外一种方法是将活鱼砍成整节，加广菜或瓜类，煮成酸汤鱼，佐以辣椒蘸水食用。还有一种方法是取500克以上的新鲜活鱼，刮鳞剖肚后砍成小块放入冷水中佐以调料煮成酸汤鱼或清水鱼火锅。

煎：煎鱼的方法各民族都差不多，较特别处是水族多用活鱼生煎，既不刮鳞，也不破肚，将植物油于铁锅中烧至七成热之后，取少许盐抹在鱼的眼睛上放入油锅中生煎，稍许翻面，又放入另一条鱼，到鱼满锅时，舀一碗酸汤浇在鱼尾上，先用一张新鲜广菜叶覆盖其上，再加锅盖油焖约10分钟，即可食用。这种煎法既去鱼腥又保持鱼的鲜香味。

鱼包韭菜：都柳江流域水族端节的特色菜肴。鱼包韭菜也是水族端节祭祖和宴客的传统菜肴。制作时，取刚收获的500克以上的稻田鲤鱼或草鱼，不刮鳞，沿鱼脊梁剖开，除去内脏洗净，用上佳的米酒拌蒜泥、姜泥、花椒面、糟辣椒、食盐、米醋等佐料，再将大叶韭菜和广菜填塞鱼腹，用糯米稻草捆紧，上甑清蒸或入锅炖煮近4～8小时，到鱼骨酥软菜鱼合味时即成鱼包韭菜。食用时，除去糯米草，拌以佐料冷吃或放入火锅中热吃均可。

鱼包韭菜以三都水族自治县中和镇塘州片区中海村一带的制作技艺最为著名。

苗族冻鱼：冻鱼是三都、丹寨、雷山、榕江四县交界一带的苗族在过“苗年”时必备的一道特色菜肴。节前，将当年的稻田鲤鱼、草鱼若干于大铁锅中加入黄豆、盐和各种佐料一起熬煮2～3小时，至鱼豆交融一体时舀出冷冻凝固，至节日宴客时切块装盘上桌待客。

腌鱼：取金秋稻田鲜鱼，不刮鳞，从背部剖开，除去内脏，清洗干净后拌上盐，放入盆或桶中淋以适量的米酒，腌制一天后装坛密封，装坛时先于坛底装上一层混合有辣椒面（或糟辣）、花椒面等佐料的糯米饭，然后一层鱼一层糯米饭隔层装坛，坛口处仍以糯米饭压紧，盖上坛口后，坛沿注水阻隔空气，密封存放半年以上方可开坛取食。成品腌鱼色泽鲜艳，鱼糟分明，鱼为本色，糟辣为红色，腌鱼滋味鲜美，集酸、甜、香、辣为一体。生吃酸甜味浓，烧吃香气扑鼻，能调和胃口，增进食欲。用此法储存的鱼类，3 ～ 5 年不变质。成品腌鱼可生吃、烤吃、蒸吃、煎吃、炒吃等，吃法多样，每一种吃法味道各有不同。

干鱼：取 250 克左右稻田活雄鱼，从背部剖开，挖出内脏，用清水洗净，待水沥干后，撒入盐、花椒面，拌匀后放入锅中，加入适量的酒泡制 12 小时后取出平放于炕篮之上，用文火烘烤，待鱼肉发黄后即可收存贮藏。食用干鱼，可蒸、可炸、可炒，亦可与小干虾一道，放入酸汤中煮成口感极美的干鱼酸汤。

烧鱼：以稻花鱼为原料，开鱼时，将事先准备好的木姜树的树丫叉在鱼身上，用柴火烤至七分熟，再用半干的稻草熏烤至全熟，同时将韭菜洗净，用手揉搓去汁后切段，并将烤好的青椒用手撕烂，与韭菜一同放入盆中，倒入适量白开水及盐、花椒面、大蒜等，将烤好的鱼放入其中，将鱼刺和鱼内脏取出，搅拌均匀即可食用。烹制“烧鱼”是都柳江流域侗族、苗族、水族在秋季收获摘糯时于野外稻田间进行野炊的一道特色美食。今天，三都水族自治县都江镇羊福社区苗族、水族“烧鱼节”的野炊烧鱼宴便源于此，但“烧鱼节”的烧鱼，在制作时须加入当地特别的调料“鱼花椒”。鱼花椒是三都水族自治县都江镇羊福社区的特产，花椒籽粒非常细小，但味道很是鲜美清香，特别适宜用来烹饪烧鱼。

3. 血灌肠制作

血灌肠是县境各民族在杀猪时人们普遍制作的一道美食，当地人俗称“笼甬”。杀猪时，以大盆接住新鲜猪血，用双手搅拌捞出血纤维后备用，取猪脊髓、脑花与适量猪板油煮熟后剁碎加入备用的猪血中，一些地方还加入少许煮熟的糯米，然后再加入食盐、花椒面、鱼蓼、切碎的橙皮等，搅拌均匀后灌入洗净的猪小肠中于大铁锅中煮熟切块装盘即可食用。煮好切块装盘的血灌肠，既可冷食，也可加入火锅中热食。在三都水族自治县都江镇的苗族、水族村寨，人们杀年猪时，除上述的各种调味料外，还须加入切碎的椿芽或椿树根部的椿皮。据说，加入椿芽或椿树皮，都会使血灌肠有一种特别的鲜香味。

除杀猪时制作血灌肠外，现在三都水族自治县的水族和布依族村寨，人们杀马时也制作马血肠，马血肠的制作稍显简单，只需要在马血中加入花椒面、橙皮和食盐即可。

4. 瘪食传统

过去都柳江流域及月亮山地区各民族在宰杀牛、羊时，都有制作和食用瘪肉的习惯。现在这一文化习俗仍流行于都柳江中下游的苗族、侗族、水族等民间。瘪是牛羊吃进肚内但未反刍消化的草料，位于接近胃部的那段小肠和胃部，杀牲破肚时，找到这段小肠，用稻草捆住两端割下，放入锅中煮胀之后，以棕叶片滤渣取汁，然后加入花椒、山柰、鱼蓼、捶油子、木姜籽等各种生物调味品，把汤汁熬好备用。将牛羊肉生切成丝条状，装入小肠、肺、肚等内脏后用油热炒，舀适量瘪汤加入其中黄焖 3 ～ 5 分钟即成美味瘪肉。瘪肉具有健胃消暑明目之食疗作用，成为当地人最爱，且已成为当地的一道传统美食，深受外地游客的青睐。

在三都水族自治县的民族村社区，共有 4 家专门开牛羊瘪肉的餐馆，经营者都来自黔东南苗族侗族自治州榕江县的塔石瑶族水族乡，塔石瑶族水族乡是整个都柳江流域和月亮山地区制作瘪肉最为有名的乡镇。塔石人到三都水族自治县城开瘪肉餐馆，既是都柳江流域各民族饮食文化交流的结果，也是三都人对塔石人瘪肉制作技艺的认同。

三都水族自治县都江镇一带的苗族、水族日常食用瘪肉时要加入花椒、山柰、鱼蓼、捶油子、木姜籽等各种生物调味品，但在丧葬场合食用瘪肉，忌加任何调味品。

5. 酿造技术

酿造是微生物的利用技术，都柳江流域各民族民间的微生物利用技术包括副食佐料的各种酸类制作和以粮食作为原料的酒类饮品酿造。

（1）酒类酿造

都柳江流域各民族均精于酿酒，酿酒过程和方法亦基本类同。我们的调研以水族为主。水族的酒类酿造包括制曲和酿酒。过去，在水族家庭中，制曲和酿酒由妇女来操持。现在，随着经济社会发展，一些男子也开始精于酿造，尤其是在商品化领域。

制曲：水族酒曲的制作方法是以中草药为主要原材料，不添加任何矿物质或化学品，制曲时间集中在稻谷扬花之后至秋收之前这段时间。届时全村妇女一起出动，集体上山采药熬制汤汁，由村中最德高望重的老妇统一分配汤汁，制成曲坨后集中摆放发酵，这是水族人普遍的制曲方法。因受环境的影响，各地所采草药的品种、数量虽有不同，但所使用的制曲药引相同。制曲药引水语称“百女妮骂”或“百女汗要”，汉译“一百二十根须”。药引相同、制曲方法一样，表明水族人的制曲、酿造历史相当久远，最晚应该是在水族先民定居黔桂边境之后而人口未向外扩散之前。《唐书·南蛮传》记载，唐代时，现今包括水族人口分布在内的都柳江流域的“东谢地区”“婚姻之礼，以牛酒为聘。”都柳江流域的侗、苗、布依等民族，过去青年男女及恋爱婚姻均较自由，聘礼亦较简单，唯有水族自古即婚姻包办，且“婚姻论财”，故上述史料，应是包括水族先民婚姻特点在内的记载。记载说明，早在唐代，“酒”已经成为都柳江流域和月亮山地区的一种重要财富，可以与“牛”一起成为婚姻中不可或缺之“财礼”。这同样表明，水族人酿酒历史之久远。

布依族村寨的制曲时间，多于“六月六”这天。届时，妇女们上午上山采草药，晚上制曲。

糯米甜酒：即不蒸馏的发酵酒。在三都水族自治县的都江镇一带，水族、苗族民间酿造糯米甜酒多在秋季收获当年新糯米之后，制作时，先将糯米蒸熟、倒入簸箕或晒席中摊开，待温度适中时，加入酒曲并手动翻转拌匀后装坛压紧，然后于坛的中心位置压出一个鸡蛋大小的凹窝作为发酵眼，并将一枚烧得正红的火炭置入窝眼内，之后密封坛口并用棉被围住坛子保温发酵，冬天则将坛子置于灶台的烧火口旁边保温，24 小时揭盖，即成糯米甜酒。糯米甜酒强调用当年制作的酒曲酿制，以保证酒的甜味，酒曲的用量也较其他酒类减少一半。甜酒多为妇女和小孩饮用。人们在嫁娶、节庆、营造、农忙换工、小孩满月、立“牙巫”神位等有众多妇女参与活动的场合，要使用甜酒待客。

米酒：用大米酿造的蒸馏酒。米酒是三都水族自治县各民族的大宗饮用酒。酿制米酒时，先将大米煮熟或蒸熟，散热冷却后，将酒曲撒在米饭里，搅拌均匀装入木缸或陶缸内，在缸子正中位置压出一个碗口大的发酵窝，再把缸口密封好。待米饭充分发酵后，用适量的井水与料糟搅拌，然后蒸烤出酒，烤出之后，用草木灰和黄泥巴将酒坛的坛口进行密封，使坛中的米酒完全冷却后才开坛饮用。三都、荔波、榕江等地米酒烤出之后，要用适量甜酒酿在小锅中烧煮至颜色变黄时倒入酒坛中，然后才密封坛口。这种方法可以使酒的挥发度降低，并可长时间保持酒味之甘醇，而且酒色色泽棕黄，诱人饮用。

重阳酒：重阳节前后烤制米酒时，将每锅酒的天锅头水酒，单独接到一个坛子中，加入橙皮、梨子、山楂等各种新鲜水果和菊花、桂花等一些新鲜花瓣后，以草木灰混和田泥密封坛口，窖藏一年左右，待第二年重阳节时才开坛饮用，故名重阳酒。水族重阳酒甘甜醇香，但后劲极大，是水族家庭招待贵客之佳酿。

制作重阳酒主要流行于三都水族自治县东部与榕江毗连地带的苗族、侗族、水族民间。据民间传说，三都水族重阳酒的酿造技艺，由榕江县忠诚镇高兴水族大寨传入，而高兴水族大寨的重阳酒酿造之法，则主要借鉴了当地的汉族和侗族。

九阡糯米窖酒：水族民间称为“九仙酒”，因其酒曲富含120味中草药而成为贵州少数民族酒类中的珍品。酒质色泽棕黄，晶莹透亮，香味馥郁，清甜爽口，适量饮服，能助兴提神、舒筋活血。九仙酒普遍流行于三都水族自治县的九阡、周覃、三洞、恒丰、廷牌；荔波的茂兰、永康、瑶庆、水尧、佳荣；榕江县的新华、水尾等月亮山的水族地区。由于原产地是三都的九阡镇片区，故民间多称为“九阡酒”。

与贵州其他民族酒类单纯的只蒸馏或只发酵不蒸馏不同，“九阡酒”在技术上具有蒸馏与发酵两种工艺的有机结合。上等的九阡酒，在九月重阳前后，选用当地当年出产的糯米为原料，蒸熟冷却后加入酒曲拌匀，再装缸密封发酵，发酵后再进行蒸烤。米酒烤出后，再用糯米甜酒于烧热的铁锅上加入麦芽炒色，把甜酒倒入锅中与麦芽一起文火熬成棕黄色汁液倒入酒坛里，把坛口密封好，放在无震动、避光的地方或泥地里窖藏起来，隔年之后，开盖视其挥发情况再补入新酒，连加3年之后，不再补以新酒，以草木灰拌和稀泥密封坛口，将酒坛埋入地下或放进山洞里长时间窖藏。窖藏的环境一般要求无震动和恒温。窖藏的时间越长，酒味越好。

九阡糯米窖酒的核心技术是酒曲，必须用120味中草药制作。

九阡酒制曲的120味中草药，总体上分5大类。第一类为药引子，以“一百二十根须”为首药；第二类为酸药；第三类为甜药；第四类为苦药；第五类为辣药。所采药物多选择在喀斯特地质地貌区，仅有少量在黄土坡上采集。根据自己所领受的任务不同，采集者需根据植物的雌、雄特性，用嘴尝试药物的酸、甜、苦辣等不同味道，以便准确采集到必需的药物。

120味中草药中，除大麦、小麦、小米、玉米、黑糯米、燕麦作为制曲原料粗坯之外，余下114味草药或全株使用，或只使用枝叶部分，或只使用皮、茎等都十分讲究。采集114味中草药时，也有严格分类：一类是茎叶均用于熬制汤汁的药物，计有65种，这类药物多数可生用，少数晒干；第二类药物为茎根熬制汤汁，叶子晒干后研搓成粉状，直接拌和制曲粗坯的药物，计31种，这类药物，必须全部晒干；第三类药物为茎叶均须晒干后研搓成粉状并拌和粗坯的药物，计11种；第四类药物为只用皮或茎或叶熬制汤汁的药物，计5种，这类药物多为直接生用。不同功用的目的，在于保持药性的二元对立与阴阳相合。

水族人家，多在婴儿出生后3天，用这种酒曲酿造糯米窖酒，俗称“三朝酒”。这种“三朝酒”一般均窖藏10多年到20年，至姑娘出嫁或儿子娶亲时方用以待客。现在多数人家也在儿女考取大学、参军或参加工作时提前打开饮用，不必等到儿女结婚。多数家庭在主人43岁生日时，亦酿造这样的糯米酒窖藏，待主人过世时，方取出开封，用来招待参加葬礼的亲朋好友。主人在世的时间越长，酒的窖藏时间就越长，窖酒也就越好。有的窖酒由于长时间窖藏，酒质如同黏稠的蜂蜜，须以冷开水稀释，方能饮用，酒味甘醇如琼浆玉液，让人回味无穷。

（2）调味品酿造

酸类副食佐料主要分辣椒酸、西红柿酸、白笋酸、鱼酸、嗅酸等。

辣椒酸：人们烹饪酸汤的必备原材料。“食不离酸”是都柳江流域各民族社会普遍的饮食习惯。农历七月中上旬，辣椒进入成熟季节，以鲜红辣椒切细、磨成粗浆状，加入少许姜丝或姜片、糯米甜酒或米酒搅拌装入土坛，坛口以水密封阻隔空气1个月左右，即酿制成辣椒酸。辣椒酸汤具有清热、解毒之功效。在亚热带气候条件下，夏季经常食用酸汤，已经成为当地各民族预防中暑的共同保健食品。

据传，现在流行于城市餐桌的“凯里酸汤鱼”，最先是使用凯里当地的纯白酸（淘米水酸）制作烹饪。之后其经营者游历三都，发现红色的辣椒酸与白酸味道一样，但红色的辣椒酸更具卖相，遂引入辣椒酸与白酸综合，做成了现在的“凯里酸汤鱼”品牌，从而风靡全国各地。

西红柿酸：农历六月取成熟的小西红柿洗净，加适量的盐和糯米甜酒，搅拌后以果状装坛。这样酿制成的西红柿酸，酸味与辣椒酸相同，但无辣味；或直接于辣椒酸中加入西红柿，酿制成酸辣适中的酸汤。

腌酸菜：制作腌酸菜多为长杆大叶青菜，于秋冬利用稻田栽种，开春之后收割，洗净晾晒至半干时切细，加入韭菜根、三月笋、苦蒜、黄姜和糯米饭，搅拌均匀之后，装入土坛中，淋以米酒，加上坛盖，坛沿注水密封。一个月之后，开坛取食时就成了酸中带甜，食口生津，极其开胃的腌酸菜。腌酸菜是夏季水族家庭主要的开胃食品，既可直接食用，亦可煮汤。

在都柳江流域和月亮山地区，但凡盛产青菜的地方，各民族都有腌酸菜的制作。在三都水族自治县，腌酸菜的制作，以水族、布依族的配料最齐全，味道也最好。

嗅酸：也称“瓮酸”，制作方法是取猪或牛的腿骨、龙骨及头骨，熬煮数小时后，加入豆腐卤水一起装坛，坛口以草木灰拌和黄泥土密封，将陶坛置屋内地面的潮湿之处，不得移动，月余之后开坛，即成嗅酸。开坛之后，坛口以清水密封，取用之后，每逢家中杀猪或宰牛，食用所剩各类骨头，均可熬制降温之后，补入瓮坛中。嗅酸的味道与“臭豆腐”差不多，闻着臭，吃着香。食用嗅酸，多是家中剩下的熟食品种类较多而数量不大，于是将所有食品集中在一起，加入时蔬和少许碎米煮开，再加入嗅酸烧煮入味，即可食用。

嗅酸具有“闻着臭、吃着香”的饮食味觉，据说过去也是每个家庭必备，但因其味道太过浓烈，进入现代社会后，大部分家庭已经放弃制作，但仍然有少部分家庭执着传承。物以稀为贵，现在的嗅酸反而成了一道特色美食。在三都水族自治县中和镇东山村一带，据说只要谁家烹饪嗅酸，味道一经飘出，爱食者就会携带酒水食材闻味而来加入餐桌，食者云集，场面很是热闹。

白笋酸：三都水族自治县酿制的笋类佐料酸，一般与辣椒酸搭配食用，具有帮助消化，健胃和提神之功用，闻味即使人食欲大增。制作白笋酸时，取白竹笋等剥壳切片，用井水清洗后，加盐装坛，再注入适量井水和米酒，坛口密封月余即成。

白笋酸主要流行于三都、独山一带的水族、布依族杂居地区。现在已经成为城镇的一道靓丽的美食风景，三都水族自治县城就有多家经营者，其中以“刘大周老地方饭店”最为著名，每至傍晚，食者甚众。

鱼酸：取新鲜活鱼，从背部剖开除去内脏后放在太阳下暴晒一天，收拢压紧密封，至鱼腥味弥漫时，放入已酿制好的辣椒酸中搅拌，盖坛密封月余，至鱼肉完全溶于辣椒酸中时即成。鱼酸和嗅酸一样，味道极大，也是闻着臭，吃着香。

三都水族自治县的鱼酸，主要流行于县城北部、东部的苗族、水族杂居地区，一般多于民间传承，县城尚未见有专门经营者。

辣椒酸、西红柿酸和白笋酸，现在已经成为三都水族自治县的特色产业，产品成为三都水族自治县城各大农贸市场交易的大宗土特产品，线上交易远达江浙一带以及珠三角地区。嗅酸和鱼酸则成为很多三都游子记住乡愁的美好记忆。

6. 蔬菜食品

三都水族自治县各民族，由于地理条件、气候、环境的高度一致性，促成了人们在蔬菜生产以及副食烹饪方面的文化相似性。

当地所有人家的菜园地里都会种植韭菜和广菜，韭菜中的大叶韭菜又为人们所特别偏爱，而大叶韭菜和广菜，也是水族家庭端节制作“鱼包韭菜”的专门用料。大叶韭菜，是多年生草本植物，具有耐旱耐高温的生物属性，种性宿根传承，春天初发，冬季枯萎，一年中可从三月至冬月采食。它是水族人家夏季主要的蔬菜品种。

除广菜和大叶韭菜为常年种植之外，人们的菜园地主要分秋冬和春夏两个种植季节。秋天种植青菜、大白菜、萝卜、胡萝卜、香葱、大蒜等越冬生长的作物，青菜是这一季节菜园种植的主要品种，孟秋开种，季秋至整个冬季食用，开春撤园。春夏季节菜园地主要种植辣椒、小西红柿（俗称“毛辣果”或“海茄”）、茄子、豆瓜类作物，出于制作酸汤的需要，春夏季节菜园的种植大宗是辣椒和西红柿。除此之外，多数人家还将菜园地一角辟为麻园地，种植青麻，以资家庭所需。

三都水族自治县各民族秋冬季节主要以食用青菜为主，在长期的生产培植过程中，人们还培育出了既适宜山区环境种植、口感极好的紫叶青菜和爬地青菜。这两种青菜炒、煮皆宜，苦味极淡，且苦中带甜，是人们秋冬时节日常生活所食用的主要蔬菜。青菜的通常采摘方法是选取青叶数量多的窝株，采摘边上大片叶菜，株心小片叶菜则让其继续生长，直到开春青菜抽薹时，才最后连根收获。用来制作腌酸菜的长茎大叶青菜，一般多利用秋冬闲置的稻田栽种，平时亦少量采摘食用，开春之后，春水暴涨之时，无论抽薹与否，都将大叶青菜一次性连根收割，以便引水打田，准备稻作农业生产。

佐料类蔬菜除辣椒在夏季种植外，生姜、大蒜、小葱、香芹等多为秋季种植。鱼香菜、鱼蓼、捶油子、山柰等在栽下之后实施半野生式的管理。都柳江河谷的低海拔地区，大蒜多在稻田里种植，收获水稻时，留有高稻根，然后将大蒜种子直接栽插在稻根上，每窝稻根栽插大蒜种 3 ～ 5 棵，栽插之后，用粪水浇淋稻根，粪水成为大蒜出芽的初始肥料，而被粪水抠烂的稻根又成为大蒜生长的后续肥料。用这种方法栽种的大蒜，起拔时大蒜根不带泥，且长势良好。被粪水抠烂的稻根，又起清洁和肥田作用。

7. 传统民间馈赠食品

都柳江流域各民族均热情好客，好酒、好饭、好菜招待客人，是其传统美德。凡是来到家里的客人，无论亲疏远近，无论来自何处，都要热情款待。在水族社会，如果来访的是贵客或长者，就要杀鸡或杀鸭款待。儿女亲家或舅子、姨妈第一次来访时，要杀小猪招待，并邀约本家叔伯弟兄一起陪客。杀小猪待客时，习惯上要留出一只带尾巴的后腿，到客人回程时，与糯米饭稻草扎包一起赠给客人。参与陪客的家族弟兄，不但要热情陪客人尽兴，而且还要延请客人到自己家去做客。对于节日喜庆等重大日子，凡属到家的，无论认识与否，都当贵客来招待。水族在待客礼仪中，尤其讲究缘分。人们认为，节日喜庆等重大日子，有朋自远方来，说明自己有福瑞之气，故不但自己要热情招待，还要邀约亲族来作陪。一家有客全族请。席间，为了营造浓烈的氛围，表达主人的盛情之意，妇女们往往即兴而歌，美酒敬人。所以，但凡水族民间的端节、卯节等传统年节，每个家庭均以客多为荣。

与水族社会相比，苗族民间的礼仪馈赠有过之而无不及。苗族家庭但凡有客来访，待客人告别离开时，一定要向每个客人赠送一个稻草扎包的糯米饭，并由主家的一位年轻人替客人挑到送别客人的路口，才交给客人；对待重要的客人，主家还须同时赠送一块煮好的腊肉附于稻草糯米饭扎包中。

布依族社会也有相似的礼仪馈赠，但布依族的礼仪馈赠一般只针对女性客人，而且她们不以稻草扎包的方式出现，而以糯米饭篮的形式出现，且饭篮中糯米饭一定要染上红、黄、绿等颜色。

三都水族自治县各民族比较统一的民间礼仪馈赠，是关于“匠人”的馈赠。当地各民族对所有的手工技艺者尤为尊敬，无论哪个行业，人们都称他们为“匠人”，若请“匠人”为自己的家庭帮忙打造东西，大到立房造屋，小到箩筐菜篮编织或石工雕刻，到匠人完工离开时，都须杀鸡设宴招待。杀鸡时，也要留出一只带胯的鸡腿，与糯米饭稻草扎包一起赠与“匠人”。

在三都水族自治县东部的都江镇地区，受侗族民间礼仪馈赠的影响，当地各民族在建房、嫁女等场合，主家向前来道贺的客人进行“回礼”馈赠时，一般每人馈赠一尾鲜活的鲤鱼。

8. 宴席食品

三都水族自治县的牲畜种类主要有猪、牛、马等，相应地，各民族在嫁娶、丧葬和营建等场合，则根据不同的礼仪要求，宰杀不同的牲畜制作宴席食品。

三都水族自治县各民族在嫁娶和丧葬场合都有杀牛的传统，对于牛肉的烹饪方法，各民族大体相似，县境南部以酸汤牛肉火锅为主，兼有部分炖、炒；县境东部大多以制作瘪肉为主，亦有部分制作酸汤牛肉火锅。

水族丧葬有男丧杀马的传统习俗，对于马肉的烹饪，多佐以黄豆炒成一锅香或加糟辣椒爆炒成干锅食用。水族丧葬开控场合的牛、马肉，事主家作焯水加工后分给每桌客人，客人们可根据自己的口味或炒或煮，再食用。

猪肉的烹饪方法与其他地区一样，炒、煮、炖、蒸都有，但较少使用煎、炸方法。杀猪时要制作血灌肠，是各民族共同的饮食文化特点。

过去传统的婚礼场合，各民族的食材都比较单一，杀牛或杀猪，席上主要以牛肉或猪肉菜品为主，火锅吃席，适当配以蔬菜、豆腐即可。近年来，由于生活水平明显提高，加之物质条件丰富，各民族的婚礼宴席虽然仍以火锅为主，但食材已经极大丰富，鸡、鸭、鱼、肉等都有配备。布依族还特别讲究“八大碗”，即油炸三角豆腐、扣肉、三角膀、萝卜排骨、蛋卷、鱼、油焖糯米饭和白切鸡。

营造场合，过去三都水族自治县各民族的干栏式木房建筑，由于屋架制作工期较长，故以立屋架那天，作为宴请亲友的吉日。立屋那天的饮食主料大宗，各地均以杀猪为主，多数地方的烹饪方法均较简单，主要以水煮为主。但三都东部和榕江西部一带的水族、苗族地区，立屋当天的菜品较为讲究。以猪肉为主菜，配菜有豆腐等。一般一桌 12 道菜，其中有四道菜是必须的：一是红烧鲤鱼；二是蛋花（把两个鸡蛋煮熟剥壳后，将其划成花瓣形，拼成莲花状，中间放上几颗花生米点缀）；三是蹄膀扣肉；四是苦肉，苦肉主料是猪内脏、瘦肉，配料是捶油子、猪苦胆、花椒面、干辣椒、橘子叶、山柰、生姜、盐等，先将所有的配料混合在一起熬汤，准备食用时，再将主料倒入锅中煮熟起锅。

9. 拦门酒和拦路酒

饮酒是包括水族在内的三都水族自治县各民族共同的饮食文化传统，民间有

“无酒不成礼仪”之说。故儿女亲家、姨妈姐妹等第一次造访或节庆迎接贵客登门时，主人为表示对来客的尊敬和迎客之隆重，在距离家门不远的必经路口，设一张桌子，摆上酒杯，桌边插上草标，待客人到来时，主人以歌迎宾，请客人饮拦路酒三杯。来客必须以歌作答，感谢主人的热情相迎，每个客人各饮三杯酒之后，撤去草标、桌子，主客一起牵手进屋，是为拦门酒。待客人将要离去时，若主人发现来客中尚有多数人酒意不足，则由妇女们在客人出村的必经路口牵出一根稻草绳，并准备大坛水酒和大块肥肉侍候，客人须每人饮上几碗水酒和吃上几块肥肉，方得脱身上路。一些做客过程中刻意躲酒的客人一经拦路酒的洗礼，最终亦大醉而归，是为拦路酒。设拦门酒和拦路酒的目的：一是体现主人的热情好客，希望客人多饮；二是增加彼此的印象和增进友谊。

调查得知，水族和苗族过去没有拦门酒和拦路酒的礼俗。这一礼俗过去主要流行于三都水族自治县的布依族和汉族民间，新中国成立以后尤其是改革开放以后，才逐步流行于整个三都水族自治县各民族民间。

（三）饮食文化从民族性走向区域性对构筑中华民族共有精神家园、铸牢中华民族共同体意识的积极作用

贵州古时候地广人稀，在生产力低下的状况下，人们的生计方式基本上取决于所处的自然环境。自然环境大致相同，虽然民族历史与民族文化存在较大的差异，但是相近区域的人们，其生产、生活式样也大体一致，使得居住在同一自然环境中的不同民族，组成了基于经济文化相似性的区域民族共同体。早期出现的区域性人群共同体，虽然人口数量少，但所跨地域较为宽广。文化是人类在特定时空内生产、生活智慧的积淀，即是人类生产、生活方式的总和。这种为该共同体所熟悉、喜闻乐见、遵循而行之有效的生产、生活方式，在老一辈言传身教的社会群体活动中代代相传而成为传统。传统文化内涵的历史基因是相似生存环境中人群彼此认同的基础。

都柳江流域各民族生产生活环境趋于一致，在适应和改造自然的过程中所形成的饮食文化具有对山地环境的适应性和同一性。饮食文化作为文化范畴的一部分，在相似的生产生活背景下，各民族虽有细微差别，但同一性是其主流特征。比如都柳江流域，生活着水族、布依族、苗族、汉族、侗族、瑶族、壮族等多个世居民

族，各民族在饮食文化习惯上有些细微差别，但类似和同一却是主流特征，都以稻米为主食，以糯米为原材料的各种加工食品广受欢迎。他们喜酸，擅长酿造。三都的广袤大地和崇山峻岭以及蜿蜒流淌的都柳江给人们提供了各种丰富的食物资源，丰富的农作物品种，漫山遍野的山珍野蔬、河流鱼虾、稻田养鱼为该地区各民族提供了丰富的食材。本地区各族人民在长期的生产生活实践中，创造了丰富多彩的饮食文化，调制烹饪出了一道道独特的民族菜肴。由于长期生活在同一地域，物产相同，共同的地理环境和气候条件决定了居住于此的人们共同创造并操持相似的生计方式，形成了相似的生活方式和生活习惯。各民族在长期的交往交流中，不断融合，民族习俗相互影响、认同和吸收，发展到今天，各民族的饮食习俗大体一致。因其一致的山地生境，饮食文化的民族性必然走向区域的统一性。

中华民族共有精神家园，以中华文化为根基，以共同的文化信仰和价值体系为指导。纯粹的、单一的民族文化在中华民族的框架内正在发生趋同性的变化，各民族相互学习、彼此认同吸收。每个民族以其独特文化吸引并影响其他民族成员，在长期的互动过程中，各民族相互了解、相互欣赏、相互学习、相互借鉴、取长补短、共同发展，达到感情相依、情感交融，形成“你中有我，我中有你”的互嵌式文化格局，促进了各民族交往交流交融向纵深发展。饮食文化是中华文化重要的组成部分，蕴含着对家乡和故土的情感与热爱，无论对个人还是族群，都是构筑深刻情感链接必不可少的要素。情感是最深处的认同。都柳江流域各民族特色鲜明的饮食文化，不仅是该流域各民族生产生活历史的见证，更是中华民族西南山地文化不可或缺的部分，是中华民族共有精神家园的重要组成部分，对铸牢中华民族共同体意识具有极大的促进作用。

三都水族自治县又是多民族相依共存、和睦相处的县份。在地理上，三都水族自治县是“都柳江流域—月亮山地区”区域民族共同体的重要组成部分，除水族外，该区域内同时生活着汉族、苗族、布依族、侗族、瑶族、壮族、彝族等民族。区域的自然地理和社会经济文化结构具有高度一致性，这为各民族的文化共同性发展提供了互学互鉴的极大方便。

都柳江流域和月亮山地区是贵州省生态环境保护最为良好的区域之一，森林覆盖率在 68% 以上，生物多样性突出。相似的自然条件，使得人们利用自然的技术和开发自然的价值观念趋于一致。这为我们今天实施生态文明建设、构建生态命运共同体提供了区域范围技术操作的统一性。

都柳江流域和月亮山地区又是贵州省乃至中国传统的稻作农耕区和稻田养鱼区，干栏式建筑、饭稻羹鱼与山地梯田的完美结合，成为该区域内各民族共同的生计传统，由此构建了区域的“稻—鱼”饮食文化特色。

该区域内多民族人口交互杂居的社会结构所形成的族际婚姻，一方面促成了当地社会的整体开放，另一方面则推动了各民族的思想解放。社会开放与思想解放，使人们以更加积极的心态，促进各民族的交往交流交融，成为民族团结进步示范创建的内生动力。

都柳江流域和月亮山地区这种因生物多样性与文化多样性所构成的区域民族共同体，使我们有条件和机会以点串线、串线连片推动民族团结进步示范创建的全面发展。因此，聚焦三都水族自治县的发展实际，全面考察各民族在婚姻、建筑、节庆、饮食等方面的交往交流交融和文化变迁，对今天我们构筑中华民族共有精神家园，建设铸牢中华民族共同体意识模范省，都具有重要的实践意义和理论意义。

进入新时代以来，三都水族自治县经济社会各项事业都获得了全面发展，分别荣获“中国水晶葡萄之乡”“中国赛马之乡”“中国民间文化艺术之乡”“全国民族团结进步示范县”等称号。

三都水族自治县素有“像凤凰羽毛一样美丽的地方”之美誉。三都水族自治县境生态环境良好，山清水秀，景色宜人，气候温润，全县森林覆盖率达 72.47%，是贵州省十个重点林业县之一。县境物产丰富，盛产九阡酒、九阡李、水晶葡萄、黄桃、都江椪柑、巫不香猪、周覃优质大米、大河脐橙、茶叶、食用菌、中药材、优质蔬菜、三都酸等农特产品，产品远销珠三角、川、渝、湘等地区。截至目前，全县共获得国家三个绿色食品认证和四个有机农产品认证，是珠三角地区“菜篮子”的重要生产基地。

正如本次调研所反映的情况那样，今天三都水族自治县经济社会的发展成就，与党和人民政府长期致力于贯彻落实党的民族政策、推进民族地区经济社会全面发展分不开，也与长期以来和睦的民族关系以及各民族在文化上相互理解、相互尊重、相互认同和借鉴分不开。习近平总书记在 2014 年中央民族工作会议的讲话中指出：“加强中华民族大团结，长远和根本的是增强文化认同，建设各民族共有精神家园，积极培养中华民族共同体意识。文化认同是最深层次的认同，是民族团结之根、民族和睦之魂。”我们有理由相信，三都水族自治县各民族的这种文化交融，就是践行习近平总书记这一要求的最佳成果。

（本次调研得到三都水族自治县民宗局、三都水族自治县水书文化研究院、都江镇党委、三合街道党委、凤羽街道党委、中和镇党委、周覃镇党委、九阡镇党委，以及都江镇党委曾俊杰委员、中和镇甲化村驻村工作队长韦光奇、周覃镇党委副书记杨廷志、九阡镇人大主席石红官、九阡镇副镇长杨胜鹏等单位和个人的大力支持与协作，在此一并致谢！）

榕江县各民族交往交流交融调查

课题组组长：韦晓燕

课题组成员：范　波　唐合亮　卢丽娟　谭　敏　潘光繁

一、榕江各民族交往交流交融的历史和现状

（一）榕江各民族交往交流交融发展史概略

1. 自然人文空间与交融发展

榕江旧称古州，被誉为“江南八百州”之一，地处珠江和长江流域上游。全县大部分地区属于都柳江流域，小部分属于清水江流域。位于黔、湘、桂三省（区）结合部中心地带，隶属贵州省黔东南苗族侗族自治州。东邻黎平县、从江县，西与雷山县、三都水族自治县接壤，北靠剑河县，南接荔波县，县城驻地古州镇居于都柳江、寨蒿河、平永河三江交汇处。全县总面积3315.8平方千米，目前辖9镇10乡1街道250个行政村。截至2023年年底，全县户籍人口38.60万、常住人口29.65万人，其中少数民族户籍总人口31.5万人，占总人口的81.6%（其中侗族、苗族、水族、瑶族等人口29.8万，占总人口的85.14%）。在地域上拥有深厚的人文基础和丰富的交融互动发展特质。

习近平总书记指出：“我们辽阔的疆域是各民族共同开拓的，我们悠久的历史是各民族共同书写的，我们灿烂的文化是各民族共同创造的，我们伟大的精神是各民族共同培育的。”各族人民共同生息、劳作、开拓、建设和发展了都柳江、清水江流域，在这片富饶美丽的土地上，展现出一幅幅生动图景。各族人民多称现在的榕江县城及毗邻地带为“天鹅坝”，寓意都柳江山川为美好之地。

交往交流交融的自然人文空间。榕江地貌特征，处于云贵高原向桂湘丘陵过渡

地带，高山、坝子、峰谷、江河溪流纵横交错，崇山峻岭逶迤，地形极为复杂。境内山明水秀，生态良好，都柳江、清水江蜿蜒浩荡，城镇、村落星罗棋布。侗村、苗寨、汉街、古屯堡等文化遗风错落交织，有省内闻名遐迩的万亩车江大坝，景色旖旎壮美。气候温润，雨量充沛，资源丰富，素有“黔桂水上要道与枢纽”之称，为黔东南要津和商贸军事重镇，是“贵州省旅游优先发展区”“红色革命老区”和“贵州省体操之乡”。有红七军军部旧址、镇台衙门、大利古建筑、三宝鼓楼、宰荡鼓楼、两湖会馆、广东会馆、都柳江古码头等文物古建筑。2000 年，榕江苗山侗水风景名胜区被列为国家级风景名胜区，拥有文旅部授予的“中国民族文化艺术之乡”称号，两个 B 级景区，4 个 A 级和 5 个 B 级旅游村寨，是全省三个优先发展的旅游重点方向黎从榕旅游区的重要组成部分。全县已形成三宝千户侗寨、都柳江多民族文化旅游线、茅人河环雷公山苗风侗韵、大河口码头、老街历史文化景点为代表的旅游线路。榕江各类文物 133 处，民俗风情及民间艺术独具一格，丰富多彩，享有“风情浓郁、璞玉浑金、无迹不古、山水独秀”的美称。

丰富的交融互动发展特质。榕江各族人民勤劳勇敢智慧，长期以来，团结和睦，友好相处，渊源悠久。历史上，各族人民一道共同发展生产，改良技艺，引进较先进的生产工具、高产农作物品种，更新耕作制度，建立集市和城镇，开设厂矿企业，兴办文教，促进生产力发展和生产关系进步，牢固结成政治、经济、文化、社会诸方面紧密的共同体。广泛交往交流交融，一起团结共进，借鉴学习，辛勤劳作，互帮互助，共同建设国家、发展地方，你中有我，我中有你，不可分割，相互离不开，是历史与现实的真实写照。在文化上相互兼容、生产上相互帮助、情感上相互亲近、精神上相互支撑，共同的价值诉求蕴含着丰富的价值意蕴，体现了榕江在交往交流交融、铸牢中华民族共同体意识方面鲜明、宝贵的特征。

由于历史和现实的发展，榕江县内各民族大杂居、小聚居、交错居住。大致分布情况：侗族多居于沿河或山间谷地，主要在车江侗寨、栽麻镇、寨蒿镇、朗洞镇、乐里镇等地；苗族多居于 500 米以上山脊，主要在计划乡、加宜苗寨、八开镇、三江水族乡、两汪乡等地；汉族多居于城镇和集市，主要在古州、忠诚、寨蒿、平永、朗洞等镇，亦有居于山脊的，如崇义等地；水族多居于谷地溪边，亦居山脊，主要在定威、兴华、水尾、仁里四个水族乡和古州镇的高兴、料里等地；瑶族主要居住在塔石瑶族水族乡，各地亦有散居；壮族、彝族等多散居各地。回族、白族、仡佬族、傣族等民族人数很少，多为机关或企事业单位人员。

各类交往交流交融巩固了国家的统一、人民的大团结。千百年来，各族人民毗邻而居，互嵌杂居，和睦相处，守望相助。在生产、商贸、技术等方面，相互借鉴学习，相互合作，取长补短；在文化生活习俗上相互欣赏，兼容并蓄，相互影响，共同开发建设都柳江、清水江流域，创造了辉煌的历史和丰富灿烂的文化，一体多元，共同团结进步，共同构建伟大祖国，携手同心，奋力建设好国家和共有美好家园，是历史的主流。

数百年来，汉族或屯戍或仕宦或流寓，或商贸或文教或百业，自陆续迁入都柳江与清水江流域定居以来，与侗族、苗族、水族、瑶族等民族一道，为本地经济建设和社会进步做出了重要贡献。从历史维度看，在维护和巩固国家统一、对中华文化传播影响，深化各民族交往交流交融，广泛沟通内外、发挥桥梁纽带效应，共同推动流域内外、榕江历史发展和现实繁荣进步，起着不可替代的特殊重要的作用。

各族广大劳动人民阶级相同，利益情感相通，没有根本利害冲突，相互尊重、融通包容，以至有的相互开亲，成为亲戚、一家人，这样的事例在都柳江、清水江流域和榕江屡见不鲜，不断深化和丰富了交往交流交融内涵，展现了中华民族海纳百川的博大精神内涵，构筑了中华民族共同体的牢固基础。为了反对历代统治者的压迫剥削和暴政，尤其是在近现代，为了国家独立富强、人民自由幸福，在历次抗暴和革命斗争中，各族人民一起并肩战斗，做出了重要贡献和牺牲，共同推动了整个社会历史变革和国家发展进步。

城镇、乡村、坝子、山地、河流等所出物产丰富，品种不一，经济与人文特征多样。历史上，城镇生产技术与农业制成品、乡村农耕林业手段与农副产品事项繁多，紧密联系，相互依存，融通互补性很强，形成共生共荣发展圈层。在交往中增进了解，在交流中互学互鉴，在交融中共同发展。各民族共同创造了地域悠久历史、灿烂文化，随着时代的发展进步，在地理空间分布和经济文化类型上，榕江形成了既具有一定特色又相互补益，共同性愈益增强，交流交融共居共建共享的发展新格局。

据榕江县有关方面研究介绍，该地苗族先民大多于春秋战国时期由五溪地区逐渐南移入桂（有小部分是宋元明清时期从湘西、铜仁等地陆续迁徙进入），溯融江、都柳江来到这里，开辟洪荒，称榕江为“方先”，秦汉时期又分散到黔东南部分地区。之后侗族、水族、汉族、瑶族等民族相继迁入，使得榕江成为多民族交往交流交融、共同建设的美丽家园。

都柳江与清水江流域较快发展，大致始于明盛于清及之后。特别是榕江设厅建制（1730）后，近300年来，随着大量汉文化和大规模移民的进入，各种类型文化在这块土地上交融汇聚，相互影响促进，极大地推动了榕江经济社会发展进步。在这一历史过程中出现了政治环境、经济环境等的变动。在政治环境上，形成了卫所、府县厅、土司，尤其出现了卫所属湖广都司、府县厅属贵州省的犬牙交错格局并不断变化的情况；在民族环境上，“侗人”“苗人”“屯军”“客民”等群体交错杂居；在社会组织上，呈现出官府、宗族、侗款、苗族议榔、寨款以及“社”与“会”等各类多元化的组织形式；在经济环境上，自给自足的自然经济、分散经营的农耕兼狩猎采集、渔业、作坊小手工业模式，是许多民族历史上长期存在的经济形态，并深刻留痕，影响至今。几百年来，随着水道的疏通，驿道道路的建设，木材、土特产品与盐运、铁器、百货商贸逐步兴盛，城镇集市与文教、手工百业不断兴起繁盛，城乡、内外、各种文化类型、各族人民之间互动交往交流不断加强，相互学习、借鉴，呈现出多样化的经济手段、复杂立体多样的农业林业种植技术。美美与共，交融发展，各族人民共同创造了榕江的历史与现实壮丽画卷。都柳江、清水江流域的开发史，就是一部各族人民交往交流交融史、共同发展进步史。

2. 历代建置沿革反映“三交”源远流长

历代建制客观真实地反映了榕江地区各民族交往交流交融，不断主动融入国家发展大格局的发展历程。榕江有悠久的历史文化，春秋战国时期属楚国西南境，从东汉光武帝建武元年（25）起，历代均有建制，距今已近两千年。但是榕江长期为中央王朝羁縻之地，多为土官管理或无列入版籍，设废不定。

唐贞元十七年（801）杜佑撰的《通典》“……大唐置古州……古州户二百六十，口一千三百……”为这里行政区划最早的文字记载。《明史·地理》记载，元明时期，都柳江上下游置合江曹滴洞、西山阳洞等长官司，记录了中央王朝对都柳江流域的统治。元至元二十年（1283）置古州八万洞总管府，后改军民府，属思州安抚司。明洪武三年（1370）置古州蛮夷长官司，属思州宣慰司；二十六年（1393）置古州卫，寻废；永乐六年（1408）设古州司流官吏目；十二年（1414）以古州蛮夷长官司属黎平府。清雍正五年（1727）设开泰县丞驻古州，“改土归流”后，于八年（1730）置古州厅，设流官管理，隶黎平府，黎平府同知驻其地；乾隆元年（1736）置古州兵备道，为当时贵州四大军事重镇之一。乾隆二年（1737）移开泰县丞分驻朗洞。因地方古榕树繁多，且为都柳江、寨蒿河、平永河三江汇聚之地，民国二年（1913）改古州厅为榕江县，属黔东道，十二年（1923）直属于省；二十六年（1937）以后属第二行政督察区。1950年，属独山专区。1952年，属都匀专区。1956年，划入黔东南苗族侗族自治州。目前，全县辖1个街道9个镇10个乡（其中6个民族乡），辖有车民街道、古州镇、忠诚镇、寨蒿镇、平永镇、乐里镇、朗洞镇、栽麻镇、八开镇、平江镇、崇义乡、平阳乡、两汪乡、计划乡、仁里水族乡、三江水族乡、定威水族乡、兴华水族乡、水尾水族乡、塔石瑶族水族乡。

3. 都柳江流域改土归流与国家化深化“三交”

习近平总书记在2019年全国民族团结进步表彰大会上深刻指出：“我们辽阔的疆域是各民族共同开拓的。‘邦畿千里，维民所止。’各族先民胼手胝足、披荆斩棘，共同开发了祖国的锦绣河山。自古以来，中原和边疆人民就是你来我往、频繁互动。特别是自秦代以来，既有汉民屯边，又有边民内迁，历经几次民族大融合，各民族你中有我、我中有你，共同开拓着脚下的土地。秦代设置南海郡、桂林郡管理岭南地区，汉代设立西域都护府统辖新疆，唐代创设了800多个羁縻州府经略边疆，元代设宣政院管理西藏，明代清代在西南地区改土归流，历朝历代的各族人民都对今日中国疆域的形成作出了重要贡献。”

改土归流，就是废除西南民族地区的土司制度，改由中央王朝委派流官直接进行治理，实行和内地相同的地方行政制度。狭义上指清雍正时期在西南地区大规模实行的废除土司制度，加强国家统一化进程，设立流官管理的重大社会改革。改土归流是一种顺应历史潮流的举措，这是学术界所认同的结论。改土归流是中华民族由“自在”向“自觉”过渡中社会变革的重要环节，是大西南地区融入国家大格局的重大步骤。逐步实现国家“大一统”的治理方向，凸显了明清国家治理的进步，加快了中华民族发展进程和中华民族共同体建设步伐，影响深远。

中央王朝根据西南边疆民族地区社会形态和发展的复杂特点，秦汉时期多为郡县制与方国制并存；唐宋时期，一般实行经制州与羁縻制度；元明时期，多实行土司制度和卫所府州县制。这些方式在历史上适应了不同历史阶段统一多民族国家的发展状况，有一定的积极治理作用，然而随着社会的不断发展进步，土司制度的弊端越来越明显，已经不再适合边疆民族地区社会发展趋势和中央的治理。在土司统治下，土司世有其土，世有其民，对所属人民有生杀予夺的权力，“主仆之分，百世不移”，人民生活艰难，严重阻碍了社会经济的发展，他们利用自己的兵丁镇压当地人民，抗命朝廷，反复无常，叛乱不绝，严重影响了边疆社会稳定。土司制度的长期存在，不利于国家的统一和经济社会的发展，随着历史大趋势，土司制度的落后性与弊端日益突出，废除土司制度已成为历史发展的必然。

到了明清时期，中央王朝根据西南边疆民族地区社会形态和发展的复杂特点，大规模施行改土归流政策，加强了国家化政治统治。贵州省的建立（1413）实质上就是不断实行改土归流的进程和结果，是在废除思南、思州二宣慰司、设立八府基础上进行的。随着贵州省的建立，有明一代，除设立若干府州县卫外，在一些条件较成熟的地区，或土流并治，或逐渐改以流官取代土官，实行改土归流。截至明末，贵州四大土司（铜仁田氏、播州杨氏、水东宋氏）已经逐步被革除并设置了大小不等府州县，奠定了一定社会改革基础。清代承前启后，因循之并进一步深化。在康熙时期，水西安氏也被纳入改流实施范围。

西南地区大规模改土归流在清雍正年间，并延续到乾隆时期，某些地方一直持续到清末。根据文献载述，基于时空环境，雍正四年（1726），云贵总督鄂尔泰建言改流疏云，认为土司制度是西南边疆的最大隐患，必须尽早尽快解决，只有将横暴桀骜的土司逐渐消除，在其统治地区逐步改设流官，才是治本的方法，否则不能根本解决西南边疆发展稳定问题。

都柳江、清水江流域连接黔湘桂粤，区位显要，是大西南地区沟通内外、通江达海的重要通道。随着时代发展，明清时期，该地域经济、政治、文化、商贸、交通及军事战略位置在国家整体治理格局中愈益凸显。但历史上，由于林幽大壑，山川阻隔，这些地方长期未被列入国家有效治理范畴，中央王朝政令不通，没有一个统一有效的社会治理机构，道路不通，商贸时或被劫，客观上梗阻毗邻数省经济、政治、文化、驿道、航运、人员往来交流，形成所谓“内地之边疆”状态。在贵州，由中央王朝决定，云贵总督鄂尔泰、贵州巡抚张广泗（方显等）具体实施的改土归流举措以政治手段即招抚为主，剿抚兼济，恩威并施，在一些地方由于屡遭暴力抵制，主要通过武力实行改土归流。

史载“（但）自黎平府以西，都匀府以东，镇远府以南，皆生苗地。广袤二三千里，户口十余万，不隶版图……民自黔之滇、之楚、之粤，皆迂回远行，不得取直道……清江南北两岸及九股一带，虽多复岭重岗，而泉甘土沃，产桐油、白蜡、棉花、毛竹、桐木等物。若上下舟楫无阻，财货流通……诚能开辟，则利可兴也”。（清•方显《平苗纪略》，同治刻本）基于时代背景的认知，雍正四年（1726），云贵总督鄂尔泰奏：“云贵大患无如苗蛮。欲安民必先制夷，欲制夷必改土归流”，对待大小土司“若不铲蔓塞源，纵兵刑财赋事事调节，皆治标而非治本”，“而苗疆……梗隔三省，遂成化外。如欲开江路以通黔粤，非勒兵深入，遍加剿抚不可”。（民国赵尔巽等《清史稿•土司传》）为了实现国家政治一统，类似都柳江、清水江流域“内地之边疆”列入国家有效治理，畅通政令，开通相邻黔湘桂粤诸省通道，开发丰富物产，更好发展地方经济文化，雍正同意其论断。中央王朝决策，于雍正六年（1728）夏，始以剿抚方式向大多尚处于原始社会末期氏族公社发展阶段的清水江、都柳江“苗疆”大举进犯。大军相继进入台拱、丹江、八寨、清江、古州、都江等地。中央王朝改土归流的举措，由于历史文化背景、社会架构、习俗、语言文字、信仰价值观、文化认知理念的差异，遭到一些村寨的暴力反抗。此间，黔湘桂川滇鄂等六省官兵陆续分多路进入都柳江、清水江流域。后诸事悉平。留存至今州（市）级文物保护单位，都柳江上江崖凿刻之“向来王化外，今入版图中”布仰摩崖石刻（时独山州牧孙邵武勒兵疏通都柳江航道所刻），客观反映了改土归流、当时社会状况、统治者认识态度，以及采取系列举措的史实。

“始自广顺州之长寨，终于古州。”中央王朝历时近六年大力实施改土归流，加强边疆和民族地区治理，分别设置府、州、厅、县。当然，最初交往接触及之后的岁月中，也存在程度不等的一些相互了解、矛盾碰撞、磨合适应过程。某时间段由于某些统治者治理失策，暴虐压迫剥削，贪墨苛索，以及文化观念、社会发展形态、价值理念的不同，引起“众苗”，甚或包括汉族人民在内各族人民的联合并肩起义斗争，一道结成反压迫、反剥削命运共同体，并在此过程中不断加强了各族劳动人民的了解、理解和感情。历史上，有时阶级矛盾、民族矛盾与文化冲突交织起伏，围攻屯堡哨汛与会剿焚寨铏刈，起事起义与镇压不时出现，致使城乡凋敝，骸骨散野，迭现文献载述之中，经历了大大小小曲折的国家化螺旋式发展历程。这也是当地交往交流交融长期进程中毋庸回避的某个侧面，一个历史现象，值得后世者殷鉴之。

清中央政府在黔东南以及黔南地区，新置六厅或称“新疆六厅”，即台拱（台江）、清江（剑河）、八寨（丹寨）、丹江（雷山）、都江（都江镇）、古州（榕江），现在这些地方大多为各县城所在地。群峰连绵，山势险峻，江河纵横，民情复杂。其中，古州厅位于这些地域的腹心地带，为当时最重要的一个厅，建置之时共置左右二卫、四十个堡，马步守军数千人，与厅内外卫堡机构网结相连，屯垦戍卫，重兵置守，控扼关隘要津，保障航道驿路，连通黔湘桂粤，并渐畅达中原各地。建立相应系列施政机构，各厅委派有一定任期、非世袭的流官进行直接管理，逐步实行和内地一样的各项行政制度，如编制户口、设立保甲、丈量土地，疏通航道、修建驿道、兴修水利和灌溉工程，引进新的生产工具、生产技能、作物品种，鼓励农业耕作新技术、商贸和移民，设屯立堡、建立城镇集市，厘定赋税、清查钱粮，建立厅学书院义学，少数民族取用汉名和学习汉文化，推广儒学、深化相互借鉴交流影响等，有效促进了这些地区社会经济文化教育发展，消减了地方分裂割据积弊和隐患，维护了国家统一，推动了各民族交往交流交融发展进程。

当然，改土归流也存在不彻底性和一定的时代局限性。如何更加有效地治理地域辽阔、历史发展状况与社会结构存在差异、各民族文化有所不同的国家，情况十分复杂，不能完全照搬中原内地的治理模式。必须看到，在改土归流的过程中，一是往往伴随血与火的措施，给当地各族人民带来了深重的灾难和痛苦，剥削压迫加重，引发了后来乾嘉、咸同等时期的苗族和各族人民起义斗争。二是在改流后，有些措施不适宜当地的历史文化状况和习俗特点，不得不保留或者设置土官、土弁、土舍、土目协助流官治理。鄂乐泰后来也意识到“若不论有无过犯，一概勒令改流，无论不足以服人，兼恐既无以善后。如果相安，在土无异于在流，如不相安，在流亦无异在土”。许多势力不大，而又对王朝忠顺的小土司被保留下来，故在雍正、乾隆、嘉庆、道光期间裁汰许多土司，贵州仍然保有长官司 65 个。(《清会典·职官》)

总而言之，从宏观社会发展规律视角、历史尺度来看，改土归流顺应历史发展潮流，是中央王朝深刻影响至今的重大战略决策，整体应该肯定的重大举措。历代国家化政策的有效深入实施，客观上加强了中央政府对包括榕江在内的都柳江、清水江流域这类“内地之边疆”地区的治理，破除了各民族交往交流交融的制度性障碍，打破了这些地区原先与外界相对隔绝、没有建政、长期存在的闭塞落后状况，逐渐融入国家和中华民族整体发展大格局。改流设置后，“(都柳江流域) 浚浅滩，辟险碛，伐巨林，凿怪石，舟楫邮递，往来如驶”“闭塞数千载，至……凿江开道，从古化外之域，今为水陆通庄矣”(《黔南识略》)。这些地区逐步有效纳入国家治理体系，大量劳动力、较先进理念和生产生活方式不断大规模加入、交流，各种文化相互融汇，带动促进了地域和各民族生产力和生产关系的发展进步，使边远地区多民族地区与内地在政体上趋向统一，不断深化中华民族共同体、祖国一体化发展进程，进一步夯实多民族国家的统一和中华疆域版图的稳固，具有重要的历史和现实意义。

4. 从谱牒中反映榕江“三交”历程点滴

千百年来，在榕江这片土地上，各族劳动人民在共同生产生活中相互学习借鉴，团结互助，有关各民族同舟共济、文化相融、血肉相连，我中有你、你中有我、共同发展进步的现象不胜枚举，甚或相互开亲，守望相助，手足情深，结下了深厚的感情，为阐释榕江地区中华民族共同体的发展提供了生动事例。

例如，榕江张氏家族、李氏家族、著名的榕江“赖家大院”等。据张民后人（张晓溪）提供的《清河宗支百双堂张和顺家谱》记载：其祖籍广东嘉应州（后改梅县，今梅州市）长沙圩。原称“客家”，现称“侗族”。先祖家境不富，以养鱼及经营小商为生，先祖宁寿公太生有常兴、旺（万）兴；旺兴生金生、水生；水生生淼芸；淼芸生任祥；任祥生国泉、国达，繁衍于广东故土。常兴为生活奔波，于清道光年间（1821—1850），伙同货郎长途跋涉，辗转流离，由粤落居榕江，娶侗女为妻，从此在榕江根繁枝茂，衍成数十人大家族，继而发展至他地。20 世纪 50 年代，士昆（张民）学校毕业后工作到贵阳市（贵州省民族研究所，现今贵州省民族研究院），随带家眷，其后长子应州、次子亚州返回榕江，留三女晓香、季子晓溪于身旁，定居于贵阳市北扁井。

家族中人除说汉语、习汉俗外，多会说侗语、晓侗习，与侗女“行歌坐月”，甚或联姻。族人虽然离乡背井，相距遥远，而彼此之间，不为关山阻隔，密切如故，不忘根本。1971 年初，士昆（张民）因工作从贵阳至梅县旅次，特意寻根，族人奔走相告：“我古州（榕江）亲族来了。”周边亲朋家族，纷至沓来，挤满堂屋，喜悦无比。1981 年秋，士彬因公赴梅，据张民之言，拜望任祥，宗兄弟俩，同床共宿，亲密无间，彻夜难眠。1985 年夏，合族思乡、念亲心切，去信迎接广东族人来榕，了此夙愿。任祥外孙蓝耀达、蓝海，相继来到榕江，亦在此娶侗女为妻，携回广东。家族中人，常来常往，感情甚笃。

据李勇伟提供的《宗祠堂志》，其先祖李应元、李应举于 1644 年明末清初年间由广东省嘉应州雷州堡顺河村迁至黔地榕江三宝故里上鲁（章鲁），居住若园，娶侗女为妻，耕读传家数百载。李应元、李应举在上鲁北门兴建有一间家族祠堂，长

10米、宽8米、高5米，直到光绪初年家发人众，分散各居，祠堂年久失修，于光绪十三年又因改北门道路，重建北门土地时，李、吴、杨氏三姓合立北门土地会直到解放。因“破四旧”，祠堂名存实亡，现准备重修。编撰有家谱，有字辈十字转：文应际秀昌永远发全良。

榕江赖家大院地处榕江县古州镇车江章鲁寨中，为县级文物保护单位。始建于清光绪十三年（1887），占地面积1270平方米，建筑面积1090平方米，坐北朝南，总体为粤式建筑，亦融合了一些当地建筑风格。两进四合院格局，规模壮阔，雕刻精细，为当地名门赖氏家族所修。据了解，赖氏家族来源广东，因经商（木材、百货）落籍榕江，家族中也有不少汉侗联姻、文化和社会生活紧密交融的成分。

（二）制度建设及实践促进交往交流交融

1. 党的民族政策与国家制度建设保障“三交”

新中国建立伊始，根据马克思主义基本原理，中国共产党就以民族平等作为立国的根本原则之一，确立了民族平等、民族团结、共同团结奋斗、共同繁荣发展的政策。这在历次修订的《中华人民共和国宪法》中均有明确规定。在国家统一领导下，在维护祖国统一、民族团结的根本原则基础上，建立民族区域自治制度，积极培养各民族干部，疏通民族关系，努力发展民族地区经济文化和地方各项社会事业，共同建设好国家和共有家园。1956年4月18日，国家建立黔东南苗族侗族自治州，榕江县隶属该州，民族区域自治制度不断得到坚持和完善。这些政策举措为各民族广泛交往交流交融奠定了扎实基础，创造了前提条件。改革开放尤其是党的十八大以来，随着国家各项建设事业的逐步深入，各民族交往交流交融空前广泛，是历史上最频繁互动活跃的时期。

进入21世纪，在国家和社会各界的大力帮助下，各族人民齐心奋发努力，脱贫攻坚、全面小康、多彩贵州现代化建设，挖掘和弘扬各民族优秀传统文化，以民族文化和生态建设作为发展重点，注意传承地方历史文脉。以《中华人民共和国宪法》、社会主义核心价值观为引领，努力构建各民族共有精神家园，以铸牢中华民族共同体意识为主线，奋进“两个一百年”奋斗目标，为中华民族伟大复兴宏伟事业，奋力谱写建设富强民主文明和谐美丽的社会主义现代化建设榕江实践新篇章。目前，榕江正在积极融入粤港澳大湾区，内引外联，新理念、新业态、新文化、新模式迭新俱进，凝心聚力，团结奋斗，各民族交往交流交融进入了崭新时代。

榕江各族人民在党的正确领导下，继续以经济建设为中心，坚持改革开放不动摇，抢抓国家继续实施西部大开发战略、两个国发2号文件，加强过境大通道建设，省州实施“两山”（月亮山、雷公山）脱贫攻坚，贵州次中心城市建设等大好机遇，在红军精神、长征精神鼓舞下，以习近平新时代中国特色社会主义思想为指引，坚持改革开放，走可持续发展之路，走特色经济之路；在经济社会发展的进程中注重发展新技术产业，调整产业结构，开发新资源，培育新产业；加强“区域次中心城市”“民族生态旅游大县”和“绿色生态县”等建设；着力“农副产品供给、东中部产业转移承接、旅游度假休闲和劳务输出”4个基地建设；继续走农业产业化道路，加强农业基础设施和社会主义新农村建设，增强社会保障，扩大就业和再就业。

在新时代，榕江县各族广大干部群众秉持共同理想信念，共同团结奋进，共同迈向全面建设社会主义现代化国家新征程。一个社会和谐文明，人与自然充分协调，科技文化进步，民族团结社会稳定，经济健康发展，人民生活富足，现代化美丽中国之榕江恢宏发展景象正在从蓝图逐步变成现实，各民族交往交流交融的政治基础和制度保障更加巩固，内容和范围更加深刻广泛。

2. 铸牢中华民族共同体意识成效显著

榕江县认真贯彻落实习近平总书记关于加强和改进民族工作的系列重要论述和指示，围绕铸牢中华民族共同体意识主线，聚焦发展第一要务，夯实基础支撑，促进了榕江县各民族手足相亲、守望相助，深化了各民族交往交流交融路径。

一是为建设铸牢中华民族共同体意识模范省、模范州增光添彩。

黔东南苗族侗族自治州是我国30个民族自治州中成立最早的自治州之一，是贵州省建设民族团结进步繁荣发展示范区的重点区域，做好新时代民族工作责任重大、使命光荣 。党的十八大以来，中共黔东南州委、州人民政府坚持以铸牢中华民族共同体意识为新时代民族工作的主线，以共同团结奋斗、共同繁荣发展为主题，以加强各民族广泛交往交流交融为根本途径，以强化组织领导、宣传教育、示范引领、依法治理为具体措施，按照增进共同性，尊重包容差异性的重要方向，梳理明晰铸牢中华民族共同体意识的黔东南生动实践，民族团结进步事业取得了新的历史性成就，打造了建设民族团结进步繁荣发展“黔东南样板”。2019年12月9日，黔东南苗族侗族自治州正式被国家民委命名为“全国民族团结进步示范州”。

党的十八大以来，在习近平总书记关于加强和改进民族工作重要思想指引下，榕江县委、县人民政府团结带领各族干部群众，万众一心、励精图治，经济社会发展发生了翻天覆地的变化，创造了一个又一个辉煌，共同夯实了经济繁荣发展、社会和谐稳定的时代新路。各族人民积极投身经济建设伟大实践，全县经济规模由小到大，经济实力由弱到强，实现了由传统农业社会向工业化、城镇化、信息化、现代化社会方向迈进，由“一穷二白”到“百事俱兴”的历史巨变，为贵州黔东南努力建设铸牢中华民族共同体意识模范省、模范州增添了榕江光彩篇章。

二是胜利完成脱贫攻坚战，有力促进民族交往交流交融。

坚持以脱贫攻坚为统揽，尽锐出战，总攻绝对贫困，高质量脱贫攻坚取得全面胜利。坚决落实“六个精准”“五个一批”，全力打好“四场硬仗”“两不愁三保障”和饮水安全全面实现。大力推动产业、就业扶贫，全县贫困人口收入全部超额达标；村级卫生室实现全覆盖，成为全国首批医保扶贫推广经验县；控辍保学实现动态清零，农村人口饮水安全问题全部解决；农村危旧住房、透风漏雨房屋、人畜混居房屋全部完成整治；加快补齐基础设施短板，30 户以上自然寨全部通水泥硬化路，光纤、4G 网络和动力电实现村村通，全覆盖的太阳能路灯点亮了群众小康生活，串户路等农村人居环境整治让村村寨寨面貌发生了重大变化。2.53 万人搬进县城，搬进了幸福生活新希望。榕江易地扶贫搬迁是第一个通过省级验收，入选国家发改委“十三五”易地扶贫搬迁工作成效明显县。全县 13.9 万贫困人口全部脱贫，16 个贫困乡镇、160 个贫困村全部出列，整县实现脱贫摘帽，榕江千百年来的绝对贫困问题得到历史性解决，书写了贵州减贫奇迹的榕江精彩篇章，各族人民交往交流交融进程呈现出崭新风貌。

贵州省委、省人民政府高度重视榕江县脱贫攻坚工作，明确省政协主席联系帮扶榕江县，将人力、物力、财力等各类资源向榕江等深度贫困地区聚焦。州委、州人民政府出台支持榕江县等深度贫困县脱贫攻坚如期出列的实施意见，增派 15 个州直部门定点联系包保贫困发生率在 30% 以上的贫困村。

中央、省、州支持力度空前，国家铁路局、省政协、省妇联、省退役军人事务厅、民航贵州监管局、杭州市桐庐县、佛山市、瓮福集团、贵州银行、贵阳护理职业学院及社会力量帮扶成效显著。榕江县广大干部职工、驻村干部、帮扶干部夜以继日奋战在脱贫一线，涌现了一大批脱贫攻坚先进典型，52 名先进个人和 28 个先进集体分别荣获中央、省、州表彰。脱贫攻坚的重大成就，赢得了各族人民对伟大祖国、中华民族、中华文化、中国共产党和中国特色社会主义的高度认同。

三是立足民族特色产业，拓展“三交”新路径。

协助省民宗委做好贵州省少数民族特色村镇“十四五”保护与发展规划工作，加大国家级和省级特色村寨申报命名和保护利用。有选择深入推进“非遗”文化进校园建设，加强民族传统体育基地建设，扶持打造一批各民族传统节庆，推动民族节庆与文体旅相结合，在服务旅游业发展中创造品牌。在“双培”培训过程中，紧盯市场需求，挑选产量利润高、销路好的少数民族传统手工艺进行人员培训。及时全面了解县内外市场用工需求和全县产业发展用工需要，科学制定培训课程，主动对接公司、企业，打通培训学员就业渠道，通过牵桥搭线迅速对接相关企业、公司。开辟“双培”刺绣订单产销渠道，促成了高埂村、摆贝村、卧龙社区等20个村（社区）的学员与刺绣扶贫车间、文创公司签订长期手工刺绣订单，实现户均增收2000余元，解决了500余名培训学员就业。

四是产业技术培训促进“三交”。

围绕榕江县脱贫攻坚“果、蔬、药、菌、猪、鸡”6大扶贫产业，突出助力产业发展，因地制宜，立足当前，着眼长远。把培育特色产业与“双培”培训结合起来，及时全面了解全县坝区产业发展用工需要，科学制定技能培训课程。在卧龙小区、特和小区两个易地扶贫搬迁安置点加强蔬菜种植技术和百香果种植技术的培训，安置点各族农户113人全部实现就近培训就近就业，培训一批就业一批。为榕江县脱贫攻坚、坝区产业持续稳定发展提供了技术服务和用工保障。

五是法治建设保障“三交”。

榕江县坚持以习近平新时代中国特色社会主义思想为指导，认真贯彻落实全面依法治国基本方略。先后出台《榕江县法治社会建设实施方案（2021—2025年）》《榕江县法治乡村建设实施方案》《关于科学民主依法决策的十条规定》等指导性文件，推动各级各部门全面落实法治建设责任。统筹推进法治德治、法治政府、法治社会建设，执法司法公信力明显提升，民主法治示范创建稳步推进，“放管服”改革工作深入推进，人民大调解、法律顾问全覆盖、“两降一升”“三无”（社区、村）走在全省、全州前列，依法行政制度体系更加完善，法治政府建设成效显著，全面依法治县工作取得了长足进步。完善多部门协作调处机制，建章立制，因势利导，依法保障各族群众交往交流交融在法治化轨道上良性运行，彰显党群干群关系融治、百姓安居乐业新景象，助推全县经济社会更好更快地发展。

涌现一批先进典型，例如，榕江县古州镇高兴村被命名为省级民主法治示范村，车民街道卧龙社区、栽麻镇归柳村、忠诚镇乐乡社区、塔石瑶族水族乡乔央村、平江镇平江社区被命名为州级民主法治示范村。榕江“民歌普法”示范创建项目通过省委依法治省办评审，并向中央依法治国办推荐为第二批全国法治政府示范创建候选项目。2021 年，在全省安全感满意度测评中，全县安全感满意度为 100%，排名全省全州第一；综合满意度为 99.29%，排名全省第十一，全州第一。

3. 民族团结进步示范创建巩固“三交”

近年来，榕江县紧紧围绕加快经济发展、保障和改善民生，着力构建各民族共有精神家园，加强各民族交往交流交融，拓展和深化民族团结进步示范创建路径，促进各民族共创共享美好生活，推动民族地区人民共同迈向社会主义现代化。

（1）以全民创建为重点，构建工作新格局

榕江县委、县人民政府高度重视民族工作，以高位推动为支撑，建立民族团结进步创建工作新机制，把创建省级民族团结进步示范县纳入《榕江县国民经济和社会发展第十四个五年规划和二〇三五年远景目标纲要》，统筹谋划，深入推进。紧紧围绕“中华民族一家亲、同心共筑中国梦”的总目标，坚持不懈地深化民族团结进步教育，以教育引领全民参与创建，构建各民族共有精神家园。一是把党的民族理论政策、民族法律法规列为各级党委（党组）中心组、机关干部年度学习内容，纳入党校教育培训计划。二是通过组建民族团结进步教育宣讲团，深入各乡镇各村寨，开展党的民族宗教政策和民族团结进步专题宣讲 28 场次，切实提高了党员干部的民族宗教政策理论水平。三是结合省级文明城市创建、“双培”行动和“道德模范”评选活动，连续开展“民族团结月”活动。通过发放宣传资料和悬挂宣传标语等形式，在全县 35 个多民族聚集村寨开展民族团结进步宣传活动，增强民族团结进步意识。共发放《民族团结进步政策法规选编》《民族团结进步知识宣传手册》等资料近 2 万份，发放活动纪念品 8000 份。四是在全县中小学校，把民族团结进步教育纳入课程体系，通过实践教育、演讲比赛、知识竞赛等活动，切实加强爱国主义、中华优秀传统文化和民族团结进步宣传教育，引导广大青少年从小铸牢中华民族共同体意识。

（2）以载体创新为动力，激发创建工作新活力

大力扶持发展民族产业，打响手工艺品牌。抓中心经济建设，培育壮大民族产业品牌。培育一批以振兴民族传统手工艺和文创扶贫相结合的特色产业企业。例如，榕江县月亮故乡文化创意有限公司聚焦蓝靛全产业链，着力发展民族蜡染产业，优势资源互补，不断壮大共同发展。

抓“八进”活动建设，丰富拓展创建活动内涵。逐步扩增创建县级示范点，确保创建覆盖面在 80% 以上。“八进”即进学校、进社区、进乡村、进机关、进企业、进军（警）营、进社会组织和进宗教活动场所。完成民族团结进步创建示范提升打造工作，对已获得省、州命名的塔石瑶族水族乡、榕江民中等 10 家单位进行提升打造，丰富创建元素，提升创建品位。榕江县共获得省级和州级民族团结进步示范单位 67 个（其中，省级示范单位 8 个，州级示范单位 59 个），县级示范单位 101 个。

抓好社会治理建设。重视舆情，制订预案，加强研判，创新举措，深化现代社会治理体系和民族工作法治化建设。在丰乐社区移民安置点，挂牌设立了民族工作咨询台，畅通诉求渠道。积极引导各民族村寨建立完善村规民约，引导村民进行自我管理、自我教育、自我约束的行为规范。协助做好通过“民歌法庭”调处化解矛盾工作，组建了一支 20 余人的调解歌师队伍，深入各民族村寨用歌声化解矛盾，主要调解涉及婚姻、赡养、农民工工资等各类纠纷，维护社会和谐稳定。

发挥议榔和榔规约束、引导作用，促进民族团结和个体自律。发挥有关学会助力作用，以国家法律法规为主导，在月亮山区推进传统榔规修订、宣传和执行，引导和鼓励广大苗族同胞远离乱办滥办酒席、消除抢婚习俗、崇尚文明节俭办节庆，促进地区文明和经济社会稳定协调发展。

4. 积极融入粤港澳大湾区格局深化交流

打造内陆开放型经济试验区升级版。新国发 2 号文件和《省人民政府关于支持黔东南自治州“黎从榕”打造对接融入粤港澳大湾区“桥头堡”的实施意见》（黔府发〔2022〕7 号）文件出台，为黔东南苗族侗族自治州、榕江县打造内陆开放型经济新高地提供强有力的政策支持。榕江县在国家有关政策的积极支持下，充分抢抓“黎从榕”对接融入粤港澳大湾区“桥头堡”政策机遇，主动作为，不懈奋进，有力促进了各民族交往交流交融。

坚持以高质量发展统揽全局。坚持围绕“四新”主攻“四化”，立足于“黎从

榕”资源禀赋，发挥区位优势，用好东西部协作机制，按照“四区”（产业转移示范区、生态旅游康养区、双向开放先导区、共同富裕试验区）发展战略，加快公路、铁路、空中走廊、水运通道的互联互通，加快与大湾区融合发展，以“黎从榕”核心片区和凯麻产城融合示范区为载体，推动“大湾区总部＋黔东南基地”“大湾区研发＋黔东南制造”“大湾区市场＋黔东南产业”等合作模式项目化落地，打造融入大湾区产业链分工和产业协作配套的样板。

5. 东西部协作与对口帮扶增强认同

榕江县曾经是国家扶贫开发重点县。2015 年以来，浙江省杭州市（桐庐县）、广东省佛山市（南海区）和榕江县深入贯彻习近平总书记对东西部扶贫协作工作的重要指示精神，全方位加大东西部对口帮扶与协作力度。不同地域人民之间经济文化的紧密联系，互帮互动，感受到祖国大家庭的温暖，巩固了国家的统一和人民的大团结，深化了各族人民的祖国意识、“三个离不开”和“五个认同”理念，为各民族交往交流交融提供了广阔平台。

（1）浙黔帮扶开新篇

紧紧围绕“榕江所需、桐庐所能”，在组织领导、人才支援、资金项目、产业合作、劳务协作、携手奔小康六大方面全面统筹推进；在技术手段、思想观念、文化形态上互相影响、共同促进，为榕江县高质量发展、打赢脱贫攻坚战注入了强大动力，产生了良好的经济和社会效果。

构建高效机制，帮扶举措有力度。两地省市（州、县）组建东西部扶贫协作工作专班，构建高效帮扶机制。启动两地教育深度协作模式，加大人才的选派力度，深入实施“组团式”帮扶。桐庐县在资金、人才、社会力量等方面竭尽所能，聚焦产业、就业、教育、社会事业全力帮扶。累计向榕江投入东西部扶贫协作资金 1.63 亿元，实施项目 48 个（其中，2018 年以来投入 1.57 亿元，实施项目 42 个，利益联结 12 364 名贫困人员）。

产业合作针对性强。桐庐县先后投入东西部扶贫协作资金 1.13 亿元，打造了百香果、蔬菜、中药材等产业项目 27 个，利益联结贫困人口 12 364 人，带动 700 多名贫困劳动力就业。通过结对助销、商超直销、电商销售、文旅促销等举措扩大消费扶贫，助推“黔货出山”，累计销售农特产品 6500 多万元。

招商引资力度大。优化政策、机制、服务、配套等各项保障，提升营商环境，通过东西部扶贫协作项目合作、产销对接等方式引导宇航农业、贵阳农投等 11 家浙企到榕江投资发展，今年新增投资额 3.78 亿元，帮助增强榕江产业发展活力。

聚焦劳务协作增强交流发展动力。重视劳务输出、稳岗就业、就近就业、技能培训、职校合作五大领域，加大劳务输出力度，有效带动贫困群众脱贫致富。2020 年，有组织输送 1578 名贫困人员到浙江省务工。同时，加强就业人员的服务保障，促进“稳岗率”提升。帮扶领域全面延伸，实现桐庐与榕江 5 个乡镇、115 个深度贫困村、21 家医院、64 所学校结对全覆盖。争取到杭州市及桐庐县各界社会力量支持，捐资捐物总价值 4500 余万元。

人居环境整治展新貌。两地通力协作，掀起了一场农村“人畜混居”改造革命，桐庐县筹集改造资金 1400 多万元进行帮扶。如今，榕江边远山区苗寨人居环境得到全面治理，群众生产生活发生了重大变化。榕江标准精准有效，得到黔东南苗族侗族自治州州委、州人民政府认可，在全州范围内进行复制和推广。制作《东西部扶贫协作“人畜混居”改造成效手本》，邀请浙江融媒体赴榕江拍摄宣传片，回忆帮扶历程、记录改造过程、反映改造成效，在东部广泛宣传，吸引更多的社会力量关注支援榕江。

（2）粤黔协作谱新曲

2021 年 4 月，国家东西部结对协作关系调整。根据国家新阶段东西部协作工作部署和粤黔两省工作安排，佛山市接棒杭州市帮扶黔东南苗族侗族自治州 15 个脱贫县，山海协作迎来崭新篇章。两地主要领导先后召开 11 次会议，近 8 亿元的财政援助资金，劳务输出、产业协作、教育医疗组团帮扶……一条条实实在在的举措，让黔东南苗族侗族自治州各族人民与沿海发达地区人民跨越山海，心与心紧紧相连。

推动“黔货出山”，拓展沿海市场。佛山推动黔东南苗族侗族自治州创建了三个包括榕江在内粤港澳大湾区“菜篮子”生产基地，在佛山设立了 11 个黔东南苗族侗族自治州农特产品展示展销专区，上架农特产品 300 余种。以此助力“黔货出山”，开拓粤港澳大湾区市场，2021 年累计采购和帮助销售黔东南苗族侗族自治州农特产品近 30 亿元。

项目资金帮扶，接续乡村振兴。2021 年，佛山市共投入财政援助资金 7.96 亿元帮扶黔东南苗族侗族自治州，实施帮扶项目 271 项；聚焦四个重点帮扶县，安排协作资金 2.28 亿元，县均 5692 万元；巩固拓展脱贫攻坚成果，安排 3866 万元巩固

“两不愁三保障”和饮水安全；筹集社会帮扶资金（含捐物折款）7438 万元，全部用于巩固拓展脱贫攻坚成果，接续乡村振兴；择优选派党政干部 37 名、专业技术人才 189 名到黔东南苗族侗族自治州开展帮扶，开展干部和专技人才培训 440 期，共培训 23 958 人次。

招商引资，结对帮扶。自调整结对帮扶关系以来，佛山市遵循中央精神，着眼推动区域协调发展、促进共同富裕，为榕江县巩固拓展脱贫攻坚成果接续乡村振兴注入强大动力。2021 年，榕江县在佛山市南海区的帮助下，通过“走出去”和“请进来”的方式开展招商引资，不断引进企业落地投产，全年共赴广东地区开展招商引资活动 17 次，考察企业 72 家，接待佛山企业来访考察 67 批次 119 家，利用东西部协作资源渠道引进投资企业 8 家。

在县区结对的基础上，南海区组织 1 个乡镇、3 个村（社区）、62 个企业、57 个社会组织分别与榕江县 1 个乡镇、122 个村结成帮扶对子。2021 年以来，已经累计投入协作资金 1.13 亿元，实施项目 36 个。落实消费帮扶，采购、帮助销售金额累计达 5.6 亿元，医疗、教育等方面的帮扶工作也在持续深入推进。去年榕江代表省、市迎接国家东西部协作考核评估，获得最高“好”等次，受到国家高度肯定。

主动作为，激发内生动力。目前，榕江正进一步主动深化东西部协作机制，进一步提高针对性和质量，加强产业合作、资源互补、消费协作、劳务对接、人才交流，形成海榕两地协调发展、协同发展、共同发展的良好局面，为榕江成为贵州融入粤港澳大湾区桥头堡主阵地打下坚实基础。

通过一系列东西协作、对口帮扶活动，影响是全方位的，有力促进了榕江经济社会发展，增进了祖国各地人民深厚情感，交往交流交融在更高层次、更大范围得到深化拓展。

6. 易地扶贫搬迁互嵌式格局促进融合

进城后的各族搬迁群众，逐步融入现代社会发展大环境之中，推动了城镇化建设步伐。杂居共处的各族搬迁群众，以共同生活的移民社区为基础，互帮互助，相互促进，共同发展，结成新的社区共同体，促进了交往交流交融。

“十三五”期间，榕江县完成易地扶贫搬迁 5978 户 25 346 人，县内安置 5721 户 24 128 人（贫困人口 5413 户 22 887 人），跨区域搬迁凯里 257 户 1218 人（全部为贫困人口）。新建富民、卧龙、阳光、特和等 4 个县城安置点和 1 个定威水族乡中心集镇安置点，建成6239套安置房。持续完善易地扶贫搬迁后续扶持。强化易地扶贫搬迁“五个体系”建设，实行网格化管理，全面推进“新市民•追梦桥”工程，提升安置区社区管理服务水平，确保搬迁人民群众稳得住、有就业、逐步能致富。全县5个安置点易地扶贫搬迁劳动力共5522户13 100人，就业率为91.88%，户均就业达2.18人。

搬迁小区多位于县城附近，生产生活条件较好，全部为多民族互嵌式社区。搬迁群众大多存在文化科技、思想观念、行为习惯、发展能力等方面的基础差、起点低、融入城镇难等现象。针对搬迁群众实际，榕江采取“五个强化”，切实改善搬迁各族群众生产生活条件，不断增强搬迁各族群众在空间、文化、经济、社会、心理等方面全面融入，共同脱贫奔小康。各类型经济文化频繁交流互动，有效促进了各族群众整体发展进步，助力铸牢中华民族共同体意识。

一是强化“新市民•追梦桥”工程建设，解决融入难问题。围绕“新市民•追梦桥”中心任务，以“联建组织、联动部门、联抓阵地、联合服务”工作机制推进工作。实施“1带4”工程，以卧龙省级示范小区建设为重点，引领带动其他3个易地扶贫搬迁社区阵地规范建设。着力打造“筑梦街”品牌，开展“1+4”精准服务，以党群服务中心为主，联合各部门开展“双阳关怀”“巾帼娘美”“巧工珠郎”“温暖家人”4项行动，让各族搬迁群众尽快融入城镇生活。

二是强化社区配套设施建设，解决移民办事难问题。在富民、卧龙、阳光、特和等4个安置社区建成服务大厅、活动中心、警务室、卫生室、便民超市、农贸市场等，实现“一站式办公，一条龙服务，一次性办结”，为群众提供便捷高效的综合服务。

三是强化教育配套建设，解决移民入学难问题。在5个易地扶贫搬迁安置点周边整合、新建4所幼儿园和两所中学（古州镇第五初级中学及定威水族乡初级中学），切实解决搬迁群众子女4559人就近入园入学。采取遴选、招考、“特岗计划”专项招聘、政府购买服务等方式，选优配强安置点学校、幼儿园师资力量，配齐了116名专任教师，确保配备到位，满足教学需求。

四是强化医疗服务建设，解决移民看病难问题。结合4个社区实际，整合医疗卫生资源，组建二级乙等中医院1所，妇幼保健院1所，卫生服务中心1个，卫生室1个。定威水族乡安置点同等享受乡中心卫生院医疗资源。2021年，易地扶贫搬迁群众参加医疗保险率达95.75%，应参保25 346人，已参保24 269人。

五是强化服务待遇，解决移民保障难问题。及时办理搬迁群众户籍迁移3491户15 249人，累计制作发放“易地扶贫搬迁市民证”24 128张；搬迁群众社会保障“应保尽保”无条件实现农低保转城低保1141户4050人，“十三五”易地扶贫搬迁群众16～59周岁参保13 930人，60周岁已享受待遇3158人。易地扶贫搬迁群众办理安置房不动产登记6187套，完成率达100%。

7. 弘扬非遗文化重点文物内涵展现“三交”

（1）非遗文化拓展交往交流交融

非物质文化遗产是珍贵的、具有重要价值的人类文化资源。许多非遗文化散落在田野街镇，荟萃展现了各族人民智慧，映照了地方文化斑斓色彩，蕴含有丰富的精神和物质价值，是促进各族人民交往交流交融的重要精神纽带。

榕江县各民族非遗文化众多，特点突出，风格浓郁。县委、县人民政府和有关部门在保护、利用和对外宣传展示上，做了大量工作，有力地促进了各族人民的了解和认知，有效促进了内外交往交流交融的拓展深化。县里先后成立了“榕江县民族民间文化抢救工程领导小组”“非遗保护中心”“非遗传承人工作领导小组”等领导机构，为“非遗”保护工作提供有力组织保障。同时制定《榕江县非物质文化遗产保护方案》《榕江县传承人保护条例》等保护方案和规章制度，使保护传承工作规范有序进行。

目前，榕江县县级以上非物质文化遗产保护项目共计290项，其中人类非物质文化遗产1项、国家级9项、省级32项、州级42项、县级206项。人类非物质文化遗产代表性项目1项：侗族大歌。国家级非物质文化遗产代表性项目9项：侗族琵琶歌、侗族萨玛节、侗族大歌、珠郎娘美、苗族芦笙舞 、苗族服饰、侗年、苗族栽岩习俗、苗族鼓藏节。省级非物质文化遗产代表性项目32项，州级非物质文化遗产代表性项目42项，县级非物质文化遗产代表性项目206项。民间文学19项，传统音乐56项，传统舞蹈9项，传统戏剧1项，曲艺3项，传统体育、游艺与杂技5项，传统美术1项，传统技艺54项，民俗37项。

榕江县共建有非遗展演基地27个，民族村寨传承基地12个，校园传承基地15所，传承条件得到显著改善。以基地为平台，以“非遗进课堂”、民俗民间活动等为渠道，扩大传承影响。广泛宣传，促进文艺繁荣和对外交流，增进各族人民的交往交流交融。

一是多次参与全国和省州非遗展演项目并屡获殊荣。曾荣获全省首届农民艺术节银奖、长江流域民族民间文化艺术节优秀节目奖、全省曲艺比赛三等奖、中国曲艺牡丹奖提名奖、“多彩贵州原生态小品金黔奖”“多彩贵州舞蹈大赛”全省总决赛优秀奖、全国第五届少数民族曲艺展演侗族琵琶弹唱获三等奖、多彩贵州原生态组获银瀑奖。

二是建立榕江县非物质文化遗产展示厅，举办“榕江非物质文化遗产图片展”“榕江县原生态文化展”等非遗成果展演。利用“文化遗产日”等节假日，进乡镇、入社区、到学校进行形式多样的宣传，增强人民群众的保护意识。

三是加强对非遗的调查、搜集，整理出版一批非遗成果。编辑出版了《侗族大歌与少数民族音乐研究》《中国曲艺音乐集成·贵州卷》《中国古籍总目提要 / 苗族卷侗族卷》《天赋侗听——榕江侗族大歌经典》《珠郎娘美——榕江侗戏集锦》等。

四是发展保护性产业，传承传统手工艺。培育发展一批特色企业，采用农户 + 公司模式，建立家庭服饰制作点，培训一批侗族服饰、布匹制作传承人、苗族蜡染、刺绣合作社等小微企业，并注册一批品牌商标，解决了相关贫困户的就业问题。民族工艺产品受到大众喜爱，促进了各族人民相互之间的文化认知、欣赏和认同。

（2）重点文物反映交往交流交融的丰富内涵

榕江文物古迹特征突出，类型多样，数量众多，从不同侧面折射了各族人民生产生活和精神价值理念的追求，反映了交往交流交融的丰富内涵。榕江县认真贯彻落实“保护为主，抢救第一，合理利用，加强管理”的文物工作方针，做好文物的保护、管理和合理利用工作，努力开创文物工作新局面，诠释了中华文化的厚重和交往交流交融的源远流长。据《榕江县志》载述和县有关部门提供的资料，目前，榕江县拥有各类文物 133 处，其中古迹 11 处、古墓 13 处、遗物及纪念建筑 16 处、鼓楼花桥 24 处。有逶迤十里的省级风景区车江古榕群，载入吉尼斯纪录的三宝鼓楼，省级重点文物红七军军部旧址，全国重点文物保护单位大利村古建筑群等，是革命文物保护利用片区县。红色文物、商贸建筑文物、少数民族文物、地方历史文物等，充分反映了榕江县各族人民交往交流交融的丰厚底蕴。

榕江大利村古建筑群。由建于清乾隆年间的石板古道、清末民初时期建设的近 10 座四合院，以及独特的古晾禾谷仓、鼓楼、古水井等建筑组成，体现了侗寨人与自然和谐相处“天人合一”、各类文化交流互通融汇的景象，是榕江县目前唯一的全国重点文物保护单位，已被列入世界文化遗产和中国历史名村预备名单。

红七军军部旧址。位于榕江县城主大街古州中路西侧。1930 年 4 月 30 日，军长张云逸、总指挥李明瑞率红七军攻克古州城（现榕江县城），军部就设在这里。这里原为清代古州总兵署，又称镇台衙门，现为陈列馆，展陈反映红七军战斗历程的实物、图片和其他的文物。

车寨鼓楼。该鼓楼位于车寨大寨的北端，距离县城 2000 米。清光绪十七年（1891）仿汉式阁楼外形建设，为三重檐四角攒肩顶木质结构，侗语仍称“白”。其集会、仪式、娱乐的活动内容不变，是侗汉文化交流交融的产物，是民族团结的象征。自道光以来，鼓楼开设学馆，培养了一批当地文人学士。清道光年间，郑珍任古州训导兼榕城书院主讲时，写下了赞美鼓楼的诗歌：“巨阁峥嵘突跨空，天教泥爪印飞鸿。有缘风日归怀底，无限江山在眼中。他日世谈王口胜，重阳会有七人同。不应载酒堂边路，止属当年玉局翁。”1984 年被列为县级重点文物保护单位。

三宝鼓楼。耸立于车江三宝中部，建筑面积 225 平方米，21 层，总高 35.18 米，规模壮阔。在鼓楼内和附属建筑物上，绘画雕刻侗族社会发展的历史沿革，以及各地侗族古风遗韵、传统服饰、民间习俗等。“三宝鼓楼”集中国侗族历史文化之大成，是古榕风景名胜区一道亮丽的风景。在同类型建筑中，2001 年 10 月 20 日以“最高、最大、楼层最多”的特点入编《大世界吉尼斯纪录大全》。

古州老街。榕江旧称古州，清雍正八年（1730）置古州厅，民国二年（1913）置榕江县。水运时代得天独厚的地理位置，让榕江成为贵州省南下门户，黔桂湘粤四省（区）重要物资集散地。建厅后始筑石墙，随后各省各地商人沿着东城墙定居，古街渐成规模，成为清中期至民国年间古州最繁华的商业街——古州河街。现存中原文化风格的古牌坊、古会馆、古建筑众多。2016 年 10 月起，县人民政府对古州老街进行了历史文化恢复提升工程（一期）建设。

古州大河口码头。始建于清乾隆五年（1740），为发展都柳江水上盐运，题“准以古州为总埠”，在三江口北岸修建大河口码头，清末至民国时期，水运盛况空前，内外各类型、各民族之间经济文化交往交流相当活跃。常年每天上百艘商船泊靠忙碌，都柳江上下游航道船只穿梭不息，直到三脚屯（今三都水族自治县月亮码头），交流鼎盛，有“小南京”之称。1998 年被列为县级文物保护单位。榕江重视传承地方历史文脉，2018 年县人民政府对大河口码头进行恢复改造提升，顺延都柳江畔建有 7 栋主体壮阔的仿古建筑，沿袭了古州古建筑形貌和地方文化，为徽派建筑风格。

两湖会馆。位于古州老街，始建于清乾隆年间。随着商贸的繁华，湖南、湖北商人在此建立会馆，并将两湖地域文化、美食文化、人文理念等带到榕江，丰富了榕江地域文化特色。西湖会馆是古州“九大会馆”中至今保存最完好的会馆，其大门门墙上的泥塑彩绘美轮美奂，内涵丰富，楼阁错落，规模宏阔，名播诸省，见证了古州最繁华的历史和经济文化交往交流融汇发展盛景。2018 年 8 月被省人民政府公布为省级文物保护单位。目前作为“榕江县月亮故乡文创中心”，开展地方文创产品设计及研发。

广东会馆。位于古州老街（中河街），始建于清乾隆年间，雕刻精细，建筑壮观，20 世纪 50 年代，还作为县城唯一的一家百货公司继续发挥着商贸作用。广东会馆于 2009 年公布为县级文物保护单位，2017 年县人民政府对广东会馆进行了原貌维修，打造为榕江“记忆古州历史陈列馆”。通过上百件文物，运用多媒体展示手段和精湛的建筑仿制艺术，栩栩如生地再现了古州厚重灿烂的历史文化，展现了它作为黔桂水上交通枢纽、边陲贸易与军事重镇的历史地位，描绘了各族人民广泛交往交流交融的发展史，以及携手同心在社会主义建设中取得的辉煌成就。

8.“打工经济”有力促进“三交”

改革开放以来，特别是近十年，随着国家政策的支持和鼓励，交通、教育、培训、经济、文化、信息等不断快速发展，榕江到沿海或省内城镇务工的人数很多。据不完全统计，该县常年在外务工的各族群众有 7 万多人。“打工经济”成为人们追求美好生活的重要手段，成为边远山区群众的主要经济来源。这一过程，使得不同文化类型的频繁交流，得到了更多融汇提升；不同民族在省内外频繁地接触互动，开阔了眼界，共同性、包容心态愈益增强。在生活价值观、生产技能、生活质量、交友圈、婚姻等方面都有了重大的发展变化。例如，我们曾走访月亮山区腹地有关乡镇，多年来，当地苗族群众随着国家的发展，很多人在政府部门组织或自发组织的情况下，成群结队主动走出闭塞的大山和村寨，到广东、浙江、福建、上海等地务工，了解和学习先进技术、理念，在物质文化、精神文化方面，以及在生产生活方式、语言和价值取向上都发生了很大变化，有的“打工仔”返乡创业，带动了地方经济发展。这是交往交流交融逐步深化，共同体意识增强的表现，是共同发展进步的一个显著例子。

9. 运用新模式，交流添活力

榕江在东西部协作帮扶影响、新社交媒体手段平台（互联网、智能手机、抖音、快手、微信等）丰富多样化基础上，各族群众积极与当今社会发展潮流相适应，与时俱进，新媒体平台方式使用广泛。通过“榕江特色产品展销馆”“农博会”“扶榕乐购”电商销售等形式，推动扶贫产品进食堂、进企业、进社区、进商超，逐步建立稳定销售市场。通过电商销售模式，东西部对口帮扶曾经帮助榕江销售农特产品 4300 万元，增强了产业发展后劲。目前，全县常年有数万人参与直播，涌现出大批各类直播带货人，主动拓展省内外沟通交流渠道，展示都柳江流域秀美壮阔风光、地方历史文化、民族民间灿烂风情、优质农副土特产品，活跃了城乡精神文化生活，促进了经济社会发展。县宣传部门和融媒体中心积极引领，深化举措，从 2021 年起，大力发展新媒体，面向非遗传承人、返乡创业青年、易地扶贫搬迁群众、留守妇女等，开展短视频直播培训，孵化短视频账号 1.2 万余个。让手机变成新农具，让数据变成新农资，让直播变成新农活。2021—2022 年上半年，全县线上线下特色农副产品销售额超 7000 万元，是发展直播带货前的 3 倍多。这种形式也是各族群众交往交流交融进一步深化的具体体现。

（三）榕江月亮山地区基本概貌与“三交”情况

调研中，我们走访位于月亮山腹地的计划乡和八开镇一些村寨，了解此地域的社会结构、经济文化特点、融入国家发展格局，以及各民族交往交流交融的一些情况。

1. 榕江月亮山地区基本概貌

月亮山，苗语称为“务杠秋”，史籍称为“九千里”，为九万大山延脉，地跨黔东南、黔南两个自治州，位于榕江、从江、荔波、三都等县交界处，其主峰在榕江县计划乡的摆王村，海拔 1490.3 米。榕江县的月亮山地区核心区在计划乡，涉及八开镇、水尾水族乡等。

月亮山山高谷深，特殊的地理环境，衍生出特殊的气候和生态景象，植被茂密，生态良好，各类生物丰富，被誉为物种基因宝库。对月亮山的称谓有两种说法：一是山与天高，站在山顶伸手即可揽月；二是远眺升起的月亮，在主峰映衬下，其形像一个美丽弯月而得名。

两千年前，苗族先民沿融江、都柳江陆续西迁进入黔东南。后又不断进入月亮山区，其中有少部分是宋元明清时期从湘西、铜仁进入月亮山区的，由于来源、进入时期不一，在语言、习俗等方面有些不同，分属几个支系（黑、红等）。根据清代《古州厅志》记载，存在某些汉族变苗族、水族变苗族等文化交融变化的现象。他们依山就势，用勤劳坚韧的双手，持续在高山溪谷之间修造壮阔的梯田，形成了月亮山百里梯田画廊景观。以前，月亮山分布着许多鲜为人知的苗族及少部分水族村落。据有关方面研究考证，这片区域保留有中国最古老的苗族习俗文化。由于独特的地貌阻隔，让月亮山区居民与外界接触较少，社会变化缓慢，当地传统文化千年固守，保存较多，丰富多样。例如，鼓藏节、服饰、蜡染、刺绣、芦笙、生产生活方式等依然保存较为完整。1983 年，贵州省民族研究所、中国社科院民族研究所、贵州省社科院、贵州民族学院、贵州省博物馆等单位联合组织“月亮山调查”，深入实地，在生产力与生产关系、社会结构、生产工具、语言、习俗、歌谣、节庆、歌舞等方面，发现了许多从前未获的内容，丰富了学科体系，为政府部门决策提供了参考依据。

月亮山同时也是一座红色的山。1930 年 4 月，李明瑞、张云逸带领红七军一、二纵队游击于黔桂边区，4 月中旬到达贵州荔波县的板寨。4 月 24 日由板寨出发，穿越月亮山区向榕江进发。钟德丘从榕江县的加宜寨专程去加牙接应红七军，带领红军途经加早、九牛、九秋、加里、污秋、加宜、摆柳、腊西、都江，直到榕江县城。每到一个寨子，钟德丘都用苗语向当地群众宣传红军政策。红军在月亮山区播下了革命的火种，宣传了党的民族平等团结政策，当地各族群众也为革命作出了贡献。

2. 交往交流交融与经济社会发展案例

（1）计划乡

计划乡位于榕江县西南部，属“两山”地区的月亮山腹地，距县城 49 公里，东邻从江县东朗镇和加鸠镇，南接月亮山麓，西接定威水族乡和水尾水族乡，北抵八开镇，面积 262.9 平方公里，森林覆盖率为 85%。辖 4 个行政村，含 9 个村民小组 6 个自然寨，全乡 5440 户 12646 人，居住着苗族、水族等，其中苗族人口占

93.6%。

该乡森林与旅游资源丰富。原始植被保存完好，为发展中药材种植提供了得天独厚的条件。有环月亮山腹地万亩观光梯田和万亩竹海，森林康养休闲旅游山地特色明显。加宜老寨距今300多年历史，2016年入选第四批中国传统村落，民族文化特色显著，自然生态保护完好，建筑风貌别具一格。村落依山而建，山中珍稀动植物、名贵中药材众多，集原始自然生态、科研、考古、探险于一体，具有很高的开发价值；寨脚腰带田（梯田）层层叠叠，寨中房屋结构别致，民居鳞次栉比。1930年4月，红七军进驻榕江，途经加早、九秋、加宜老寨、摆勒等村寨，原军部旧址坐落在加宜老寨。而今，红色旅游文化与原生态苗族文化相得益彰，山村吊脚楼与层层腰带田交相映衬，构成一幅“山清水秀生态走廊、村容整洁美丽乡村、宜居宜业宜游美好家园”美丽画卷。

旅游资源开发促进“三交”。2019年，杭州市（桐庐县）投入800万元东西部协作帮扶资金，在加宜村老寨打造乡村旅游扶贫产业建设项目。该项目共建设民宿楼9栋、配套综合休闲楼1栋、管理房1栋、非遗楼1栋，共有客房15间。该项目采取租用村民闲置房改建的方式进行建设运营，租用时间为22年。现在，省内外观光旅游客人较多，旺季时房间供不应求。项目设计理念和定位，在满足现代居住要求的同时，保留与发挥原有木结构文化特质和材料的生物优势，充分展现了当地红色文化、农耕文化及月亮山地域人文风光。

产业发展是交往交流交融深化的体现。2016年以来，计划乡获得财政扶贫等各类资金共6448万元。计划乡以“村企合一”“公司＋支部＋贫困户”利益联结方式，实施生猪、家禽养殖，中药材种植（金钩藤、板蓝根、草珊瑚）等67个项目，累计实现分红315.44万元。群众通过流转土地和山林发展产业增收约248.26万元，参与产业项目种植、养殖、抚育管理等劳务增收约1354.39万元。

教育发展有助于“三交”。教育质量有提升，全乡有中心校1所，完小2所，教学点4个，独立幼儿园一所。教学点由一、二年级和一个学前班组成。全乡教职工63人，学校教育服务12个行政村。2021年秋季开学，全乡在校生全部到校报名注册，无辍学学生。全乡实现国家通用语言文字全覆盖。与几十年前没有多少人读书识字、没有几个人能说汉语的情况相比，已发生了巨大的变化。

脱贫攻坚全面小康建设增强人们的中华民族共同体认同。在国家的大力支持下，计划乡举全乡之力、聚八方之智，坚决落实“六个精准”“五个一批”，全力打好“四场硬仗”,“两不愁三保障”和饮水安全全面实现。2014年全乡建档立卡贫困户1689户6531人，贫困发生率为58%，截至2020年年底，所有贫困人口实现脱贫，贫困村全部出列，原建档立卡贫困人口共1647户7436人全部脱贫摘帽。五年来，全乡经济发展稳步上升，农民人均纯收入从2016年的5427元增加到2021年的11522元。脱贫攻坚和全面小康建设的重大成就，增强了各族人民的“五个认同”。

打工经济深化“三交”。根据实地了解，2021年，全乡劳动力6029人（其中原贫困劳动力4164人），主要输出到浙江、广东、广西、福建、天津等地，实现就业5161人，就业率85.6%，其中贫困劳动力就业3450人，就业率82.85%。主要进入各加工厂、玩具厂、建筑工地等。曾有当地一些村寨苗族不会说榕江本地汉语，只会说普通话的故事，因为直接从村寨外出打工，故有此现象。对外交流的扩大，开阔了村民眼界，学习到了先进理念和技能，转变了传统观念，开放意识得到增强，在语言、行为方式上，产生了重大变化，增强了他们对国家认知认同和内外交往交流交融频度。

基础设施日臻改善深化“三交”。2016年以来，计划乡建成农村饮水安全巩固提升工程13个，集中式供水点67个，机耕道建设1条。完成全乡12个村4G网络和宽带、广播全覆盖。完成1019户室内电改，安装太阳能路灯1860盏。柏油公路通达县城，乡境内实现“组组通”，串户路、庭院路实现硬化，这些成就都极大地促进了各民族的交往交流交融和思想观念的变化，国家意识显著增强，共同性愈益增多。

社会保障服务提升村民国家认同感。农村低保救助标准由2015年的2050元提高到2020年的4308元，五保（特困）集中供养月人均标准由150元提高到938元。2016—2020年累计发放农村低保3445.57万元，特困供养82.33万元，临时救助94.89万元，退役士兵补贴114.36万元，高龄补贴49.23万元，发放救济粮54.44余吨，救济物437件（套），临时救济款68.29万元。实施农村危房改造664户、人畜混居整治525户、老旧住房透风漏雨整治893户，很大程度保障了部分群众生活生产需求。

计划乡地处月亮山腹地，各村地处偏远，远离城镇，各项基础设施虽然在“十三五”期间有较大改善，但还不彻底，道路状况差、部分路段信号差等问题依然存在，致使各种生产生活资料和农产品的运输成本增加，甚至抵消了产品利润。加上产业结构不合理，市场主体散小弱，工业化、城镇化带动能力不强，补齐民生领域短板任务比较重等问题，后发赶超任务仍然艰巨，各民族“三交”的渠道还有待进一步深化。

（2）八开镇摆列村

八开镇摆列村位于月亮山区腹地，由4个村民小组5个自然寨组成。目前，全村人口262户1042人，劳动力400余人，是苗族聚居的山寨。

过去的摆列村山高路陡，交通闭塞。出门全靠肩挑背驮，物产运不出去，外面的先进理念也进不来，对外经济文化交流很少，发展渠道狭窄。在普及九年义务教育以前，摆列村没几个初中毕业生，45岁以上妇女、60岁以上男人基本不能用汉语交流。村容寨貌是低矮茅草房，村寨房屋依地势而建，没有科学合理规划，杂乱无章，牛圈、猪圈、厕所间杂其中，房前屋后垃圾随处可见，村容寨貌脏、乱、差现象十分突出。1945年4月，广西大学教授黄现璠组织“黔南边民考察团”，进入月亮山考察苗民生活和民俗。他在《大有乡苗民生活和民俗调查》中写道：“大有乡（今八开镇腊酉村）苗民的经济生活，经常处在饥饿与半饥饿的状态中。古州土瘠民贫，苗民终岁勤劳，寒无重衣，夜无卧具，食不饱腹。”长久以来，环境闭塞、经济贫穷、思想观念滞后是这里显著现象。

2015年以来，在中央精准扶贫政策的支持下，在省、州县、镇各级党委共同努力下，以及在社会各界大力支援帮扶下，摆列村支两委和驻村工作组因地制宜，团结协作，以基础设施建设、大力转变群众思想观念为突破口，经过不懈努力，村民从“要我脱贫”到“我要脱贫”转变，从“干部干、群众看”到人人积极参与公益事务，从督促搞好房前屋后卫生到自觉养成习惯。现在硬化公路通到村寨，串户路连通，自来水进了每家每户，路灯照亮村寨，座座新房拔地而起，一条整洁街道南北贯穿。不但家家有了摩托车，不少农户还拥有了三轮车、小轿车、面包车、工程车等。生活环境有了大改变，家家都有了干净卫生的厕所、整洁的厨房。村容寨貌有了重大变迁，“新”体现在新村寨、新生活、新面貌、新村约。

村寨建设展新颜。自2015年以来，先后修建了寨门2个、议事长廊1个、凉亭2个、串户路3000余米，庭院硬化2010平方米；完成通村路9千米、通组路2.1千米，修建村儿童乐园1个、群众文化广场3个、停车场1个、垃圾焚烧池1个、公厕4个，安装太阳能路灯208盏，基础设施建设共26个项目已全部建成。同时，村支两委和驻村工作组动员群众拆除影响村容寨貌的牛圈、猪圈、旱厕、空心房214间，并在村外划出地块集中圈养牛羊。积极引导村民在自家门前屋后修建了小花园、小菜园，在村里开设商铺、夜市。现在的摆列村面貌焕然一新，基础设施不断完善，群众生产生活更加便利。

生产生活新改善。摆列村自然条件差，耕地少，全村耕地 773 亩，人均仅 0.74 亩，"望天水"稻田占一半以上。种植结构单一，主要以稻谷、玉米为主，结合该村山多地少的实际，念好"山字经"是关键。摆列村以"支部 + 合作社 + 农户"的模式，发展花椒、香猪、香羊、肉牛、香鸡养殖；引入三鑫天源公司，成立种桑养蚕合作社，实现产业全覆盖。依托摆列村丰富的竹资源，将竹制品加工列为下一步产业发展规划，进一步拓宽群众增收渠道。认真落实国家教育帮扶、医疗帮扶、民政帮扶等各项惠民政策，确保脱贫攻坚"一个也不落下"。目前，全村人均可支配收入近万元。

精神文明呈新貌。成立"绿色储蓄店"回收垃圾兑换商品，使村民改变了废弃物品乱丢乱扔的不良习惯，"爱护环境，从我做起，从我家做起"，已经逐渐成为村民的习惯。村党支部每年开展"树家风、传家训、立家教"系列活动和"最美家庭"评选，教育、引导党员从自身做起，从家庭做起，讲道德、守规矩、重家风，形成了"家家有家训、户户好家风"的良好氛围。

社会治理树新规。议榔栽岩是当地苗族的口碑条款规约，是古老的习惯法，在苗族社会里有很强的约束性、权威性和管理功能。摆列村支两委在有关方面帮助下，把传统议榔与现代国家社会治理法规有机结合，形成新村规民约，内容涉及维护社会秩序、支持村寨建设、提倡文明新风、整治人居环境、加强子女教育、加强消防安全等六个方面，发挥了重要作用，规范了人们的行为。2018 年该村入选"贵州省村规民约示范村"和"贵州省法治示范村"。

摆列村在促进经济文化发展，增强各族群众对伟大祖国、中华民族、中华文化、中国共产党和中国特色社会主义的认知认同意识，深化交往交流交融上的一些经验启示：

一是脱贫攻坚，强化党建引领。以党建引领经济社会发展，党建强则工作强。摆列村的沧桑巨变得益于党的领导，国家的好政策，社会各界的大力帮扶，群众的内生动力激发等；还有一支用真情、扶真贫、真扶贫的同步小康驻村工作队伍。另外，省妇联定点帮扶摆列村，尽心全力多办实事，前后协调了数百万帮扶资金，作出了重要贡献。

二是相互配合，形成合力。在实际工作中，摆列村支两委与同步小康驻村工作组，各自发挥专长，工作既有分工，又要相互配合。定思路、协调关系、跑项目的事由驻村工作组来做；做群众思想工作、组织群众投工投劳等由村支两委来完成，这样互相搭台，相得益彰。

三是广泛参与，共享经济发展成果。不管是脱贫攻坚，还是乡村振兴，必须有全体村民共同参与，才能建设好地方，共享发展成果。摆列村“十户联组”工作法就是村民自治的成功案例，只有让群众主动参与乡村振兴的各项工作，才能使村寨、使地方变得更美好。

四是必须持续增强开放力度。结合本地资源禀赋和人文特点，政策鼓励支持，激发民众主动性，用积极开放的思维，主动吸纳外界先进理念和生产生活方式，不断广泛交往、全面交流、深度交融才能得到更大的发展进步。

二、教育及语言文字促进民族交往交流交融

教育发展对增进各民族之间的了解，促进各民族广泛交往交流交融，巩固平等团结互助和谐的社会主义民族关系，对促进经济社会发展进步，让各族群众走向更广阔的社会，掌握先进理念和科学技术，更好地改善生产生活条件，对培育各民族共同理想信念，构筑共有精神家园，深化“五个认同”，凝心聚力，汇聚中华民族磅礴力量，都具有特别重要的意义，是增强各族人民交往交流交融最重要的基础性工程之一。

榕江县高度重视民族教育工作，始终把民族教育工作摆在重要地位。新中国成立以来特别是改革开放以来，在中央、省、州的统一部署下，榕江县从实际出发，积极推进教育工作，取得了显著成就。长期以来，榕江县全面加强国家通用语言文字和通识教材教育，同时注意保留传承各民族优秀文化特色教育，不断强化民族团结进步和爱国主义教育。

语言相通是人与人沟通的重要环节，多语言多文字是榕江的重要文化资源和宝贵的精神财富，但如果语言文字不通，各民族就难以沟通，不沟通就难以达成理解，更难以形成共识与认同。因此，在全县各民族不断深入交流、跨民族跨地域流动的今天，对全县各族群众人民而言，学习和掌握国家通用语言文字，就意味着拥有更加丰富的精神文化生活，积极融入国家和社会发展之中，得到更多更好发展机

会，这对少数民族群众而言显得更为重要。

70多年来，榕江县教育发生了翻天覆地的变化，学校数量和教学质量都取得了巨大进步。随着经济社会的发展，不论民族、无论男女，都得到了平等的教育权利。结合实际，因地制宜地深入实施中华优秀传统文化传承发展工程，在全面推广普及国家通用语言文字、着力构筑各民族共有精神家园背景下，中华优秀传统文化（包括具有特色的少数民族优秀传统文化）得到保护弘扬。在长期的共同教育环境和山水相依的生存生活背景下，榕江县各民族之间的交往交流交融得到了有力的推进，形成了你中有我、我中有你，共同繁荣、共同发展的崭新民族关系新局面。

（一）教育促进民族交往交流交融

1. 榕江县教育历史渊源

榕江县教育具有长久的历史渊源。改土归流前，榕江无正规学堂。古州设置厅制后，中央王朝在榕江的管理手段逐步从军事管制转向政治治理。史载："（古州）向未设立学校，雍正八年（1730）于日月、章鲁、车寨三处各设义学一所。又十一、十二年乐乡寨、麻蜡子、朗洞等处捐设义学六所。现童生应试，附入府属十二司份额十三名内考试，其寄居民籍附入关厢额取十二名内考试。书院在城北隅。"（《黔南识略》）

清雍正七年（1729），贵州巡抚张广泗统兵剿抚古州后，出于"讲学以正人心，励品德敦士习，甄陶乐育，诱掖无穷"的目的，使"新疆"的苗民"休养而生息""知其礼守其法"巩固其统治。古州厅署奉旨于章鲁首办义学，倡导汉族儒生入境教授，招汉苗侗水等民族子弟入学，准许少数民族子弟参与科考入仕。于是，汉文化在榕江得到较广的传播。办学从"义学"开始，随后开办书院和厅学等较高一级的学校。最早的义学有12所，其中农村8所，城关3所。农村义学有章鲁、寨头、口寨、鸣凤堡、忠诚堡、兴隆堡义学。雍正十年（1732）相继在乐香、腊子寨、朗洞等设义学6所。到道光十一年（1831），在各族各界捐资下，修建了"榕城书院"，道光十三年（1833）修建"古州厅学"。光绪三年（1877）又修建"龙冈书院"，此外，还有"文峰书院"等较高的学堂。这些义学和学堂的兴建，给矢志学习的各民族子弟提供了读书的机会，给整个社会经济带来了推动作用。到光绪中期，古州共有文武举人13名，生员数百名，文武童近千名，每次参加科考的各族子弟有300多人。清代，脉寨建有萃英书院，口寨建有榕春书院。通过这些义学、书院的兴办，不少侗族子弟考取了秀才、廪生、贡生。据黎平府志记载，在乾隆五十四年（1789）和道光二十三年（1843）有古州侗族吴洪仁（章鲁人）、杨廷芳（车寨人）考中了举人。清朝光绪年间，车寨有杨福堂、杨秉章、杨世蕃、张文炯、杨友良等人考取秀才。民国初年，在车寨办起了第一所学校，名为“榕江县第一区车寨初级小学”民国二十四年（1935）在乐乡创建乐乡小学，民国二十七年（1938年）在平阳建立久安小学。民国三十四年（1945）9月，国立贵州师范学校在车寨创办村寨教育实验区。民国时期榕江部分苗族村寨办有国民小学，如古州高文、八开地区的九秋、加宜等曾办有国民小学。在清代后期，有的人家省吃俭用，延师课子，学习文化。如怎贝瑶寨盘子襄刻苦攻读，学有所成，考中秀才。民国三十二年（1943），盘子襄还在本寨开办短期初级小学，有学生约20人。

值得一提的是，民国二十八年（1939），贵州省青岩乡村师范学校（国立贵州师范学校，又称榕江师范）迁入榕江，一批汉族知识分子随校任教，大量招收各族子弟就读，培养了大批人才，誉满黔桂湘川滇数省，成为当时大西南颇负盛名的边疆教育学府。1944年，广西大学、汉民中学迁入榕江，时间虽短，但对榕江教育事业起到了重要的促进作用。此外，在清末及民国年间，除了官办学校外，民间有钱人家联合或独聘请师开办私塾，课教子弟，为乡村增益知识人才。新中国建立后，在国家的号召下，汉族教师和各族教师一道，兢兢业业、甘于奉献，共同为榕江文化教育事业作出了重大贡献，培养了一大批各级各类人才，促进了各族人民的友好往来，共同建设祖国、发展地方，也为今天中华民族共同体建设，铸牢中华民族共同体意识，促进各民族经济文化交往交流交融留下了光彩篇章。

2. 榕江县教育的长足进步

新中国成立后榕江各乡镇村多数都办起学校，教育事业取得了快速发展。党的十一届三中全会以后，榕江教育事业不断得到普及，教学质量显著提高。以2022年4月10日为时间节点，据统计，当时榕江县侗族在校生为34288人，其中接受学前教育的学生有5275人，接受小学教育的学生有14657人，接受初中教育的学生有5687人，接受高中（含中职、技师）教育的学生有4703人，接受高等教育（包括专科、本科、研究生）的学生有3667人，其他299人。榕江县苗族在校生为31030人，其中接受学前教育的学生有4440人，接受小学教育的学生有14879人，接受初中教育的学生有5537人，接受高中（含中职、技师）教育的学生有3652人，接受高等教育（包括专科、本科、研究生）的学生有2120人，其他402人。榕江县水族在校生为10894人，其中接受学前教育的学生有1482人，接受小学教育的学生有4715人，接受初中教育的学生有1923人，接受高中（含中职、技师）教育的学生有1564人，接受高等教育（包括专科、本科、研究生）的学生有1090人，其他120人。榕江县瑶族在校生为1760人，其中接受学前教育的学生有203人，接受小学教育的学生有731人，接受初中教育的学生有335人，接受高中（含中职、技师）教育的学生有265人，接受高等教育（包括专科、本科、研究生）的学生有207人，其他19人。据统计，在榕江瑶族人民中，除了侗族、苗族、水族、瑶族之外，其他兄弟民族，诸如汉族、布依族、土家族、畲族等的教育事业，在新中国成立以后，特别是新世纪以来，均发生了翻天覆地的变化，接受教育的学生数量不断增加，各民族的教育质量得到了显著的提升。

截至2022年9月10日，榕江全县共有学校212所，其中小学校点共103所（其中完小45所，教学点58个），幼儿园共93所（其中民办幼儿园35所），特殊教育学校1所，初级中学10所，普通高中3所（其中民办高中1所），职业高中1所，专门学校1所。全县各级各类学校共有在校学生72563人，其中学前教育在园（班）12863人（其中民办幼儿园6520人），小学在校学生35301人，初中在校学生15124人，普通高中在校学生6996人（其中民办751人），特校在校学生176人（其中送教上门104人），专门学校在校生104人，职校在校学生2175人。全县各级各类学校共有教职工5543人，其中基础教育学校共有教职工5476人，即幼儿园1293人，小学2419人，初中1092人，普通高中562人（民办71人），特校15人，专门学校26人，中职学校共有教职工69人。共有专任教师4008人，其中基础教育学校共有专任教师3945人（其中幼儿园715人，小学1774人，初中878人，普通高中487人，特校11人，专门学校15人），中职学校专任教师65人。

3. 榕江县教育促进交往交流交融

新中国成立以后，1951年2月，县人民政府开办小学教师培训班，号召汉族教师赴民族地区从事教学工作，一大批汉族青年教师响应号召，下到艰苦的少数民族聚居区农村开办教育，为民族地区文化教学工作打下了基础。1958年7月，县人委发动城关汉、侗知识青年到少数民族聚居地区开展扫盲运动，参加扫盲学习的各民族青年 3.8 万余人。20 世纪 80 年代以来，教育行政部门除每年组织教师利用寒暑假赴八开等苗族聚居地区扫盲外，还开展苗汉、侗汉双语教学，不断提高民族地区教学水平。

共同的社会生活环境、学校教育环境促进各族人民群众和广大学生的共同理想信念逐步形成，深化了互助与融合，使得榕江县汉族和各少数民族互通有无、相互帮助、和睦相处，形成了“三个离不开”的新局面。长期以来，榕江县委、县人民政府一直把民族教育和民族文化作为民族经费投放的重点，该县在民族教育和民族文化上补助的经费额度占民族经费的 20% 左右。如在计划、八开等少数民族聚居地的中小学设立民族女子班，在榕江一中初中部设置民族班，招收成绩优秀而家庭贫困的少数民族子女入学，对这些班级学生的书学费和生活费给予一定的补助。这些民族经费的投入，一直持续到国家直免之前。

榕江县在引导青少年学好国家通识语文的基础上，用分类指导的方式深化中华优秀传统文化教育，持续支持各族非遗优秀文化教育项目进校园。各级各类学校充分挖掘我国历史上优秀的传统文化和县内优秀的民族民间文化资源，加深对民族民间文学、手工技艺、传统舞蹈戏剧美术、民族歌曲、传统医药等的学习了解和传承。把具有当地民族特色的刺绣、侗歌、舞蹈等民族文化引进校园，将民族文化与学校课堂相结合，既弘扬和传承了非遗文化、民族优秀文化，又丰富了师生们的校园文化生活，为教育发展注入了新活力。2019 年，仁里水族中心校将侗族刺绣和侗歌列为传统特色文化教学课程，当地侗族教师轮流给同学们上课，唱侗歌、弹琵琶、做侗绣成为学生的必修课。积极组建侗族优秀民族文化教师队伍，将传承工作落到实处。目前，学校有民族文化特长教师 8 名，侗族刺绣兴趣小班 3 个，侗族剪纸兴趣小组 4 个，民族歌舞表演队 2 支。

榕江县各级各类学校聚焦全面增强“五个认同”。在教育实践中，切实加强社会主义核心价值观教育，大力弘扬以爱国主义为核心的民族精神，持续抓好“四史”学习宣传教育。结合榕江实际，深入实施中华优秀传统文化传承发展工程，全面推广普及国家通用语言文字，着力构筑各民族共有的精神家园。在教育中促进各民族人口流动融居，进一步推动了榕江民族团结教育的开展，在深化民族团结进步教育的同时，对加强该县各民族团结、构建和谐榕江也有重要的作用和意义。

改革开放以来，榕江侗族、苗族、水族、瑶族等民族聚居区在教育上都取得了重要发展，为榕江整体文化水平的提高提供了文化和社会基础条件。铸牢中华民族共同体意识是新时代党的民族工作的主线，它为民族工作指明了方向，提供了根本遵循。榕江县各类学校结合实际，通过开展丰富多彩、生动活泼的文艺、体育、科技、学生社团活动等，深入开展“五个认同”教育活动，不断推进中华民族共同体建设，增强教育的针对性、实效性、吸引力和感染力。上述举措，持续地增进了各兄弟民族的相互了解，为促进各民族交往交流交融作出了重大贡献，不断夯实了中华民族共同体意识的根基，在深层次上推动了民族团结之花在榕江大地上不断绽放。

（二）语言文字推动民族交往交流交融

1. 榕江各民族语言文字简况

榕江各世居民族语言文字各具特色。因历史演进和社会发展，现在全县城乡各族均以本地汉语（或汉语普通话）和汉文作为社会沟通交流的主要工具，普遍流行，是各民族内外交往交流交融最重要的桥梁纽带；同时，侗、苗、水、瑶等民族仍然保留有自己的语言或文字，目前在不少乡镇、村寨，双语或多语现象较为常见。侗语属汉藏语系壮傣语族侗水语支，榕江侗语属侗语南部方言第一土语，车江章鲁音为侗语标准语。侗族文字方案遵照国务院 1959 年批准的《关于少数民族文字方案中设计字母的五项原则》而制定，字母形式采用拉丁字母，1958 年 8 月经国家民委批准实施，从而结束了侗族无文字的历史。1981 年 9 月，榕江县人民政府成立民族文字试点推行领导小组，从 1982 年开始，先后在全县的 6 个区（镇）25 个乡的 90 多个侗族村寨开办了 192 个学习班，5374 人学习了侗文。1988 年暑假，1 ～ 3 年级实行双语教学的小学和教学点共有 253 所，接受过双语教育的学生共有 1.7 万名，其中侗汉双语的有 8763 人。目前，全县有侗汉双语和谐环境建设示范点两个（古榕社区、加所小学）。

榕江苗语主要有两大方言：一种是湘西方言西部次方言西部土语，分布在月亮山区一带计划乡摆王村，水尾水族乡的滚塘、滚梭，以及八开镇的党郎、百约湾等寨。第二种是黔东方言北部次方言的南部土语和北部土语，分布在月亮山区、大坪山麓、九十九垴一带和高排、摆贝、摆乔、计划、摆底、加去、加两等村寨。说北部土语的主要分布在雷公山脚和八万山区一带，有小丹江、领培、岑珠、空申、空烈、两汪、高帮、两夫等村寨。榕江苗族多住高山峻岭、深山箐林之中，居住分散、交通闭塞，与外界接触甚少，因此，各地都保存了完整的本族语言，在日常生产、生活中都用苗语交流。榕江月亮山地区是苗族聚居地，解放初期，那里会说汉语的人极少，与侗族、水族交往频繁的村寨，中青年男女能用侗语、水语相互交流。苗族过去只有语言没有文字，1956年，国家为苗族创立了以拉丁字母为基础的拼音文字，有湘西、黔东、川黔滇、滇东北四种文字方案，榕江推行黔东方案。黔东方案以凯里市挂丁养蒿村苗语为标准音。1981年11月，榕江县成立民族文字试行推广领导小组。1982年，第一期苗文学习班在八开乡高同村进行，招收学员40人，到1984年在全县苗族聚居地全面推广，共有40个苗族村寨设40个苗文夜校扫盲班，脱盲人数1165人。1986年，省有关部门统编出版发行小学六年制1～4册双语文课本，苗文的推行进入新的阶段，即苗汉双语文教学阶段。

榕江县水族主要分布在兴华、水尾、定威、仁里四个水族乡、塔石瑶族水族乡以及古州、平永、忠诚、八开、平江、计划等乡镇。水族语言属汉藏语系壮侗语族侗水语支，与同语族的毛南语侗语关系较为相近。水族内部各支系的语言一致性较大，词汇丰富。水族社会历来流传一种独特文字，汉语称其为水书，水语称其为泐睢，是很珍贵的历史文化遗产。有关专家推测，利用水书中的记载破译部分夏陶符号，表明这一古老的少数民族文字可能是夏文化遗存的一脉，将有助于揭开困扰考古界40多年的二里头遗址“夏都”千古之谜。说明水书与甲骨文、金文具有“姻缘关系”，水族至少在夏商时期与汉民族的发展是并列的，水族先民早在原始社会就已经存在，之后由于族群大迁徙活动，睢人南迁，使水族语言文化由同源而分化，最后出现吸收融合的现象。 水书的结构多为象形，仍保留着远古文明信息，被誉为世界象形文字“活化石”。因水书特殊的书写结构和狭窄的传递限制，以及字数少很难表达出人们劳动生活的丰富内容，没有成为人们日常交流的工具。目前已发现水族古文字2000多个，能识读的600多个。水书从创始到今天，经历了数千年的历史，其发展反映了水书与中原文化同源、分化、发展、吸收，并由简到繁、由易到难、由单一到复合的轨迹，提供了人类文字起源的生动材料，从中可以了解到最初的造字方法，以及水族与汉族文化的交融变迁过程。2002年3月，水书入选首批“中国档案文献遗产名录”；2006年5月，水书习俗入选第一批国家非物质文化遗产名录。

瑶语属汉藏语系苗瑶语族瑶语支，榕江瑶族讲勉语。瑶族有自己的语言没有文字，使用汉文。瑶语词汇十分丰富。新中国成立前，瑶寨许多青少年和大部分中老年人听不懂汉语，通过多年的推普，如今多数瑶族同胞，特别是接受过学校教育的瑶族学生已经能熟练地运用汉语和其他兄弟民族进行交流。瑶语主要分布在塔石瑶族水族乡（旧称盘石乡）的怎东、党吊、大山、怎贝、乔央、程山、阶弄等村寨。随着社会的发展和各民族间的交往，瑶语呈现出明显的分散和消失趋势，目前仍使用瑶语进行日常交往的有程山、怎东、阶弄、阶堕、乌美、袁家、乌荣等少数瑶族聚居村寨。尤其是随着社会的发展，许多新事物、新概念、新语境的涌现，瑶语借用汉音，形成瑶语汉话，此现象在其他民族语言中也存在，体现了相互影响和交流的特点。瑶族与其他民族杂居，社会环境影响和人口较少，在互不通话的情况下，多采用汉侗苗等语言进行交际交流。

2. 大力推“普”深化“三交”

榕江县大力推广普及国家通用语言文字，使各民族人心归聚、精神相依，形成各民族团结奋进的强大思想基础。全县结合实际，号召全县党政机关干部职工、各级各类学校师生讲好普通话、写好规范字，努力成为推广普通话、写好规范字的文明使者，助力全社会更好地交往交流交融。2019 年 7 月，省教育工会、省语委办积极行动，对全县教师和党政机关、新闻媒体和公共服务行业干部职工共 7256 人开展普通话集中培训，教师合格率达 88%，党政机关、新闻媒体和公共服务三大领域合格率达 98%。目前，全县教师普通话水平有了较大的提升，幼儿教师的普通话合格率已经达到 100%。2020 年 12 月，榕江县顺利通过国家三类城市语言文字工作督导评估验收。榕江在认同语言的多样性的基础上，在尊重和保护少数民族语言的同时，积极推进少数民族语言文字保护和传承，同时大力推广国家通用语言和文字。学习和使用普通话是加强榕江各民族交往交流交融的前提和基础，同时也是构建中华民族共有精神家园的有力保障。国家通用语言是中华民族共同体的“母语”，是多元一体大家庭各个成员之间相互交流的语言工具，这在榕江已经成为一种共识，榕江县内的汉、侗、苗、水、瑶、布依等兄弟民族通过学好用好国家通用语言，为实现国家通用语言文字对铸牢中华民族共同体意识的语言功能不断奠定应有的基础。

3. 开展“双培”助力“三交”

根据2022年的统计，榕江县存在汉语言障碍人口共有3051人，占全县总人口的0.8%，主要年龄段集中在40～69岁的少数民族群众，女性居多，主要分布在定威水族乡、朗洞镇、八开镇、计划乡、乐里镇等乡镇的边远村寨。榕江“双培”行动培训对象主要针对存在汉语言障碍和听不懂普通话的群众，培训内容以国家通用语言培训和劳动技能培训为主，以感恩教育、移风易俗教育为辅，就业方向主要为民族手工艺、种植和养殖业、外出务工等。在实施“双培”三年行动过程中，通过抓规划，明确任务目标；抓协调，整合多方资源；抓落实，着力“三重两扶”；抓成效，实现就业助推脱贫等有效措施扎实推进“双培”行动。深入持续开展“双培”促“两业”行动，以培训促就业、以培训带产业，积极促进少数民族群众就业和民族地区产业发展。着力解决边远贫困地区部分少数民族群众存在使用国家通用语言障碍、思想观念陈旧、脱贫内生动力不足等问题。开展“双培”行动，为少数民族群众搭建语言学习平台，提供技能培训机会，增强自我发展能力，学习先进技术，更好地融入社区城镇生活，与社会发展相适应。

4. 民族古籍文献得到有效保护

榕江县以侗、汉、苗、水、瑶五个民族人口为主，都有自己的民族语言、风俗。榕江少数民族的语言文字，大多存在乡村和古籍之中。榕江县重视少数民族古籍搜集工作，在2004年第一次普查的基础上，2017年进行第二次普查，对19个乡镇60多位民族文化工作者进行民族古籍普查培训，同时根据省民族古籍办2016年9月编印的《贵州省民族古籍普查手册》，为全面掌握榕江民族古籍传承人的数量、种类及特长，进一步挖掘、抢救、保护和传承民族民间古籍做好基础性工作，对全县散藏于民间的少数民族古籍进行录音、录像、翻译、整理和研究。

5. 共有文化认同促进“三交”

榕江县的苗族、侗族、水族、瑶族、汉族等10多个民族在长期的生活实践中创造了辉煌灿烂的民族文化，在漫长的历史发展进程中，榕江各族人民之间自古就有团结相处的良好传统。共同的居住环境和生产生活条件，使得榕江县各民族形成了顺应自然、和睦共处、相互尊重、互助互爱的共有文化传统。今天，在党的领导下，各民族更加亲密团结，和睦共处，同呼吸、共命运、心连心。随着社会的发展，这种血肉关系在榕江各民族之间已日趋紧密，不可分割，县内各民族团结进步，已成为各项事业发展的重要前提。

铸牢中华民族共同体意识是党的民族工作开创新局面的必然要求，榕江县顺应时代发展，按照增进共同性、尊重和包容差异性的重要方向改进民族工作，促进各族人民广泛交往交流交融，为全县上下进一步围绕中心工作，巩固拓展脱贫攻坚成果同乡村振兴有效衔接奠定了扎实的思想基础，民族团结进步事业已经在榕江结出丰硕果实。教育提质增效快速发展，各族优秀文化得到应有保护，更重要的是推广普及国家通用语言文字的卓有成效工作，使得榕江各民族交往交流交融的内容更加丰富，范围更加广泛拓展。

三、生产力与社会建设的交往交流交融

（一）农业、林业、手工业、工商业的交往交流交融

1. 农业制度互学共进

榕江除古州盆地车江万亩大坝及河谷低洼地有 10 余处零星小坝外，其余层层梯田遍布山间。县境山地、林地与草山占 90% 以上，属亚热带中亚区，山区气候温和凉爽，盆地夏季较为燠热；雨量丰沛，霜期短，为农业持续、稳定发展提供了充足的光热水气资源。各族人民在长期的农业生产实践活动中，在作物栽培上形成了许多独特的生产习俗，同时又相互影响、交流借鉴学习，形成了更多的共同性、地方性特征。

（1）在耕作制度上相互学习借鉴

榕江县各族人民素以农耕为业，以水稻种植为主，沿河坝区有传统棉、麻、甘蔗和蔬菜等种植，在生产工具、生产技术、耕作制度等方面相互借鉴运用。由于种种原因，过去榕江是整体生产技术普遍落后，耕作粗放，产量普遍甚低。广种薄收、刀耕火种、烧畲撒播是历史上一些村寨长期存在的现象。随着改土归流后汉族大量进入，带来了精耕细作的农业技术和多样化的生产手段。在耕作制度上，改一年一熟（水稻）为稻—油两熟。另外，大量使用铁制农具等，这些农业生产措施，

对榕江农业发展起到了很大的促进作用，使粮食产量有了较大幅度的提高，保证了当时的军需民食，达到榕江县的粮食自给有余。据史载，清乾隆中期之前，地方官吏每年都要从广西、独山、都匀等地调进粮食万担之多。到乾隆后期，调进粮食不断减少，对官兵和地方官吏的“工食”逐步由给粮食变为银两支付，在当地购买粮食，这种改变，说明榕江农业生产得到了很大的发展。

（2）粮食品种与经济作物交流使用

过去，当地少数民族粮食作物主要以培育的本地糯稻为主。自从清乾隆二年（1737）后，汉族带来了许多作物品种，一起丰富了地方作物种类，提高了粮食产量。据《清实录》载，乾隆四年（1739），古州总兵韩勋向朝廷奏报：“小麦、高粱、小米、黄豆、芝麻、菽麦等种……向来新疆地方……素不出产，自安设屯军之后，地方文武设法劝种杂粮，今岁俱有收获。”此外，玉米、红薯、土豆以及各类蔬菜瓜果品种等也从汉族地区大量引进。引入的籼稻较糯稻具有优势，一是生长时间短，成熟时间较糯稻早；二是单位面积产量高；三是易于收割。据《古州厅志》载，至清光绪五年（1879）籼稻品种多达20种。1955年前，籼稻主要有大麻谷、小麻谷、油粘、五百粒、红梗、银梗等。糯稻有阴山糯、麻糯、铜禾（有花、黑、红壳之分）、光头禾等，在全县各地广为栽种。新中国成立后，特别是实行改革开放后，矮秆品种多达数十个。之后，杂交水稻品种（组合）大面积推广，如今本地原先品种已经少种。

1974年，榕江县内河谷地区广大农民以其特有的土壤、气候资源条件，引种广东“新澄一号”西瓜新品种获得成功，自此，西瓜种植以车江万亩大坝为中心，自南向北辐射，至各河谷地区，直到海拔600米的朗洞镇北端，最高年份种植总面积达1.6万余亩，总产2.3万吨。榕江西瓜以其外形美观，皮薄、肉厚、瓤红汁多、清甜爽口的特点，在1980年全国南方八省（区）西瓜鉴评会上名列榜首。榕江西瓜远近闻名，近些年榕江县多次举办的西瓜节宣传品牌，赢得了各方宾客的赞誉，纷纷前来观光订货。

在经济作物新品引种交流上，以棉花最为典型，最具经济价值。光绪三年（1877），易佩绅（古州兵备道，湖南龙阳人）、余泽春（古州同知，湖南常德人）分别筹款寄书到四川、河南光州和湖南等地购棉种，“令民领种”，并传授种棉之法。经过三年试种成功后逐步推广到全县各地。棉花试种的成功，在一定程度上缓解了榕江各族群众“谋衣艰于谋食”的困难。其间，还引进油桐树种、茶种各1000

千克在平江、平永、中宝等地试种，获得成功，给当地带来经济效益。油桐经过十多年的发展，到清光绪年间后期，榕江的油桐生产已具规模，每年外销的桐油有万担之多。油桐生产成了群众的一大经济来源。还有柑橘、梨子等果树也不断得到引进栽培，在古州一些地方形成较大的面积，丰富了人们的物质生活。

（3）各族群众有串换良种的习惯

各族群众对农作物良种极为重视，多年在一丘田里种同一种作物品种，出现产量下降趋势，此时为了增产而多下肥料不如换一个新品种种植，其效果会更好，实现不增加投入也能保证产量。所以，在日常生产活动中，多数人家比较注重作物品种的引进串换。老百姓只要有新作物良种出现，就会很快普遍推广。

（4）各族群众注重培育壮秧

“秧好半年禾”是有效增产的一个环节。从秧田的选择到秧苗的管理，有一套比较科学的经验。如秧田要选背风向阳，水源条件有保障；秧田要下足底肥，中途要适时追施。要播的种子一定要进行选种去杂，浅水育苗，出苗后要勤看水，注意病虫害防治，育出壮苗，适时移栽，不栽老苗，就是丰收的基础。进入21世纪后，推广两段育秧、旱地育秧、薄膜育秧等更加科学的方法，获得了更好的秧苗。

（5）各民族普遍注重农时

当地流传有许多通用的农事谚语，如“清明下早种，谷雨下迟秧”“芒种不种，种了无用”“夏至栽秧不用薅，禾苗下田就打苞”“挑粪着田，不如犁田过年”“黄金难买五月旱，六月落雨是黄金”，等等。谚语说明各族群众不仅注重农活季节，而且还善于总结、互相借鉴种植作物的实践经验。尤其注重二十四节气，是通过相互交流体验，得出的共同宝贵经验。

（6）相互换工互助

这是各族群众生产生活中劳力相互调剂的一种习俗，每当生产大忙季节，为不误农时，大家常进行换工互助，不计较劳动技能高低、劳力强弱以及农具优劣等。尤其是对那些缺乏劳力、耕牛和劳动技能低的人，都会得到左邻右舍或家族以换工方式进行帮助支持。这种换工互助习俗，至今仍被各族群众视为一种美德而相传。

（7）生产工具相互学习运用

改土归流后，大量形式多样的铁质生产工具进入都柳江流域包括榕江各地，极大地促进了地方生产力的发展。榕江的主要劳动为稻田耕作，其工具分别有：畜力多为黄牛、水牛及少量的马。木制犁耙、谷桶、竹制箩筐、扁担、柴刀、镰刀、斧头、钉耙、摘禾刀、大小锄头等。为了改变各族群众用碓舂米这一落后的粮食加工方法，1877 年榕江士绅在都柳江岸边引进和建立第一座以水力为动力加工粮食的碾坊，随后在全县各族群众中广泛运用，这种方法一直沿用到 20 世纪 80 年代由机械代替为止。

近几十年来，尤其是进入 21 世纪以来，科技蓬勃发展，生产技术日新月异，产品推陈出新，引进的生产工具式样繁多，极大提升了社会生产力水平。例如，各类运输工具的交流引进及普遍使用，如大小货运车、摩托车等，极大便利了出行交往交流；机械机动犁耙代替原来的畜力木铁式犁耙，出现粮食收割机械、各类电动加工机具，大大提高了工效。

2. 林业技术的合作交流

榕江历来森林繁茂，山岭深谷郁郁葱葱，植被以具南亚热带成分的常绿天然林为主，杉、松居多。历史上，都柳江、清水江流域特种林木以量大质优闻名遐迩。例如油杉，树干挺直，耐腐坚实，生长速度快，行销省内外，是商贸大宗物资和地域经济的重要支撑。在种植技术、选种培育、采伐运输、买卖交易等方面，数百年来，各族群众都有长久的交往交流、共同合作的习惯规范，有效促进了地方经济社会发展，带来了城镇兴起和城乡繁荣发展。商品经济的发展，林业资源的有效开发利用，物资、人力、技术、工艺的逐步多样化，满足了社会需要，同时也促进了地方文教等各项事业的进步，推动了社会文明发展进程。

榕江是贵州省 10 个林业重点县之一，林产品以外销省内外为主，木材商品率达 80%。据统计，全县森林总面积 389 万亩，森林覆盖率占 74.18%，其中活立木蓄积量 2721 万立方米。全县共有植物 2000 余种，其中被列入国家一级保护的 7 种，二级保护的 25 种，三级保护的 30 余种。榕江县各种河流水位落差大，水流集中的河段长，开发条件优越。地表水多属于中性水，适宜工农业生产及生活，地下水质好，有开发价值。

3. 手工业的交往交流交融

榕江的手工业生产在历史上亦享有盛名，主要产品有铁制农具、竹木家具、雨伞、纺织、刺绣以及食品糕点等。这些行业商贸的兴起，基本上是在汉族迁入榕江定居后逐步发展起来的，提高了社会生产力，丰富了各族群众生活。为了满足各族农民对铁制农具的需要，在乾隆年间（1736—1795），榕江城关地区开始出现以加工铁制农具为主的加工作坊，主要加工锄头、镰刀、柴刀、犁头、耙齿等产品。榕江城关的“打铁街”就是当时铁制农具加工的集中点，故此得名。随后，在平永、寨蒿等少数民族聚居地方也出现了铁制农具的加工作坊，并逐渐扩散到更广地域。铁制农具在榕江地区的加工生产和使用，无疑是对生产力的解放，是榕江农业生产的一个新起点，它促进了生产方式的变革，是生产方式的一大进步，对各民族社会发展和地方进步有重大影响。

中央王朝在古州设置厅制后，为了行使权力，加强行政管理，大兴土木，修建衙门和庭院，如此又为省外的工匠等手工业者进入榕江发展提供了条件。因此，邻省手工业者（以湘籍为多）来榕修建衙门、寺庙和庭院、民居的工匠人数不少，带动和影响了当地建筑行业的兴盛，他们有的定居下来，成为榕江居民的重要组成部分。

4. 工商业发展深化交往交流交融

榕江城镇集市的建立、工商业的发展，最初与汉族密切相关。清雍正八年（1730）之前，榕江城关地区东面的马鞍山脚已有少量汉民居住，多系粤桂商人。随着改土归流，商品经济的发展，推动了各地商人、各行各业从业者沿着都柳江和新开辟的驿道进入榕江从事商业等活动。“三江汇流，百年木商”。中河古街因便利的都柳江航运而兴起，因商旅发达而繁荣。各种行业也在这片土地上应运而生，靠近河边码头，便有了铁匠街、豆腐街、篾匠街、鸡鸭街、布匹街等商业市场。从中河古街延伸，北至梨子园，南连大河口。人们从各地运来食盐、棉纱、布匹、铁制农具，以及日用杂货等生产生活资料到榕江销售，又购买当地的农副土特产品，如杉木、桐油、香禾糯、兽皮、香菇、木耳、药材等运出。在古州形成行市时，路面是用鹅卵石砌成，长约 100 米，宽约 21 米，习称花街路。街道两侧店埠林立，百业渐兴，足以作为汉族早期进入榕江进行商品交换，各族群众相互交流贸易，推动地方经济发展的历史实物见证。

盐运体现交往交流交融历程。贵州缺盐，需要外运。由于缺碘无盐，历史上，地方性甲状腺肿大（大脖子病）在许多边远少数民族村寨较为常见，有的延续到民国时期和解放初期。随着改土归流和水路的疏通，官府极为重视盐运，设治后不久，即着手进行规划实施。雍正十年（1732）首次派出广东官商刘士龙押运“生息余盐五百包赴古州试销”，九月又派官商余文跃领运“帑盐”一封（计 1488 包，1 包 50 斤）到古州行销，为沿海地区与边远地区的商品交流、改善居民生活奠定了一定的基础。乾隆五年（1740），清王朝批准古州为“总埠”，由招商张清渠办运，后由其子承袭。“民食粤盐，自乾隆五年题准以古州为总埠，丙妹、永从、三脚屯为子埠，每年额引五千九百二十六道，计引六封二分零。”（《黔南识略》）随着商业的发展，乾隆九年（1744），清朝地方政府始建河堤码头于城外，扩大水上运输。基础设施的改善，外省商人进入榕江从事商业活动人数日益增多，地方经济也逐渐繁荣，古州成为贵州省东南货物集散重地。以食盐为例，每年经古州运往省内各地的进货量达 8928 包，计 700 吨。来榕江经商的商人，有的便在榕江购置产业，修建住房，开设商号，由行商变成了坐贾，从而定居下来，其后代和家族成为榕江的本土居民。现在榕江城关河边街，就是在这种历史背景下逐渐形成的。

榕江汉族来源与交往交流交融。清乾隆二年（1737）之后，国家实施“设堡屯军，寓兵于民”，招“青年兵丁及兵丁子弟耕种”政策，即中央王朝谕旨所规定的“无事则尽力南亩，有警即可就近抵御”（《古州厅志》）。除发展生产外，还可以达到“省添兵之费”之目的。因此，来榕江定居的早期汉民，既是进行农业生产的劳力大军，又是一支不脱产的军事力量。清雍正八年（1730），开始分左右两卫、40 个堡安置在车江大坝、平永河、寨蒿河流域地区。古州置厅后，一直到近现代，许多官员、商贾、削官为民者或流寓者，投亲靠友者，从事百业者，解放初南下西进干部相继进入古州工作定居者，包括其后裔等，成为榕江永久性居民。同时，为兴建厅署衙门和街道，官府从外地招募土木技术人员前来施工，所来的人几乎是汉族，以后便定居于此地。居住在县城关河边街，通商通船的寨蒿、平永、八开等地的汉族居民，以湘粤桂籍居多。历代或驻扎，或从事商贸，各行各业从业者，形成了今天榕江汉族的主要来源。汉族在古州、寨蒿、平永等地定居下来，各民族逐步形成了今天以汉族居多集中的商业、文教活动中心集镇，相互间交往交流交融频繁，各类资源信息汇聚之地。

会馆文化见证交往交流交融。随着改土归流、行政的建置、水道的疏通、道路的通达，八方辐辏，湘、鄂、粤、桂、赣、川、闽及北方五省等地人民络绎来到都柳江、清水江流域及榕江从事商贸、文教、耕作、建筑等，各行各业皆有，进行各项建设和经济文化交流。乾隆时期及之后，古州城内外建有众多会馆，如两湖、广东、江西、四川、福建、粤西、贵州、广庆、五省会馆共九个。各会馆多为明清中原、江南建筑风格，有马头墙、石库门、中华经典书籍、书法工艺、诗词、楹联、歌舞、戏台等，飞檐翘角，雕梁画栋，木石镌刻精细，规模皆多宏阔壮观。会馆长期组织年庆、特殊节目活动，带来了全国各地丰富多彩的物质、精神文化生活、多样化生产技术手段和语言文字、制度文化、伦理价值理念，充实、丰富、发展了榕江社会，促进了各民族经济文化的交流合作，推动了地方历史进程。工商业文化、会馆文化、农耕文化、汉文化与少数民族文化，各类文化交流融汇，互相影响，共同提高，今天已经成为整体地域文化的有机组成部分。

百货门类繁多，体现“三交”程度。随着交通的逐渐便利，给古州带来了商贸文化的繁荣，百货种类多样，丰富了各族人民生活，提高了衣食住行质量。根据《榕江县志》中的《贸易》统计，清末民初年间有一定规模独资经营的商号有112家，资本金550银圆以上。其中湘商36家、广商34家、赣商19家、闽商5家、川商7家、黔商11家。经营范围：纯木材10家、木材兼杂货21家、棉纱兼木材3家、杂货（批零兼营）37家、药材8家、大米9家、糖食5家、钱业4家、铸银兼杂货2家、首饰业1家、布匹绸缎10家、爆竹文具各1家。

饮食文化在交流中发展。民国年间，虽然由于黔桂公路修通，都柳江水运业受到一定影响，但仍不失为黔东南的商业贸易重镇和物资集散地。民国三十年（1941），仅县城住商、行商共265户，营业额很大。人员、物资的内外频繁交流，带来了地方饮食文化的发展，种类日趋丰富。其时出名的饭馆、酒楼有“醉仙楼酒家”“天燕居”“南京酒家”“公合馆”“宴华楼”“秦广记”“成兴楼”等，汇聚省内外各地饮食品种和制作形式，与本土少数民族传统饮食文化相辉映。在食材、技艺上相互交流，相得益彰，融通荟萃，极大地丰富了本地饮食文化内容，现在已经成为大家共有共享的地域美食文化的重要组成部分。

码头商业文化展现交流盛况。古州码头的兴建主要源于商品经济发展和行政的需要。乾隆九年（1744）官府和民间经济组织开始在榕江城外修建河堤码头。清代至民国年间，榕江古州城沿江先后建立了大河口、车江、接官厅、豆芽滩、江西、大码头、小码头、陡码头、牛皮窖、将军岩等10个较大规模的码头。古州诸多码头，使榕江至桂、粤的水上运输畅通，有力地促进了都柳江流域和榕江与外地的物资交流，使地方木材和各类土特产品能顺畅地销往粤、桂和沿海一带，而当地各族人民所必需的生产生活资料也源源不断进入，使地方自然资源开始得到有效开发利用。这些商业码头，既是一部反映榕江发展史、文化史、商业文化史的史实见证，又是生动丰富的各族人民交往交流交融史。随着时代发展，今天榕江各族人民经济文化交流范围愈益扩大，进一步加强了榕江与省内外各地商贸、物资、文教科技、资讯、人员往来，有力促进了生产力发展和社会进步，在广度和深度上已经大大超越了过去。

（二）基础设施与社会事业的发展深化“三交”

1. 基础设施跨越式发展促进“三交”

榕江县城位于都柳江畔，公路、铁路未修建之前，重峦叠嶂，山水阻隔，县城内多为狭窄蜿蜒的驿道，路行艰难。人们之间交往交流幅度范围很有限，对外联系主要依靠都柳江水运。榕江历为黔、桂两省（区）的水上枢纽，处于贵阳与桂林的中心点上，是贵州对粤、桂交往的重要门户，船舶顺江而下可直达广州、香港。1927年，时任贵州省省长周西成在香港购置一辆小汽车，这也是贵州第一辆汽车，由于路途遥远无公路，就是通过都柳江航道，在三都水族自治县月亮码头上岸，肩挑人抬到达贵阳，逐步萌发了贵州近代交通发展和部分人学习外来先进技术的观念。现在，高铁、高速公路、城乡道路四通八达，密切了县内外、省内外联系，有力促进了各族人民的交往交流交融。厦蓉高速公路与贵广高速铁路通过县境中部，321国道、880省道，剑榕、雷榕、荔榕、炉榕、锦榕高速公路在县域密集交织。20个乡镇全部通车，全面建成393条1163公里农村“组组通”，30户以上自然寨全部通硬化路，水泥串户路普遍完成。随着贵州高铁的建成，榕江至贵阳、桂林仅需1小时，至广州只要3小时，该县已成为贵州东南部最大的人员物资集散地。县东北方向有黎平机场，西南方向有荔波机场，距离皆在100公里范围内；全面建成多彩贵州“广电云”户户用工程，30户以上自然村寨4G信号覆盖率达95.3%，实现行政村直播卫星全覆盖；完成农村电网升级改造项目1036个，全面实现农户100%通生活电、行政村100%通动力电。省内外联系沟通无障碍，交通便捷，信息畅达，融通共进，走向更广阔市场，与国家紧密联系为一体，极大地促进了榕江各族人民交往交流交融和社会进步。

2. 生态文明建设体现共同发展

榕江坚持以生态建设为重要着力点，绿色发展亮出新成色。全面推行河长制，都柳江流域榕江段出江断面水质达到Ⅱ类标准，县城和乡镇集中式饮用水水源地水质达标率 100%。健全完善生态环境监测评价制度和生态文明考核机制，森林覆盖率达 74.18%，被国务院纳入国家重点生态功能区，被水利部连续三年纳入全国水土保持工程建设以奖代补试点县。扎实推进“两河一江”治理，建制镇生活污水处理、垃圾转运设施不断完善，城乡污水处理率提高到 85%，城乡生活垃圾无害化处理率达 44.1%，县城环境空气质量优良天数比例超过 99%。作为珠江和长江上游生态屏障之一，江河生态的有效治理，水质的大幅度提升，生态文明建设的重大成就，惠及流域各族群众包括下游桂、粤、湘人群，促进了各族人民生活品质、交往交流交融活跃度的提高，是铸牢中华民族共同体意识的集中体现。

3. 文旅产业有力促进交流交融

随着交通通信基础设施建设的完善，各类民族民俗文化的挖掘宣传打造，榕江正在成为贵州南部的交通要塞、桥头堡和珠三角进入贵州第一城，地域文化品牌知名度不断提升。乐里七十二侗寨斗牛城、古驿小丹江、忠诚特色牛瘪文化体验中心、大河口码头、老街等一批旅游项目相继建成运营。例如，丹江村、大利村和三联村分别获批国家、省级乡村旅游重点村，创建 3 个 AAA 级旅游景区，新增培育 50 余家乡村客栈和农家乐。“十三五”期间，全县旅游接待人数和旅游总收入年均分别增长 28.53%、33.64%。随着榕江旅游事业的蓬勃发展，来自邻近粤、湘、桂等省（区），甚至全国各地的游客慕名纷至沓来，文旅的蓬勃发展，促进经济社会发展，使得交往交流交融的平台纽带功能进一步凸显。

4. 城乡面貌焕新颜，深化“三交”新动能

城镇化率不断提升，建设空间有序拓展，功能日益完善，成为增强各族人民交往交流交融的“加速器”“助推剂”。榕江县城建成区面积从 7.61 平方千米扩大到现在的 10.03 平方千米，城镇常住人口从 11.25 万人增加到 18.65 万人，常住人口城镇化率从 39.07% 提高到 52.12%。新增城市绿地 35.17 万平方米、公共停车位 4857 个，建成电动汽车充电站两个；新一轮农村电网改造“雪亮工程”全面完成，供电可靠率达 99.68%，有效改变了过去打雷下雨就停电的历史，广电网络实现全县“一张网”，四在农家 • 美丽乡村、“五改”（改厕、改水、改圈、改厨、改路）建设取得重大成效。城镇绿化美化、现代化、精细化、规范化管理不断加强，获评“全省文

明城市”，为推进高质量发展、深化交往交流交融奠定了坚实基础。

5. 优化营商环境，融汇生产生活技能新提升

新型业态、现代工商业、生态产业项目、资金、人力资源、物流产业以及各类先进生产技术的交流引进，优质农特产品大量对外销售，各族优秀文化得到充分宣传展现，市场更加活跃，百业更加兴盛，不断创造更加美好生活，不断深化各族人民的广泛交往、全面交流、深度交融，有力促进了全县经济社会向高质量方向发展。榕江出台《榕江县优化营商环境六条规定》，坚持以改革创新为支撑，发展动能和优化营商环境。深化“放管服”改革，全面实施市场准入负面清单制度，推进工程建设项目审批制度改革，企业开办时间压缩到3个工作日以内。选聘营商环境义务监督员和营商环境特派专员，“榕易办”政务服务品牌广受好评，营商环境在全省的排名不断上升。扎实推进“管委会＋公司”改革，榕江工业园区获批贵州省特色工业园区。“社社联建”改革入编《2020年中国金融扶贫及创新年鉴》，获评“2020年中国金融扶贫及创新优秀案例”。“十三五”期间，招商引资成效显著，引进项目130个，累计到位资金192.71亿元。榕江正在成为充满活力的改革开放创新热土。

6. 人民群众健康方面的交往交流交融

长期以来，榕江县各族群众在文化、经济、商贸和医药方面互相交流、学习和借鉴，促进了共同的团结友谊。当地很多地道药材既是中药，同时也是苗药或侗药，如太子参、钩藤、白芨、杜仲、天麻、何首乌、山慈菇、淫羊藿、桔梗、天冬、前胡、半夏等均已载入《中华人民共和国药典》。榕江中药、苗药、侗药使用10余种基源相同的药物，在加工方法、主治病症方面均有很多相同之处。苗药、侗药与中医药相结合，有助于充分开发利用传统药物的药用价值，为进一步发展中华传统医药文化奠定了坚实的基础。

侗医药的传承与发展。侗族人民积累了不少医疗卫生经验，传统的医疗技术主要依靠中草药。治疗方式是根据症状和体征对症下药，除采用药物治疗外，主要以推拿、按摩为主，包括拔、刮、吸、敷、割等。如大人有痧，小儿惊风，则采用拔火罐、油刮、药刮、口吸，若是外伤，多用药敷；若是骨折，则把骨位定正，再用药敷、上个片夹板；若是皮肤瘙痒，则用药洗。许多侗医草药方，确有独到之处。

侗医杨希荣，榕江县车寨人，在治疗膀胱结石、颈淋巴结核及妇科疾病等方面，取得较高的成就，尤其是治疗膀胱结石医术独到。他实施膀胱取石术近 300 例，取得显著疗效，且医德高尚，周边县及省外的患者慕名而来。儿子杨昌保得其真传，在当地也有一定名气。榕江县县级非物质文化遗产项目《侗族医药》代表性传承人伍善宾一家世代从医，医术精湛，深得十里八乡的乡亲们敬佩。伍善宾一家三人被评为榕江县首批侗族医药非遗传承人。伍医师一家以医治内科、骨伤见长，乡亲们平时有什么疑难病痛，都会来找“老伍”。

影响广泛的苗医药。2022 年 8 月 5 日，根据《贵州省中医药条例》有关规定，按照《贵州省地方药材、民族药材和重点药材目录评选工作方案》要求，经专家组评审，确定将“艾纳香、八角枫、八爪金龙、芭蕉根、百尾参、刺梨、野山楂、野烟叶、金银花”等 91 种贵州省少数民族习用药材列入《贵州苗族等少数民族药材目录（第一批）》，这 91 种贵州省少数民族习用药材被苗、侗、布依、水等少数民族广泛习用，榕江县的苗族医生在治病中也使用这些药材。

榕江县古州镇五榕南路有一家苗仁堂药材销售馆，经营者龙炳兄是苗族，40 岁左右，他全家是祖传医家，其父亲及两个姐姐分别在雷山县和凯里市开有苗仁堂店铺，其经营范围有：中草药零售，专治骨质增生、腰椎间盘突出、颈椎病、肩周炎、跌打、骨伤和冷、热、类风湿引起的四肢麻木、腰腿酸痛、关节痛、脚抽筋、坐骨神经痛等。据龙炳兄介绍，他用的药大部分是到山上去采集，同时也用一些中药材配制，如接骨草、朱砂、桑枝、红花、钩藤、虎杖、苏木等，各种药材打成粉末用酒泡一天即可服用，效果较好，省内外患者慕名前来求医者络绎不绝。

在白癜风诊治上，榕江县苗族医学和中医学对疾病的诊断和命名都是以疾病的主要表现作为依据，在药物的认识和运用上也大致相同，在病因的认识上，也有交叉点。另外，在加宜苗寨月亮山居民宿和大利侗寨井上民宿，都有瑶族药浴供客人体验。

传奇的水族医生。榕江县五榕中路中段有一个潘姓水族妇女，新华乡乌秀村村民，现年 50 岁，开了一家民族服饰店，她家是医药世家，她爷爷是水族医生，把治疗风湿性关节炎、胆结石、白血病、尿路结石、肺结核、妇科病等技术传给了她父母亲，她母亲教会她认草药和一些治病方子，母亲现已 80 多岁还在给人看病，医好患者无数。她 43 岁才开始给人看病，当时一个从江县蒙姓病人来找她看病，肝、肺有严重问题，她用药泡酒和药煨汤给病人服用，病人服用了半个月就好转很多后来痊愈，患者送给她一面锦旗以示感谢。这几年，来找她看病的患者很多，周边县市及省外的均有。

7. 社会事业取得新成效，增强了“三交”幸福指数

“十三五”期间，榕江坚持以民生保障为根本，持续办好十件民生实事，社会事业收获新成就。财政对民生的投入累计达 123.31 亿元，是“十二五”时期的 1.82 倍。落实就业优先战略，城镇新增就业 3.02 万人，脱贫劳动力就业 17.69 万人，农村劳动力转移就业 2.52 万人，易地扶贫搬迁家庭就业 1.2 万人，户均实现就业 2.19 人。新改扩建榕江三中、四中、古州三小、古州四小、阳光幼儿园等 72 所中小学校和 67 所幼儿园，顺利通过国家义务教育基本均衡发展验收。全面完成健康扶贫“三个三”建设任务，新改扩建 233 个村卫生室和 5 个易地扶贫搬迁移民小区卫生室，新建县中医院、县妇幼保健院和县疾控中心业务大楼，完成 7 个乡镇卫生院标准化建设。各族贫困人口全部参加基本医疗保险，分类落实“三重医疗保障”政策，实现“应保尽保、应资尽资、应报尽报”。改造提升 19 个乡镇综合文化站，完成 7 个村级非物质文化传习所和 5 个易地搬迁安置点文化服务中心建设，实现县、乡、村三级公共文化服务设施全覆盖。建成县、乡、村退役军人三级服务体系，双拥模范县创建实现“五连冠”。法治政府建设成效显著，获列全省司法体制改革首批试点县。县域各项社会事业协调发展，不断完善，极大地提升了各族群众的获得感、幸福感、安全感，交往交流交融更加和谐顺畅。

四、生活方面的交往交流交融

榕江县各民族在长期的生产生活中，相互交流融合，一个民族的生活习俗同时为其他民族所接受，传统建筑、饮食文化、节日庆典、婚丧嫁娶、民族医药、艺术文化、传统手工艺、传统习俗等生活方面也表现出各民族交往交流交融的状态，就像侗歌所唱：“寨上村里，不是外人，共个身体，都是兄弟，都要对待好，坡上农活一起做，来了客人一起招待，你家煮粥一起尝，我家有酒有肉一起吃，男男女女相处好，村村寨寨团结强。”反映了各民族和谐的交往交流交融。

（一）传统建筑的交往交流交融

传统建筑是人类文明的载体，是民族文化最直观的外在表达，具有鲜明的民族和地域特色。榕江县少数民族群众大多居住在自然条件较差的山区，在长期与自然环境作斗争的过程中，孕育了瑰丽多姿的民族传统建筑风格和建筑文化，并随着各民族的深入交往交流交融，民族传统建筑也不断发展变化。

1. 风格的趋同

榕江县各民族传统民居多为干栏式建筑。干栏建筑的典型特点是房屋建两层以上，人住在第二层，第一层敞开或围成简易的篱笆，堆放柴火、农具以及其他杂物，或者关养牲口等，第三层主要存放粮食和其他用具。

在漫长的历史进程中，榕江县各族群众共同在这片土地上繁衍生息，共同与自然环境作斗争，适应共同的生存环境，形成了相似的民居建筑风格，虽然各民族保留了一些本民族的特征，但总体风格相近，且逐渐趋同。比如，苗族的民居开间相对较小，水族的民居开间较大，空间较为开阔。在各民族间的交往交流过程中，苗族群众认为水族民居的空间开阔，更舒适，向水族群众学习，现在苗族群众建的房屋开间也变得开阔。苗族吊脚楼将二楼明间的栏杆做成“美人靠”，极显风雅。许多侗族民居也出现“美人靠”，如乐里镇大瑞村，就有这样的借鉴。侗族花桥是侗族建筑艺术的精华。花桥的全部桥身都是用杉木横穿直套，卯眼相接，不用一根铁钉和铁部件，结构极为合理。在桥身上建起一个长廊式的建筑，把桥身完全遮盖起来。长廊上有供过路人休息的长凳。因为人们可以在桥上避风躲雨，所以花桥也被人们称为风雨桥或长廊风雨桥。苗族、水族、瑶族等民族村寨也建造有花桥。

2. 功能的变化

民居是人们活动的主要场所，和生产生活息息相关，随着人们生产生活方式的变化，民居的有些功能也会随着改变。比如，苗族偏厦，苗族的房子不论是地屋还是吊脚楼，均有于正屋的两侧（即两山）或一侧再分别附立一间比正屋略矮而仅有一坡屋面的房子，称“偏厦”，主要用作厨房、磨坊，厢房一般为卧房、织布房、绣房、芦笙房等。如今随着经济社会的发展，人们的生产生活方式发生了改变，偏厦的部分功能逐渐消失。

从脱贫攻坚到乡村振兴，通过危房改造、农村“三改”政策的实施，许多传统民居的功能也发生了变化。比如，过去干栏式木楼第一层用于圈养牲畜，通过“改圈”，解决人畜混居的问题，第一层不再用于圈养牲畜，有些群众就用于存放工具杂物，也有的把第一层改造成厨房、卫生间。随着经济快速发展，部分新建的民居已改为砖木结构或砖混结构，居住条件逐步改善。仍分两层，楼上为粮仓或堆放杂物，楼下正中一间为堂屋，堂屋后边为灶房，两边为卧室。猪牛圈另建正屋两侧或屋后园地。原来的粮仓也失去了储存粮食的功能，在发展乡村旅游的村寨，谷仓成为观赏性较高的特色建筑。

3. 仪式的简化

在榕江，除了行政机构、衙署、寺庙、桥梁和县城一些民居外，其他大的建筑较少，而居所极为普遍。俗话说，食之有物，居之有所。在人口增多、兄弟分家、易地搬迁、拆旧换新等情况下，新建居所是在所难免之事。若要起意建房是一件特别费心的事，十分讲究，礼俗繁多。但随着经济社会的发展，各族人民不断深入交往、交流，思想的转变也带来风俗习惯的改变。

例如，苗族建新房一般要经过平地基、备木料、发墨、选日子、排扇、立屋、上梁几道程序。最后是盖瓦、装房间、做门窗，新居落成。程序较多，每道程序都有讲究，地基位置一旦确定后，即请人帮看日子。苗族修建房屋虽不请风水先生择黄道吉日，但也使用自己本民族习惯用的且认为比较吉祥的地支（生肖）日时，如牛场天（丑日）、鸡场天（酉日）或羊场天（未日）等。立屋，立屋之前，先由掌墨师傅举行“发捶”仪式。“发捶”仪式进行完毕，众亲友则可以燃放鞭炮竖柱立屋。上梁，房架立起来后，主人要请两个（一主一客）身强力壮的男子带上酒、肉、饭、菜、香纸和每人封一个红包（一般一到两元人民币）等去砍椿芽树（苗族认为该树为木王），没有椿芽树的则到山中去选择那些枝繁叶茂的杉树来做梁。砍梁木时是特别讲究的，从山上砍树到搬运回家途中，不得让做梁的这段材料落地，两人直接用肩扛到新屋架在师傅的木马上。上梁好后，要举行上梁仪式。师傅在梁上喊吉利词，有的还撒高粱粑和喜糖。与此同时，岳父岳母也要拿一点米从屋梁上洒落下来，意为将来主人能五谷丰登，人财两旺。现在，许多苗族群众建新房仍然要举行仪式，但随着年轻人外出打工、经商、上学的越来越多，思想观念在转变，在回乡建造房屋时，仪式也不再那么严格，有些步骤进行了简化，有些禁忌也采用别的方式被打破。随着时代发展，逐步富裕起来的各族群众也建起了宽敞漂亮的砖混房，形同乡村小别墅，原来的建房仪式也随之简化、淡忘。

4. 审美的趋同

各民族群众在建房时，除满足基本功能需求外，对房屋的美观、民俗习惯的表达等方面也非常讲究，各民族在长期交往、交流过程中，会对美好的建筑元素相互借鉴吸纳，如窗花、抱鼓石、鳌头、悬鱼、门簪、结构性的神龛、马头墙等都是彼此间相互采借或从汉民族那里引入增添的，这种民族文化的融入，让其成为民族建筑文化的有机组成部分，也成为各民族建筑文化中的标志之一。

现在，许多传统民居在现有房屋的基础上，吸纳了现代建筑的元素。比如，增加铝合金的大门窗和栏杆、铝条镶嵌的玻璃窗等，在房屋内安装地板砖、墙砖。很多新建传统民居，保留原有风格的同时，会融合现代建筑的元素，第一层改为砖混结构，二楼以上仍为木质结构。

5. 传统与现代的融合

改革开放后，农民住房状况得到很大的改观。原先的茅草屋已消失，代之而建造的是瓦屋。有一部分通过外出打工、经商等较富裕的家庭，将木瓦房改变成钢筋混凝土砖房，现代砖混楼房与传统木制建筑交相辉映。有些更是建成非常漂亮的小洋楼，罗马柱、落地窗、红瓦白墙，俨然一栋栋乡村小别墅。

在榕江县城内，基本上以现代建筑为主，车水马龙，高楼大厦。在满足现代建筑要求的同时，不少建筑也融合了民族传统建筑元素。例如，临街房屋外立面采用汉侗民族的建筑风格，由青砖黛瓦、飞檐翘角、花格门窗、吊脚楼等组成，将平顶屋面改造成斜坡屋面，在斜坡屋面上贴盖边瓦，在房屋边墙两头建造马头墙，墙面粉刷漆性涂料，达到青砖黛瓦、斜坡屋顶、飞檐翘角、马头墙的总体风格。对建筑物外立面实施夜景灯光工程，采用 LED 光源组合，体现建筑外立面的层次感和立体感。使榕江老城区既显现出现代的艺术气息，也具有浓郁的地方和民族特色，市容市貌风格典雅，人居环境优美，道路设施便捷，夜景绚丽繁华。

（二）饮食习俗与交往交流交融

1. 榕江各民族饮食习俗的共同性

俗话说，“民以食为天”，“靠山吃山，靠水吃水”，“一方水土养一方人”，饮食文化是人们在不同的生存环境中不断创造出来的，是特定生活环境和历史背景相结合的产物，是人们为适应自然生态环境和社会生活环境所进行的一种重要活动。随着各民族的交往交流交融，饮食文化也表现为你中有我，我中有你。我们在调研中看到，农作物种植的品种，到加工食用的方法，饮食的偏好和习惯已没有民族的区别，只有地域特色，因此各民族饮食习俗也印证了民族交往交流交融，成为交往交流交融的物化佐证。

榕江所在地区，气候温暖湿润，土壤肥沃，适宜多种动植物的生长。因此，榕江物产丰富，良好的自然生态环境给人们提供了最美味的食物，是优质“西瓜之乡”“中国原生态锡利贡米之乡”，锡利贡米、榕江小香鸡、榕江葛根、塔石香羊被列为国家地理标志保护产品。

榕江粮油品种有：籼稻、粳稻、糯稻、小麦、大麦、苞谷、小米、高粱、荞子、稗子、红薯、木薯、水芋、马铃薯、油菜、油茶、花生、葵花、黄豆等。

榕江各民族的饮食习俗，通常为农闲时一日两餐，农忙时一日三餐，尤喜糯食，过去均以糯食为主。由于糯稻种植产量偏低，不易脱粒。乾隆十年（1745）后，车江、忠诚一带改糯为籼，主食随之改糯食为籼食。在广大山区直至20世纪70年代由于人口增加，籼稻产量高于糯稻，人们不得不改糯为籼。小麦、小米、苞谷、红薯、马铃薯等其他粮食品种为杂粮。过去多用木甑子蒸饭，鼎罐焖饭，现在基本使用电饭锅，但加工制作糯米饭仍用木甑子。主要蔬菜品种有瓜豆、冬瓜、白瓜、南瓜、丝瓜、黄瓜、苦瓜、佛手瓜、摘瓜、葫芦瓜、豇豆、豌豆、四季豆、蚕豆、绿豆、饭豆、扁豆、刀豆、黄豆等，蔬菜有白菜、青菜、芥蓝菜、花菜、莲花白、牛皮菜、萝卜、苋菜、冬苋菜、芹菜、茼蒿菜、莴苣、莴笋、菠菜、苦英菜、茄子、辣椒、番茄、胡萝卜、大叶韭菜、姜、葱、蒜、芫姜、蕹菜、松花菜、芋头、脚板薯等，烟茶有烟叶、茶叶，糖料有甘蔗、甜菜。

大叶韭菜是当地重要的蔬菜，叶大且嫩。每年有两个蔬菜淡季，即3～4月和8～9月。淡季时节，村民常以野菜补充不足。常食野菜有山药、蕨菜、折耳根、香菇、竹笋、牛尾苔、野茼蒿、水蕨菜、岩五加、红刺老包芽、春芽等。野菜一般都须先用开水焯过，去其苦味和涩味，然后炒、煮或凉拌食用。竹笋一年四季都有，蕨菜、春芽等山野菜应季而采，应季而食，人们也会特意过多采挖，做成酸蕨菜、酸笋子等，或晒干、炕干做成干菜，一年四季都可食用；经过炕干的干笋是美味的山珍。肉食主要来自家畜和家禽，如猪、牛、羊、鸡、鸭、鹅等家畜家禽和鱼类，还有野生昆虫和水产，较常食用的是蜂蛹、竹虫、小虾、螺蛘、鳅鳝等，烹饪方法有煮、烧、炸、烤、腌等，榕江各民族对鱼、泥鳅、黄鳝等水产品很是喜爱。

平时吃饭一般以火锅为主，秋冬两季及早春时节，几乎每餐都吃火锅。各种菜肴及肉类洗净生切放在桌上，边烫边吃。吃火锅必备有一碗蘸水，用辣椒面、盐、葱花、姜米、蒜屑、花椒面等加入火锅滚开的汤水搅拌而成。随着生活水平的提高，现在所谓的吃火锅，其实火锅只是其中一道菜。比如，酸汤鱼做火锅，还可配上青椒炒肉、干煸排骨、白切鸡、油炸花生米，等等。饮食内容十分丰富，也是各民族交往交流交融、饮食文化兼收并蓄的真实写照。

常用调味佐料有姜、葱、蒜、辣椒、花椒、芫荽、薄荷、茴香、木姜子、金不换等，有少量人家逢年过节还用沙姜、八角、五香粉作煮汤用。辣椒每餐必备，一般做法是干辣椒切段炒菜，或舂成辣椒面做“盐蘸”或用油煎，制成油辣椒。新鲜红辣椒做成糟辣，油辣椒或糟辣可以拌凉菜，糟辣也用来煮酸汤、辣汤火锅。

饮料主要是山泉水，饮水习惯上，村民们一般直接喝山泉水。有时也喝茶，茶叶以苦丁茶为主，还有茅草叶茶，清凉解暑；常以茶待客。每年端午以后、六月六之前，上山采摘苦丁茶叶，略带幼枝，切成指节长的小段，然后用甑子蒸透，回锅用文火焙炒，再用竹簸箕摊开晒干后贮存，随时取用。文火焙炒，足现绿茶清香。饮用时，在大鼎罐或茶壶中放入茶叶，加水稍煮片刻，即成甘甜的苦丁茶水。

榕江水果有桃子、李子、樱桃、板栗、梨子、橙子、香瓜、甜瓜、柚、杏、石榴、柿子、枇杷、葡萄、苹果、荸荠、枣、梅子、杨梅、地瓜（葛薯）等，西瓜是最具榕江特色的水果，脆甜多汁，有一定的栽培历史，曾两进中南海，得到中央领导好评，近年来产业发展中重领风骚。此外，水果新宠黄金百香果口味极佳，百香果和脐橙等水果远销省内外，是榕江的水果品牌，成为榕江产业对外交往交流交融的媒介之一。

榕江小吃有濑粉、汤粉、卷粉、炒粉、拌粉、芋头糕、苞谷粑等特色食品。榕江城中开有几家老字号门店，其中“榕江第一家巩给牌濑粉”上过“舌尖上的中国”报道。榕江人更中意米粉，在榕江的大小宾馆，早餐中米粉是必须的。在特色小吃店，濑粉、汤粉、卷粉、炒粉、芋头糕等等仿佛让我们以为是到了粤、桂，只是卷粉的内料中加入了辣椒，拌粉的佐料里也加入辣椒。贵州其他地方一般叫米皮或剪粉，榕江称汤粉，芋头糕在贵州其他地方几乎没有。从小吃看，榕江与粤、桂更接近，换言之与两广的交往交流交融更多，并融入了本地特色，如辣椒的加入。

全县注册餐饮业共有918家（包括个体和企业），其中注册有卷粉110家、汤粉150家、濑粉13家、牛瘪52家、羊瘪21家。

2. 榕江各民族饮食特色认同

榕江县侗、苗、汉、水、瑶等各民族长期同在一个地域内生产生活，广泛交往交流交融，各种习俗相互影响，饮食习俗也不例外。今天我们看到的各民族饮食方式和饮食习惯差异不大，也可以说没有差异，都嗜好酸辣口味、喜食糯米，喜爱饮酒，热情好客。

榕江各民族均热情好客，有朋自远方来不亦乐乎。他们总是热情相邀，用自酿的米酒，当地的河鲜、鸡鸭招待。本次调查中，几次被意外相邀参加他们的晚餐，席间敬酒夹菜，偶遇的姑娘和妇女会向你主动介绍她们的节日内容。当地人的热情和真挚，加上当地出产的新鲜稻田鱼、自养的土鸡等，做成美味的菜肴，你会被他们的热情深深地感染和陶醉。

榕江各民族都偏爱酸辣，这与当地气候，即冬春阴湿寒冷有关，夏季湿润闷热，这种气候容易使人患风湿性关节炎，经常吃辣可以驱寒避湿，对健康有利。早年食盐缺乏，食物也缺乏，这一季节出产的食物通过腌制，如酸菜、酸肉、糟辣等，一年四季都可食用。腌制是当地保存食物的方式，也成为当地人喜爱的酸辣口味。其实人们长期在潮湿的山地环境中劳作，吃酸辣食物，既开胃又驱湿祛寒，是当地人适应当地气候选择的结果。平时喜酸食，家家户户常备有腌桶和酸坛，酸有素酸、荤酸、煮酸三种。素酸分泡制、腌制两种；荤酸有鱼酸和肉酸。在民族交往交流交融更加广泛的今天，腌鱼、腌肉、烧鱼、牛瘪、羊瘪等不仅被榕江各民族广泛接受和喜爱，成为榕江各民族的特色饮食，作为待客佳肴也被省内外各地其他民族所喜爱。

榕江的腌鱼、腌肉咸鲜美味，用红辣椒腌制后看起来就非常有食欲。腌制时间一般在寒露至霜降期间，腌制方法是将鱼用净水养半天，让鱼将泥水吐净后剖开，去内脏，放盐腌制两晚，再洒适量米酒拌匀后，将蒸好的糯米饭以及红辣椒面、生姜、大蒜等佐料，按一层鱼撒一层糯米饭和适量盐、辣椒面等佐料往腌桶里放，最后倒进少许甜酒汁，再加盖板封盖，并用大石头压于板上。猪肉、牛肉用同样的方法腌制，半年后即可取食，或煎或蒸，其味酸辣，鲜香可口。

榕江各族平常煮菜都喜欢用酸，酸汤鱼、酸汤菜等很常见，民间有“一天不吃酸，走路打捞川（不稳之意）”的俗语。

烧鱼是当地的一道特色风味菜。县城的特色餐馆里有，而田间的烧鱼野炊别有风味，摘收糯稻季节，各户选择收割的最后一天，邀请亲朋好友到田边吃烧鱼。烧烤方法：先把鱼洗净，取出苦胆，置于暗火上烘烤，以鱼内脏烤透，鱼表皮色黄不焦为佳。或是将鱼置于茅草中烧炙，待草烧尽鱼也烤熟。鱼烧好后，放入青辣椒、大叶韭菜、蒿菜、亮广菜（又名火浇菜）、折耳根叶（以上香料菜最好放在暗火上稍烤至蔫更好）以及生姜、大蒜、花椒、“骂闹”（侗语，一种小野香菜）等佐料与鱼搅拌即成烧鱼，其味鲜美，回味无穷。榕江人吃烧鱼往往呼朋唤友，不分民族，如果你在野外遇上，他们也会热情相邀，野餐烧鱼、吃糯米饭也成为各民族交往交流交融的好平台。调研期间，正时逢乐里镇保里村举办“中国银洞山第十一届烧鱼节”，节日邀请了省内外亲朋好友3000余人参加，表演的节目既有侗族琵琶歌，又有现代歌舞，许多村民通过微信、抖音直播等方式把烧鱼节对外界进行了宣传，民族美食节搭起了民族交往交流交融的平台。

牛羊瘪，是榕江各民族喜食的又一道特色菜，也是榕江的传统美食，成为榕江饮食交往交流交融的一个载体。据各民族口口相传，食用牛羊瘪可以增进食欲，有补肾、健胃、清火之药效，是榕江少数民族待客的上品。以忠诚的牛羊瘪和塔石的香羊瘪著名。制作方法是将牛、羊胃肠里取出还未完全消化的内容物，挤出内容物的汁液，当地称之为瘪，接着加入牛胆汁及陈皮、香草、花椒、生姜等佐料，再置入锅中煮沸、文火慢熬，直到液体表面泛起泡沫和杂质，将其清除。最后再过滤回锅，根据口味分别加入食盐、辣椒等调料与牛、羊肉炒成瘪肉，用牛肉炒的称牛瘪，羊肉炒的称羊瘪。此菜苦凉可口，有人将瘪肉称为百草药菜，据称可以医治胃病。现在榕江县城、忠诚镇、塔石瑶族水族乡都有专卖瘪肉的餐馆，很多餐饮店也卖瘪肉，瘪肉馆还开到黔东南苗族侗族自治州府凯里市、省城贵阳市等地。在忠诚镇有“中国第一瘪城”街，是以卖牛羊瘪肉为特色的饮食一条街，共有30家餐饮，其中22家是做牛、羊瘪的，其余8家为米粉类小吃店。这条街上有牛瘪文化展示馆，展示小镇传承的食物哲学与地道传统风物，是对当地饮食文化的推介和宣传。

这条街上名为“中国瘪王”的饭店名气最大，之所以这样取名，据说是前些年经过比赛评选出来的，店家老板是当地肖姓汉族人，老板娘姓杨是当地侗族人。这条街上开瘪店的有侗族、苗族、瑶族人，有榕江本地的，也有从江、黎平的。瘪王评选不定期，在我们的调研期间，进行了2022年的评选，在榕江西瓜节赛事共设立“榕江瘪王”和“榕江卷粉王”两个奖项，经过激烈角逐，榕江四和院饭店杨林利荣获“榕江瘪王”称号，榕江县张大姨妈卷粉店张宏琼荣获“榕江卷粉王”称号。牛、羊瘪和卷粉是榕江的特色餐饮，同时也是不分民族的地域特色食品。

2021年11月中旬，歌手、演员谢霆锋在抖音发布了“中国瘪王”的探店视频。这条试吃榕江牛瘪的视频收获45.5万网友点赞。牛瘪成为忠诚镇乃至榕江县的一张名片，催生了一个庞大的肉牛产业相关市场，带动了一方群众发展，也成为榕江各民族、榕江与省内外各民族交往交流交融的媒介和品牌。近年来，网络上不少美食博主测评榕江牛瘪，随着网络的传播，也带火了一把榕江牛瘪，榕江牛瘪迅速出圈，在网络上也有了一定的知名度，不少外地人通过网络购买，或者到当地旅游后特意去品尝，地方特色美食又促进了各民族交往交流交融。

榕江各民族均自酿米酒，爱喝自酿米酒，有“无酒不成宴”的说法。各民族酒的做法大体相同，酒是当地人们婚丧嫁娶、过年过节、招待亲朋好友必不可少的饮品。各民族喝酒、劝酒等方式也多种多样，酒到酣时，一曲曲酒歌欢快嘹亮，不用听懂歌词，仍能被热闹的情绪所感染和打动。

由于同在一个地域生活，相互间的交流影响，榕江县侗族、汉族、苗族、水族、瑶族等各民族生产的粮食作物基本相同。水稻是主要的传统种植作物，此外还兼种玉米、小麦、高粱、红薯、小米、红稗、荞麦等。当地各族妇女均擅长将这些粮食酿制成酒，有籼米酒、糯米酒、杂粮酒、甜酒等。每有宾客到来，他们就用拦门酒、敬客酒、转转酒、送客酒等非常热情的酒礼待客。

在月亮山区的兴华水族乡八蒙村，水族妇女仍用采自山中的药草自制酿酒酒曲，按用途和味道，酒曲药分为引子药、甜味药、酸味药、苦味药和辣味药。在八蒙村，每年农历七月的第一个虎日是采药的日子，他们认为虎日驱凶吉利，这天采药制曲酿造的糯米酒酒质最好。通常由村寨中一位德高望重的老年妇女统领酒曲制曲事宜，她会按家族将几人或十几人编成一组，每组分别采不同的药材，在她的带领和分派下，由她先采第一味药，这味药就会和药引子一起作为这次制曲的引子药。在她采了第一味药后，各组才分别去往不同的地方采挖不同的药材。由于每组每年都采同一种药材，她们一般都掌握了这些药材的生长地点，多数药材生长在月亮山区。她们在采挖药材时严格按照适度的方式采集，采集得到的药材需要研磨成粉后放在太阳下晒干，要熬成汤药的则放在屋内阴凉处。

我们在八蒙调研时，正好遇到村寨的妇女正在翻晒酒曲草药。制曲药中除大麦、小麦、小米、玉米、黑糯米等作为制曲的粗胚外，其余药用叶、用根还是用茎由制曲的老妇掌握，在采集时就进行了分类。有用根茎熬制药汁，用叶晒干研成粉状，药材收集齐备后，同样选择虎日来制曲。制曲前须先举行一个祭祀仪式，制曲时，熬制汤汁的药物要先舂碎，然后放入大锅中细火慢熬，用来熬汤的水一定是清澈干净，有水草或鱼虾生长的井水或溪水，熬出的药汁趁热将舂好的药粉加入，搅拌均匀，再加入大麦、小麦、小米、玉米、黑糯米等粗粉中，再搅拌均匀，用双手捏成鹅蛋大小的小坨，以有少许药汁从指缝渗出为宜。做好的曲坨整齐摆放在晒干的干净糯稻草上，放满一层，再铺上糯稻草再放一层。全部曲坨摆放好后，用糯稻草先覆盖，待曲坨上白毛长到 3 ～ 4 厘米时，整个制曲程序完成。各家各户把曲坨拿回家晾晒、存放，这种酒曲可以存放多年。在集市交易中，水族的酒曲在当地小有名气，其他民族喜欢购买这种酒曲。这种酒曲酿成的酒，水语称“嘎啦含”，酒色甘醇，回味悠长。在榕江，各民族酿酒的时间一般选择农历九月九。做酒的过程各民族一样，糯米蒸煮、发酵、蒸馏，得到白酒，然后进行窖藏。

榕江人偏爱糯食，糯米饭和糯米制品是当地重要节日、重要事件的必需食物。从榕江各民族的饮食习俗我们发现，糯米是当地最基本、最重要的一种食物，节日、婚姻丧葬、起房建屋等重要的场合都必不可少，酿酒、做酸，各种节日小吃等都离不开糯米。当地各少数民族都认为，杂交稻只是粮食而已，而糯稻不仅是珍稀粮食，还具有辟邪、驱鬼的作用。在“清明”“四月八”“端午节”“过年”等传统节日中，都要吃用植物染料染色过的糯米饭，春节和重阳节里还打糍粑，均以吃糯食为上品。祭祀的供品都是糯稻以及糯稻制品。“四月八”时，还要用枫叶汁染成黑糯米饭给牛吃，以感恩牛的无私劳作。在姻缘上，糯稻也是重要的媒介，青年男女相识恋爱后，不管是男方到女方家，或是女方到男方家，第一次进家和出门时，家中父母都要用糯食来招待客人，或打成粑粑作为礼物。糯米贯穿了婚姻习俗的全过程，从访亲、提亲、定亲，到迎亲，每个环节都离不开糯米食品。访亲、提亲时要带上数十个到上百个三角粽粑，这是不能少的见面礼。定亲、迎亲时，要打糍粑，数量多少由男女两家商定，一般要打成大小两种。新娘的嫁妆中也送几十挑摘禾糯，新娘到新郎家门口时，要给前来看热闹祝贺的人们分发糯米饭和肉，婚宴上的主食还是糯米饭，这是规矩，表达了主人的喜悦心情和对客人的尊重。在“驱鬼扫家”“禳灾求神”“祭祖还愿”等原始宗教活动中，都要用上糯稻的稻穗或穗梗。当地的鬼师说：“稻穗是用来献给祖先和神灵的，而穗梗则是用来驱逐或捆绑凶神恶鬼的。”

糯稻是一种适应阴冷山区生长环境不需化肥杀虫剂的稻谷品种，不仅生态营养价值高，在稻田中还可放养鱼和鸭子，由于不用杀虫剂，稻田中的泥鳅、田螺、茭白、水芹菜等与虫、鸭和谐生长，收获糯稻的同时还有鱼、鸭等收获。这种糯稻由于生长期长，吃起来非常香甜，口感相当弹牙，但由于产量低，种植的人越来越少，村民种植只是自用，很少进入市场，无论从生态的价值生物多样性的价值，还是民族文化传承的意义上，对这些传统糯稻品种加以保护，在大量化肥农药施用种植水稻，土壤和生态环境受到严重污染的今天，榕江各民族特别是月亮山区、雷公山区梯田种植的传统糯稻已经超出了食物本身的价值，它已经是珍贵的文化遗产，成为交往交流交融的重要资源和载体，不仅要传承保护，更要发扬光大。

此外，榕江的肉稀饭是用鸡、猪肉汤煮成的稀饭。肉类放在水中煮时，加些米进去，糯米或黏米均可。肉煮好捞出，切片煮火锅或炒，鸡则砍块，做成白切鸡。肉（或鸡、鱼）汤水继续煮成粥，或是在杀猪时，把猪脑、猪血、猪肠等剁碎一起熬粥，待粥快熬好时加入大叶韭菜，很是美味，这种做法和吃法榕江各民族均喜爱。

综上所述，榕江各民族的饮食习俗在民族交往交流交融中形成了共同的口味和爱好，更多地表现出地域特色，这种地方性和趋同性反映了榕江各民族的密切往来，在交通、通信网络发达的当代，地方特色美食也成为民族交往交流交融的媒介和品牌，走出了榕江，走向了更广阔的地方。

3. 饮食习俗与旅游业发展促进“三交”

利用都柳江月亮山优美的自然风光和侗族、苗族等民族特色文化发展榕江旅游业，增加当地收入，促进民族交往交流交融，通过产业来振兴乡村、通过发展来提高各民族的获得感、幸福感、安全感，进而铸牢中华民族共同体意识。饮食是旅游六要素之一，对旅游业发展具有重要意义。在总结榕江各民族的饮食文化和特色后，我们可以看到，榕江美食优势在“生态”和“健康”。

从原料上看，无论主食副食，糯米、稻田鱼、放养鸡鸭鹅，都是本地有机生产，新鲜生态。在各个季节还有大量的野生菜，如野生可食用蘑菇、竹笋、蕨菜、春芽、折耳根等，以及天麻、夜寒苏、灵芝等野生中药材，原生态的食物以及加入这些中药材做出的菜肴不仅鲜美而且有良好的药补功效，这样的食物对外来的游客来说十分有吸引力。

从加工方法上看，民间饮食的加工多是煮、蒸、炖等，即使腌制食品也只用食盐、自制米酒及天然香料，不加入任何化学防腐剂。从口味上看，榕江偏酸辣，增强食欲，且口味淡，有益健康。

游客有体验当地美食的心理，因此榕江各民族的民间饮食习俗是旅游餐饮的基础，以本地出产的农副产品为食材，酸辣口味，火锅加炒菜方式，是较有地方特色的餐饮。旅游发展中要注重各民族民间饮食的传承和发展，注重保护榕江良好的自然生态环境，更多地生产出当地的有机农产品，形成产业，如传统的糯稻，自酿的窖酒等，让这些生态美味的食品走上餐桌，为榕江旅游业发展服务。

梳理和总结了榕江的民族饮食特点和特色口味后，民族文化旅游产业开发在民族饮食文化方面，可以在旅游餐饮菜肴的设计中，把这些特色的菜肴作为榕江特色饮食向旅游者推荐，让旅游者品尝当地特色饮食和口味，同时一些食品和食品原料还可真空包装后成为旅游商品，旅游者可以作为伴手礼送给家人或朋友。

推荐的特色小吃有：糍粑、花糯米饭、麻饼，推荐的特色饮料有：米酒、窖酒、苦丁茶、老鹰茶。菜肴中的酸汤、腌菜、腊肉、香肠、血豆腐，小吃中的糍粑、渣粑、各种粽子、米花、米片、炒米、汤圆，饮料中的米酒、窖酒、苦丁茶、老鹰茶等还可包装后做成旅游商品。对于在当地有一定名气和效用被民间早已认可的食品，如窖酒、牛羊瘪等作为旅游食品和商品开发时，对其中的养生保健成分和功效若有权威的数据支撑更能增加其价值。由于这些食品只是村民自制自食，市场上流通并不多，因此还须组织村民生产。可作为旅游商品的优质食品有：葛根粉、蜂蜜、西瓜、黄金百香果、摘禾糯、榕江青白茶、竹笋干等。目前这些食品在榕江县人民政府搭建的“榕易”小程序上可以购买。网上购物平台不仅把榕江的美食推出大山，也通过美食加强了榕江与外地、外省的联系，促进了民族的广泛交往交流交融。

榕江民族特色菜肴和小吃最大的亮点是生态和健康，食物多是自然生长的有机产品，餐厅用当地食材，菜品新鲜有营养，腌制食物也是通过发酵等自然手段加工，不添加任何化学防腐剂和添加剂。在旅游发展中，更要保持和发展全域的无公害农产品，做到从农田到餐桌的食品是生态安全的食品，这是榕江饮食文化保存和发展的基础，我们必须注意保持这种传统的农产品生产。

做旅游产业开发时，既要保持各民族的饮食文化传统，保持传统食品的民族味、乡土味、生态味的特色，同时推陈出新，把民族特色饮食往多样性、精细化、创新性方面去发展。传统饮食的吃法往往单一，一般直接食用，比较简单。从发展的角度看，可以把传统饮食在现在的基础上创新发展其多样化、精细化，比如糯米饭的传统吃法是蒸熟后直接食用，因为是当地老品种的糯米非常香甜，口感很弹牙，如果再加工成八宝饭，或是有蘸水、肉类等调料加入，会更有一番味道。多种做法，让游客有多种选择。再如酸肉、酸菜等，虽然通过发酵腌制可以直接食用，但如果经过炒制，或再加入其他菜肴一起烹饪，或许会有更多的人喜欢和接受。总之，应在保持传统的基础上，开发更多的民族饮食菜系，并把所有菜品做成“文化旅游体验产品”，强调产品的“生态和健康”，在开展旅游活动较多的村寨，如大利村、宰荡村、加宜村等村寨把民族特色菜肴做好，更好地服务旅游业发展，更好地通过美食促进榕江人民同外界的交往交流交融。

（三）节日与交往交流交融

民族节日是民族文化的集中展示和民族情感的集中表达。各族人民在榕江县这片土地上繁衍生息，在漫长的历史进程中，逐渐形成本民族的特有文化，同时也在长期交往交流中，相互影响，相互借鉴，不断融合，逐渐形成共有地域文化符号。过节时，主家往往不分民族，邀请各地的朋友共同参加，所有人在节日的气氛中感受欢乐、友好、和谐。

1. 民族节日的传承

榕江县的民族节日有社节（立春后第五个戊日）、祭桥节、三月三、立夏节、祭牛节、吃新节、鬼节（农历七月十五）、八月八、侗年、萨玛节等，其中祭桥节、祭牛节、吃新节、八月八、侗年、萨玛节最为隆重。苗族有自己独特的民族节日，以苗年和祭鼓节最为隆重；水族最为传统、最具民族特色的节日有端节、卯节，尤以端节最为隆重，地域最广、人口最多；瑶族节日有吃新节、平安节和盘王节等，其中盘王节为瑶族固有，是最能体现瑶族习俗特点的节日；布依族的民族节日固有的有腊月年。各民族的本民族节日都有其独特形式和内涵，随着经济社会的快速发展，各民族之间的交往越来越频繁，交流更加深入，相互影响、相互借鉴，各民族节日的形式和内涵出现一些相似之处，尤其与其他民族杂居或离城镇较近的村寨也过上其他民族的节日。

（1）祭桥节与架桥节

侗族祭桥节在农历二月初二，家家煮红蛋给小孩吃，到自家修的桥去烧香纸，修桥补路，或者建新桥，其意为给孩子找保爷，使小孩易养成人；再是修阴功，多生子多享福。苗族的架桥节也在农历二月初二，在小溪、小沟上，或在村口路头上架桥，目的是积阴德、做好事，祈求神灵赐予或保佑小娃快长快大，容易养大成人。两个民族的节日在形式上有所区别，但在内涵上大致相同。

（2）祭牛节与乌米节

侗族祭牛节亦称洗牛节，也称祭牛生日。此节有的村寨在农历六月初六过，有的村寨在四月初八过。为了感谢牛的辛勤劳动，一些地方把每年农历四月初八定为祭牛日，一些地方则把天牛的下界日农历六月初六定为祭牛日。节日那天，让牛休息，还杀鸡宰鸭到牛圈前烧香纸，祭祀牛神，祈求保佑耕牛平安健壮。

苗族的乌米饭节，滚仲等地称为“牛节”。农历四月初八，让牛休息一天，人们上山摘做乌米饭的树叶，捣烂泡水，滤水泡糯米，做成乌米饭，让小孩放牛带上山当晌午饭。瑶族也过乌米饭节，用乌黑米饭喂牛，慰劳牛的辛苦劳作。侗族的祭牛节、苗族和瑶族的乌米饭节都体现了侗族、苗族、瑶族爱护耕牛，促进生产发展的美好愿望。

（3）吃新节

侗族吃新节亦称尝新节。此节没有统一的时间，但均选择在水稻打苞抽穗时选吉日过。多数是在农历七月初七至十三，也有在六月初四、初五过的。节日的前一天，家家都到田里捉鱼，过此节除了杀鸡宰鸭外，鱼是少不了的祭品。其间会邀请至亲好友一起过，还举办斗牛、斗鸡、踩歌堂、对歌等活动，热闹异常。苗族、瑶族也过吃新节。苗语称“努乃西”，各村寨过吃新节日期不相同，两汪在农历五月二十以后属兔的日子过，滚仲、加宜在七月半过。从前侗族、苗族、瑶族在过吃新节时，因为语言和习俗不同，只邀请本民族村寨的亲朋参加，随着经济社会的发展，人民交往交流的深入，现在各村寨过吃新节不局限地域、民族，来者都是客，尤其是随着乡村旅游的发展，许多省内省外的游客，甚至国外的游客都能很好地融入节日中，切身体会民族节日文化的魅力。

（4）侗年

过侗年主要是缅怀祖宗、祭祀农耕。相传侗族祖先远道迁来，原以打猎为生，后来学会开荒造田，从事农耕获丰收，秋后举族欢庆，此后世代相传成为侗年。过年期间，寨子上举行大规模的踩歌堂、跳芦笙和斗牛等活动。有的家庭还在节日里进行嫁女娶媳，宴请亲朋好友。整个节日，男女老幼盛装迎喜。过侗年一般为七天左右。七十二寨除过侗年外，还过春节，称为陪年，侗语称记年嘎，直译成汉话叫过汉年。侗年，各地虽然还在过，但已没有过去那么隆重。因侗年与春节的时间相隔较近，随着社会的发展，其活动的重心逐步转向春节，侗年有所淡化。

（5）记间

记间为侗语音译（jil jaenh），四十八寨侗族求吉节日。此节 7 年两头过，节日要杀牛，并由寨老把牛肉分发到各户去祭祖。过记间节为期 3 ～ 9 天，其间男女老少先祭祀萨玛，后举行踩歌堂、斗牛等活动，邀请亲朋好友吃酒唱歌，热闹非常。现在，记间节除邀请侗族本民族的亲朋好友，也邀请相邻的其他民族村寨的亲朋好友一起共享节日盛事，增进各民族之间的交往交流交融。

2. 传统节日的融合

远古以来，榕江就是一块生态良好的园地，在不同时期，苗族、侗族、汉族、水族、瑶族等民族的相继迁入，榕江成为多民族的共同家园。特别是汉文化的进入，极大地推动榕江经济社会的发展进步。各民族受汉文化的影响较深，对传统节日的吸纳融合就是最直接的体现。春节、清明节、端午节、中元节、中秋节、重阳节等传统节日成为各民族的重要节日。

（1）春节

榕江县的各民族均过春节，且春节是一年中最大的节日，在借鉴共享汉族春节传统习俗的同时，也融合了本民族的一些习俗特点。侗族群众一般从腊月下旬开始准备，诸如打年粑、酿酒、打扫卫生等。上山打草为牛准备饲料。农历腊月二十七日起杀年猪，太平三十贴春联；除夕夜，家家摆设供品，鸣放鞭炮，祭神敬祖，合家团聚，辞旧迎新。新年初一凌晨开大门接福，初二寨上妇女到萨堂祝福多耶，祭祀萨岁求保佑，来年安福。刚结婚的新媳妇回门（回娘家）拜年。初三后，演侗戏，玩龙，名曰为也。青年男女白天串寨找姑娘踢毽子，或到田野游玩作乐，晚上行歌坐夜。欢庆直至正月十五把龙送下海，春节方完。苗族过春节在农历腊月的最后一天过。两汪地区还称为过客家年。腊月二十日起开始准备，酿酒、磨豆腐，买节日用菜和物品，腊月二十七日、二十九日两日杀年猪，腊月二十八日打年粑，两汪少数地区也搞焖羊肉和酥肉。春节期间，开展吹芦笙、踩歌堂等娱乐活动，两汪还兴踢毽子，一般要玩 7 天。瑶族过春节的内容也大同小异。

（2）清明节

清明节上坟祭祖、扫墓。榕江县苗族过去无固定的节日上坟扫墓习俗。在计划乡等一些苗寨，埋人时不垒坟，则无墓可扫，也就无此节日。受汉文化影响，现在多数苗族地区已在清明这天祭祖扫墓。塔石、三江一带的瑶族，清明节则定在农历二月第一个辰日。

（3）端午节

端午节是中华民族传统节日，榕江县各民族在共享端午节的同时，结合本民族的习俗，赋予了端午节一些特有内涵。都会包粽子、吃粽子，也有村寨把端午节称作粽粑节。加宜苗族过粽粑节在五月底，除了包粽粑杀鸡祭祖外，还要解掉犁耙上的绳索，让犁耙好好休息。两汪乡过粽粑节没有固定的日子，一般在农历四月底或五月初，空申寨过端午节邀请的亲友必须在早饭前赶到，早饭后到达的人暂不能进主人家的堂屋，只能在走廊上待着，等吃晚饭时才能进去。空烈寨过端午节是早饭前包粽粑、杀鸭煮熟祭祖，早饭后，男女青年开始集体社交活动。八开一带的粽粑节在农历三月的卯日或亥日过。

3. 现代节日的发展

随着经济社会的快速发展，榕江县各族人民与外界交往互融越来越紧密。为了促进经济社会的进一步发展，榕江县通过搭建节庆活动的平台，宣传榕江，吸引外界到榕江旅游、投资等，促进各民族之间的交往交流交融。例如，榕江县为建设好粤港澳大湾区“桥头堡”主阵地，通过举办西瓜节，以瓜为媒大力推介榕江民俗文化和旅游资源。榕江是著名的“西瓜之乡”，“榕江西瓜”以个大、汁多、肉甜而闻名，“榕江西瓜包开”也成为榕江一张响亮的名片。近年来，榕江县充分发挥自身优势，积极调整西瓜种植结构，引进新品种，带动群众发展大棚西瓜、礼品西瓜等，畅销全国各地。7 月 15 ～ 17 日，榕江县举办 2022 年“甜甜榕江 • 粤黔西瓜嘉年华”活动，来自全国各地的宾朋欢聚榕江，共享西瓜欢乐盛会。活动期间，有西瓜展销会、西瓜大作战游戏、西瓜评比等活动，还有榕江美食争霸赛（卷粉王、瘪王评选）、榕江文创美食集市、榕江牛瘪长桌宴等美食活动，以及欢歌大舞台、西瓜音乐会、劲爽音乐会等娱乐活动。全国各地的游客融入其中，与榕江人民一同载歌载舞。游客们在其中体验到甜甜西瓜、热情榕江的氛围。

榕江县各民族群众紧紧围绕铸牢中华民族共同体意识主线，以推进民族文化“三交”为主题，举办形式多样的民族文化交流活动，促进各民族群众团结共事和共生共乐。先后举办全国啦啦操联赛、侗家山地户外节、苗族山货大集市、萨玛祭祀等系列民族节庆活动，打造“苗山侗水•绿色榕江”文化品牌。2021 年黔东南民族文化生态保护实验区在非遗文创产品大赛中分别荣获织染工艺组一等奖、二等奖。成功举办“庆祝中国共产党建党 100 周年•黔东南民族文化生态保护实验区榕江县 2021 年文化和自然遗产日民歌大赛”活动。组织非遗传承人开展过年演侗戏活动，指导举办乐里七十二寨六月六“相思节”活动、车江三宝侗寨萨玛节活动，这些活动推动了榕江县各民族群众生活方面的交往交流交融。

（四）婚丧习俗中的交往交流交融

1. 婚姻习俗

（1）族际通婚

婚姻是民族交往交流交融最真实的体现。族际通婚既是各民族情感交往和交流的有效载体，又是民族血缘融合的直接纽带。影响族际通婚的要素诸多，如结婚观念、民族文化、经济条件、社会场域及国家婚姻观等。乾隆二十五年（1760），古州厅署鼓励苗汉通婚，汉族与少数民族之间相继缔结血缘关系，促进各民族之间的交往，增进了民族的友谊。以后，落籍侗村苗寨的汉民族有不少已入乡随俗，演变成少数民族。故今民族地区流传的迁徙歌或家谱中有很多祖籍在江西吉安、太和等地的传说与记载，当然这不是普遍现象。据调查，在新中国成立前，榕江县苗族与汉族、侗族等民族没有通婚的习俗，究其原因则是多方面的。其一，榕江县的一些少数民族仍保持传统婚俗不变。如苗族保留“与外族不通婚”的习俗，仍保留“同一民族优先婚”的婚姻理念。其二，各民族语言习俗有所不同，交往和交流不够。跟其他县域的乡村一样，榕江县乡村也存在“空心村”的现象，村寨的青年男女外出打工或做生意或读书，一些传统交往和交流的方式日趋减少，从而导致同一村寨、相邻村寨及不同乡镇的青年男女的交往和交流机会甚少。

从历时维度看，榕江县各民族际通婚呈现以下一些特征：

一是各民族都有通婚原则。如水族在择偶婚配上遵循“同姓同宗不娶、异姓异宗开亲”的原则。瑶族以盘、赵二姓为主，其他姓氏极少。在缔结婚姻时，严格遵守同姓不婚、异姓不同辈不婚的习俗，即使迁徙源地不同，也禁止通婚。由此导致选择配偶的范围小，加上与其他民族杂居，遂冲破民族界限，与邻近村寨的民族通婚。盘姓还建祠立规，因此瑶族婚俗得以遵守。

二是各民族变通族际通婚原则。在瑶族的婚俗中，过去也有姑表婚的通婚习俗，20 世纪 80 年代后，这种婚俗已被大部分人弃除，但外甥女结婚时，女方还要象征性地给舅家一点赔偿金。现在榕江不少瑶族青年男女与周边的汉族、水族和苗族等青年男女谈情说爱，结婚生子。苗族有“族内通婚，禁止族外通婚”的通婚原则，从现有史料和调查情况看，榕江县也有苗族与其他支系或其他民族通婚的案例，只是此方面的案例不多。

三是族际通婚的边际不断扩大。按照通婚的时空点不同，族际通婚有三种不同的类型，即祖辈族际通婚、父辈族际通婚和孙辈族际通婚。从祖辈族际通婚到父辈族际通婚和孙辈族际通婚，族际通婚的边际不断扩大。其中包含两层含义：其一是不同民族际通婚率提高，其二是跨域族际通婚增多。

祖辈族际通婚。新中国成立前，榕江县的各民族之间族际通婚现象较少。虽然当地没有明确的政府禁令，禁止族际通婚，但是各民族还是秉承“族内通婚”的婚姻观。如侗族与汉族之间在 20 世纪 80 年代以前通婚的情况极少。居住在榕江的汉族，较早进入的可追溯到明末清初，而大量迁入在清雍正八年（1730）以后，古州置厅后，湘、粤、桂等地商贾不断进入榕江，有的在县内购置田产，成为榕江永久性居民。据《古州厅志》记载，清乾隆二年（1737）实施“承领绝产”政策，在这一政策召引下，迁入榕江定居“承领绝产”所安排的共 2596 户，设左右两卫，分居 40 个堡。在所安排的户数中，除左卫的玉麟堡 53 户为侗族外，其余为汉族。虽然汉族与侗族居住地毗邻，但由于当时语言不通，因此通婚比较少。

父辈族际通婚。新中国成立后，我国实行“民族平等、民族团结”政策。在一个时间段，为促进各民族之间平等，经济发展，我国推行了一系列少数民族优惠政策，包括经济政策、教育政策、人口政策等。例如，少数民族教育优惠政策，高考可以加分。当地城镇一些汉族为了后代能够享受优惠政策，主动与少数民族通婚。另外，随着国家通用语言文字的普及，少数民族通晓普通话的越来越多，成为族际通婚的助推器。例如，对八开镇都江村村民杨某某（男，侗族，56 岁）和八开镇都江村村民祝某某（女，苗族，46 岁）访谈时对我们说：“我和祝某某是夫妻，我家是一个民族融合的大家庭，我家有侗族、苗族、汉族，大家相处得很融洽。我妻子是计划乡加退村的苗族，我们是在一个亲戚家做客时认识的，自由恋爱，有一儿一女。大女儿大学毕业在县里工作，小儿子今年刚考上大学。女儿户口登记的民族成分是苗族，随她妈。儿子户口登记的民族成分是侗族，随我。加退村的苗族嫁到我们村有三个，老一辈也有嫁到我们村的，也有三四个。现在我们村外出打工、读书的姑娘较多，所以外嫁的也较多，大家的思想开放了，不会干涉他们择偶，只要两个年轻人合得来就行了。我妈是本村的夏家的苗族，我父亲是侗族，当时我爷爷也没反对他们结婚。我有一个姐姐，两个妹妹，我姐夫也是本村夏家的苗族，我姐的女儿在江西读大学，在读书期间认识浙江丽水市的一个汉族小伙，现已结婚，定居在丽水。我姐的儿子原来在拉萨当兵，媳妇是外甥女的大学同学，也是汉族，他们现定居在江西婺源。我的两个妹妹都嫁给本村的侗族。”

对八开镇都江村村民吴某某（女，侗族，58 岁）访谈时她对我们说：“我们村侗族占全村人口的一半以上，我是侗族，我丈夫是苗族，我们结婚有 30 多年了。我们是自由恋爱结婚的，有二女一男，子女户口登记的民族成分是苗族，大女儿嫁到福泉市牛场镇，女婿是汉族。二女儿嫁给本村的侗族，儿子娶本村的侗族。三个子女都是自由恋爱结婚，我们做家长的认为只要他们能够幸福就行了。我丈夫说侗话很流利，我们家是侗族、苗族、汉族组成的大家庭。另外，其他乡镇的水族姑娘、苗族姑娘也有嫁到我们村的，邻里关系相处和睦，哪家有事大家都一起帮忙，不分哪家是什么民族。”

我们在访谈乐里镇本里村村民苏某某（女，54 岁）时她说：“我是四川攀枝花人，乐里镇本里村副主任，汉族（在公安部门登记时为侗族）。1987 年嫁到本里村，与该村到广东当兵的老公认识后嫁到本里村。当初很不适应，现在已完全适应了。我能说榕江话和流利的侗话。平时穿侗族服装。现在老公在江苏务工，我在本里村当村副主任，有一儿一女，均已成家。儿子长期在外打工，两个孙子由我照顾。目前村里组建有 8 ～ 10 人的侗族歌舞队、芦笙队，我经常参加。”

孙辈族际通婚。在榕江，20 世纪 90 年代出生的年轻人的婚恋观发生了很大变化，特别是在择偶观和择偶标准方面。这些年轻人不用在意父母的想法，也不用遵循传统的婚恋观，可以依据自己的喜好择偶。据当地群众介绍，随着社会发展，人们为了接受更好的教育，越来越多的人远离家乡，外出求学、进城务工。科技进步促进了交通和通信的发展，人们的人际交往范畴得到扩展，从原来的地缘、族缘扩展到业缘、趣缘，人们开始从人品、相貌、工作、文化程度和经济情况上来选择结婚对象，生活环境导致人们的思想观念也发生转变，从而扩大了族际通婚的社会场域。当地适龄婚配女子和男子开始寻求更大的通婚圈，即跨域族际婚不断扩大。

嵌入式社区（易地扶贫搬迁安置点）也助推了族际通婚不断扩大。例如，富民社区是榕江县“十三五”期间易地扶贫搬迁集中安置点，于 2017 年 1 月正式挂牌成立，2017 年 4 月 19 日经十七届县人民政府第 12 次常务会议批准由古州镇划归榕江县文体社区服务中心管理。社区由富民、幸福两个小区共 26 栋 2667 套保障性住房组成，常住户数 806 户，常住人口 2318 人，其中少数民族人口占社区总人口的 98%，包含苗族、侗族、水族、布依族、土家族、壮族、瑶族等少数民族共计 2117 人。富民社区住房位置通过抽签方式确定，各民族杂居，各民族群众来自不同乡镇，通过近 6 年的相处，各民族之间交往频繁、交流密切，族际之间的通婚也逐渐频繁。在对社区群众的访谈中我们发现，社区各民族群众对族际通婚的态度比较积极、开放和包容，只要双方合得来，对方是什么民族不重要，父母也不会加以干涉。族际通婚率的上升与群众对族际通婚的接纳与认同，说明了不同民族交往交流交融有所加深，各民族群众通过婚姻渠道与其他民族共同组建家庭，进一步促进了民族间的相互交往、了解和包容。

据统计，定威水族乡 2021 年结婚登记的民族中，苗族与苗族结婚的有两对，瑶族与侗族结婚的有一对，苗族与侗族结婚的有两对，水族与瑶族结婚的有两对，汉族与苗族结婚的有一对，一共是八对。

郎洞镇宰岑村为侗族、汉族、苗族杂居，其中侗族 125 户，苗族 100 多户，汉族 100 多户。宰岑村没有苗侗通婚，汉族娶侗族 5 人，侗族娶汉族 1 人；外嫁的苗族 2 人，苗族外娶 1 人；侗族外嫁 5 人，侗族外娶 3 人；汉族外嫁 5 人，汉族外娶 5 人。郎洞镇卡寨村没有苗族和侗族通婚，汉族娶侗族 5 人，侗族娶汉族 1 人；全村嫁出省外 3 人，省外嫁入 7 人，为四川、湖南人。

（2）婚姻缔结

榕江县各民族婚姻缔结有两个方面的特征：一是各民族婚姻缔结相互影响，二是男女双方自由结婚已成为主要的婚姻缔结方式。不管是水族、汉族、侗族，还是其他民族，婚姻缔结方式、程序相互影响。例如，“姑表亲”习俗改革。侗族有“还娘头”的婚姻习俗，即姑妈家的姑娘长大成人后，要优先嫁给舅家的表兄（弟），或征得表兄（弟）的同意。现在这种习俗改革了，完全由男女双方自愿。此改革，避免了近亲结婚带来的不良后果，具有医学意义。禁止姨表兄弟姊妹结婚是榕江侗族、汉族、苗族、水族、瑶族等民族的共同习俗，他们都认为姨表兄弟姊妹是“一妈所生”的近亲。

随着社会的发展和环境的改善，当地的文娱生活和社交活动不断活跃，踩歌堂、跳芦笙、演侗戏等活动逢年过节都要举行，加上市场经济的需要，外出务工以及在外读书，给各民族青年男女创造了接触的机会，旧有的恋爱形式逐渐被取代，恋爱方式变得多样化了，并且可以和其他兄弟民族的恋爱方式公开化，这种婚姻感情更加牢固，婚后生活更加幸福。此改革符合《民法典——婚姻篇》关于婚姻自由的规定，具有法律意义。

（3）族际通婚子代的民族身份选择

据调查，榕江县族际通婚家庭子女民族身份随父亲的比例较高，因为他们认为子女的民族属性还是要跟父亲才好，认为这是家族传根溯源的保证，特别是男孩，一定要随父亲的族属。在访谈中，一位46岁的苗族男性这样说：“我是苗族，我妻子是侗族，我的儿子和孙子都要跟我的民族属性走，如果跟他妈妈为侗族，那家族不是就乱了，我们家代代都要随父亲这边民族的。”如果是少数民族之间通婚的，也有在户口上跟母亲民族属性的，只是所占的比例不高。在访谈中，一位51岁的侗族妇女这样说：“我是侗族，娃娃的父亲是水族，娃娃跟哪个民族的属性都可以，我家儿子、女儿在外面打工，我家不在意这些。”在计划乡加宜村污秋寨（水族村寨）调查中发现：“这里的水族男子娶了苗族女子，儿女的民族属性一般都跟父亲是水族，几乎没有跟母亲的，村里的姑娘外嫁的，夫家是什么民族，子女的民族属性跟夫家的。”在对忠诚镇安乐村的调查中发现：“族际通婚的民族中，汉族与苗族、汉族与侗族通婚的，子女选择少数民族身份的比例高于其选择汉族身份的比例。若父亲是汉族，母亲是苗族或侗族，都选择母亲的。”

2. 丧葬习俗

榕江县各民族丧葬习俗的共性之一是土葬，土葬是榕江县各民族丧葬的主要方式。土葬类型相同，只是在程序上有些差异。水族丧葬程序一般包括报丧、择吉、安葬、立碑、除服等。苗族土葬的程序是，停尸：上梦床、含口银、打牙、放陪葬物、入棺，吊丧，唱孝歌，埋葬。侗族土葬的程序是：送终、洗尸、报丧、打牙含银、上梦床、入棺、守灵、出柩、下圹、开荤、办亡人酒。

近年来，榕江县充分发挥群众自治作用，以建立健全村红白喜事理事会和完善村民公约为抓手，将殡葬移风易俗纳入乡村文明建设的内容，将殡葬移风易俗要求转换为村规民约，引导群众自觉摒弃丧葬陋俗，厚养薄葬，节俭办丧，文明治丧等殡葬新风逐步为各族群众所接受。现改革为：一切丧葬活动，决定权归由以孝子为中心的“治丧委员会”，无需样样都征求舅家的意见，大大简化了程序，方便了整个丧葬活动的安排。这些改革均具有现代文明的特点，体现了共同文化交融的元素，与时俱进。

（五）服饰、传统手工艺术与交往交流交融

1. 服饰

榕江县城古州中路，有40余家民族银饰加工和民族服饰加工及成衣店，每逢赶场天及民族节日，这里都有各民族群众来购买不同民族的服饰和饰品，民族服饰融合发展。

（1）服饰的融合与发展

侗族服饰的衣料，过去以自纺自织的家织土布为主，细布和绸缎多作盛装或配饰。新中国成立后，衣服布料逐步被城市工厂的宽幅商品布取代，特别是20世纪80年代之后，青壮年衣料多为涤卡、涤良、涤纶，此类布料耐磨，不易起皱，洗涤方便，适合青年人时髦之心，所以在侗族地区普遍得到使用。侗族服饰颜色多为青、紫、白、蓝，色调朴实无华，庄重大方。服装式样，清代以前男装均为右衽无领铜扣短衣，腰系青布带，留长发绾髻于顶，秋冬包青色大头帕，裤为对折腰大管裤脚，脚穿布袜鞋。民国后，男子逐步改穿对襟布扣短衣，中心地区一些老人则穿右衽长衫，少数中年人改穿中山装。发式绝大多数为留齐耳齐颈短发或剃光头，个

别老人头顶仍留长发。包头帕也多被帽子取代。现在男装多数已经穿西装和各种拉链服，发式也跟随服饰做了更易。榕江县苗族长期与侗族杂居，其女装款式、装饰手段与艺术风格均与侗族女装差别不大。

忠诚一带类型服饰区。这一地区的苗族靠近侗族，服装多与侗族相似。一般不戴头巾，长发绾结于顶，斜插一把梳子、一根银质或铝质别簪。上身衣饰与前一类型的服饰基本相同，但稍短。下穿与侗、汉民族相同的西裤，但多喜穿青色，脚穿布面胶底鞋。随着社会的发展变化，现在的苗族姑娘，在基本体现民族传统的前提下，已逐渐采用造型新颖、线条简洁、舒适得体、富有时代气息的款式。衣料方面，也由土布逐步改为细布、绸缎以及化纤织物。

榕江是多元民族文化的荟萃之地，在侗族刺绣作品中，除了自己优秀的传统技法占主导地位外，还能搜寻到中国四大名绣的“蛛丝马迹”，即可以觅到绣工精致、针脚细密、图案清秀、色彩淡雅的“苏绣”影迹，可以寻到构图优美舒适、色彩明快绚丽、风格豪放大方的“湘绣”痕迹，也可以窥见绣面富丽堂皇、绣线平整光亮的“粤绣”，还可以看到虚实相间、籽线均匀、装饰性强、富于民间传统图案的“蜀绣”韵味。

榕江县小丹江苗族银饰与寨蒿镇侗族银饰在头饰、胸牌、银项圈上的图案基本一致，都有花鸟鱼虫、日、月、云等。八开镇都江村侗族、苗族妇女盘的发髻是一样的，当地一个嫁到都江村的苗族妇女对我们说：“来到这里生活，就要同他们一样，不分什么民族。”

（2）蓝染

蓝染是榕江县的世界级非遗，榕江很多手工艺的源头都是板蓝根，苗族、侗族、瑶族等少数民族染布的基础用料都是板蓝根，它不仅适合棉麻印染，更有清热解毒之功效，因此，各民族至今仍把这种材料印染的衣物作为治疗皮肤病的不二选择，所以榕江也是中国唯一一个保存“蓝染”完整活态产业链和生活方式之地。2018 年，榕江县人民政府联手苗族青年刘洋创建了月亮故乡非遗文创中心，发展基于蓝染技术的文创产品，在县城易地扶贫搬迁点卧龙小区建立了千匠白艺蓝染扶贫车间，带动了该小区各民族妇女就业。

杨成兰运用现代科学技术和先进营销手段传承和发展“蓝染”这一非物质文化遗产。杨成兰返乡创业，把传统的纺织、蓝染技艺传承下来，让更多人知道传统技艺制作出的产品。她整天在作坊中钻研，从选棉制作成线，再到纺织和蓝染。不断学习侗族织染方式，研究各个环节和技巧，染出色彩层次丰富、织出多种样式的侗布，让侗布具有多样性，更加生活化，让人容易接受。杨成兰利用互联网，注册倚山人侗布织染工作室，将纯手工制作的侗布成品照片上传到网上。这两年直播的兴起，杨成兰开始尝试直播，订单也纷至沓来。除了销往上海、广州、北京等大城市以外，甚至远销日本、韩国等地。2021 年，在相关部门的支持下，杨成兰在榕江小丹江著名景区中新建一个蓝染研学基地，形成“景区 + 研学”于一体的旅游新体验。在传承侗布织染技术的同时，加大了创新力度，制作出更为精美的成品，包括包、鞋、玩偶布艺、服装等。将产品做得更精致，发挥非遗的最大优势。倚山人侗布织染工作室已经形成手工织布、手工艺加工、新产品织造、植物染材种植、植物原材料采集等闭环产业链。截至目前，累计完成了 170 万元的销售额，村民收入 30 多万元。

（3）多元模式助推传承发展

榕江县采取多元发展模式，助推民族服饰的传承与发展。一是古州车江侗乡人民族服装厂、古州娘美布彩印染坊等，采用“农户 + 公司”的模式，建立家庭服饰制作点，培训了一批侗族服饰、布匹制作传承人，并注册了“侗乡人”“侗家巧姑”“良耐儿”等品牌商标。二是以摆贝为代表的百鸟衣制作能手建立家庭手工技艺小作坊，制作的百鸟衣在保留传统技艺的基础上有所改革和创新，外地的客商纷纷慕名前来订货，百鸟衣在市场上出现了供不应求的现象。三是宰勇村成立苗族蜡染、刺绣合作社等小微企业，解决了一批贫困户就业问题。榕江县已有县级工坊 12 家，省级工坊 5 家，省级生产性保护基地 3 家，生产的产品已销往贵阳、北京、上海、广州、香港、台湾等地区，以及日本、韩国、美国等国家。四是促进传统刺绣与现代消费需求有效衔接，推进传统技艺和创意设计融合发展，提升产品品质及附加值，丰富产品形态，延伸刺绣产业链，优化产品层次，培育地方特色品牌。五是推动蜡染产业规模化、新颖化发展，培育专业化的技术人才，提升蜡染产业的文化内涵及艺术价值，拓展市场营销渠道，推动产销研“三位一体”的产业链条，支持企业运用现代新材料、新工艺，开发蓝染、印染、豆染、禾糯秆等新产品，提升产品竞争力。

2. 传统手工艺

（1）雕刻

榕江侗族雕刻内容十分丰富，有花、草、古松、梅树，有龙、凤、鼠、猴、牛、蝙蝠、啼鸟，有寺庙、宝塔、古钟、风铃、铜锤，有故事传说中的“八仙过海”“哪吒闹海”“童子采莲”“孟冬哭竹”“文臣武将”“狮子踩绣球”等，这些雕刻与榕江水族、汉族墓的雕刻所共有，这是民族文化相互渗透和融合的必然。

石雕是水族民间工艺美术的重要组成部分，有塔石瑶族水族乡同溜水寨石雕古墓群等。早期的水族古墓所雕的内容，大多是反映本民族古代生产生活方式。清代中晚期以后，随着汉文化的渗入，水族墓雕刻融入了汉文化成分，如一些墓碑所雕的八仙过海、太极图、龙鱼吻、文臣武将、双龙抢宝、葫芦宝鼎等。

（2）剪纸

剪纸是水族工艺美术的重要表现内容。水族剪纸在构图上讲究工整、对称、平衡、严谨。在内容上，龙、凤、日、月、人物、飞禽、走兽等各种几何图案、大自然的各种奇异景观，以及花、鸟、虫、鱼等，均是创作素材，特别是展翅欲飞的雄鹰和奔驰中的骏马，最受剪纸艺人的青睐。有的水族剪纸艺人，不但能剪出本民族五彩缤纷的图案，还能剪出苗、侗、瑶等民族的图案。他们剪出的兄弟民族图案，既保留了本民族的传统艺术特色，又能在传统基础上进行创新。即使是不识一字的农家妇女，也能巧手剪出众多特色各异的图样。1981 年，中央工艺美术学院两位教师路过榕江平永镇，见到街边出售的水族剪纸，惊喜异常，于是步行 30 余里山路，采访、调查取样，购买了苗族、侗族、水族、瑶族、汉族等各民族的纸样带回北京。

（3）加大品牌建设力度

榕江县委、县人民政府支持省级工艺美术大师、国家级非物质文化遗产传承人等以加盟、合作等模式加入品牌建设队伍，共同推进民族工艺品产业的研发、工艺、包装等，提升品牌影响力；充分发挥民间工艺传承优势，联合企业或家庭作坊对民间工艺品的设计、生产、营销等进行深入研究，打造区域性民族品牌；鼓励企业申报“中国驰名商标”“贵州名牌产品”“贵州省著名商标”等工艺品牌，扩大品牌效应。组织企业参加“黔东南名工匠”“黔东南名绣娘”工艺品技能大赛等活动评选，着力引进一批人才，以签约、兼职、聘请等方式，积极引进在银饰、刺绣、蜡染等工艺美术大师、领军人才及创新团队，提升民族工艺品的研发水平和创新能力。

3. 艺术

（1）民族民间艺术多姿多彩

据榕江县民族文化普查时提供的数据，全县有芦笙队 192 个，其中苗族 146 个，侗族 40 个，水族 6 个；侗族大歌队 24 个，其中男声歌队 10 个，女声歌队 14 个。自弹自唱的侗族女声琵琶歌手 14 班，侗戏班 19 个，汉族山歌歌手 40 多人。已编辑或出版了《侗族大歌与少数民族音乐研究》《中国曲艺音乐集成·贵州卷》《珠郎娘美——榕江侗戏集锦》《阿蓉——苗族长篇古歌》《远古的文明——榕江县非物质文化集锦》《贾词选译——苗族古代法典》《三宝侗族琵琶歌》《榕江侗歌——榕江侗族九个支系侗歌》《天赋侗听——榕江侗族大歌经典》等图书（音频）等民族艺术作品。

（2）创作和传唱民族团结诗歌

榕江县集各民族智慧，创作和传唱民族团结诗歌《侗汉水苗一家亲》："我的家乡在农村，鸟语花香四时春；这里是块繁华地，人丁兴旺事业成。全县幅员三千二，住着三十四万人；民族之间讲平等，侗汉水苗一家亲；千百年来共相处，从来没有纷争。党的民族政策好，总是一碗水端平；和谐相处感情好，称兄道弟打老庚。如今更是团结紧，相互之间还开亲；侗哥可娶瑶家妹，水妹也愿找打金；腊咩也嫁客家崽，一去一来亲上亲。我家起屋你送礼，你家讨媳我赠金；你来请我过春节，我也请你去吃新。坡上有柴共同砍，坝子有田也共耕，大家富裕才算富，因为都是同根生。上山打虎亲兄弟，下海捉龙父子兵；只要我们团结紧，不怕外人来欺凌；党是我们好领导，共把中华来振兴；改革开放前程好，芝麻开花节节升；大家仔细想一想，你看合情未合情。"

（3）侗族大歌、琵琶歌蜚声海内外

榕江多声歌（侗族大歌）历史上流行在苗兰宰荡侗和下河侗地区。栽麻镇宰荡村位于榕江县城东北部，是人类非物质文化遗产——侗族大歌的发祥地之一，被誉为"侗族大歌之乡"。20 世纪 50 年代，榕江侗族大歌就唱到州府和省城。2006 年 8 月，宰荡村珍珠、珍岚两姐妹参加贵州电视台组织的侗族大歌"蝉之歌组合"，在全国第十二届青年歌手电视大奖赛上，夺得原生态唱法银奖。2014 年，央视《乡愁》栏目组走进宰荡侗寨拍摄以侗族大歌为主题的专题片。2015 年，由贵州省代表团选送，贵州文化演艺集团有限责任公司创排的侗族音乐剧《嘎老》在北京民族剧院演出，宰荡村胡官美（国家级非遗传承人）和她的歌队让观众享受到一出清新感人的艺术盛宴。2015 年 12 月，应广州文化馆的邀请，宰荡侗族大歌队赴广州演出；2017 年，央视《远方的童谣》栏目组走进宰荡侗寨。几年间，她们先后应邀到北京、广州、上海、深圳、昆明等地，曾到过意大利、法国等国家演出。

三宝琵琶歌。主要流行于三宝侗族聚居地，为男女青年行歌坐月时演唱。以四弦琵琶为主要伴奏乐器，外加小果吉协奏，一般为男子操琴演唱或男子操琴女子演唱，男声用本嗓，女声用小嗓。据明弘治《贵州图经新志 • 黎平府 • 风俗》有关“侗人”“暇则吹芦笙、木叶、弹琵琶、二弦琴……以为乐”的记载推断，侗族的乐器琵琶和二弦琴（果吉）于明代已经盛行。清嘉庆李宗昉《黔记》就有关于三宝侗族男女青年行歌坐月演唱琵琶歌的记载：古州车寨“男弦女歌最清美”。据老人们回忆，早年演唱琵琶歌用小琵琶（四两琵琶）伴奏，男女声均用小嗓（假嗓）；民国初年才改用中琵琶，女声仍用小嗓，男声改用本嗓（真嗓）沿袭至今。新中国成立后，三宝琵琶歌走出侗乡。1959 年，三宝琵琶歌《丰收歌》由县业余文艺代表队演唱，先后出席州、省业余文艺汇演，并录制唱片，全国发行；1960 年，在贵阳当工人的榕江侗族歌手潘风云、杨继先（女）、杨文金、韦国义等，演唱三宝琵琶歌《永远跟着共产党》，出席在北京举行的全国职工文艺汇演，受到刘少奇主席、周恩来总理等党和国家领导人的接见。2003 年，县艺术团演唱三宝琵琶歌《心心相印》，参加中央电视台举办的西部民歌大赛，获弹唱组银奖。

晚寨琵琶歌。主要流行于榕江县东北与黎平县西北毗连的四十八寨地区。男声用三弦或五弦大型或中型琵琶伴奏，女声用三弦或五弦中型或小型琵琶伴奏自弹自唱。1959 年，晚寨女歌手吴冬莲等 8 人弹唱《妇女歌》，赴北京参加新中国成立十周年庆祝演出活动，受到国家领导人的接见，轰动首都舞台，晚寨琵琶歌因此而得名。2004 年，榕江车民小学金蝉歌队弹唱的晚寨琵琶歌《侗家娃娃爱琵琶》，代表贵州参加教育部和中央电视台联合举办的“校园之春”春节文艺联欢晚会，获演唱一等奖。

（4）侗戏的融合发展与广泛影响

侗语称“戏更”，是一种用侗语道白加演唱的民族戏剧。侗戏诞生于黎平腊洞，光绪年间传入苗兰宰荡和天府两侗区。20 世纪 40 年代，车寨人吴丙兴到九洞教私塾，学会侗戏的表演，并采用汉字记侗音的方式抄录了侗戏脚本《三郎五妹》。

1959年10月，榕江县成立侗戏实验剧团，创作、改编、排演了《珠郎娘美》《甫桃乃桃》《危险的道路》《吴老勇》等传统剧目和新编剧目，对侗戏的音乐、导演进行初步的改革探索。

1984年11月，车寨鼓楼侗戏队出席在昆明举行的全国少数民族剧种录像、演出观摩暨座谈会，荣获文化部颁发的优秀剧目奖。继后几年，车寨鼓楼文化站侗戏队又排演了《芒岁流美》《抢秀才》《甫桃乃桃》《抢妈还是抢钱》（又名《抢娘》）《甫桃新传》等改革剧目。20世纪90年代中后期，农村男女青年大量外出打工和上学，侗戏演出活动受到一定的影响，但是市场上也随之出现不少侗戏录像、影碟。侗戏通过现代传媒得到广泛的传播，深入千家万户。

侗歌进课堂的实验已从榕江侗族地区扩展到黎平、从江、锦屏侗族地区，影响到湖南通道侗族自治县和广西三江侗族自治县等地，金蝉侗族少儿艺术团培养了大批小歌手，成为弘扬侗族音乐文化的一个典范。张勇编写并出版的《长大要当好歌手》教材选用了侗语歌曲100首，教材里的侗语歌词一律用侗文记录，同时，每首歌编者都译配有汉语歌词，可以用两种语言演唱，促进了兄弟民族之间的文化交流。如《汉语侗语都要学》《天下太平乐开怀》《全世界小朋友手拉手》《红军显神威》《欢迎客人到侗乡》《民族团结万年长》《文艺交流百花放》《孔子歌》《歌颂宪法》《共产党想咱胜爹娘》等。

（5）各民族交际之花——芦笙

芦笙成了各民族、各村寨集体交往的媒介。在榕江，瑶族有到苗寨、侗寨学习吹芦笙、办芦笙队的经历。据瑶寨老人讲："没有芦笙队就没有朋友，虽然两个寨子也可以吃饭、喝喝酒，但总感觉情感不深。那些有芦笙的村寨也不太愿意和没有芦笙的村寨交往，人家觉得不热闹、不正式。因此，再没有钱，瑶族的村寨也要集资组建芦笙队。"瑶寨芦笙队的建立，让瑶寨顺利融入周边苗、侗村寨，也有瑶族姑娘嫁到苗寨、侗寨。

芦笙既是寨际交往的媒介，在某种程度上也成了区别"你""我"的标签。没有芦笙，就没法在农闲时节到他寨走访，联谊联姻。芦笙是促成各民族交往交流交融的重要纽带。寨际芦笙交往，在当地主要有三种方式：其一，在固定时空，若干个村寨共同参与坡会；其二，借助坡会，两个村寨间打同年进行三天两夜的联谊活动；其三，在年节间，村寨随兴而起，临时起意到其他村寨"串寨"、赛芦笙。这三种芦笙交往方式，都必须借助村寨芦笙队进行。在芦笙文化交往中，一方面，在村寨集体联欢的氛围中，增进了各村寨、各族群间的情感，形成地方情感共同体；另一方面，以芦笙为媒介，区域内各族群、各村寨在交往互助的内在需求下，必须习得芦笙文化，从而形成具有区域特色的芦笙文化共同体。

（5）阳戏

阳戏是汉族的地方小戏。阳戏是农村民间演的戏，也就是种阳春人演给种阳春人看的戏，故称阳戏。阳戏是从外地传入榕江农村的，据榕江县文化馆20世纪60年代在平阳乡调查，平阳乡的阳戏于19世纪末期，当地艺人向天柱县阳戏师傅学来。在榕江，阳戏演出有两种班子：一是专门演阳戏的阳戏班，一是侗戏班里兼演阳戏。阳戏的音乐分为唱腔、曲牌、锣鼓三个部分。唱腔属联曲体，在榕江流行的有30多种曲调。较流行的剧目有《王木匠打嫁妆》《蒙正赶斋》《孟姜女》《四块柴》《卖樱桃》《卖花调》等10多个传统曲目。新中国成立后，平阳戏班配合各项活动，编演了《参军光荣》《勤劳生产把亲成》等新编剧目。此外还有各侗戏班在演侗戏快散场时都要加演一出阳戏，诙谐幽默，给观众带来欢乐。

（六）传统社交习俗

榕江县的侗族、汉族、苗族、瑶族、水族等民族社交习俗较多，在长期的日常生活生产劳动和社会活动中，各民族之间建立了友好的关系。在民间，采取互结兄弟、打老庚或互以子女过继为义子、拜保爷等方式，紧密了相互之间的关系。各民族相互认同感强的社交习俗有“打老庚”“吃相思”和“拜保爷”。这些传统社交习俗具有三个方面的共性：一是族际交往的纽带。不管是“打老庚”“吃相思”，还是“拜保爷”，参与的主体不仅限于同一民族，可能是不同民族的成年人或未成年人。二是互惠性强。参与“打老庚”“吃相思”和“拜保爷”等社交活动的主体之间可以互惠。如相互帮助，扩大社会圈子，精神上寄托等。三是都有特定的规则和程序，确保以上社交活动开展和可持续性正常运行的制度性条件。

1. 打老庚

“打老庚”是侗族、汉族、苗族、水族等民族社交的传统习俗。此传统社交习俗呈现以下几个方面的特征：一是没有血缘的“亲兄弟”。一旦走完“打老庚”的程序，则两者成为“结拜兄弟”，即成为没有血缘的“亲兄弟”。二是参与“打老庚”的主体为成年的男女。三是“打老庚”具有一对一的对应性。虽说一个成年男女可以结拜几个“老庚”，但是在每次“打老庚”社交活动中，仅能结拜一个“老庚”。

访谈榕江县文物所杨某某（侗族）：“侗族古歌记载：苗族先来古州，侗族后来，苗族侗族在古老的时候是亲兄弟，共用一双筷子，共吃一个碗。在共同的生产生活过程中，互交朋友，打老庚、结干亲家的事例很多，我就有九个苗族老庚和两个苗族干亲家。”

访谈寨蒿镇票寨村张某某（水族）：“我们村 70 后或 80 后打老庚的较多，打的老庚是侗族。我们村七组一个唐姓村民打的老庚就是附近黎平苗寨的苗族。现在打老庚没以前多了，因为大家都外出打工了，不像原来空闲时间较多。现在大家交往的形式、交流的项目多了，不仅仅限于打老庚这种形式了。”

2. 吃相思

“吃相思”是榕江县侗族、苗族、瑶族、水族等少数民族的重要社交方式，虽说侗族、苗族、瑶族、水族等少数民族对“吃相思”的认知略有不同，其程序和规范也有所不同，但是各民族“吃相思”具有两个方面的共性：一方面，“吃相思”是不同民族大交流、大融合的社交活动。举行“吃相思”活动期间，附近的各民族群众自发参加活动。另一方面，“吃相思”是象征资本。“吃相思”活动规模大小与其举办方存在对应关系，即若“吃相思”活动规模大，则意味着举办方的影响力大，衍生的活动具有经济和社会属性。

2018 年 1 月 18 日，在榕江县仁里水族乡仁吉侗寨举行了“吃相思”活动。当天是仁吉侗寨大年初二，附近五个村寨的侗族、苗族、水族等少数民族群众前来“吃相思”，共同欢庆侗年。有“踩芦笙”活动，该活动增进了各村寨之间的友谊，加深了各民族之间的感情。

3. 拜保爷

拜寄“保爷”“保妈”，即为孩子找“干爹”“干妈”。在当地苗族、汉族、侗族、水族等民族中十分普遍，其目的在于让孩子在“干爹”“干妈”的保护下健康成长。这种干亲习俗，为两个没有血缘关系的家庭形成紧密的社会关系提供了认同基础。

榕江县兴华水族乡高排村，该村由高排、娘讲、得念、大坡、排长五个自然寨组成，村民构成以苗族为主。苗族寨子与水族寨子交错毗邻，仅隔一个山谷或一条小河。拜寄“保爷”“保妈”是高排人几乎都必须经历的大事。在高排村，苗族与水族、汉族之间互拜“保爷”“ 保妈”的事例很多，如苗族王某就把他的大女儿拜寄给水族韦某为干女儿，水族潘某把小儿子拜寄给汉族李某为干儿子。

五、存在的主要问题和困难

榕江县在大力发展地方经济文化，促进民族团结进步，共同走向社会主义现代化，增强各民族交往交流交融，铸牢中华民族共同体意识等方面，做了大量工作，取得了很多重要成效和经验；同时，由于历史因素和客观原因，还存在一些短板和薄弱环节。

一是发展基础需加强，“三交”渠道待延伸。

县域有力有效实施乡村振兴战略任务繁重，农村部分低收入人口返贫风险较大；改革创新任务重，制约发展的体制机制障碍还不同程度地存在；产业结构不尽合理，市场主体散、小、弱现象较为突出，新型工业化、新型城镇化、农业现代化、旅游产业化、信息化等带动能力还不够强；财政收支矛盾突出，整体基础公共服务水平不太高，就业、民生保障、生态环保等还存在一定短板弱项；不同民族或地方的发展程度、发展理念仍有不平衡和差距；一些干部群众尤其是一些农村群众开放意识不太高，创新能力不够强，“三交”渠道有待进一步拓展深化。

二是资源整合更增强，“三交”潜力再提升。

榕江城乡奇山秀水，有各类丰富的历史人文资源，长期以来，县里在促进经济社会发展、各民族交往交流交融方面做了大量工作，取得了很多重要成就。但是限于起点和客观条件制约，经济社会效益仍较有限，还不太理想。在宣传载体、平台搭建、服务水平、机制体制、资源体系整合上有很多潜力可以挖掘，仍然需要不断深化各族人民的交往交流交融路径，助力县域经济社会高质量发展。

六、对策建议

针对调研实际，下面提出一些对策建议。

一是强化政策举措，促进交往交流交融。

以习近平总书记关于加强和改进民族工作系列重要论述、党的二十大、中央民族工作会议等重要指示精神为根本遵循，围绕国发〔2022〕2号文件（《国务院关于支持贵州在新时代西部大开发上闯新路的意见》），中共贵州省委关于推进新时代贵州民族工作高质量发展、努力建设铸牢中华民族共同体意识模范省的要求，结合榕江县情实际，深入扎实开展各项工作，有力有效促进各民族交往交流交融，推动各族人民共同走向社会主义现代化。

二是充分利用“融入粤港澳大湾区”历史机遇。

2022年4月21日，贵州省人民政府出台《关于支持黔东南自治州“黎从榕”打造对接融入粤港澳大湾区“桥头堡”的实施意见》，指出：黎平、从江、榕江三县（统称“黎从榕”）位于黔东南苗族侗族自治州南部，是贵州南下粤港澳大湾区的前沿阵地，是大湾区沿贵广高铁、厦蓉高速进入贵州的第一站。为支持黔东南苗族侗族自治州“黎从榕”打造贵州省对接融入大湾区的“桥头堡”，在总体要求、战略定位、发展目标上，指明了清晰的发展路线图。明确要求榕江等地要促进与大湾区深度融合发展，打造宜居宜业宜游的生态福地，建设面向大湾区的生态农林产品基地，提供给大湾区游客高品质的旅游康养服务，巩固提升生态优势。加强与大湾区互联互通，加快铁路互连，推进公路互通，开辟空中走廊，打通水运通道等。榕江进一步提升开放型经济发展水平，加强组织领导，建立合作机制，细化政策落实，充分用好这一重大历史机遇，深化各民族交往交流交融路径，为促进经济社会发展和各族人民更加美好生活，必将提供丰富的成功实践经验。

三是产业发展新格局，深化“三交”新路径。

突出打造榕江林产品加工首位产业，围绕新阶段全省高质量发展的总要求，聚焦推动经济高质量发展，提质发展生态特色农产品加工，用好工业园区发展平台。培育引进龙头企业，做强产业品牌，构建高质量发展工业产业体系，实现县域更高质量、更有效益、更加公平、更可持续、更为安全的发展。

加强县城中心建设，推动古州、忠诚融合发展，错位发展一批特色小镇，不断提升城镇品质，做强城镇经济，构建高质量发展城镇体系。推进“旅游+”融合发展，同步加快发展生产性服务业和生活性服务业，构建高质量发展现代服务业体系。实现整体联动，“五个榕江”建设取得新成效，即经济发展迎来新跨越、民生保障实现新改善、依法治县迈上新台阶、改革开放迈出新步伐、社会文明获得新提升。到2035年，各族人民与全国全省全州同步基本实现社会主义现代化，不断深化和丰富榕江各族人民交往交流交融物质和精神内涵。

四是有效衔接乡村振兴战略，夯实“三交”基础。

虽然榕江已经彻底撕掉了千百年来的绝对贫困标签，但脱贫基础较薄弱，部分脱贫户、边缘户返贫致贫风险依然较高，必须严格落实“四个不摘”要求，尤其注意接续好乡村振兴战略，建立农村低收入人口动态帮扶机制，确保不返贫和不发生新的贫困。坚持开发式帮扶和保障性措施相结合，不断完善易地搬迁后续扶持“五个体系”建设，确保搬迁群众稳得住、有就业，逐步能致富。继续保持基础设施和公共服务向农村和困难群众倾斜，增强内生发展动力。拓展就业渠道，进一步加强就业人口特别是农村各族劳动力转移培训的针对性、实效性。在易地扶贫搬迁社区，逐步实现各族群众在空间、文化、经济、社会、心理上的全方位融入，共同迈向社会主义现代化。

五是为城乡融合发展营造优质平台。

着力把生态环境先天优势和交通区位优势转化为经济优势，抢抓榕江列入黔边城市带发展机遇，强化一二三产联动，以城聚产、以产兴城，走城乡融合发展、文化交流广泛互动的路子。同步推进乡村公共服务和基础设施建设提升，打造一批特色乡镇、美丽乡村，着力建设贵州东南部重要支点城市。进一步增强东西部协作、对口帮扶实效性，促进产能技术升级，生活质量提高，更加有效地促进各族人民交往交流交融和整体经济社会发展进步。

六是进一步深入开展民族团结进步示范创建。

进入新时代，榕江与全国一样，各民族交往交流交融广泛拓展，中华民族共同体意识不断增强，平等、团结、互助、和谐的社会主义民族关系不断巩固和发展。同时要看到，新形势下该项工作仍存在个别体制机制不够健全、载体内涵方式不够适应等薄弱环节。适应新时代发展历史方位，以各族群众为主体，以铸牢中华民族共同体意识为根本方向，以加强各民族交往交流交融为根本途径，全面深入持久开展民族团结进步示范创建工作。

七是系统深入开展“五个认同”教育。

社会主义先进文化、红色文化、中华优秀传统文化、地方历史文化资源有机结合，树立系统理念和实施体系，贯通于全社会和学校教育教学实践中。精心部署，创新路径载体，丰富内涵，实现效果有效转化。按照中央关于加强和改进民族工作，增进共同性、尊重包容差异性的重要方向，尤其注意增强广大人民群众和师生“五个认同”，进一步强化每个人都是中华民族一分子的思想观念，更好地铸牢中华民族共同体意识。

八是加强交往交流交融的法治保障。

在全社会和各族人民群众中普遍深入开展以《中华人民共和国宪法》为宗旨，《中华人民共和国民法典》等各种国家法律法规以及《市民守则》、村（居）规民约的宣传教育工作；进一步加强社会治理体系现代化和民族工作法治化建设，牢固树立法律面前人人平等的观念；牢固树立国家意识、中国公民意识、法治意识，为深化铸牢中华民族共同体意识，促进各民族广泛交往、全面交流、深度交融创造更加良好社会氛围，提供坚实的法治保障。

本次调查得到榕江县人民政府、县政协、县民宗局、县文广局、县民政局、县文物局等单位，古州镇、忠诚镇、栽麻镇、寨蒿镇、八开镇、乐里镇、计划乡、塔石瑶族水族乡等乡镇及村寨，以及以下同志的大力支持帮助，在此谨致感谢！

主要调查访谈对象：

李勇伟，县民宗局副局长

赖书凡，县民宗局副局长

周年荣，县文物局退休干部

廖少禹，县政协文史委主任

龙　丹，忠诚镇党委副书记

龙建都，寨蒿镇人武部长

杨胜金，退休教师，平江镇滚仲村大寨组

杨远松，榕江县文化馆原馆长

邓阳阳，乐里镇党委书记

杨秀康，栽麻镇大利村支书

杨少花，栽麻镇宰荡村妇联副主任

张有良，寨蒿镇票寨村副支书

吴开元，计划乡人大主席

辛明保，计划乡加宜村委副主任

潘世忠，计划乡加宜村污秋寨村民

吴家文，寨蒿镇晚寨村主任，歌手

盘应明，塔石镇司法所所长

王　辉，塔石瑶族水族乡组织委员

盘应徐，塔石瑶族水族乡怎东村支书

盘应福，塔石瑶族水族乡怎东村村民

杨正平，八开镇都江村村民

董院长，八开镇卫生院副院长

潘水仙，古州镇古州中路民族服饰经营户

龙炳兄，古州镇苗仁堂药材经营者

附录：榕江改土归流建厅设治基本文献载述

《黔南识略》（清·爱必达）卷二十二“古州同知”：

古州同知在府治西一百八十里，省城东南六百七十里。唐古州兴乐郡，贞观十二年开夷僚，置属岭南道。宋置古州刺史。元至元中设古州八万洞军民总管府，属思州安抚司，隶湖广行省。明洪武五年，吴良平五开古州诸蛮，三十年，楚王桢、湘王柏帅师讨古州蛮，皆遥以名号相羁縻，未真隶版籍也。国朝雍正七年（1729），总督鄂尔泰、巡抚张广泗用兵讨平之，始设同知治其地，与清江、台拱、八寨、丹江、都江同时建置，为新疆六厅。

榕江在城西北，发源于清江、台拱界南瓦山，经奔波潭至城北三里，与车江会……过下江及丙妹，入广西怀远、雒容二县界，至广东南海区入海……良以蛮地阻绝、源流莫溯。雍正年间，逆苗滋扰、梗塞河道。总督鄂尔泰奏：“都江一水来自黔之都匀，直达广西之柳、庆。沿江山洞诸苗多未归附，非用粤兵协剿，难以开通。乃调……官兵克之，平定后檄文武员弁通勘上下两江，上自三脚屯至三洞，下自诸葛洞至溶洞。浚浅滩，辟险碛，伐巨林，凿怪石，舟楫邮递，往来如驶。盖唐蒙故道，闭塞数千载，至我朝凿江开道，从古化外之域，今为水陆通庄矣。

（古州）厅设左右两卫，各千总一员。左卫驻王岭（今榕江忠诚镇王岭村），辖二十二堡，共安军一千六百八十一户…… 右卫驻寨蒿（今榕江寨蒿镇），辖一十八堡，共安军八百三十八户……凡四十堡……

驻城兵备道一员，乾隆二年设。同知一员，系开辟时移黎平府同知分驻。镇标原额三营，共马步守兵三千名……历至嘉庆十九年实存兵二千四百名。每年兵粮，旧由粤省拨米一万石，支剩余米转运朗洞营。乾隆二十三年停运粤米，议于都匀府、都匀市、八寨厅、独山州、三脚屯、黎平府开泰县并经历司各处买拨供支。

场市三，南城外以酉日，平引场以午日，定旦场以巳日。谷多种糯，丰年每亩可收谷三十把，每把可得仓斗八斗。溶、都二水两岸皆山，惟车江自乐乡以下至厅城，几三十里之遥，迤逦潆洄，平原通坦，榕树参天，榕城所由名也。

《雍正西南夷改土归流记上》（清·魏源《圣武记》）：

……按古州之地，昔曾羁縻设官，而其后益闭塞也。《明史·土司传》称：宣德七年陈蒙烂土副长官张勉奏，所司去卫远，地连古州……我朝定鼎后，逆贼吴三桂伪将马宝兵败于楚，取道古州以窜滇，诸苗获其大炮、火铳、盔甲，而内地奸徒教以施放之法，并为购造铁器、制火药，于是诸苗日事仇杀，又往往窥伺内地，抄掠为患。雍正六年（1728），督臣鄂尔泰奏请，先其近而易者，由凯里进兵八寨、丹江、清江等苗地，次第平定。以巡抚张广泗前守黎平时，有谬冲之役，于古州苗情地利最熟，咨广泗开古州，以七年二月进兵，至九年七月始平。遂以三路兵，先凯里、清江、台拱；又以两路兵，一路先丹江，至八寨，一路先朗洞，至古州；又以八路兵剿牛皮箐余孽，广泗由凯里移驻清江，自清江前赴古州，经由上江、八寨、丹江一路，仍旋凯里。自正月迄九月，军务告竣，是岁乾隆元年也……

其下江溶洞之深远大箐，危峰障日，比伐山通道……乃遍勘上下江，小浚滩险，置斥堠，通饷运。其都江、清水江之间有丹江横贯，惟隔陆路五十余里，开通则二江为一，乃突捣梗顽，夺地关险，于是楚、粤商艘直抵镇城外，古州大定。初，上以广泗招抚古州，不烦兵力，由知府逾年擢至巡抚。鄂尔泰约广西巡抚金珙赴贵阳，会筹边事，乃议黎平府设古州镇，而都匀府之八寨、丹江，镇远府之清水江，设协营，增兵数千，为古州外卫。后复改清江协为镇，与古州分辖。

后 记

由贵州省民族研究院和贵州省民族研究学会共同组织的贵州“六山六水”民族调查已经持续开展了40多年。本调查专辑是《贵州“六山六水”民族调查》第38辑。

2022年，贵州“六山六水”民族调查工作以铸牢中华民族共同体意识为主线，以“月亮山地区民族文化交往交流交融”为主题，共组建了4个调研组，分别赴黔南布依族苗族自治州三都水族自治县、荔波县和黔东南苗族侗族自治州从江县、榕江县等地进行调查，围绕民族地区文化交往交流交融进行实地调研。在调研过程中充分考虑不同民族、不同地区的实际，以“回顾历史、立足现实、展望未来”三个时间维度，在空间、文化、经济、社会、心理等方面对4个县的民族文化交往交流交融进行了全方位的调查研究。月亮山地区民族文化交往交流交融呈现出“空间共聚、文化共享、经济共融、社会共治、心理共识”的文化互嵌形态，对促进各民族交往交流交融和铸牢中华民族共同体意识具有重要的文化价值和时代意义。

在本次调研工作中，各调查组得到了当地党委、人民政府、民族宗教部门，以及调查点村“两委”、乡村振兴驻村工作队干部的大力支持，在此致以衷心感谢！

编 者

2023年6月